珍藏本

纪念版

汉译世界学术名著丛书

魁奈经济著作选集

吴斐丹 张草纫 选译

商务印书馆
SINCE 1897 The Commercial Press
2017年·北京

汉译世界学术名著丛书
（120年纪念版·珍藏本）
出版说明

2017年2月11日，商务印书馆迎来120岁的生日。120年前，商务印书馆前贤怀揣文化救国的理想，抱持“昌明教育，开启民智”的使命，立足本土，放眼寰宇，以出版为津梁，沟通中西，为中国、为世界提供最富智慧的思想文化成果。无论世事白云苍狗，潮流左右激荡，甚至战火硝烟弥漫，始终践行学术报国之志，无改初心。

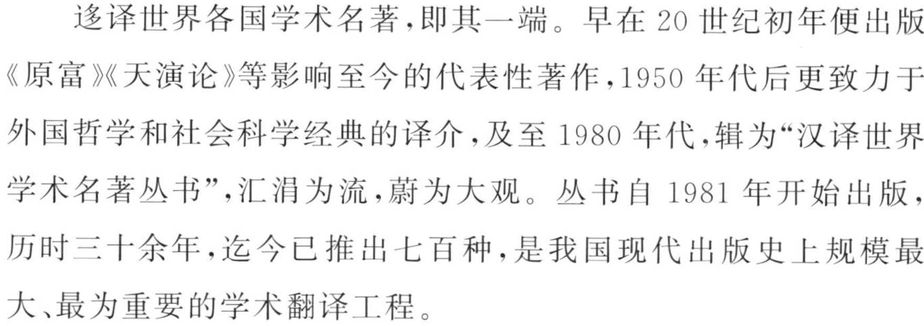

迻译世界各国学术名著，即其一端。早在20世纪初年便出版《原富》《天演论》等影响至今的代表性著作，1950年代后更致力于外国哲学和社会科学经典的译介，及至1980年代，辑为“汉译世界学术名著丛书”，汇涓为流，蔚为大观。丛书自1981年开始出版，历时三十余年，迄今已推出七百种，是我国现代出版史上规模最大、最为重要的学术翻译工程。

丛书所选之书，立场观点不囿于一派，学科领域不限于一门，皆为文明开启以来，各时代、各国家、各民族的思想与文化精粹，代表着人类已经到达过的精神境界。丛书系统译介世界学术经典，引领时代思想，为本土原创学术的发展提供丰富的文化滋养，为推动中国现代学术和现代化进程做出了突出的贡献。

为纪念商务印书馆成立120周年，我们整体推出“汉译世界学术名著丛书”120年纪念版的珍藏本，寄望既利于文化积累，又便于研读查考，同时向长期支持丛书出版的译者、编者和读者致以敬意。

两甲子后的今天，商务印书馆又站在了一个新的历史时间节点上。我们不仅要铭记先辈的身影和足迹，更须让我们的步伐充满新的时代精神。这是商务人代代相传的事业，更是与国家和民族的命运始终紧密相连的事业。我们责无旁贷，必须做好我们这代人的传承与创造，让我们的努力和成果不仅凝聚成民族文化的记忆，还能成为后来人可以接续的事业。唯此，才能不负前贤，无愧来者。

商务印书馆编辑部

2017年10月

译 者 序 言

一、魁奈的生平

弗朗斯瓦·魁奈(François Quesnay,1694—1774)是资产阶级古典政治经济学奠基人之一,法国重农学派的创始人和重要代表。一般记述都说他于一六九四年六月四日生于巴黎的蒙福尔·拉穆里(Mortfort-l'Amaury)的梅里(Mèrè)村,他的父亲尼古拉·魁奈(Nicólas Quesnay)是个律师。但也有人说,魁奈出身于一个有才能的地主家庭。家庭经济情况虽不很困难,但因兄弟很多(据说在兄妹十三人中他排行第十),因此未能受到很好的教育,甚至到十一岁时,仍然目不识丁。有过一段令人难以置信的如下传说:魁奈有强烈的学习要求,曾有一次微明即起,从梅里村出发,步行几十公里到巴黎,买到所要的书,在当天回家的途中,就把它阅读完了。

魁奈十三岁时丧父,因想行医,十六岁时到一外科医生处做学徒。不久到巴黎著名雕版术家罗歇福(Pierre de Rochefort)的门下工作五年,同时在附近的大学研究医学,并学习化学、植物学、数学、哲学等。五年后回乡,在蒙脱(Mantes)开业做外科医生,时年二十四岁。作为医生,他的声誉日渐提高,很多知名人士亦去就诊。一七三〇年他发表了论文《放血效果的观察》(*Observations sur les effets de la saignée*),很受医学界的重视,并因此和当时著名外科医学者佩洛尼(Le Peyronie)等相识,被聘为巴黎外科医学会的常任秘书,因而移居巴黎。一七三六年又发表《动物经济论》(*Essai physique sur l'Economie animale*),论述了生理学的哲学基础。在一七四七年该书的第二版中,企图在生理学的基础上建立心理学,从自然法的观点,提出自由放任的主张和关于人类的社会性的看法。作为魁奈经济学说基础的社会哲学,已经在这一著作中开始萌芽。

一七四九年,魁奈五十五岁时,被任为法王路易十五的宠姬朋巴陀侯爵夫人(Madame la Marquise de Pompadour)的侍医,住进凡尔赛宫。一七五二年,因治愈皇太子的痘疮有功,又被任命为路易十五的侍医。由于他的医学上的成绩及治好国王和皇太子疾病的功劳,由国王赐封为贵族。

魁奈从移住凡尔赛宫后,有更多的机会同哲学家和思想家交谈,借以熟悉法国的政治经济情况。当时法国因柯尔贝尔执行牺牲农业扶植工商业的重商主义政策,经济问题十分严重,财政困难,人民生活痛苦,这一切自然成为人们谈论的中心。正如伏尔泰(François-Marie Voltaire,1694—1778)以他惯用的俏皮笔调所写的:“全国总算谈厌了诗文、喜剧、悲剧、小说、道德观念、神学等问题,到头来讨论面包问题了。”正是在这样的背景下,魁奈把研究对象转向哲学,并更进一步转到经济学上来。

在宫中和魁奈经常聚会的哲学家和思想家,有狄德罗、达兰贝尔、爱尔维修、孔狄亚克等,同时有许多经济学家也经常见面,如米拉波侯爵、里维埃尔的迈尔西埃、杜邦·德·奈穆尔、勃多、杜尔哥等，他们后来结成了经济学说史上有名的重农主义学派。重农主义译自 Physiocracy 一词，原意为自然的主宰，有服从自然法以求最高福利的意思。后来亚当·斯密在《国民财富的性质和原因的研究》中把它和重商主义并列起来说明，把重商主义称为商业制度，重农主义称为农业制度。

在凡尔赛宫中和魁奈经常来往的思想家中，狄德罗和达兰贝尔是《百科全书》的编纂者，《百科全书》第一卷于一七五一年出版。魁奈在一七五六年出版的第六卷中，发表了《明证论》和他的最初的经济论文《租地农场主论》，在一七五七年出版的第七卷中，发表了《谷物论》，由此开始了作为经济学家的活动。

魁奈在凡尔赛宫中的有力的庇护者朋巴陀夫人，于一七六四年去世，这使他在皇宫中的地位降低了。一七七四年路易十五逝世后，魁奈退职，同年十二月，他死于凡尔赛宫，享年八十岁。

二、魁奈的经济著作

魁奈从一七三〇年发表了《放血效果的观察》之后，直到一七五三年，曾继续发表过许多医学上的论著。他在业余虽然对笛卡尔和马尔勃朗舒的哲学著作颇感兴趣，尤其是马尔勃朗舒的《真理的探求》(*Recherche de la vérité*)，对他的影响很大。因此，有人甚至认为马尔勃朗舒的哲学是魁奈的世界观和学问的体系的基础。但魁奈在哲学上，除《明证论》等很少几篇外，没有发表过其他论著。

如上所述，魁奈是在凡尔赛宫中生活时，把他的研究从医学和哲学转到经济学上来的。魁奈的思想也和当时大多数人的想法一样，认为法国财富生产的显著减少，首先是由于重要产业部门农业的衰退，因此，要使占国民大多数的农民富裕起来并增进国民的财富，最重要的是把法国的农业重新振兴起来。他在《百科全书》中发表的《租地农场主论》和《谷物论》这两篇最初的经济论著中，就反映了这种思想。他对当时大农经营和小农经营这两种类型即资本富足的租地农场主的三圃式马耕经营和资本贫乏的农场主的二圃式牛耕经营，进行比较，说明从补偿费用后还有剩余以增进国富的观点来看，事实确证前者比较优越。因此他认为要振兴法国的农业主要在于大农经营化。在这个论证的推理中，他充分运用了"纯产品"(Produitenet)这个概念(它后来成为魁奈经济理论的中心)。他在《谷物论》中开始使用"纯产品"这个名词，在《谷物论》后面还附有十四条的《经济管理的原则》是后来的《农业国经济统治的一般准则》的雏形。该《原则》和《租地农场主论》及《谷物论》一起，已经为著名的《经济表》准备好了必要的基础理论。

除上述两篇论文外，魁奈还为《百科全书》写了形而上学的论文一篇和经济学的论文三篇。后因《百科全书》的唯物主义色彩过浓，一七五九年被禁止发行，这些论文也就未曾发表。其中《人口论》和《赋税论》两篇论文的手稿后被相继发现而发表在一九〇八年的《经济社会思想史评论》上。在《人口论》中讨论了法国人口减少问题及其原因，批判了有关的政策上的错误。它的基本论点，大体上和《租地农场主论》和《谷物论》相同，认为人口的增长依靠财富的增加。在这里它着重从国民的有效需求来讨论财富，因此强调了财富生产中人的作用,有很多地方使人感到和他后来所论述的基本理论有些矛盾。但它毕竟是研究重农学派经济理论中关于财富、价值、价格、货币、国内商业和国外贸易等的重要文献。在《赋税论》中,原则上主张赋税应从"纯产品"中征课,同时反对租税包征制度。

一七五八年,魁奈和马里维尔合写的《关于人口、农业与商业饶有兴趣的提问》不署名发表于米拉波的《人民之友》第四部的最后部分。在这一著作中,共分气候、土地、耕作、人口、谷物、家畜、亚麻、大麻与油料、葡萄园、果树、河川、习惯、商业、都市、财富等十四章,计二百二十八项,对约一百年来的事实进行了调查,对各地学会提出了提问书。在这些项目中,不仅几乎完全包括了当时的社会经济事项,而且企图在这些提问中,通过事实的调查,为他的理论提供论据。就在一七五八年年末,魁奈的名著《经济表》(*Tableau Economique*)第一版印刷出来了。而上面提到的这些著作,都和《经济表》的写成有密切关系。

魁奈编写《经济表》的最初目的,可能并不是为了发表,所以第一版只于一七五八年十二月由凡尔赛宫内印刷了几部,当年的印刷本至今尚未被发现。推断为第一版印刷所用的手稿,于一八九〇年被奥地利的斯退芬·鲍威尔教授在巴黎国立文书保管所的米拉波侯爵的文书中发现;同时还发现了一七五九年只印刷了三部的第二版修正本。前者刊载在翁根(A. Oncken)所著的《经济学史》中,后者于一八九四年以照相版发表在英国经济学会为纪念魁奈诞生二百年所出版的纪念刊中。《经济表》的第三版,是把第二版加以增订,于一七五九年的年末出版的。魁奈的《经济表》,

不但后来受到马克思的重视和高度评价，就是在当时也深受重农学派的推崇，如米拉波就认为《经济表》是人类在文字和货币之后的第三大发明。但《经济表》是相当难于理解的，为此米拉波于一七六〇年在其所著的《人民之友》第七部，发表了《附有说明的经济表》。这对一般人来说，仍较难于理解，于是在一七六六年又发表了《经济表的分析》，并附有《重要的考察》。《经济表的分析》于一七六八年又曾加以增订，可说是今天理解《经济表》基础理论的最简明的文本。《经济表》在最初印刷时，曾附有以《苏理氏王国经济精华》为题的二十三条经济管理原则，一七六六年最初发表《经济表的分析》时没再附上，但在一七六七年出版的、由杜邦·德·奈穆尔所编的《重农主义》中又加收入，不过删去了“苏理氏”这几个字，原先的二十三条已增为三十条，标题则改为《农业国经济统治的一般准则》。结果魁奈的《经济表》，包括未被发现的第一版在内，原表计有十一表，上述《经济表的分析》中所示的“图式”，以及根据“图式”而来的略表，计有五表。此外，把为了说明魁奈的经济表，出自米拉波之手的各种表均算在内，共计大概有四十六表。

“原表”和“图式”的不同点，简单地说在于，“原表”是把社会财富的再生产，以土地所有者阶级所得的再生产为中心来考察，“图式”则把重点放在生产阶级经营资本的再生产上；“原表”把土地所有者、生产、不生产三个阶级间的财富流通、分配关系，直接作为属于各阶级个人之间的关系来表示，“图式”则作为阶级相互间的关系来表示。因此“原表”以渐次地部分地进行的方法来表示它的过程，“图式”则是以总体地进行的方式来表示，远比“原表”能够把国民经济的再生产过程宏观地加以掌握和表示。比较这两种《经济表》,不难看出,“图式”的说明更能表达魁奈的意图。

一七六六年,魁奈在《经济表的分析》之外,还写了许多篇其他的经济论文。其中有《对于H氏记录的回答》、《关于商业的H氏和N氏第一次对话》、《蒙脱陀安氏关于商业的考察》(*Observations sur le Commerce par M. Montaudoain*)、《关于手工业劳动第二次对话》等,在这些论文中详细地讨论了商业和工业的不生产性问题,是重农学派关于这个问题的重要文献。同时魁奈还写了《关于货币利息的考察》(1766)、《第一经济问题》(1766)、《第二经济问题》(1767)等。对这些论著,一方面限于篇幅,另一方面由于其主要论点在所选译的论文中,基本上已经都谈了,因此本《著作选》未再收入。此外,魁奈所写的《自然权利》(1765)和《中国的专制制度》这两篇论文,这里已加选译,不过《中国的专制制度》亦因篇幅过长,只选译了其中的一章。

米拉波是魁奈思想最热心的信奉者,也是魁奈的经济理论最忠实的祖述者。米拉波的《农业哲学》是在魁奈指导下写成的。这本书对魁奈的经济理论的普及,做出了很大的贡献。其中的第七章据说是魁奈自己执笔的,对于经济表的研究有很大帮助,所以也予以选译。

三、魁奈的经济研究方法和自然秩序论

马克思曾指出,魁奈使政治经济学成为一门科学,是现代政治经济学的真正鼻祖。我们研究魁奈本人的著作,就需要注意魁奈

本人是怎样看待政治经济学和怎样把它建立成为一门科学的。

我们从魁奈自己的著作中可以看出，魁奈是极其重视经济学这门科学的。在《中国的专制制度》中，魁奈曾这样说，“只有依靠智慧的这种自由活动，人们才能够发展经济学——作为社会制度的基础的伟大学科”。这里指出经济学是一门“伟大的学科”，而且是“社会制度的基础”。同时还说：“经济学的目标在于通过研究保证人类社会能使支出再生和持续的自然规律，以使支出达到可能的最大的再生产。”马克思在《剩余价值理论》中曾说：“重农学派的重大功绩在于，它们在资产阶级视野以内对资本进行了分析。正是这个功绩，使它们成为现代政治经济学的真正鼻祖。”[①]魁奈上面那段话，正是说明他把经济学研究的目标，放在从资产阶级的视野对资本进行分析上，并且说明他已把剩余价值起源的研究从流通领域转到直接的生产领域，正如马克思所说：“这样就为分析资本主义奠定了基础。”

任何人要在研究工作上取得成果，不取决于自己的主观愿望，而取决于他有没有正确的世界观和方法。魁奈在这个问题上有其正确的一面，因此他能取得很好的成果，同时也有错误的方面。他在《自然权利》一文中曾说：“无知可说是有罪的，因为所谓赋有理性的人，必须超越野蛮状态的阶段。”同时又说：“所谓理性，在最初不过是使人能够获得自己所必要的知识，并依赖这项知识，把握作为人的存在的本性所不可缺少的实际的善和道德的善所必要的能力和才能。理性对于灵魂的关系，好像眼睛对于身体一样，如果没

① 《马克思恩格斯全集》第26卷，第一册，第15页。

有眼睛，人就不能享受光明，如果没有亮光，人就不能看到任何东西。”从这段话可以知道，魁奈是把理性看作知识的源泉，是个唯理论者。但他同时注意对客观现实情况的研究，承认客观规律的存在。虽然只有理性才能把握规律，并通过理性运用规律来指导行动。他在《明证论》一文中就曾说：“精神要有不可否定的明白了然的确实性”的明证(Evidence)，如果“没有明证就无法理解什么是确实性，什么是真理，也不能理解什么是信仰”。从这些话来看，魁奈的思想受当时风靡法国哲学界的笛卡尔和斯宾诺莎的唯物的唯理论的影响很深。另外方面，魁奈在《自然权利》一文中又这样说：“为了认识时间和空间的规律性，控制航海，保证贸易，必须正确地观察和计算天体运动的规律。同样地为了认识结成社会的人的自然权利范围，必须尽可能地以作为搞好统治基础的自然法为基础。这个人们必须服从的统治，对于结成社会的人来说，是最有利的自然秩序，同时也是人定法的秩序。因此结成社会的人们，应该服从自然法和人定法。”

魁奈认为结合成社会的人们，应该服从自然法和人定法，其中自然法包括物理的法则(loi physique)和道德的法则(loi morale)。物理的法则是“明显的对人类最有利的自然秩序之一切物理事象的规则运行过程”，道德的法则是“明显的和对人类最有利的物理秩序相一致的道德秩序有关的一切人类行为的规则”。因而“自然法”是“由最高存在(神)所设定的最高法则”，是“恒久不变的”(immuables)、“无可非议的”(irréfragables)，而且是“可能最善的法则”。这种“自然法”是魁奈和重农学派的人们认为“对于结成社会的人明显的最有利的秩序”。人为法必须以自然法为依据，如果人为法背离自然法，就要陷于疾病状态。

为了认识支配人类经济活动的规律，必须掌握人类全部经济活动的具体情况，并加以解剖分析。在《农业哲学》中，有如下的一段话："我们只有由说明组成经济机构有关的全部要素，才能达到了解最单纯的真理目标。这样，最先必须熟悉这个再生产机构的全部过程，因而这里的问题是解剖这个机构，用解剖学来说明它的一切部分，它的各部分的相互关系，以及各部分相互作用的结果，以此来显示出这种机构的组织。"在这篇文章中还说："一切事物，只有由种种关系的相互连接而在自然中活动。有人说种种的要素都处在相互斗争的状态中，但同时相反地，它们相互支持，相互促进。"从我们这个选集所选译的魁奈的著作中，可以明显地看出，他自己在研究和论述经济问题时，正是这样做的。他对于所提出的问题，都有很丰富的实际材料和具体数字作"明证"，作为他所提出的论点的基础。他在大量的具体材料的基础上分析它的各个构成部分，然后说明它们之间的相互联系和相互关系；阐述事物发展的必然过程，推论情况变动转换的规律性。魁奈曾说，最不幸的是很多人不知道"世界是怎样变动的"。而他的研究，正是要解决这个问题。所以马克思说："重农学派的巨大功绩是，他们把这些形式看成社会的生理形式，即从生产的本身的自然必然性产生的，不以意志、政策等等为转移的形式。这是物质规律；错误只在于，他们把社会的一个特定历史阶段的物质规律看成同样支配着一切社会形式的抽象规律。"[①]所以魁奈在把生产看作是受不以人们意

① 《马克思恩格斯全集》第 26 卷，第一册，第 15 页。

志和人为的政策为转移的物质规律的支配这一点上，虽然有很大的功绩，但他把生产的资产阶级形式，看作生产的自然形式，因而把生产的资本主义形式看作生产的自然形式，因而把生产的资本主义形式，看成是生产的一种永恒的自然形式，却又犯了很大的错误。

四、魁奈的主要经济概念和经济理论

（一）关于财富的概念

经济问题的研究是离不开财富的，因此对于财富的意义必须首先有明确的规定。魁奈对此也有很好的说明，在《农业国经济统治的一般准则》中曾这样说：“有使用价值而没有出卖价值的财物和有使用价值又有出卖价值的财富应该加以区别。”虽然财物和财富都必须有使用价值，但财物没有出卖价值，而财富则有出卖价值。因此一种财物要它成为财富，还要有一定的条件。在《谷物论》中说：“总之必须承认，土地生产物本身还不是财富，只有当它为人所必需和买卖时才是财富。因此，土地生产物只有在它能满足人的一定需要，和有一定数量的人口的情况下，才作为财富而且有高的价值。”同时还进一步说明使产物具有出卖价值的根源。“生活在社会中的每一个人，并不能由自己的劳动生产出满足自己所有欲望的财物。各人出卖自己的劳动生产物，以换取自己所缺乏的东西。就此所有的东西，都因为是买卖的对象，由于人和人之间的相互交换而成为财富”。这些话表明一物必须有满足人们一

定需要的使用价值，同时在有一定人口的情况下，各人分工生产，相互交换生产物来满足各自的需要，因而具有出卖价值，也就是交换价值时，才成为财富。

（二）人口、消费、需求、价格、价值的关系

魁奈在分析经济问题时，特别重视消费和人口，以及在财物交换中“价格”的作用，并由此联系到价值的理论。在《人口论》中，魁奈说：“人是由于自己的消费而变得有益的。”又说：“消费是再生产的不可少的条件。但这二者之间是由一个共同的重要条件联系着，那就是价格。”在《谷物论》中则说：“土地之所以是财富，只因为土地生产物是满足人类的需要所必要，使这种财富成为财富的根源，实在就是需要。因此在有肥沃土地的王国，则人口愈多，它的财富亦愈多。”很显然，有人才有消费，才有需求，才有交换，才有价格，也才有价值问题。但另一方面，人必须依靠财富来维持其生存和生活，因此人口的增长，又以财富的增长为条件。所以在《人口论》中又说：“人口的增长完全决定于财富的增加，决定于劳动，人力和这些财富本身的使用方法。”并说：“不论什么地方，只要人们能取得财富，过富足的生活，安逸地作为所有主享有其劳动和精力获得的一切东西，他们就会在那里聚居，并不断地孳生。人们取得财富，必须依靠他们已有的财富，以及依靠别的财富使他们得到盈利。人们如果没有消费性的财富，就不可能在荒无人烟的地方居住。”在这里说明了财富有两大类，一类是消费性财富，用于维持人们的日常生活；另一类，则是用于生产财富的财富，也就是生产资料。

在魁奈对于财富问题的研究中，有几点很值得注意：1.对财富和货币有明确的区别；2.很重视把财富用于财富的生产；3.很注意把财富用于生产时的使用方法。

（三）关于货币的看法

在魁奈之前，重商主义的思想家，都是把货币和财富等同起来。魁奈很明确地把货币财富和一般财富加以区别，而且指出重视货币的错误。在《人口论》中说："货币是在交易时同一切种类的商品财产的售价等价的财富。货币或金银（它们可以作为货币）本身绝不是消费性财富，因为货币可以说只是贸易的工具。"并说："贸易的好处，绝对不是在于从其他国家取得货币。"在《关于手工业劳动》中则说："货币是货物贸易流通中的价值尺度。"又在《谷物论》中说："决定国家财富多少的，并不是货币财富的多少。认为即使损害有利的贸易，也要禁止王国货币的流出，那不过是基于有害的偏见所产生的意见。"并进一步更明白地说："对外贸易的利益，不在于货币财富的增加，一个国家从对外贸易所取得的财富的增加，并不在于货币财富的增加；因为某一个国家和外国所进行的对外贸易，总是这个国家对外国所进行的商品交换，来供给自己消费的需要。"如果不注意货币的增加，是否会造成货币不足，而引起经济上的困难呢？他在《关于手工业劳动》一文中说："在具有财富的情况下，从来不会感到货币的不足，而永远可以补充它的不足。"魁奈这些说明，很明显是反驳重商主义过分重视货币的思想。

（四）对财富用于生产的重视

重视人们维持生存和生活所必要的财富的增加，是魁奈经济思想的很重要的特点，也是重农主义和重商主义的很重要的区别之一。另一个重要特点，是魁奈非常重视把财富用于生产的重要性。他在《租地农场主论》中说："可以认为，现在实行的政策是把农民的贫困，看作迫使农民劳动的必要刺激。没有人不知道，财富是发展农业的大原动力，要进行良好的耕作，必须要有很多的财富。"还说："有一种想法，认为农业只要人力和劳动，但是耕作者如果不注意预付原本的安全和收入，就不能希望农业有很大的成功。"在《农业国经济统治的一般准则》中，把它作为经济管理的准则提出来说："农村所需要吸收的，与其说是人力，毋宁说是财富。这是因为用在耕种上的财富愈多，就可以使从事耕种的人力愈少，耕作事业愈益繁荣，并取得愈来愈多的收入。"并说："为了保护人民不受饥馑和外敌的侵袭，维持君主的光荣和权力以及国民的繁荣，对于国家来说最必需的财富，是耕种经营所必要的财富。"在很长的时期中，很多资产阶级经济学家都把贫困看作迫使人们劳动以增加财富生产的动力，魁奈很早就已经注意到把财富用于生产，作为生产资料来提高劳动生产率的重要性。当然魁奈并没有忽视劳动在财富生产中的作用。他在《中国的专制制度》一书中曾说："这个部族所居住的未开垦的土地，没有任何实际价值，只有通过劳动才能使它具有价值，因而这个部族占有的土地和产品必须靠劳动来保证。没有这个自然条件就完全不可能有作物和财富。"魁奈不仅没有把贫困看作驱使人去劳动以增加财富生产的动力，而

且把它看作是造成国家衰亡的原因，他在《人口论》中说：“人像土地一样，贫瘠以后就会变得荒芜并失去一切价值。千百万人的贫困和千百万英亩土地的荒芜可以证明一个国家的衰亡。”这是一个很可注意的论点。

（五）使财富用于生产的具体措施

为了保证有充足的财富用于生产，以及使财富在生产上有比较好的效果，魁奈也提出一些措施。在《农业国经济统治的一般准则》中，特别提出两点：“必须避免使住民逃亡国外，因为他们会把财富携带到国外去。”和“要使富裕的租地农场主的子弟永久地留在农村做农民。因为如果有什么困难而使他们离开农村，迁居到城市去，就会使他们把父辈用于耕种土地的财富，带到城市去”。不但要有较多的财富用于生产，而且要使它能够很好地使用，使用的方法就是实行大农经营。而要实行大农经营，避免小农经营，又必须使农村有充足的财富。魁奈在这方面的论述很多，虽然其中的有些论点，有它的时代的局限性和阶级局限性，但还是很值得注意。如他在《租地农场主论》中曾对如何研究农业作如下的论述：“应当从整个联系中来观察法国农业，否则就不可能对它获得清楚和完全的概念，并且很容易得出庸俗的论断。”“这些情况，如果不经过深刻和详细的研究是不可能知道的。对土地所采取的各种方法和条件，决定着农业的收获，所以为判断王国农业的现状，必须充分了解各种耕种方法”。

（六）重农的思想

以魁奈为中心聚集起来的一群关心经济问题的人，他们自命为“经济学家”，后来被人称为“重农学派”。虽然有人认为他们的理论中心并不是重农，而是自然秩序，但重农思想是魁奈经济思想的一个重要方面，则是不可否认的，并且在重农的基础上展开一系列其他理论，也是事实。他在《谷物论》中这样说：“一切利益的本源实际是农业。正是农业供给着原材料，给君主和土地所有者以收入，给僧侣以什一税，给耕作者以利润。正是这种不断地再生产的财富，维持着王国其他一切的价级，给其他职工以活动力，发展商业，增强人口，活跃工业，因而维持国家的繁荣。”在《租地农场主论》中则说：“农业是君主的财宝，它的生产物都是眼睛看得见的。”在《中国的专制制度》中还说：“只有农业才是满足人们需要的财富的来源，只有农业才能创立保卫财富所必需的武装力量。”这些都说明了魁奈对农业的重视。

（七）关于“纯产品”的理论与阶级的划分

从魁奈关于农业的上述理论，得出只有农业能够生产出“纯产品”的理论。所谓纯产品就是财富的增加，也就是新生产出来的产物的价值，超过生产费用的余额，也就是剩余价值。在《农业国经济统治的一般准则》中，魁奈认为：“主权者和人民绝不能忘记土地是财富的唯一源泉，只有农业能够增加财富。”并依此来划分阶级，把国民划分为三个阶级，即耕种土地而能生产出“纯产品”的人，归为生产阶级，也就是租地农场主阶级；其他阶级有：出租土地而以地租的形式把“纯产品”作为自己收入的土地所有者阶级和从事工商业的不生产阶级。为了说明工商业者是不生产阶级，魁奈在《人口论》中说：“那些用自己的双手制造货物的人们并不创造财富，因为他们的劳动只是使这种货物的价值增加上支付给他们的工资数，而这些工资是从土地的产品中取得的。他们的劳动产品等于他们所需要的费用，结果财富毫不增加。因此只有花在土地上的劳动，其生产的产品价值超过费用，才创造财富或每年收入。”又在《谷物论》中说：“在工业制品的生产中，并没有财富的增加，因为在工业制品中价值的增加，不过是劳动者所消费掉的生活资料价格的增加。商人的大财产也只能从这个观点来加以考察。因此，在这里并不存在财富的增加。”因为有很多人不同意把工商业者看作是不生产阶级，魁奈曾写了一些文章加以说明，由于这些文章的主要意思基本相同，本《著作选》只选择了《关于工商业利益和所谓不生产阶级生产性的记录》。

（八）关于土地单一税的理论

因为魁奈只把花在土地上的劳动，也就是从事农业的人看作是生产的，只有农业能生产出“纯产品”，因而主张只对土地的收入收税的土地单一税制。在《赋税论》中说：“关于赋税落在哪些对象身上的问题，是没有任何意义的，它总是落在同一个原本上，因为总是靠土地收入来支付。”“把赋税的分配重新调整，采取负担较小的征税形式，绝对不向农业本身征税，而只是向农业提供的收入以及靠农业收入维持的各种工作征税，这是非常重要的”。“因为一切的税结果都是由土地收入负担的”。在《农业国经济统治的一般准则》中说得更加明白:“租税应该对土地的纯产品征课,为了避免使征课税费用增加,妨碍商业,和不至于使每年有一部分财富被破坏,租税就不应对人们的工资和商品征课。同时也不应对租地农场主的财富征收,因为一个国家在农业上的预付,应当看作是不可动用的基金。”魁奈的这个论点虽然是不妥当的,可是对后来的一些经济学家曾经发生比较大的影响。如美国的亨利·乔治也主张土地单一税,并在他的《进步与贫困》(*Progress and Poverty*)一书中,承认是受重农学派的影响。但他们之间是有很大区别的,魁奈主张土地单一税,是为了简化赋税的征收机构,节省征税费用,减少土地所有者的负担,来保持土地私有制,乔治则认为由于社会进步而提高的地租,应由单一税把它征收,以便进一步实行土地国有化。土地单一税的错误是显而易见的,而且其结果也和魁奈所预期的相反,正如马克思在《剩余价值理论》中所指出:“在重农学派本身得出的结论中,对土地所有权的表面上的推崇,也就变成了对土地所有权的经济上的否定和对资本主义生产的肯定。”“全部赋税都转到地租上,换句话说,土地所有权部分地被没收了”。

(九) 关于经济自由和自由贸易思想

作为法国资产阶级古典政治经济学主要代表者的魁奈具有代表新兴资产阶级要求自由和自由贸易的思想。在《人口论》中说:“只有自由和私人利益才能使国家欣欣向荣。”根据魁奈的“纯产品”理论,虽然认为商业是不生产的,但却认为商业自由是符合自然秩序的要求的。在《重要的考察》第五的注释中,曾说:“在所有商业的交易中，出卖者和购买者是相对立的，但可以根据自己的利益，自由地订立契约。他们自己这样调整的利益是和公共的利益相一致的，因为他们自己是他们的利益的唯一最合适的裁判者。”在《农业国经济统治的一般准则》中的第二十五条为：“必须维持商业的完全自由。因为最安全，最确实，对于国民和国家最有利的国内商业和对外贸易的政策，在于保持竞争的完全自由。”其中魁奈特别重视谷物输出的自由。他在《租地农场主论》中说：“我国谷物对外贩卖的自由，是复兴王国农业的重要而不可缺少的手段。”在《谷物论》中并举出英国开展谷物自由贸易所取得的良好结果为例：“在英国只想耕种本国所要的生活资料时，常常不能满足自己的需要，因而不得不购买外国的小麦。但是自从英国把小麦作为对外贸易的商品以来，耕种就大为增加，一年的好收获可以供给英国人五年的生活资料，而现在则是把小麦输出到缺乏小麦的国家。”魁奈认为不但商业上要自由，同时在生产上也要有自由，而且把自由和垄断加以对立。在《农业国经济统治的一般准则》中的第十二条说：“任何人都有为了取得最大限度的收获，根据对自己的利益，自己的能力和对土地的性质最合宜的产品，在田地里耕种的自由。对于耕种土地的垄断，因为要伤害国民一般收入，绝对不应该助长它。”马克思曾经指出，自由放任、无拘无束的自由竞争、工业摆脱国家的任何干涉、取消垄断等，是“把资产阶级社会从建立在封建社会废墟上的君主专制下解放出来”，这是新兴资产阶级所迫切要求的。

五、魁奈的《经济表》

马克思曾在很多著作中提到重农学派和魁奈时，给魁奈以很高的评价，认为他是把政治经济学建立成为一门科学的人，同时指出他的经济理论是概括地体现在他的《经济表》中，所以《经济表》是魁奈最重要的著作。

如前所述，因为《经济表》第一版和第二版的原稿发现较迟，所以向来关于《经济表》的说明都以《经济表的分析》一文所附的“图式”也就是“经济表的图式”（Formule du Tableau Economique）为中心。马克思在《资本论》第二卷和《剩余价值理论》第一卷所分析说明批判的，也都是这个《经济表》的“图式”。（见正文第 349 页）

关于这个表，马克思在《反杜林论》的第二篇第十章的“《批判史》论述”中曾说：“重农学派在魁奈的《经济表》中给我们留下了一个谜，对于这个谜，以前的政治经济学批评家和历史家绞尽脑汁而毫无结果。这个表本来应该清楚地说明重农学派对一国总财富的生产和流通的观念，可是它对后代经济学者仍然是不可了解的。”[①]上面所说的魁奈的一些经济理论都体现在这个表中，如自然秩序、财富、纯产品、三个阶级的划分、重农思想等。但这个表的建立，还以三个假定为前提。第一是价格的不变性。表中所描述的是在自然秩序下所进行的等价交换，把市场价格的变动，以及市

① 《反杜林论》单行本，第 241 页。

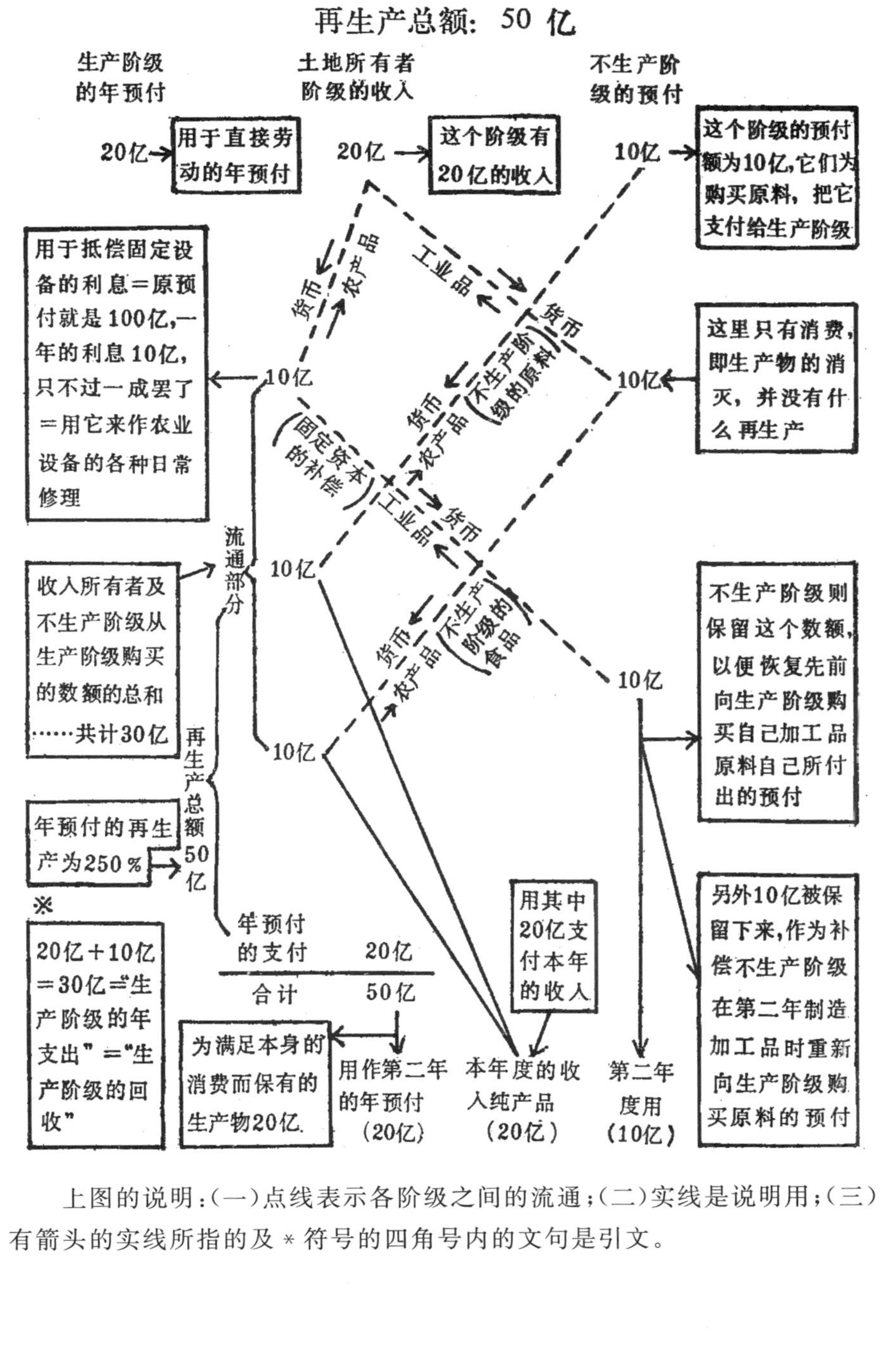

再生产总额：50 亿

生产阶级的年预付

土地所有者阶级的收入

不生产阶级的预付

20亿 → 用于直接劳动的年预付

20亿 → 这个阶级有20亿的收入

10亿 → 这个阶级的预付额为10亿，它们为购买原料，把它支付给生产阶级

用于抵偿固定设备的利息＝原预付就是100亿，一年的利息10亿，只不过一成罢了＝用它来作农业设备的各种日常修理

货币 农产品

工业品 货币

（不生产阶级的原料）

10亿

10亿

这里只有消费，即生产物的消灭，并没有什么再生产

（固定资本的补偿）

货币 农产品

工业品 货币

流通部分

收入所有者及不生产阶级从生产阶级购买的数额的总和……共计30亿

10亿

（不生产阶级的食品）

货币 农产品

10亿

不生产阶级则保留这个数额，以便恢复先前向生产阶级购买自己加工品原料自己所付出的预付

10亿

再生产总额50亿

年预付的再生产为250％

※

20亿＋10亿＝30亿＝“生产阶级的年支出”＝“生产阶级的回收”

年预付的支付	20亿
合计	50亿

用其中20亿支付本年的收入

另外10亿被保留下来，作为补偿不生产阶级在第二年制造加工品时重新向生产阶级购买原料的预付

为满足本身的消费而保有的生产物20亿

用作第二年的年预付（20亿）

本年度的收入纯产品（20亿）

第二年度用（10亿）

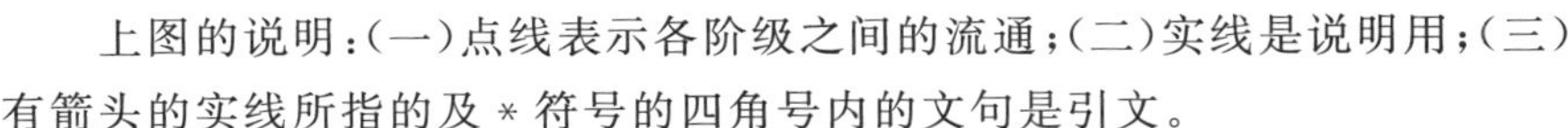

上图的说明：（一）点线表示各阶级之间的流通；（二）实线是说明用；（三）有箭头的实线所指的及＊符号的四角号内的文句是引文。

场价格和自然价格之间的差异略去,因为这种差异使研究工作和说明复杂化。第二是简单再生产。就是把注意力集中在简单再生产上,以此来说明各经济部门是如何互相制约和互相依存,以及农业如何通过流通滋养整个经济体系。第三是略而不谈对外贸易。就是所说明的是不受国外市场干扰的稳定的经济状况。在抽象地考察资产阶级社会是应该这样做的。马克思在《资本论》第二卷第三篇《社会总资本的再生产和流通》中曾说:“魁奈的《经济表》用几根粗线条表明,国民生产的具有一定价值的年产品怎样通过流通进行分配,才能在其他条件不变的情况下,使它的简单再生产即原有规模的再生产进行下去。上一年度的收获,当然构成生产期间的起点。无数单个的流通行为,从一开始就被综合成为它们的具有社会特征的大量运动,——几个巨大的、职能上确定的、经济的社会阶级之间的流通。”[①]在这段话中,也包含了这三个假定。

除上述假定前提外,《经济表》还以一定的计算数字为出发点。就是这个国家有约三千万安居乐业的人口,不同性质的耕地约一亿三千万亚尔邦,生产阶级的年预付(流动资本)二十亿,原预付(固定资本)一百亿,每年再生产出产品总额五十亿(实际上是七十亿,因为还有二十亿工业品)。货币三十亿。流通的过程是:土地所有者用二十亿的地租收入,分别向生产阶级购买十亿的农产品,向不生产阶级购买十亿的工业品,生产阶级以流回到他们手中的十亿向不生产阶级购买工业品。然后不生产阶级用他们手中的二十亿向生产阶级购买十亿的原料和十亿的粮食。生产和流通的结

① 《马克思恩格斯全集》第 24 卷,第 398 页。

果，仍然是生产阶级生产了五十亿农产品，不生产阶级有二十亿工业品，生产阶级有二十亿货币交地租，不生产阶级有十亿货币准备买原料。就是这样，这个国家在均衡状态下，每年有规则地、循环地进行财富的再生产，正如马克思所说："魁奈的《经济表》就是要通过图解来清楚地说明：一个国家（实际上就是法国）每年的总产品，怎样在这三个阶级之间流通，怎样为每年的再生产服务。"[①]现把经济表的图式根据《经济表的分析》来加以说明。

从上面根据《经济表的分析》的文章对"经济表的图式"的图解说明，魁奈的《经济表》应该是可以理解的。这是对于一个建立在私有制基础上、具有完全的经济活动自由、已储备财富再生产和国民经济剩余生产所必要的充分资本的资本主义社会的分析。实际上这是第一个对资本主义生产进行分析，但它使资产阶级社会获得了封建主义的外观。这个分析中有几点是值得注意的：

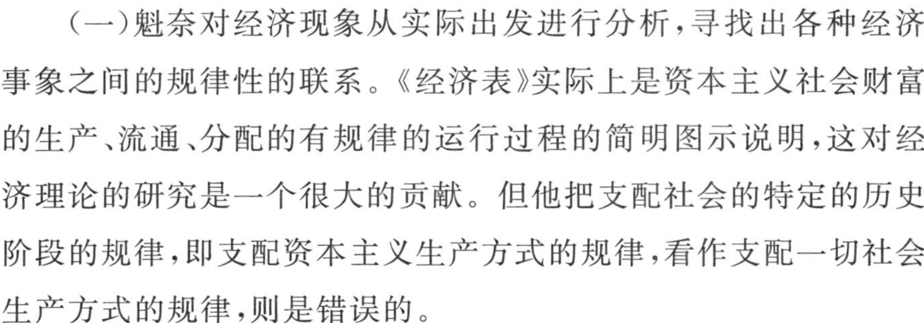

（一）魁奈对经济现象从实际出发进行分析，寻找出各种经济事象之间的规律性的联系。《经济表》实际上是资本主义社会财富的生产、流通、分配的有规律的运行过程的简明图示说明，这对经济理论的研究是一个很大的贡献。但他把支配社会的特定的历史阶段的规律，即支配资本主义生产方式的规律，看作支配一切社会生产方式的规律，则是错误的。

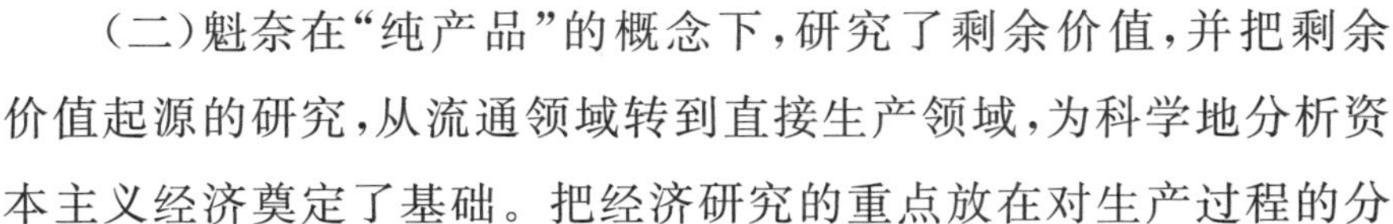

（二）魁奈在"纯产品"的概念下，研究了剩余价值，并把剩余价值起源的研究，从流通领域转到直接生产领域，为科学地分析资本主义经济奠定了基础。把经济研究的重点放在对生产过程的分

① 《反杜林论》单行本，人民出版社，1970年版，第244页。

析上，是魁奈和他以前的许多经济学家不同的一个很重要的特点，也对以后的经济理论研究有极大的影响。但魁奈的“纯产品”理论，有其很大的错误，就是认为只有依靠“自然”进行生产的农业能够生产出“纯产品”，“纯产品”来源于“自然的赐予”，因而把工业看作是不生产的。关于这个问题，马克思在《剩余价值理论》中曾加以详细的说明，主要的因为一切剩余价值，都是以一定的劳动生产率为基础，“这个生产率，这个作为出发前提的生产率阶段，必定首先存在于农业劳动中，因而表现为自然的赐予，自然的生产力”。[①] 这就是说，魁奈的上述看法固然是错误的，但亦有其历史的条件。

（三）因为魁奈只把农业看作能够生产“纯产品”，并以此为标准来划分阶级，把全体国民划为三个阶级，即生产阶级、土地所有者阶级和不生产阶级。把耕种土地从事农业的看作是生产阶级，把从事工商业的看作不生产阶级。正如马克思所指出这有其自然的基础，即“在农业中，自然力的协助——通过运用和开发自动发生作用的自然力来提高人的劳动力，从一开始就具有广大的规模。在工业中，自然力的这种大规模的利用是随着大工业的发展才出现的。农业的一定发展阶段，不管是本国的还是外国的，是资本发展的基础”。[②] 同时这也是他的阶级局限性的反映。如在《人口论》中说：“土地所有者也可以看作是生产者，因为他们管理和改善土地。甚至君主及其大臣通过对国家经济的管理，也能在总的方

① 《马克思恩格斯全集》第 26 卷，第一册，第 22 页。

② 同上书，第 22—23 页。

面间接地促进财富的增加，国家繁荣同他们也有关系。”在这里，魁奈把最明显的、几乎为一般人所公认的不劳而获的土地所有者看作是生产的。

(四)在“纯产品”的名义下，魁奈虽然从生产过程研究了剩余价值的来源，同时也在原预付(固定资本)和年预付(流动资本)的名义下，对于作为“产生价值的价值”的资本，也有所说明。但这只是从生产资本的周转形式来分类，没有能从资本的价值增殖机能来分类，把它分为不变资本和可变资本，因此魁奈的资本的含义是不明确的，同时也未能真正说明剩余价值的来源。在这一点上，魁奈不及他的信从者杜尔哥，马克思曾指出：“杜尔哥已经更经常地用‘资本’一词代替‘预付’，更彻底地把‘工厂主’的‘预付’和租地农场主的‘预付’等同起来。”①

(五)因为魁奈把农业劳动者看作是唯一能生产“纯产品”的生产者，同时把“纯产品”以地租的形式交给土地所有者作为收入，因而错误地把剩余价值的一个特殊形态，看作是剩余价值的一般形态。关于这一点，马克思也指出：“既然农业劳动被看成唯一的生产劳动，那么，把农业劳动同工业劳动区别开来的剩余价值形式，即地租，就被看成剩余价值的唯一形式。”②“工业利润和货币利息只是地租依以进行分配的各个不同项目，地租按照这些项目以一定的份额从土地所有者手里转到其他阶级手里。这同从亚当·斯密开始的后来的政治经济学家所持的观点完全相反，因为这些政

① 《马克思恩格斯全集》第24卷，第212页。

② 《马克思恩格斯全集》第26卷，第一册，第20页。

治经济学家正确地把工业利润看成剩余价值最初为资本占有的形式，从而看成剩余价值的最初的一般形式，而把利息和地租仅仅解释为由工业资本家分配给剩余价值共同占有者各阶级的工业利润的分支”。[①]

（六）由于魁奈把地租看成剩余价值的唯一形式，在把它交给土地所有者时，成为土地所有者的收入，因此就是只把剩余价值转换形态的地租看成收入。而收入，或国民所得或净产值，应该是剩余价值和工资的总和，也就是总产值减去生产的物质消耗价值后的余额。

（七）既然魁奈把工商业者看成不生产阶级，认为他们是不创造财富的，因此在社会总生产物中就没有工业生产物，因为这个原因，在《经济表》的再生产总额中，只有五十亿的农业生产物，供给三个阶级的食用和不生产阶级制造工业品的原料。同时它所生产的工业生产物，也只供给土地所有者阶级生活上的消费，和补偿生产阶级固定资本的损耗，而不生产阶级本身，则没有工业生产物的使用和消耗，这显然是不符合现实情况的。

（八）魁奈的《经济表》是在经济学中第一次制定的社会总产品的再生产和流通的图解，由于缺乏正确的价值论，因此他所分析的生产过程，只是生产使用价值的劳动过程，并不是价值形成和价值增殖的过程。由于使用价值的生产是任何社会经济形态下都存在的，于是生产的资产阶级形态被他看成永久存在的形态。他使《经济表》考察的对象，只着眼于农业和工业的再生产过程，并只把依

① 《马克思恩格斯全集》第 26 卷，第一册，第 21 页。

靠自然的赐予的农业看成是生产的，而工业则是不生产的，从而对社会的阶级结构作了不合理的划分，却不能根据剩余价值的生产和剥削关系来划分资本家阶级和雇佣工人阶级。只有到了杜尔哥的著作(《关于财富的形成和分配的考察》)中才作了这种明确的区分。

魁奈的《经济表》虽然有很多缺点，但如马克思所指出：概括在魁奈《经济表》中的重农学派体系“是第一个对资本主义生产进行分析，并把资本在其中被生产出来又在其中进行生产的那些条件当作生产的永恒自然规律来表述的体系”。[①] 并且指出，实际上，这是一种尝试，“这个尝试是在十八世纪三十至六十年代政治经济学幼年时期做出的，这是一个极有天才的思想，毫无疑问是政治经济学至今所提出的一切思想中最有天才的思想”。[②] 实际上，魁奈这个尝试所取得的成果，对以后政治经济学的发展发生了很大的影响。如马克思就曾在纠正了魁奈的各种错误论点之后提出一个自己的经济表，来代替魁奈的《经济表》。另外资产阶级的计量经济学，如里昂惕夫的“投入产出分析”，熊彼特认为是复兴了魁奈的《经济表》的基本原理的。

六、译者余言

因为魁奈是个医生，虽然他是五十八岁才开始研究经济问题，

① 《马克思恩格斯全集》第26卷，第一册，第23页。

② 同上书，第366页。

但因他作为医生有机会接近各方面的群众，深知民间疾苦，同时他在进入凡尔赛宫之后，有机会和统治阶级的各种人物接触，了解到对于当时经济问题的各种议论和看法，加上他的对自然科学研究的深厚的素养，能够对经济问题根据实际情况进行科学的分析，因而在较短的时期内，写出很多论文，对资产阶级古典政治经济学的建立做出很大的贡献。但因当时政治经济学还处在创建初期，政治经济学上的许多专门名词和概念都在刚开始形成，和今天有相当差异，如预付到后来发展为资本，良价论后来发展成为价值论。因此造成这些论文翻译上的一些困难和读者理解上的一些困难。也因此造成许多译名上的不同和变化，如过去一般地把 propriétaire des terres 译为地主，现则译为土地所有者；过去把 avances 译为垫支，现则译为预付；又如 *Fermiers*（*economique politique*）过去把它译成《农民论》（政治经济学），从原来意义说，应译为《佃农论》，如法汉词典的解释为“租户”，“佃农”，日本的《佛和辞典》的解释为“小作人”（即中文的“佃农”），现改为《租地农场主论》。这些是根据《马克思恩格斯全集》译文改的。还有 *Hommes* 原应译《人类论》，但因内容是讲人口问题，故译为《人口论》。

因一时未找到法文原本，这个《选集》是根据日文岛津亮二、菱山泉译的《魁奈全集》，坂田太郎译的《魁奈的〈经济表〉》与增井幸雄、户田正雄译的《魁奈的〈经济表〉》及俄文的《魁奈选集》等参照选译的。魁奈的主要经济著作，均已收入本《著作选》，其他比较不重要的，因篇幅关系，未予选收。因为我们水平有限，本《著作选》的选译工作定有很多不足和错误之处，希望读者不吝批评指正。

吴 斐 丹

1979 年 2 月于上海

目　录

租地农场主论[①]

(政治经济学)

租地农场主(政治经济学)(Fermiers,Econ. polit)在农村中租借土地,经营生产,因而获得维持国家所必要的最重要的财富和资源。所以租地农场主的任务在王国中是非常重要的,值得政府当局给予极大的关心。

应当从整个联系中来观察法国农业,否则就不可能对它获得清楚和完全的概念,并且很容易得出庸俗的论断,认为不进行耕种的地方只是一些荒地,贫苦农民的劳动和富裕租地农场主的劳动的收入是相同的。土地上覆盖着收获物,更使我们产生这样的印象,就是从收获情况骤然看起来,这些土地是确实被耕种了。但是这样的观察,并不能使我们知道收获的数量有多少,不能使我们知道耕作的方法,更不能使我们知道从畜牧业和农业的其他部门能够得到多少收入。其实这些情况,如果不是经过深刻和详细的研

① 魁奈这篇文章,是于一七五六年发表在狄德罗所编的《百科全书》的第六卷中。在第六卷中还发表了魁奈的纯粹哲学论文《明证论》(*l'Evidence*)。在第五卷中有卢骚的著名之作《经济论》(伦理学和政治学)(*Economie* (*morale et politique*))。当时魁奈发表经济问题的著作,颇觉使人感到突然。魁奈这两篇论文当时的署名为魁奈·勒·费尔斯(Quesnay le Fils)。(翁根注)

究，是不可能知道的。对于土地所采取的各种耕作方法和条件，决定着农业的收获；所以为了判断王国的农业的现状，必须充分了解各种的耕作方法。

土地是由使用马的租地农场主，或者是由使用牛的分成租地农场主来耕种。用马和用牛的利益是不同的，关于这一点知道的人还不多。如果去问耕作者，就会发现他们的优劣是决定于当地占优势的耕作方法。虽然为了对它们进行评价和比较，必须充分了解牛马双方的有利和不利之点，但是对于他们说，这种验证是完全没有意义的；因为他们不得不用牛来耕作的原因，是由于他们没有办法用马来耕种。

只有富裕的租地农场主，才能用马来耕种他的土地。使用四头马来拉犁进行耕种的租地农场主，在取得最初的收获之前，必须要有巨额的支出。就是能够播种小麦的土地，它的耕作需要一年的时间，在播种之后，非到第二年八月，是不可能取得收获的。因此，要等待约两年的时间，才能取得他的劳动和支出的果实。他必须支付所要的马匹和其他家畜的经费，提供作为种子的谷物，并给马以饲料，此外，还要支付仆人的工资和食粮；就是最初两年间，用四匹马来耕地的犁可以耕作的一个区，须要预付的支出估计共计一万至一万二千利佛尔[①]。因此，为了使用二以至三台这种犁，须要支出二万乃至三万利佛尔。

在没有这样的租地农场主的地方，土地所有者为了从自己的

① 利佛尔是法国古时的货币单位。一利佛尔为二十苏，一苏为十二德尼。——译者注

土地获得某些收益，只能把土地供给使用牛的农民去耕种，从而分得一半的收获物。这种耕作方法，分成租地农场主，只要有极少数额的经费。土地所有者供给他牛和种子，牛在劳动后就放到牧场里去吃草；因此分成租地农场主的全部经费，是对耕作用具和到最初的收获时期为止的生活资料的支出，而且土地所有者还常常要为他预付这些费用。但在有些地方，土地所有者担负了这些费用，并不以分得半数收获物的形式，来收取他应得的份额；而是分成租地农场主，把土地的地租和家畜价额的利息，以货币的形式，支付给土地所有者。虽然土地所有者的这份收入，常常是微不足道的；但是不住在自己领地上和不能到场来分取收获物的许多土地所有者，却宁愿以货币的形式来取得他们的收入。

在专门用牛耕种的地方，由自己进行耕种的土地所有者，也必须遵从相同的惯例；因为他们在这个地方，几乎不可能发现管理马、使用马的分成租地农场主和驾驭马的工人。如果要从远处雇用马夫，当然是非常的不便，同时如果马夫缺工或生病，就会使工作中断。这种情况是极其危险的，特别是在农忙时期。因为主人过分地依赖这种雇工，以致在他们缺工或工作不好时，不容易设法更换。

在所有时代和所有国家，土地都曾经是用牛耕作的；这种习惯，或多或少只是由于实际情况的需要而保持下来的。人们采用这种耕作方法的原因，是在所有国家和任何时候都存在的；只有因国家权力和统治性质不同而有所增减。

牛的劳动远比马的劳动缓慢，而且牛在牧场上喂食饲料所要的时间较长。因此，通常需要十二头牛，有时需要十八头牛耕作的地面，只要四匹马就够了。在有些农场，牛在牧场放牧的时间较短，另外以干草来喂养；这样虽然能增加牛的劳动，但是这种方法采用得并不普遍。

普遍的意见，认为牛比马的力气大，对翻种处女地来说，牛是不可缺的，使用马是不适宜的，这种偏见是与实际的经验不相符合的。例如六头牛只能拉载重二千到三千斤的车，而六匹马则能拉载重六千到七千斤的车。在山地里走，牛虽然比马稳，使用的力也比较小，也许有人认为在不好的道路上拉车，与其用马，还不如用牛；因为马拉的重量要轻得多，因此马脚陷入松软的泥土中较浅，给人以牛的拉力比马为强的印象。但是实际上，如果土质松软，牛的支脚点是不够坚实的。

较松软的土地，两头牛能耕作的，用两匹小马也就能够耕作了。在稍为坚硬的土地上，一架犁可以用四头牛或三匹马来拉。

在比较坚硬的土地上，每一架犁要用六头牛来拉。在同一块地上，如果是好马，四匹就够了。

最坚硬的土地，要用八头牛耕作的，但只要四匹强壮的马就够了。

在一架犁用许多头牛拉时，如再加上一两匹小马，那么这些马只能对牛起引导方向的作用。在这个情况下，马只能跟着牛的缓慢的步调，几乎不能对拉犁起任何作用，徒然增加无谓的支出。

由牛拉的一架犁，一整天能够耕地约四分之三亚尔邦[①]，由马

① 亚尔邦(arpent)是法国旧的面积单位，大小各地不同，大约等于现在的三十——五十一亚尔(are)。——译者注

拉的一架犁，则一整天能够耕地约一点五亚尔邦。因此一架犁要四头牛，三架犁要十二头牛，一天能够耕地约两亚尔邦。但是以三匹马拉的犁，三架犁，一天约能耕地四点五亚尔邦。

如果一架犁要用六头牛来拉，则拉两架犁的十二头牛，可以耕地约一点五亚尔邦；但拉两架犁的八匹好马，则可以耕地约三亚尔邦。

如果一架犁要八头牛拉，则二十四头牛拉的犁三架，能耕地两亚尔邦。如果强壮的马拉一架犁只要四匹就够的话，那么二十四匹马拉犁六架，就能耕地九亚尔邦。把这些情况总括平均起来看，就可以知道，马能比牛多耕三倍的土地。因此在只要四匹马耕作的土地，至少要十二头的牛。所以只有在山地和分散而贫瘠的土地，牛的使用才比马受欢迎。因为，在使用马的场合，为了耕种分散的小块土地，而要这里那里地移动，因而损失很多的时间，致使劳动力不能充分利用。如果用牛来拉耕犁，则只限于小块的土地，和马的耕种分散的广大的土地比较，要远为狭小。

牛的使用，适合于播种黑麦的土地或土质松软、不适于播种燕麦的土地。这种土地的耕作，只需两匹小马就够了，而这种小马的饲料，并不需要有多少的燕麦。至于适合生产燕麦的土地，到处可以找到。

土地之所以用牛来耕种，只是因为没有用马来耕种的租地农场主。土地所有者虽然为了耕种土地，对农民提供牛，但一般不愿把圈围土地以积肥的羊群冒险地交给他们。因为羊群如果管理不好就会死亡。

牛在夜里和白天的一部分时间，都在牧场里度过，所以得不到一点的肥料。只有在冬季,在牛厩中饲养时,才能积得肥料。

结果是由牛耕种的土地,比富裕的租地农场主用马耕种的土地,生产要少得很多。实际上,在牛耕的场合,一块肥沃的土地,只能生产约四塞蒂[①]的小麦,在马耕的场合,这块肥沃的土地,可以生产七塞蒂到八塞蒂的小麦。和小麦的生产量的情况一样,在生产饲养家畜的饲料和积取肥料上,也有同样的差别。

此外,还有另外一种弊害,情况并没有好一些。就是把收获的农产品和土地所有者共分的小分成租地农场主,把由他们管养的牛,尽量用于拉车来取得他们私人的利益;因为由此所取得的利益,要多于耕种土地。在这种情况下,他们非常轻视土地的耕种,土地所有者如果不加注意,大部分的土地都会变成荒芜。

如果土地荒芜,灌木丛生,这对用牛耕种,也就是土地耕种得不好的国家来说,会导致很不好的结果。因为在这样的国家里土地的价格非常低,开垦一亚尔邦这种土地所要的经费,比购买一亚尔邦适于耕种的土地的价格要高一倍。因此,与其出钱开垦,不如以较便宜的价格去买进土地。所以,荒芜的土地,始终只能做牧场,这使土地所有者的土地财产蒙受了极大的损失。

一般人的意见,从支出的观点来看,牛耕的利润要远比马耕为大。然而这还需要详细地考察。

我们在前面已经说过,用十二头牛耕种的土地,用马只要四匹就够了。

---

① 塞蒂(septier),法国古代谷物计量单位,古代法国一百五十六公升的谷量,约合现在的一百五十一公升。——译者注

马和牛，有着不同的价格。耕马的价格，是从六十利佛尔到四百利佛尔，牛的价格，为公母一对从一百利佛尔到五百利佛尔，或五百利佛尔以上。如果是容易套驾的马，则牛马的购买费用的比较，为马一头三百利佛尔，公母一对大牛为四百利佛尔。

耕马使用年限，大致为十二年。然而牛的耕种年限，就有很大的不同；有一些在用足四年后，就要更换，另外的可以使用六年，还有的可以使用八年；牛的平均使用年限为六年。牛在使用期满之后，还可以养肥，以供宰杀卖肉。但一般说，是把牛养肥宰杀卖肉的，并不是把牛用于耕种。他们是把瘦牛卖给有适当牧场、可以把牛养肥卖肉的人。把牛养肥卖肉和养牛以供使用，二者是有区别的。瘦的牛在使用六年后出卖时，已经约有十岁了，因而丧失了原先价格的约四分之一。牛的使用时间愈长，则它所丧失的价格也愈大。

经过详细的研究之后，就不难知道牛和马的购买费用和购买牛与马，究竟是哪一种比较有利。

好的耕马四匹，每匹三百利佛尔，它的价值	1 200	1 920 利佛尔
这四匹马可以使用十二年。它的购买费一千二百利佛尔的利息，十二年间为	720	
假定在使用十二年后，不能获得任何收入，则损失		1 920 利佛尔
大牛十二头，每头二百利佛尔，共计	2 400	3 120 利佛尔
这些牛可以使用六年，购买费二千四百利佛尔，六年间的利息为	720	

在使用六年之后，把瘦牛出卖，可以各得一百五十利佛尔，则十二头牛可以获得一千八百利佛尔的收入。购买费二千四百利佛尔，因为要加上七百二十利佛尔的利息，共计为三千一百二十利佛尔。从这个数额中除去一千八百利佛尔，则为损失一千三百二十利佛尔。

十二年间的损失，要加倍地计算，共计为………… 2 640 利佛尔

因此，从这一点来看，牛的支出比马要约多七百利佛尔。在牛更新时，假定牛的贩卖的损失减少一半，它的支出仍然要超过马的支出。但是十二年内的这个差数，对每一年说，是很少的。

即使马的购买价格，与牛的购买价格相比要差一半，就是假定马每匹一百五十利佛尔，牛每头一百利佛尔，牛的损失，依然以同一的比例，超过马的损失。

有一些租地农场主，把牛只使用几年，也就是在它到达最有利的出卖年龄，就把它出卖了。

在马耕的场合，也有一些租地农场主以同样的方法，把它以高于购买价格出售。但在这个场合，从牛马的使用说，对于耕种的利益，反而要少些。

有种说法，马比牛容易发生事故和感染疾病。关于这一点，大部分人认为马比牛的危险率要高三倍。按这个比率说，十二头牛和四匹马具有同样的危险。

但是当牛发生传染病，引起全面的灾害时，比较马染病更加危险。就是，如果牛全部死亡，则工作就要停止。这种损失不可能很快地弥补，土地就会荒芜。从必要量说，牛要两倍于马的购买费，

因此损失更难弥补。马不会发生和牛一样的传染病，因而马的个别的染病，对耕作者说，不会有大的危险。

在使用马的场合，还要有钉蹄掌和马具的支出，但牛就不要这项支出。然而四匹马在耕种时，只需有一个驾驭者，而十二头牛，在耕种时就需要几个驾驭者。因此，牛马双方的这些费用可以认为大致是相同的。

这里还有一个需要考察的事情，就是饲料问题。有一种先入的观念，就是认为牛在这方面比较有利。为了消除这种先入的观念，必须对于需要检讨的农业的许多问题，作深入的详细地研究。

使用马耕种的土地，普通是采取三圃式轮种法，就是土地的三分之一播种小麦，另外的三分之一则播种燕麦和在冬季后播种谷物，余下的三分之一则为休闲地。使用牛耕种的土地，则采取二圃式轮种法，就是二分之一播种小麦，另外二分之一则为休闲地；燕麦和其他三月谷物（春播谷物）几乎完全不播种，因为牛并不需要这种饲料。同一数量的土地，使用牛耕种时，六年间可以有三次的小麦收获，交互地有三年休闲。相反，在使用马耕种时，同样数量的土地，六年间只能有两次的小麦收获。但是其他的三月春播谷物也可以有二次的收获，六年间只休闲两年。

小麦的收获，如果马以三月春播谷物的一部分作为饲料而消费，则更为有利。但是用牛耕的场合，比较用马耕，在六年中要多收一次小麦。从这一点看，牛耕要比马耕为有利。可是必须注意如下的情况，就是一般能有收获的土地的轮作地，并不能全部都播种小麦，因为牛的劳动缓慢，轮作地的四分之一以上往往是播种不需要细耕的杂谷类。如果情况是这样，那么所有的利益就都消失了。

但是三年中只播种小麦一次的同一块土地，可能比每两年播种一次所生产的数量还要多一些。这个多余的收获，估计为五分之一。因此，六年间三次的收获，假定为二十四公升，则三年〔六年间之误〕二次的收获为二十公升，因此二次的收获，比较三次收获的生产量，只少六分之一。

这个六分之一以至超过这个数额的损失，在马耕的场合，是容易补偿的。因为在使用牛耕作的轮作地中，播种小麦的，普通不过四分之三，有四分之一只是播种杂谷。因此，在牛耕的情况下，小麦的三次的收获，实际上只有二次的收获又四分之一。所以，我们在上面假定，牛耕的三次的收获为二十四公升，实际上两次收获又四分之一，只合十八公升。使用马耕种时的二次收获，则可生产二十公升。因此，在生产小麦的场合，马耕比牛耕的收获要多十分之一。在普通的情况下，牛耕的收获量只有优秀的租地农场主用马耕的收获量的约一半，我们常是假定，双方土地的质量相同，并且能很好地耕作。而且为了把马的饲料支出和牛的饲料支出，能够更加容易比较，我们假定双方土地的质量是相同的，而且都耕作得很好。即使在这个假定之下，牛耕的小麦生产量，也仅仅和马耕的生产量相等。

我们在前面已经指出，使用马耕作的租地农场主，从种燕麦的轮作地每年可以取得收获物，而用牛耕作的分成租地农场主，只能取得四分之一的燕麦收获。因为耕马要消费掉所收获的燕麦的四分之三，余下的四分之一则为租地农场主的利得。除此以外在农忙时期，也要给牛以少许的燕麦；因此，牛要消费去分成租地农场主约一半的所收获的燕麦。用牛耕的分成租地农场主,比用马耕的租地农场主,所收获的燕麦要少四分之三,因此分成租地农场主只得到八分之一的燕麦,其余的都被牛消费掉了。而租地农场主则余下未被马消费的四分之一的燕麦。因此,马虽然需要消费大量的燕麦作为饲料,然而用马耕的租地农场主,比较用牛耕的分成租地农场主,所取得的利润还要多一些。即使在进行同样的耕作的场合,就是如一部分的分成租地农场主一样,只在他的轮耕地全部播种小麦时,分成租地农场主的收获,也不比为了马的饲料不得不消费燕麦的租地农场主的收获,更为多一些。即使马把所收获的全部燕麦消费掉,从这一点来比较,对租地农场主也并没有什么不利。而且关于马的饲料的消费问题,是常被夸大了的。必须注意的是还有牧草的收获。这就是在马耕的场合,六年间只休闲两年的原因。

在用牛耕作的土地,也有采用三圃式轮耕制的。在这种情况之下,同样的耕作,用牛耕作的收获和用马耕作的收获相同,耕作者几乎可以从全部播种燕麦的轮耕地,取得燕麦的收获。并且因为有燕麦作为饲料作物可以喂养耕牛,因此牛在牧场上的时间就可以减少,可以节约出更多的时间用于劳动。这样又可以由牛多积肥料,小麦的秆叶可以全部用于喂羊,因而能够饲养较多的羊,结果从这些羊又可以取得较好的收入,并给土地以较多的肥料。所有这些利益总加在一起,就和用马耕作的利益相接近。但是这种经营法,不是分成租地农场主所能实行的,因为负担养羊支出的土地所有者,必须自己担当这种耕作的管理,结果这种方法几乎无法利用。在只用牛耕作的地方,就是土地所有者自己担当经营土地时，也不选用这种方法；原因是他们盲目地依随大家惯用的方法。只有有教养的和聪明的人，才能免于陷入妨碍自己利益的惯用方法的错误。因为为了成功，必须为购买羊群和其他家畜，以及其他支出而预付必不可缺少的元本；为了进行生产好的耕作，总是要付出很高的代价的。

马的饲养，不仅要消费燕麦，还要消费其他的牧草与饲料。饲料可以由耕种小麦时取得，因为小麦的秸秆是适合于作马的饲料。豌豆、箭筈豌豆、豆荚、扁豆等，都可以代替干草供作饲料。由于把这些东西作饲料，马就可以不消费干草，即使消费，它的量也是极少。秸秆的消费，对于取得肥料是有利的。因此，这种消费在耕作者看来，并不是不利的支出。

因此，马由自己的劳动，获得自己的饲料，在耕作上，不会减少给耕作者的利润。

由牛进行的普通耕作，情况就不同了。因为牛耕所取得的收获，并不能供给这些动物的饲料，在夏季需要牧场，在冬季需要干草。耕作者虽然给马以干草，但它的数量很少，因为还有三月春播谷物所取得的其他饲料可以抵补。在没有牧草的冬季，十二头牛所消费的干草量，比四匹马在同一时期所消费的少量干草还要多。从这一点来看，马的饲料，也是比较经济的。此外还应考虑到牛比马，要有更多的牧场的支出。

这项牧场支出看起来数额并不很大，但实际上很值得注意。因为适合于饲养耕牛的牧场，同样也可以饲养使每年能够获得真实利润的其他家畜。如果这个牧场可以用作耕地，则它的损失就更大。为了确保饲养耕牛的牧场，究竟有多少可以耕种的土地依然荒芜未开，这还很难说，总之数量是不少的。不幸的是，分成租地农场主为了自己的利益，尽可能把较多的时间用于牛车搬运上，而尽量少地用于耕种土地。况且在牧地开垦，为了防止放牧在牧场的牛损害庄稼，不得不以柴草编作篱笆，以围护土地。耕作者在从事于土地耕种的季节里，为了编造这种圈围，还不得不花费很多的时间。由于这个原因，耕作牧场的支出非常重。这项支出，在马耕的地方，是完全可以避免的。所以，认为饲养耕牛的费用要比马为少的想法，是很大的错误。

有八处所有地的土地所有者，有约一百头的耕牛，每头牛的支出，除牧场的使用和干草的消费，估计为四十利佛尔，为了饲养全部一百头牛，至少要有四千利佛尔。这些支出在使用马的场合，是完全可以免除的。

但是把用牛耕的生产量和用马耕的生产量的多少根据事实来进行考察，就可以发现，用牛耕种的土地的生产量，比马耕要损失一半。在这上面，还必须加上由于可能耕种，但为了牛的放牧而未耕种的土地因而遭受的损失。还有必须注意的是在干旱的季节里，牛在牧场上几乎完全找不到饲料，因此也不能很好地劳动。由于饲料和肥料的不足，牛不能完成田里的全部工作，以及分成租地农场主把牛用于搬运，耕作上大受限制的结果，即使土地非常广阔，也只能有很少的收入，常常使分成租地农场主和土地所有者陷于破产的危险。

有人认为王国内八分之七的土地是用牛耕种的。如果把不依靠旁人的帮助就不能为农业高产提供必要经费的贫苦租地农场主的土地也包括在这八分之七的土地内，这种估计可能多少是符合实际情况的。因此王国全部土地中，有一部分是荒地，其他部分几乎是近于荒地。这种情况的出现是由于缺乏租地农场主的，因而使法国农业遭受很大的损失。

这种灾害可以归结于三个原因：（一）土地耕作者的子女，携带他们父母用于土地耕作的财富，逃亡到大城市；（二）恣意的课税，使农业生产所必要的投资的经费，没有任何保证；（三）对谷物交易的限制。

可以认为，现在实行的政策是把农民的贫穷，看作迫使农民劳动的必要刺激。没有人不知道，财富是发展农业的大原动力，要进行良好的耕作，必须要有很多的财富。请参看前面的论文《租地农场主论》（农业经济）（*Fermier*）。[①]

王国的领土广袤，约一亿亚尔邦。其中一半是山地、森林、草地、葡萄园、道路、荒地、宅地、庭园、牧场以至人工的小牧场、池沼、河川，其余的一半，则可以利用来进行谷物的耕作。

---

① 这里的《租地农场主论》（农业经济）是魁奈的朋友、凡尔赛的狩猎长官罗伊（Le Roy）所写。根据杜邦的《概说》，二人间有相当亲密的思想交换关系。但是认为魁奈参与了论文编纂工作，明显地是不妥当的。（在这些论文中，有《肥料论》、《租佃农场论》、《森林论》、《鸟兽论》及其他。）例如，歇尔（G. Schelle）在其著作《杜邦和重农学派》（*Dupont de Nemours et l'Ecole physiocratique*）中曾说："医生（即魁奈）的友人之一，凡尔赛的狩猎长官罗伊在《百科全书》工作上，帮助了魁奈。""魁奈和罗伊的论文，已于一七五四年公布了"。但是仔细地检查罗伊的著作，很难在他的著作中发现魁奈精神的痕迹。虽然有些想法，常是相互一致的。在《租地农场主论》（农业经济）中，如上面所说的值得注意的地方只有一处。即"即使是普通的耕作，也必须要有很大的预付。何况要进行良好的耕种，那就要求有更多的预付。如果要取得很大的成功，只有依靠增加所有种类的支出"。关于这一点，是和杜邦在其《概说》中如下的说明相符合的。《概说》中有这样的话："魁奈所说要使农业繁荣，必须要有丰富的预付，和罗伊的学说正是相同。"但不能就此断言，他们二人是做着共同的事业。（翁根注）

因此，在王国中据计算应该有五千万亚尔邦的耕地。如果把洛林(La Lorraine)地方包括在内，则这个计算是并不夸大的。但在这个五千万亚尔邦的耕地中，还必须注意，有四分之一以上，是荒芜未垦的。

因此，耕作的土地，只有约三千六百万亚尔邦。其中六百万以至七百万亚尔邦是进行精耕细作的，约三千万亚尔邦，则是用牛耕种的。

用马耕种的七百万亚尔邦，是采用三圃式轮耕制。其中的三分之一，每年生产小麦，除去种子，平年每亚尔邦，约可得六塞蒂。因此，在轮耕地上，每年可以生产小麦一千四百万塞蒂。

用牛耕种的三千万亚尔邦，采用二圃式轮耕制。但是可以取得收获的二分之一，并不是全部都播种小麦，其中的四分之一是通常的杂谷。因此播种小麦的土地，每年不过约为一千一百万亚尔邦。每一亚尔邦平年约可生产小麦三塞蒂，其中一部分必须留做种子，因此整个轮耕地可生产小麦二千八百万塞蒂。

两部分小麦的总生产量(le produit total)为四千二百万塞蒂。

根据圣莫尔(Dupré de saint-Maur)的计算，王国约有一千六百万住民。如果每一个住民消费小麦三塞蒂，则全部消费量为四千八百万塞蒂。因为在一千六百万住民中，有半数是在十五岁以前死亡，因此一千六百万中十五岁以上的住民不过八百万人，他们的小麦年消费量不超过二千四百万塞蒂。假定再加上另外一半未满十五岁的儿童的份额，则全部消费量为三千六百万塞蒂。按圣莫尔的计算，我国小麦的收获量，平年为三千七百万塞蒂。因此小麦的收获量供给消费已没有剩余。但是农民除了用作自己的生活资料的小麦之外，还把其他谷物和果类当作食物。依我看来，由上述两种耕种方法，我国生产的收获量，平常年成可能有四千二百万塞蒂。

王国的耕地，估计至少有五千万亚尔邦[①]，如果全部都采用高级耕种法，那么每一亚尔邦的土地，上等地、中等地一起，除去种子，平常年景，至少可以生产五塞蒂。因此三分之一耕地的生产量，为小麦八千五百万塞蒂。然而这些土地中，至少有八分之一，是用于种植蔬菜、亚麻和大麻等，这些作物是需要肥沃的土地和精细的耕作的。换句话说，每年生产小麦的土地不过一千四百万亚尔邦，它的生产量为七千万塞蒂。

采用这种高级耕种法，收获的增加每年为二千六百万塞蒂（是否为二千八百万之误）。

每年的收获，用以供养全部人口已十分充裕，因此这二千六百万塞蒂该是王国的剩余。一般的推算，这种增加的收获，平年约为九百万塞蒂。

因此，即使将来住民有很大的增加，还有二千六百万塞蒂可以出售给外国。

但是这样大量谷物的出售，它的售价是不会太高的。英国每年的输出不超过一百万塞蒂，未开化国家的输出也不到一百万塞蒂。英国的殖民地，特别是土地十分肥沃的宾夕法尼亚地方，差不多输出同样的数量。波兰输出约八十万吨，即七百万塞蒂以供给

① 根据卡西尼(Cassini)的地图，法国有一亿二千五百万亚尔邦耕地，其中的一半，可以播种小麦。(《百科全书》编纂者注)

需要购买的国家。如果以英国出售小麦的价格为基准，则购入国的人民，是不会出很高的价格的。由此我们常会得出这样的结论，我们不能要求以能够补偿耕作者的费用的价格，来出售二千六百万塞蒂的小麦。

因此，另外方面，我们必须从能得到最大收入的角度来考虑农业的生产。

从家畜所产生的利润，是利润的最大部分。小麦的耕种要有很大的支出。这种谷物的贩卖是极不稳定的。在耕作者不得不以低价出售或者暂时把它贮藏起来时，除非依靠从家畜所得的利润，是无法维持生活的。但是谷物的耕种，仍然是农业的基础和本源，因为只有谷物的耕种才能够饲养很多的家畜。家畜的饲养，只有夏季的牧场是不够的，还必须要有冬季的饲料，除此以外大部分的家畜，必须要有饲养用的谷物。而畜牧业的发展，是丰收的保证。农业的经营，必须从这两个观点来考虑。

像法国这样的王国，领土广大，小麦的种植远远超过它所能销售的数量，当然只需在优良肥沃的土地上播种小麦。在中等的土地上播种小麦，就会不能补偿它的耕作费用。我们不想在这里来谈土地的改良问题。在法国连这样简单农耕的支出都无法抵偿的情况之下，更谈不到土地改良费用的支出。然而就是这些土地，为了家畜的饲料，把它进行播种杂谷、块根植物、牧草，或开辟小牧场等有利的使用，就会比今天获得更多的收益。如果采用这种耕作方法，能够使畜棚里饲养起很多的家畜，则这些家畜就能供给愈多的肥料，结果可以获得更大的丰收，获得更多的谷物和饲料，同时也能饲养更多的家畜。还有作为重要收入对象的森林和葡萄园，也可能在不损害谷物耕作的条件下，占用广大的土地。有一种意见，认为扩大小麦耕作地，必须限制葡萄的栽培。但这样将会由于小麦耕作地的扩大，而没有必要地使王国失去很大的收益。而且这样也不能除去土地耕作上有害的障碍。作为葡萄栽培者说，葡萄的栽培明显的有很多利益；和准备土地进行小麦生产相比较，维持葡萄的栽培所要的资金是较少的。任何人处理问题都要符合自己的利益。如果有人想把由于不可克服的原因所形成的习惯，用法律加以限制，则这种法律不过是对于农业发展附加上新的障碍。这种立法是很不适合于葡萄的栽培。对于小麦的耕种说，所缺乏的不是土地，而是使土地有价值的财富（耕种土地所需要的资金。——译者）。

在英国，为了保证家畜的饲料，使用了很多的土地。在这个岛国里，有着很大数量的家畜。从饲养家畜所得的利润的数量是很大的，仅羊毛的出产，估计就有一亿六千万〔利佛尔〕以上。没有哪一个商业部门，能够和这一种家畜的收益匹敌。作为这个国家国外贸易的主要对象的黑人买卖，收益也不过是约六千万。因此耕作者所得的份额，是远比商人为多。谷物的交易额占英国国内商业的四分之一，家畜的生产，则比谷物更高。这种丰富，是耕作者富裕的结果。在英国，租地农场主是非常的富裕，而处于受人尊敬的地位，特别是居于受政府保护的地位。英国的土地耕作者，可以公然地利用自己的财富，不必担心会由于任意征税而使他们的所得不稳定。

耕作者愈富裕，愈益能够凭借他的能力来增加土地的生产和国力。贫困的租地农场主，虽然能够进行耕作，但并不能给国家带来什么利益；因为他们并不能获得以其劳动进行良好的耕作的条件下土地所能提供的生产物。

但是必须承认，在领土广大的王国，应该选择肥沃的土地来播种小麦；因这种小麦的耕作，要耗费很大的费用。土地愈贫瘠，所要的支出愈多，土地的价值愈低，就使耕作者的利得愈少。

以法国说，假定小麦的耕种只限于肥沃的土地，则用于种植这种作物的耕地可以减少到三千万亚尔邦，其中的一千万亚尔邦每年播种小麦，另外的一千万亚尔邦播种燕麦，余下的一千万亚尔邦则为休耕地。

进行良好的耕种的，播种小麦的肥沃土地一千万亚尔邦，在平常的年岁，每一亚尔邦除去种子，至少可以生产小麦六塞蒂。这样，一千万亚尔邦可以生产六千万塞蒂。

这个数量，比我国当前小麦的年收获量，要高一千八百万塞蒂。这个超过的数额，可以出卖给外国，即使因为出产丰富，每一塞蒂的价格不过十七利佛尔，但一千八百万塞蒂，也可收入三亿利佛尔以上。此外，用于其他农作的土地，不包括葡萄园，还有二千万乃至三千万亚尔邦。

在小麦之外，燕麦和杂谷也有同一比例的超过额。这个超过额，和其他中等土地耕作的产品一起，能使家畜饲养的利润增加。

输出外国的小麦，在自由贸易的条件下，可以每塞蒂约二十利佛尔的平均价格出售。因为在从查理九世到路易十四治世终了时为止，以我国现在的货币计算，数十年间的平均价格，是变动于二十利佛尔和三十利佛尔之间。换言之，在马克银币三分之一以至二分之一价格之间变动。烘制一斤大面包所要的小麦一斤的价格,约为一苏,即相当于我国现在的货币二苏。

在英国,小麦以约二十二利佛尔的平均价格出卖。由于自由贸易的关系,在不同年度之间,几乎没有发生过很大的变动。国内没有发生过食物缺乏和成为无价值之物的经验。谷物价格的稳定是农业发展的重要基础。因为耕作者完全没有必要把谷物保持不卖,常是依靠每年生产的收获,来应付耕作上所需而不可缺的花费。

但在最近的法国,小麦的价格急剧地下降到普通价格以下。因此完全意外地常常陷入于贫穷。为什么在三十几年中,小麦的平均价格会只有十七利佛尔?因为在这个时期中,小麦的最低价格为十一以至十三利佛尔。所以在贫穷的耕作者如此多的王国,这样低廉的价格,结果更加容易受贫穷的侵袭。因为他们不能等待很好的时机来出售谷物。除此之外,由于没有销路,他们不得不把一部分小麦喂养家畜,以期取得一些收入。这样就产生一个不好的结果,使贫穷的耕作者失望,使小麦的耕作和收获量不断地减少,因而使贫穷继续发展。

在小麦价格降低时,在耕作者中,通例是不把麦束打净,以使在羊的饲料中还留有较多的谷物。就是这样,在冬春之间把羊喂肥,使羊的贩卖比小麦的贩卖能够获得更多的利润。因此我们就容易了解为什么在歉收的年月会引起饥荒。

有人认为在平常年份,小麦的收获比较全年的消费量,还约有两个月的多余。这里所说的平常年份,是以丰收和歉收平均计算,并且假定丰收时,把过剩的谷物保存起来,以便在歉收时食用。但这个假定是错误的。因为在歉收时,小麦的价格会涨得很高。前几年小麦价格的低廉，耕作者就把它用来喂养家畜，而把小麦消费掉，并且忽视了耕作。还有，在歉收之后来一个丰收，因为小麦价格的低廉，也无法来防止贫穷。到了歉收之年，小麦价格提高，也不能补偿贫穷的耕作者。因为在歉收之年，贫苦农民几乎没有小麦可以出售。由几年的价格所形成的平均价格，对他们来说，实际上是不存在的。价格波动中的相互抵偿的作用对这些人来说，除了在计算中，是感觉不到的。

要了解由于小麦价格的极端差别，而不可避免地要引起农业的衰退，必须注意小麦耕作所必要的支出。

由四匹强壮的马所拉的犁一架，可以翻耕四十亚尔邦的小麦地和三月春播的四十亚尔邦的杂谷地。

一头能够很好地劳动的强壮的马，把它适当地饲养，每年要消费十五塞蒂的燕麦。以每一塞蒂十利佛尔计算，十五塞蒂为一百五十利佛尔。

结果四匹马的燕麦支出 …………………………… 600 利佛尔

没把饲料计算在内，这是因为它系由收获来供应，为了能够获得肥料以供农业的需要，必须在租地农场中消费。

制车工匠、马具制造者、装备、麻布、钉蹄铁

工、犁铧工、车轮和车轴的带具等的经费 ……… 250 利佛尔

车夫的给养与工资 ……………………………… 300 利佛尔

雇佣的粗杂工人 ………………………………… 200 利佛尔

从事饲养家畜和在养禽场工作的其他雇佣工人，则没有计算在内；因为他们的工作，和耕作并没有直接的关系，对于他们的支出，必须归结在他们的劳动对象上。

马要草原干草或人工牧场的干草。但谷物耕作所生产的秆叶，则供给其他家畜以饲料，因而可抵偿上面所说的马的干草的支出。

小麦耕作的土地，租借费用的支付时间是二年。因为一亚尔邦土地的租费是八利佛尔，四十亚尔邦二年的租费为 …………………… 640 利佛尔

土地税、盐税以及其他租税为地租的一半 ……… 320 利佛尔

收割的经费为四利佛尔，仓库的经费为一利佛尔十苏，二者合计一亚尔邦小麦地为五利佛尔十苏，因此四十亚尔邦为 ……………… 220 利佛尔

打麦费，每一塞蒂小麦为十五苏，一亚尔邦土地生产六塞蒂小麦，则四十亚尔邦为 ………… 180 利佛尔

元本的利息、为购买马、犁、车等的支出以及消耗于土地的预付，除去家畜部分合计为三千利佛尔，它的利息至少为 ………………… 300 利佛尔

杂费与临时费 ………………………………… 200 利佛尔

耕种四十亚尔邦土地总计 …………………… 3 220 利佛尔[①]

耕种一亚尔邦的小麦，约需支出八十利佛尔，在巴黎附近，小麦地每亚尔邦可以生产六塞蒂半。在考虑到租地农场的好坏、土地的种类、事故、年成的丰歉等情况后，这是很好的收成。在一亚尔邦土地所获得的六塞蒂半小麦中，必须扣除种子。因此对租地农场主说，已只剩下五塞蒂十蒲华束。同时还要注意到四十亚尔

① 总额应为三千二百一十利佛尔。原文有此错误计算。（翁根注）

邦的轮耕地，生产出不同价格的小麦。因为所生产的有黑麦、混合种小麦、纯种小麦，如果纯种小麦的价格是一塞蒂十六利佛尔，则各种小麦的平均价格是十四利佛尔，因而一亚尔邦的生产额为八十一利佛尔十三苏。即使纯种小麦的最高价格，一塞蒂能达到十六利佛尔，则耕作者几乎很难抵补他的费用；而且就是这种情况也还要不遇到风雹、歉收、马的死亡等灾害。

在评价三月播种的杂谷的经费和生产量时，要把这一切以燕麦为基准来换算。假定四十亚尔邦的轮耕地都播种燕麦，并且把用于小麦耕作的大部分支出，使用在这个轮耕地，则支出情况如下：

四十亚尔邦土地一年租借费的份额 …………… 320 利佛尔

土地税、盐税以及课于轮耕地的其他租税 ……… 160 利佛尔

收割的费用 ……………………………………… 80 利佛尔

打麦的费用 ……………………………………… 80 利佛尔

杂费 ……………………………………………… 50 利佛尔

共计　690 利佛尔

把这些支出按四十亚尔邦来划分，每一亚尔邦的支出为十八利佛尔五苏。每一亚尔邦扣除种子，可以生产约二塞蒂燕麦。假使一塞蒂的燕麦为十利佛尔，则一亚尔邦可得二十利佛尔。

四十亚尔邦的小麦的费用 …………………… 3 220 利佛尔[①]

生产杂谷的费用 …………………………………… 690 利佛尔

共计　3 910 利佛尔

① 和前面的注一样，总额应为三千二百一十利佛尔，原文有错误。（翁根注）

小麦的生产额……………………………………3 266 利佛尔
杂谷的生产额 ……………………………………800 利佛尔
共计 4 066 利佛尔

如上所述，小麦、燕麦的生产总值，不过超过支出一百五十利佛尔，而在它的费用中，并不包含耕作者本人及家属的生活资料和维持费。换言之他们最重要的需求，只能靠饲养若干家畜的收益来满足，即使是这样他们还常是贫穷的，一旦有了损失，马上有破产的危险。所以，为了使土地耕作者能够保证他们的生活，并养育他们的子女，必须使谷物的价格比现在更为提高。

采用牛耕的分成租地农场主的收获，通常为每一亚尔邦取得三塞蒂又三分之一。因此，其中还要扣除种子用的五分之一。但这项收获，必须和土地所有者折半对分。土地所有者对分成租地农场主提供牛、未耕地、饲养牛的牧场，免除地租，此外还提供其他若干家畜，给他们使用这些家畜的收入也是在分成租地农场主和土地所有者之间平分的。分成租地农场主和家属一起耕种，以节省雇佣人工的费用和收割费用的一部分以及打麦的费用。马具制造人工和钉蹄铁工的支出是很少的。如分成租地农场主每年耕种三十亚尔邦的小麦地，通常他们所取得的份额约为三十以至三十五塞蒂，其中大部分用作自己和家属的生活资料的消费。剩余的部分，则用于支付土地税，必需的工人的工资，他自己和家属的必不可少的需要。他常是非常的贫困，如土地只有中等的肥度，则为维持生活，除了以牛车经营运送业，别无其他办法。分成租地农场主所负担的土地税，与租地农场主比较是极其微小的。因为分成租地农场主的收获很小，也没有可以使他负担租税的资源。也因为他的收获量很少，几乎没有可供冬季养育家畜之用的饲料。因此分成租地农场主的收益是极其有限的，这主要是由于没有进行良好耕种的条件。

在采取这种耕种方法的条件下，土地所有者的情况也并不比较有利。他们每一亚尔邦可以获得约十五蒲华束，他们没有租地农场主可以向他们预付两年的租借费，并且失去向分成租地农场主供给牛而预付的元本的利息。这些牛消费了土地所有者牧场的饲料，他们的所有地的大部分，因为牛用作牧场而荒芜。因此他们的土地财产，由于耕种不好而几乎变成无价值。结果这使农业生产大为减少，并使国家受到极大的损失！

即使租地农场主因为谷物价格低廉，而不能由收获得到什么利益，但对于国家总是有利的。因为由于他花了费用而生产的东西，无论如何是可以使王国每年获得真正财富的增加。然而事实上这种财富的增加，对于付出费用的个人，并不能由此使他获得什么利润，反而会使他们遭受降低能力的损失之苦，那么这种财富的增加，事实上是不可能继续维持的。如果企图用降低小麦价格的方法来使城市住民，制造业的劳动者和工匠得到好处，但是却使为国家真正财富的源泉的农村荒芜了。这样就会使整个目的都不可能达到。虽然面包并不是人的唯一食粮；但是如果给农业以保护，则其他食物，农业也能充分地供给。

如果市民要多花几个利佛尔来购买一磅面包，他们必须在日用品的支出方面，比较过去更为节约。国家机构只有由阻碍输出，来使小麦的价格降低。但是其他产品的价格，就不能这样任意处理。国家阻碍输出虽然可以使市民在购买小麦时有微少的节省，但结果由于农业的崩溃,就大为损害了城市住民的生活。牛油、干酪、鸡蛋、蔬菜等价格增长是漫无限制的,它们的价格是和广大的居民所必要的衣类,以及其他的手工艺制品,以同样的比例上涨。这样高价的农产品,是会促使提高劳动者的工资的。假使农村的住民,很多从事于饲养家禽,牝牛,种植蚕豆、四季豆、豌豆等,则劳动者每天必需的支出负担就会减轻。

富裕的租地农场主,雇佣并养活着农民。农民供给贫苦的市民以大部分的生活必需品。在没有租地农场主的地方,土地即使用牛耕种,农民过着贫苦的生活,因为贫困的分成租地农场主,没有能力雇佣农民。因此,这些农民只有离开农村,或者自己设法种植几乎不大有希望收获的燕麦、大麦、荞麦、马铃薯,以及其他廉价的产物来维持生活。小麦的耕种,需要很多的时间和劳动;但是农民不能等待两年以取得收获。这种耕种,只有由能够支付这种经费的租地农场主来担当,分成租地农场主虽然能得到土地所有者的援助,但经营农业的能力要少得多。在没有租地农场主的地方,对于土地所有者说,这是耕种土地的唯一办法。租地农场主本身,只有依靠他们优良的耕作方法和提高土地的肥度来取得利益。因为他们只有在收获超过支出的情况下,才能获得利益。如果除去种子和费用,租地农场主每一亚尔邦还剩余一塞蒂,这就是租地农场主的利益。这样种植四十亚尔邦小麦时,就可以取得四十塞蒂,就是形成相当于约六百利佛尔的利润。同样如果他经营得非常好,使每一亚尔邦多余两塞蒂,他就获得加倍的利润。要做到这一点,每一亚尔邦土地,必须生产七至八塞蒂。但是这样高的生产量,只有优良的土地才能达到。如果租地农场主耕种的土地,有些

是优良的，有些是劣质的，那么所得的利润就不大了。

用自己的手种植小麦的农民，是不能抵偿他自己的劳动的。因为农民耕种的土地很少，即使在食用之外，还可以获得几塞蒂的利润，但也不能满足自己的需要。所以只有在丰收的情况下，才能取得一些利润。因为这个缘故，使用很多犁，耕种优良土地的租地农场主，比耕种可说同样优良土地，但只使用一架犁的租地农场主，取得多得很多的利润。除此之外，后一种情况，从很多点来看，他的费用比较比例的数额为大。而只有一架犁的耕作者，因为没有足够的资金扩大其经营，不能支付较大企业不可缺少的费用，因而受到限制，这是没有办法的事。

农业不像商业一样，财源依赖于信用。商人可以由借款来购买商品，也可以由信用来赊购。因为商业可以在极短的时间内，收回元本和利润，并偿还借款。但是耕作者只能收回为农业而预付资金的利润。元本则和前面一样，为耕作企业的继续，是必须保存的。因此，耕作虽然可以借入元本，但并不能按照预定期限偿还。因为耕作者的财产是动产，对贷放者说，是缺乏把自己的金钱长期贷放出去的充分担保。所以租地农场主自己必须是富裕的，又政府为了大力提高对王国具有重大意义的租地农场主的地位，必须把这些情况多加考虑。

有一种想法，认为农业只要人力和劳动，但是耕作者如果不注意预付元本的安全和收入，不能希望农业有很大的成功。因为有可能对农业进行投资的人，都是经过调查然后出借的，他们不肯使自己的财产受到损失。当其他一切产品和手工费都很贵的时候，只有小麦维持着非常低廉的价格，这样耕作者的支出就要增加三分之一，而同时利润却要减少三分之一，结果就使耕作者遭受二重的损失，因而他的资产就要减少，最后不能负担进行良好耕作所要的经费，租地农场主的地位几乎不能维持。如果把农业都委之于分成租地农场主，这会给国家带来很大的损失。

小麦的价格不仅决定于收成的好坏，左右小麦价格的，主要的还有对于农产品的交易的自由或限制。如果在丰收时对小麦的交易加以限制或束缚，就会损害农业生产，结果使国家陷入困境，土地所有者收入减少，辅助农业的人员怠惰，不重视自己的工作，使耕作者破产，农村人口稀缺。只有法国由于不了解实际的利益，才会担心小麦不足而限制其出口，而实际上，法国是能够生产比输出国外更多的小麦。关于这一点，英国的做法正是相反，它是把收获的一部分出卖给外国，看作是支持农业，保持富裕，预防饥馑的最可靠的手段。英国人民，自从给输出以便利，实施奖励输出以来，从来没有遇到过小麦价格上涨过高，以及价格狂跌的情况。

我认为小麦价格的下降，除了反对把小麦输出国外，把它保留在王国之内以外，还有其他原因。为什么这样说呢？因为英国的小麦价格，近来是显著的下降了，这是由于英国农业的扩大。但还要注意另一情况，就是殖民地农业发展良好的情况，特别是宾夕法尼亚的农业，在近五十年来有长足的进步，使安提列斯群岛和欧洲获得很多小麦和面粉，这是发生上述情况的主要原因，而且这类原因在以后还会继续增加。因为这个缘故，我认为在取消了输出的障碍和采用高级的耕种方法以后，把法国小麦的平均价格限定在十八利佛尔以内。就是在这个情况之下，耕作者由于土地生产物的增加，并有确实稳定的市场贩卖，使收入能够经常超过支出，来保证农业的发展。

因此，我国谷物对外贩卖的自由，是复兴王国农业的重要而不可缺的手段；但是只有这个方法还不够。虽然土地耕作，因此可以获得最大的利润，已在事实上为人所承认，但除此之外，还必须不对耕作者任意课税，以免引起不安。因为如果不去除这种情况，谁也不会把资金放到这个危险的用途上来，而宁愿把资金放到大都市，不愿投放到农业上来。因而从利得的角度来看，有使微小的农业经营元本完全丧失的危险。

租地农场主的子弟，非常害怕服兵役。但国防是国民的重要义务之一，严格地说，在人力使用受统制的国家，除了为国家的利益而分配给他其相应的义务之外，任何人都不能免除。从这个原则出发，对那些通过自己的财富和职业，对社会做出更大贡献的人，国家可以免除他服兵役。根据这个理由，如果对租地农场主和分成租地农场主的地位有清楚的了解，就应当把租地农场主和分成租地农场主分别对待。

处在租地农场主地位而能达到十分富裕的人，也能够依靠自己的能力选择其他职业。因此，只有政府决定保护租地农场主，才能使这样的人，巩固他们专门从事农业的决心。①

---

① 租地农场主的子弟中服兵役只是少数，因此对服兵役本身来说是不重要的。但对于因服兵役而不得不抛弃其父亲的职业的人来说，从构成国家真实力量的农业的观点来看，则是值得重大关心的。根据杜柏来·德·圣莫尔的资料，现在国土的八分之七，是由牛耕种的。因此由租地农场主耕种的土地只有八分之一，租地农场主人数不到三万人。这就意味着租地农场主的儿子如果服兵役，也不到一千人。这样少的数目，对于我们的军队说，几乎等于零。然而从每次征募士兵的威胁因而使四千人离开农村来说，对于土地的耕种是个大问题。我们现在只讲用马耕的耕作者。因为（依据

现在,我们要把眼光转到和谷物耕作同样重要的对象。就是我想来说明法国当前农业中家畜的利润。

由小农法经营的三千万亚尔邦,可以形成各有八十亚尔邦耕地的三十七万五千个农户。假定每户各有牛十二头,则供这些农户耕作的共有四百五十万头牛。这样在小农户中为了耕作土地要使用四百万乃至五百万头牛。牛要到三岁或四岁才能工作。在有些农户中,这些牛工作三、四、五年以至六年,但在大部分农户中它们能够工作七八年乃至九年。所以牛要到十二岁或十三岁,才被出卖给把牛养肥后,再把它出卖给开肉铺的人。这时牛已没有以前那样好了,只能把它以比从事耕种以前低的价钱出卖。这时的牛虽然要长期地使用牧场,但是并不能从放牧取得利润。牧场为了把牛养肥卖给肉铺,而把牛饲养的时间要五年或六年。

在采用大农经营时,马可以让其自由放牧,随处取得饲料,因而可以不损害耕作者的利润。因此耕作者从马的劳动所获得的收益,远远超过牛的劳动。在采用小农经营时,牧场要把用于耕作的四百万乃至五百万头牛,大体至少要饲养六年,这是纯粹的损失;

本文作者的意见)其余人是不能当作租地农场主看待的。用马耕的土地约有六百万乃至七百万亚尔邦;使用着三万架犁,即以犁一架耕地一百二十亚尔邦计算。大部分的租地农场主有犁二架,但也有很多人有犁三架。因此用马耕的租地农场主数,几乎不到三万人。这种租地农场主是不能和从事于同样耕作的贵族和特权阶级相混同。半数的租地农场主,没有达到应该参加兵役年龄的子女。因为他们只有在结婚后十八以至二十年,才可能有参加兵役年龄的儿子,孩子中只有一半是男的;所以能够参加兵役的租地农场主的儿子,不可能超过一万人。由于其中一部分离开农村到都市去,结果剩下的和农民一起参加征兵的抽签而中选的最多一千人,也许还不到五百人。如果要尽可能地增加租地农场主人数时,即国家为了维持农业,并由此取得多额的租税,就应该给他们以保护。(《百科全书》编纂者注)

但在采用大农经营时，这些农场就可以作有利的使用，另外饲养肉食牛四、五百万头。

牛在养肥卖给肉铺之前，根据它的大小以不同的价格出卖。它的平均价格为每头一百利佛尔。因此六年间多余的四五十万头牛，每六年可以获得四亿五千万利佛尔多余的收益。加上养肥后增加的三分之一多余的收益，则总收益为六亿利佛尔，按六年来分，则每年能得一亿利佛尔。我们把所得的这些钱看作是种收益，是从把牧场或供牛放牧用的荒芜土地看作纯粹损失的角度出发，然而必须考虑到这些牧场的大部分是有可能进行生产，至少可能进行耕作，以获得更多的饲料来饲养家畜。如果这样，则收益远比以前为大。

还有养羊，由于羊毛的收益和这种家畜每年出卖数量的增多，可以取得很大的利益。在用牛耕的三十七万五千个农户中，假使把这些土地进行很好的耕种，生产出大量的饲料，可以饲养很多的羊，而现在所饲养的不到三分之一。上述每一农户，包括荒地在内，可以饲养二百五十头羊的羊群。如果增加三分之二，则有约二十五万个羊群，即六千万头羊。但其中可以分为母羊、仔羊，以及原来的羊，其中有可以生育三千万头仔羊的三千万头母羊。这些仔羊中一半是雄的，虽要加以保护，但羊到二三岁时就要卖给肉铺。另外一半是雌的仔羊，其中一部分也可以出卖给肉铺，但有一部分则要留下以更新母羊，因而要加以保护。另外还有一千五百万头雌的仔羊，其中一千万头以每头三利佛尔出卖，可以取得三千万利佛尔的收益。

因此每年都有一千五百万头羊出卖给肉铺，假定每头的平均价格为八利佛尔，共计可得一亿二千万利佛尔。除此之外每年都有五百万头的老母羊，以每头三利佛尔的价格出卖，共得一千五百万利佛尔。每年有六千万都阿斯[①]的毛皮（仔羊的羊毛皮不包括在内），每都阿斯的平均价格为四十苏，共计一亿二千万利佛尔。因此每年羊群的收益，达二亿八千五百万利佛尔以上。上面所说的这一切，小麦、牛、羊的总收益，共计达六亿八千五百万利佛尔。

也许有人要反对说，如果没有很大的支出，是不可能取得这些收益的。当然在考察耕作者的收入时，必须减去它的费用。但是从国家的观点来考察这个问题时，不难看出当作费用支出的货币，仍然留在国内，但是获得了很多的产品。

上面关于牛、羊收益的增加，同样也适合于马、母牛、小牛、猪、家禽、蚕等。因为在大农经营中，可以获得很丰富的收获物，即很多的谷物、蔬菜和饲料。如果能够在较差的土地上，进行杂谷、块根植物、牧草、人工牧场、桑树等的耕作，就可以生产出比现在多得很多的家畜、家禽和蚕的饲料；因而使我们可同上面所说的家畜收益一样，获得庞大的收益。如果全部土地都进行大农经营，就可以使我们不断地增加十亿以上的财富。

这些财富是要分配给全部住民的。因而就是这些财富，提供他们以比现在质量更好的食物，满足他们的需要，给他们以幸福，使人口繁殖起来，增加土地所有者乃至国家的收入。耕作的费用，可说是不重要的，只不过要有很大的资金以制造设备。但这种资

① 都阿斯为法国旧时长度单位，每都阿斯合一点九四九米。——译者注

金却集中在大都市，农村中是缺乏的。推动社会各种机关来建立一般秩序的政府，必须发现适当的方策，使这些资金自然地流入农业部门，以使它能对个人更有利，对国家更有益。亚麻、大麻、羊毛、蚕丝是我们工业生产的原料，小麦、葡萄酒、烧酒、皮革、咸肉、牛油、干酪、脂肪、油麻布、网具、呢绒、布匹等则构成我们输出贸易的主要产品。这些商品并不是奢侈品，而是人们的需要保证这些商品具有实质价值。而这些价值是从我们自己的土地上产生，对于国家说是纯粹的利润。这些都是不断再生产的财富，而在其他国家也永远是卓越的财富。

这些利益对于国民的幸福和国家的繁荣，是重要而不可缺少的，并且可以由此获得对于国家财富和力量有不少贡献的其他利益；就是助长人口的繁殖和国民健康状况的改善，特别是促进农村人口的增长。富裕的租地农场主以货币雇佣农民为他工作，而农民则由劳动而取得货币形式的工资，保持他们生活的安宁，因此他们能够永久居住在农村，以他们自己的双手，养育子女，并安心定居在农村。因此农村的住民，以财富支持农业，而农业又使国家的财富成比例地增加起来。

在用牛耕种的地方，农业者是贫穷的，没有能力雇佣农民。因为农民看不到劳动能够得到利益，因而陷于怠惰，受贫穷之苦。唯一维持生存的方法，就是耕种一小块土地，以取得一点粮食。那么，由这样的耕种所获得的生活资料，究竟怎样呢？我们在上面已经指出，因为他们过于贫穷，无法做好准备，把土地从事小麦的生产，以等待收获；他们只能从事两三个月，短时期就可以取得的收获，不花费什么劳力的耕作，如大麦、燕麦、荞麦、马铃薯、玉蜀黍，以及其他廉价的生产物，就是这种劳动的果实。而农民所能收获的这些产品，是他们借以养育子女的生活资料。因为这种食物难于维持生活，有害于身体，因而造成一部分儿童的死亡。在这种食物对生活的折磨之下，还能较好地保持健康和体力，也有相当智力的人，都逃往城市，因而逃脱了不幸的状态。最虚弱而又愚笨的人，则留在农村，这样他们自己就觉得是多余的，同时对国家说，也是没有益处的。

城市里的人，单纯的这样想，农民以他们的双手从事土地的耕种，农业只有在农村中人口不足时，才会出现疲敝的现象。有人说，必须把给农民以教育，促使农民逃亡到城市去的学校教师，从农村里驱逐出去。这是一种荒唐的错误的想法，这是把农民看作是国家的奴隶。由于使农民担任和动物一样的劳动，因此农村的生活被看做是繁重的、辛苦的和可鄙的。农民自己耕种土地，就是他的贫困和没能力的证明。四匹马可以耕种一百亚尔邦以上的土地，但四个人还耕不到八亚尔邦的土地。除掉直接从事于这种劳动的葡萄栽培者和园艺师之外，农民还可以受富裕租地农场主的雇佣，对农业更有益、对自己也更有利的工作。在耕作经营得很好的富裕的地方，农民有很多的资产，他们在若干亚尔邦土地上播种着小麦和其他谷物。租地农场主雇佣着农民，从事于土地的耕作的是雇佣了农民从事劳动的租地农场主，他们的妻子和儿女，则从事于生产物的收割；以很少的生产物，给农民作为一部分生活资料；同时他们还因此获得饲料和肥料。他们栽培了亚麻、大麻、蔬菜和各种豆类。他们还有家畜和家禽，由此供给他们以优良的食物，并由此取得利润。他们由于为做农业劳动，和以多余的时间从事其他工作而保证了他们的生活资料，他们就此全部时间都停留在农村。他们能够没有什么拘束和忧虑地过活，他们轻视做别人的奴隶下仆。他们并不羡慕城市里下层住民的命运，因这些人居住在阁楼里，所得的工资很微薄，不能满足日常生活的需要，没有足以应付未来不时之需的储蓄，不能满足将来的需求，经常受贫困之苦。

农民过着贫穷痛苦的生活，或是因为没有能给他以工作的租地农场主，农村不得不由贫穷的分成租地农场主，以自己的力量采用很拙劣的小农经营来耕种，除此之外，农民只有因陷入贫穷的深渊而不得已离开农村。分成租地农场主农业所获得的小量收获，在分给土地所有者以后，多余部分只够满足他们自己的需要，没有能力修理和改善自己的设备。这些贫穷的耕作者，对国家的贡献很少，不能发挥耕作者真正的作用。真正的耕作者是能够进行大规模的耕作，并支配和管理它，而且为增殖利润而增加支出的富裕的租地农场主。他们不放弃任何手段，和不忽视任何个人利益，顾全社会利益，有效地使用农村住民，为谷物的贩卖和家畜的买卖、选择和等待最适合的时机，以增加大家的收入。实际上，是租地农场主的财富肥沃了土地、繁殖了家畜、招徕了农村住民，从而形成国家的繁荣和实力。

制造业和商业，是依靠纷乱的奢侈来支持，把人口和财富集中和积蓄于大都市，妨碍了农地的改良，使农村趋于荒废，引起轻蔑农业的思想，过度地增加个人的支出，损害家属的生活，阻碍人口的增加，进而使国家陷于困疲的状况。

帝国的衰颓，常常和繁荣的商业有密切而不可分离的关系。

一个国家由于把从商业所获得的金钱用作对奢侈品的支付时，只会产生没有使财富真正增加的货币流通。使国家和君主富裕起来的，应当是剩余物品的贩卖。我国土地的生产物应当成为制造业的原料和商业的对象。因此，一切不是建筑在这个基础上的其他商业，都是不稳固的。但在一国中这种商业愈活跃，愈要引起邻国的竞争，因而引起交易上的分割。有着肥沃土地的国家，在农业方面，不是其他没有同样有利条件的国家所能仿效的。为了利用这些有利条件，必须消除使农村居民离开农村，和财富集中到大城市的原因。一切领主、富人、维持生活所不可缺少的地租和年金的领受者们，都定居在巴黎和其他的大城市，几乎完全消耗掉王国的土地收入。这项费用把很多商人、工匠、家仆和力夫吸引在城市。这种不好的人口和财富分配情况虽然是不可避免的，但是否有些走得过远了；对于城市住民的保护过于乡村住民的政策，可能大大地促进了这种情况。人们所以要尽可能地设法住在城市，目的在于希望取得更大的收入，和保证更为安定的生活。如果农村能够具备这些有利条件，那么城市就不会比农村更富于吸引力。住在都市的人，并不是全部都富裕的，也并不是都能过安逸的生活。农村也有它富足和优美的方面。农村的居住者只是为了逃避降临农村的苦难，才要离开农村。从政府来说，是有办法来纠正这些缺点的。由于都市里有很多富裕的商人，因而认为是商业使都市繁荣起来。但是丝毫不能使国家财富增加的商业，却几乎把王国的全部金钱都花掉，究竟会产生怎样的结果呢？洛克把商业和赌博比较，在赌博者说，虽然有胜也有败，但是结果金钱的数量还是和以前一样。国内商业为了取得日用品，支持奢侈，方便消费，是有必要的；而且可以助长国家的力量和繁荣。但是在国内商业上所利用的巨万财富，只能使王国获得极小的收益，如果把其中的一部分用于农业，就能获得比以前真实而多额的收入。农业是君主的财宝，它的生产物都是眼睛看得见的。因此容易对农产品征收租税。对于货币财富征收租税，情况就非常复杂，政府只有依靠极其麻烦的手续才能保证税收。

但对耕作者分摊租税，也有很大的困难。由于租税数额过大和不公平，因而强力地阻碍农业的复兴。要按比例分摊租税是不大可能的；这个比例并不能由土地的评价和所规定的价格来决定，因为上面曾说过，两种不同的农业耕作方法（大农经营和小经营），可以从同一价值的土地，取得差别很大的农产品。因此，只要这两种农业经营方法继续存在和不断地变化，则土地就不可能作为土地税征收的比例尺度。如果要依据现状来对土地征税，则随着大农经营的增加，而使课税表发生缺陷。除此之外，有的地方，家畜的利润远比农产收获为高；也有些地方，农产收获比家畜的利润为高。而且这种各地不同的情况，是极容易变化的。因此对于制定课税的分配比例，也难于有统一的计划。

但是为了保障耕作者的元本，与其建立严密的分配比例，还不如禁止对于耕作者的财富作单方面的评价更为重要。为了保证租税的支付，避免租税征收者的不正当行为和错误计算的损害，以保护纳税者，就要依据不变的原则来征税。可以依据看得很清楚的财产来征税；但是对于个人的秘密财产的评价是，容易发生错误，同时还由于任何人都想逃避对它的课税，因而常给人以滥用职权的口实。

眼睛看得见的财产，对于任何耕作者，都是给他以获得经常利润所必要的手段。假使有人非常勤勉，非常能干，并且非常节约，因而从他的财产获得非常大的利益，则作为他的节约和才能的果实，他当然可以和平地享受这种利益。

因此，土地所有者和租地农场主，必须把他所有的财产的性质和数量，每年对税收官吏作真实的申报，同时作为耕作者的义务，还要提出关于收获物和家畜等的调查确切的报告，如果发现有不真实的申报，只要规定罚款就够了。因为一个村庄的全部住民，都明确地知道各人看得见的财富，虚伪的申报是很容易发觉的。因此征收租税的官吏，必须依据这些申报，严密地调整租税分摊的比例。普通的劳动者和手工业者，则应根据他们的子女是否已经成年，和能否参加劳动，加以适当的区别，因而定出一般的课税的标准。住民之间的物质生活水平虽然有显著的差别，但因对于居住在农村中的这种劳动者所课的税额是很少的，因此即使征税有不够确切的情况，也是不值得计较的。

在规定农村商人所应负担的租税上，问题更为繁杂，征收租税的官吏，可以对他们提出关于交易数量和品目的申报，给以认可或提出异议。后一种情况，可以在教区的住民集会上加以认定或加以更正。由公众意见所认定的决定，可以阻止纳税者的欺瞒，和征收租税官吏的专横及滥收租税。

由于农村中商人的数目很少，因此这一切的预防措施，已经能够使他们很好地完成所规定要征收的租税。

我们在这里，不过是考虑了农村的情况，特别是从耕作者的安全的观点来考虑。至于城市地区所应支付的土地税，可以另定适用于城市的规约，以免除征收租税的专横行为。

这种规定即使不能预防所有不确当的现象的产生，但是由这种规定所产生的某些缺点，比之完全由征收租税的官吏来规定税额要好得多。毫无疑问每人都愿意按照法律规定来收税，这是极其重要和合乎大家的愿望的。它可以一扫农村中由于任意征收土地税所引起的极度不安。

可能会有人反驳说，为了规定各个耕作者的税额，所以要有正确的申报，因为耕作者总想支付比较少的土地税，而限制自己的耕种和家畜，这样就会妨碍农业的扩大。耕作者无疑是不会作这种错误的决定。因为收获和家畜，以及其他财产，并不能成为对耕作者征课重税的口实；在这场合，耕作者本身可以因为经济发展而获得较多的收益。

可能又会有人反驳说，这样的比例的分摊是非常复杂的，因而如果不是有极其能干的收税官吏，是难于推行的；这种工作应该有学者参加，不然是不能胜任的。因此公共团体，首先应该根据地区内的物质收益评价，制定基准税率。这种最初的基准税率的制定，可以得到牧师、领主、管理人以及能干而善意的其他人的协助。这种税率将为居民所采纳和承认，不久就会为所有的人所完全知道。因为任何人都很关心，想知道自己所应缴纳的租税的数额。因此这种比例税的实行，不要很多时间，就会为大家所熟悉了。

假使农村的住民，不再被任意地征收土地税，那么他们就有可能和大城市的居民一样，安心地生活。这样，很多土地所有者就会回到农村来，自动地把自己的所有地开拓起来，因而人们就不至于放弃和离开农村。财富与人口就会恢复到它原来的状况。因而有害于农业进步的其他原因，就会逐渐地消失，王国的力量，也会由于人口的逐渐增加，以及国家收入的增加，而渐次地恢复起来。

谷 物 论

（政治经济学）[①]

法国商业的主要交易物品是：谷物、葡萄酒、烧酒、盐、大麻、亚麻、羊毛以及其他畜产品。而麻布和一般纺织品的织造业，使大麻、亚麻和羊毛的价值大为增加，使很多从事于有益劳动的人能够获得生活资料。但必须看到，法国大部分的农产物的生产和交易，可说是衰落了。从很久以前起，奢侈品制造业就吸引了国民的注意；我们虽然没有质量好的蚕丝和羊毛做原料，但却纺织着美丽的布匹和精巧的呢绒。因我们努力建立新兴工业，这些工业雇用了很多工人，因而王国感到人口不足，农村变得荒无人烟。为了使制造成本和手续费都比外国便宜，因而压低小麦价格。就此人口和财富集中于都市。农业是最丰富的，占我国贸易最贵重的部分，是王国收入的源泉，但没有把它看作是我国一切财富的基础。只把农业看作与租地农场主及农民有利害关系，只把农民的劳动，看作是限于由出售农产物，支付耕作费用，提供国民以生活资料；但深

① 这篇论文发表在《百科全书》第七卷（一七七五），和《租地农场主论》（政治经济学）一样，是用魁奈儿子的名字。这篇论文包含有重农学派学说的主要思想，是很值得注意的。请参阅奈穆尔的《概说》（*la Notice abrégée*）第150页关于这部分的说明。（翁根注）

信只有以工业为基础的商业交易，能使王国取得金银。这样就阻碍了葡萄的种植，奖励了桑树的栽培，并且妨碍了农产品贩卖，使土地的收入减少了。这一切都是为了庇护制造业，然而制造业的贸易，对我们是没有好处的。

法国能够丰富地生产所有的必需品，只有奢侈品从外国购买进来。因为各国相互之间的交易，是维持商业所必需的，然而我们却主要从事可以从外国输入的必需品的制造和贸易，因为我们极其重视竞争的商业，因而要侵害邻国，使邻国得不到由于商品贩卖可能从我国夺得的利润。

由于这种政策完全消灭了为本国利益而同邻国所进行的相互贸易；因为邻国禁止我国产品的输入，我们制造业所需用的原料，就不得不以很高的价格从邻国秘密买进。为了制造和出售美丽的布匹而赚得几百万利佛尔，我们却失去了数十亿利佛尔的土地生产物。以金丝银丝的织物为装饰的国民，认为这样可以享有繁荣的商业。

这种制造业的发展，使我们陷入杂乱无章的奢侈中；这种奢侈的习气，也风靡了其他国家，而且结果激起了他们的竞争心。可能是因为我们的工业，使我们凌驾在他们之上；但是这种优势，主要是由我们自己的消费来支持。

国民的消费是君主收入的源泉，对外国贩卖剩余生产物，增加了国民的财富。国家的繁荣，则是依赖于这两种因素的结合。但是由奢侈所维持的消费，是非常有限的，只能够由富裕来支持。一个没有什么财产的人，如果沉溺于这种消费，那只会毒害自己，也给国家造成损失。

那些比较明智的大臣知道，能够给君主以多额收入，和给国民以幸福的消费，是满足生活必需的一般消费。只有贫穷，才会使我们只以白水吞食不好的面包，并穿破烂的衣服。所有的人都希望由自己的劳动，而能吃美好的食物，穿华丽的衣服。对他们的努力给予任何帮助，也不会是过分的，因为国王的收入，人民的利得和支出，是君主真正的财富。

现在要详细说明的，是关于由谷物的丰收而获得的收入，以及这个农产物在交易上的自由，对于必需品的生产、贩卖、消费，对于王国的各个阶层有着怎样的关系，给以充分的证明；从而判断政府对于今日的农业复兴，能够提出怎样的看法。

我们已经考察过法国的农业状况，它所用的两种耕作方法，就是大农经营，或者使用马耕作的方法；小农经营，或用牛耕作的方法。我们也考察过这两种耕作方法对于生产所发生的影响，特别是农业衰落的原因和复兴的方法。请参看《租地农场主论》（政治经济学）。

我们知道法国耕种着约三千六百万亚尔邦的土地，我们平常年成能收获小麦约四千五百万塞蒂，就是由大农经营收获一千一百万，由小农法收获三千四百万。[①] 我们现在要考察，依照这两种耕作方法所收获的四千五百万塞蒂小麦中，国王可以取得多少的收入。我们首先研究从这项小麦的收获所能支付的十分之一税、

① 如果耕作者都很富裕，能够把三千六百万亚尔邦都用大农经营来耕种，以代替现在的六百万亚尔邦用大农经营，那么年收获量，用现在的大农经营来论证，就不是四千四百万塞蒂，而是约六千六百万塞蒂。（原注）

地租、耕作者的利得的数额。然后把这个情况下的收入，和在允许自由输出的条件下，由我们农业完全复兴后所取得的收入进行比较。因为如果没有这个条件，我们的收获只供王国国内的消费，不可能有何增加。例如小麦即使能够获得较大的丰收，假使不许输出，就会使小麦成为没有价值的东西，因此耕作者就不能继续进行耕种，使君主和土地所有者不能从土地获取任何东西。因为这个原因，在把小麦的收获只用作国民生活资料的国家里，就必须避免小麦的丰收，但在这种情况之下，饥馑就成为不可避免的事。因为，如果小麦的收获比每年的消费量多三四个月，结果就会使价格非常低落，多余的生产使耕作者陷于破产；相反，如果遇到年景歉收，就会使第二年陷于不够供应消费。所以只有在可以高价自由贩卖的情况下，才能保证丰富和利润。

谷物生产大农经营的现况

目前的大农经营，限于大约六百万亚尔邦的土地，主要是诺曼底、勒博斯、伊尔德法兰西、勒皮卡尔迪、法属法兰多尔、厄诺及其他很少的地方。依据大农经营，如果经营适当，每一亚尔邦肥沃的土地可以生产八塞蒂（巴黎的量器）以上，合二百四十利佛尔，但是所有按照这种方法经营的土地，并不是都有同等的肥沃度。因为并不是都适应土质而采取这种耕种方法，许多省都是沿袭习惯的方法来经营，因而影响了土地的质量。大部分这样的土地，是由不能很好耕种的贫穷的租地农场主所维持。因此每一亚尔邦土地的生产量，除去种子只有五塞蒂。我们把面积单位加以统一，就是每一亚尔邦定为等于一百波歇，每一波歇则等于二十二比艾。[1]

按照这种耕作法来经营的六百万亚尔邦的土地，每年有二百万亚尔邦播种小麦的轮作地，二百万亚尔邦播种燕麦和其他三月谷物的轮作地，以及准备明年度播种小麦的未耕的二百万亚尔邦休闲地。

在输出禁止时代，法国大农经营的情况下，为了比较正确地决定小麦的平均价格，必须注意每年收获的丰歉，小麦收获量的多少，和它的价格的变动。

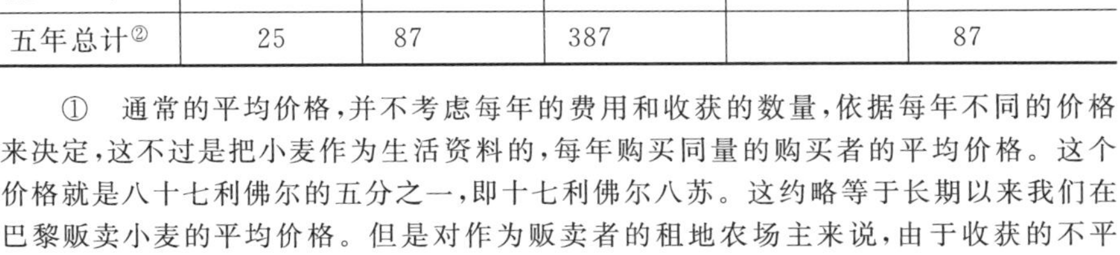

年　　次	塞　蒂（每亚尔邦）	价　格（每塞蒂的）	共　计（每亚尔邦）	费　用（每亚尔邦）	余　额（每亚尔邦）
丰　　年	7	10 利佛尔	70 利佛尔	60 利佛尔[3]	10 利佛尔
好 年 成	6	12	72		12
中等年成	5	15	75		15
差的年成	4	20	80		20
荒　　年	3[1]	30	90		30
五年总计[2]	25	87	387		87

① 通常的平均价格，并不考虑每年的费用和收获的数量，依据每年不同的价格来决定，这不过是把小麦作为生活资料的，每年购买同量的购买者的平均价格。这个价格就是八十七利佛尔的五分之一，即十七利佛尔八苏。这约略等于长期以来我们在巴黎贩卖小麦的平均价格。但是对作为贩卖者的租地农场主来说，由于收获的不平等，平均价格不过约为十五利佛尔九苏。（原注）

② 在这里完全没有谈到“歉收年”。因为歉收年是极少有的现象，而且在歉收年，对于小麦的价格，是无法决定的。（原注）

③ 关于费用的详细情况，请参看《租地农场主论》和《租地农场》（*Fermiers et Fermes*）等项。（原注）

除去费用之后，五年总计有八十七利佛尔的余额，以五年来平

---

① 这比瓦本（de Vauban）所规定的亚尔邦的单位，每亚尔邦要大五分之一。因此依照我们这个单位所取得的收获，比瓦本的亚尔邦，要多五分之一的谷物。（原注）

分，每亚尔邦可以得十七利佛尔八苏的纯产品。

纯产品 …………………………………… 17 利佛尔 8 苏

费用 ………………………………………… 60 利佛尔

合计每亚尔邦 ……………………………… 77 利佛尔 8 苏

因为在五年中共取得二十五塞蒂，则每年为五塞蒂。因此，为了要知道一塞蒂的平均价格，就要把上述总额除以五。就此，一塞蒂小麦的平均价格为十五利佛尔九苏。

此外，还从每亚尔邦征收十分之一税。但十分之一税在最初的收获总额中已经扣除了，并不包含在上述的计算中。通常十分之一税占全部收获中的十三分之一，因而在扣除了十分之一税的部分中，是占十二分之一。所以每亚尔邦的全部收获，必须在七十七利佛尔八苏之上，从包括种子在内的收获总量中除去的十分之一税。用货币计算的种子是十利佛尔六苏，加上七十七利佛尔八苏，则为八十七利佛尔十四苏。因此除去用作十分之一税的十二分之一是七利佛尔。这样包含十分之一税的总生产量，除去种子是八十四利佛尔十六苏。这八十四利佛尔十六苏可分为如下部分。

十分之一税………………………	7 利佛尔	84 利佛尔 8 苏
费用 ………………………………	60 利佛尔	
纯产品 …………………………	17 利佛尔 8 苏	

每亚尔邦可以进行收获小麦的耕种两年。因此租地农场主在所收获的纯产品十七利佛尔八苏中，必须支付两年的租金，也要支付土地税，还要有维持生活的收入。

因此，纯产品可以分为如下的部分：

<table>
<tr><td>土地所有者…3/5,即</td><td>10 利佛尔</td><td>7 苏</td><td>7 德尼</td><td rowspan="3">17 利佛尔 8 苏</td></tr>
<tr><td>土地税………1/5,即</td><td>3</td><td>9</td><td>6</td></tr>
<tr><td>租地农场主…1/5,即</td><td>3</td><td>9</td><td>6[1]</td></tr>
</table>

在六十利佛尔的费用上,再加土地所有者的收入和土地税的十三利佛尔十八苏六德尼,则一亚尔邦小麦地为七十三利佛尔十八苏六德尼。因为每一亚尔邦小麦地,平年可以生产五塞蒂,每一塞蒂对租地农场主的负担 ……………… 14 利佛尔 15 苏 8 德尼。

在丰收之年,一亚尔邦可获得七塞蒂,一塞蒂为十利佛尔,租地农场主每一塞蒂的损失为 ……………………… 11 苏 2.5 德尼

即一亚尔邦 ………………………… 3 利佛尔 18 苏 6 德尼

在收成好的年份,一亚尔邦可获得六塞蒂,因为一塞蒂是十二利佛尔,租地农场主一塞蒂的损失为 ………………… 6 苏 5 德尼

即一亚尔邦 ………………………… 1 利佛尔 18 苏 6 德尼

假使租地农场主支付比上面所说更多的土地税,而每年又支付了租借费每亚尔邦五利佛尔五苏以上,那么他的损失就更大,除非土地极其肥沃[2],生产量是无法抵偿这个损失。因而租地农场

---

① 在这里没有说明土地税的实际课税额。我们假定的课税额,是对租地农场主留有若干的利润,并对土地所有者留有收入,因而能充分保证国民的财富和维持土地。(日译本注)

② 经营着大农场和把肥沃的土地进行着很好耕种的富裕租地农场主,即使肥沃的土地的租费较高,但仍能获得较多的利得。因为能够较多生产的土地,可以在费用和种子以外获得较大的利润。在这里是对不同土地的价值和租地农场主的种种生活状态,作概括的全面的观察。对于土地的收入和耕作费用的种种关系,在后面要详细地说明。要判断土地所有者的收入,租地农场主的利润,土地税,十分之一税,和农业生产量的关联,必须注意以上所说的那些关系。这些关系,可以发现将因生产量的不同而发生变化。(原注)

主是在小麦歉收的情况下反而有利。这是因为只有在歉收之年，它的储存量很少；我认为在这个场合，很少的意思是租地农场主几乎没有可以出售的收获物，这样就要以很高的价格自己消费，而使支出大为增加。如果把不同年次的价格，以平均价格十五利佛尔计算，对租地农场主说，在平年每塞蒂可以储存十四苏，每亚尔邦可以储存三利佛尔十苏。

在播种小麦的二百万亚尔邦的轮耕地，如果每一亚尔邦可以得五塞蒂小麦，在其上附加十分之一税，则其生产总额为一千零九十四万四千四百一十六塞蒂，它的货币价值为一亿六千九百九十万零七千七百九十五利佛尔。

这个总额一亿六千九百九十万零七千七百九十五利佛尔分为如下的部分：

土地税……………………………	7 000 000	35 000 000
土地所有者………………………	21 000 000	
租地农场主………………………	7 000 000	
十分之一税………………………	14 907 795	134 907 795
费用……………………………	120 000 000	
总生产量…………………………………………		169 907 795

在大农经营之下，每年还有播种燕麦或其他三月谷物（春播谷物）的二百万亚尔邦。我们假定这些耕地全部播种燕麦；因为这些谷物的价值差不多是相同的，而且实际上燕麦占收获的最大部分，各种谷物也几乎有相同的生产量，这样可以避免无益的详细调查。一亚尔邦扣除十分之一税，以有小麦塞蒂量具二倍容量的燕麦塞蒂量具来计算，估计可以生产二塞蒂燕麦，每一塞蒂有九利佛尔的

价值。这二塞蒂中的六分之一，必须留作种子。结果一亚尔邦的收获量，还有十五利佛尔，或一塞蒂的三分之二。如果加上十分之一税，则总生产量为十六利佛尔十苏。其中：

项目	利佛尔	苏	合计
一年的租借费	5 利佛尔	5 苏	10 利佛尔
土地税	2		
租地农场主	2	15	
费用①	5		6 利佛尔 10 苏
十分之一税	1	10	
总生产量			16 利佛尔 10 苏

燕麦地二百万亚尔邦，包括十分之一税，除去种子，共得生产物三百六十七万五千塞蒂，货币价值为三千三百三十三万零三百三十三利佛尔。其中：

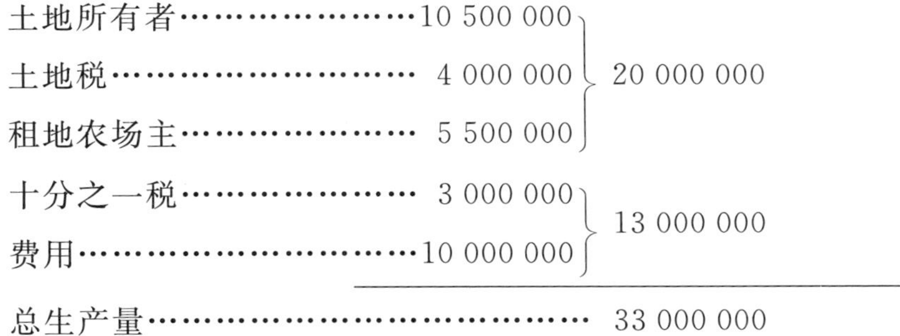

项目	金额	合计
土地所有者	10 500 000	20 000 000
土地税	4 000 000	
租地农场主	5 500 000	
十分之一税	3 000 000	13 000 000
费用	10 000 000	
总生产量		33 000 000

按照大农经营进行生产的小麦和燕麦的收获量的总计如下：

		金额	合计
土地所有者	小麦	21 000 000	31 500 000
	燕麦	10 500 000	

① 这里只是指收获的费用。因为耕种的费用是包括在小麦的费用中。请参看《租地农场主论》。（原注）

土地税	小麦…………	7 000 000	11 000 000
	燕麦…………	4 000 000	
租地农场主	小麦…………	7 000 000	12 500 000
	燕麦…………	5 500 000	
		总计	55 000 000
十分之一税	小麦…………	14 900 000	18 000 000
	燕麦…………	3 100 000	
费用	小麦………	120 000 000	130 000 000
	燕麦…………	10 000 000	
		总计	148 000 000
总生产量……………………………………			203 000 000

谷物生产小农经营的现况

我们已经在《租地农场主论》中，观察到在不能用马来耕种土地的相当富裕的耕作者的地方，土地所有者和利用他的土地的租地农场主，只能对农民提供耕牛来耕种土地。在这种情况下所进行的耕种，它所要的费用，比使用马来耕种，并没有省一些，在这些地方，因为缺乏现金，提供费用的是土地地力本身（这一点在前面说明了）。土地依然作为荒地，放牧着耕牛，在冬季，这些牛依靠从牧场所收的干草来饲养。对于耕作者则给以所收获的生产物的一半，作为他们劳动的报酬。

在这种情况下，除了购买牛的费用之外，预付全部耕种经费的，虽然可以说是土地本身的地力，但是对土地所有者和国家来说，却是非常不经济的。因为在这个场合，土地的利用只是放牧耕牛，依然保持在未耕种的状态，使土地所有者和国家失去了在预付耕作费用进行耕作时所能获得的生产物。在这个场合，所放牧的牛，甚至不能提供一点肥料，土地所有者对于耕种这种土地的分成租地农场主和农民，几乎完全不委托他们看牧羊群。结果是使法国的羊毛产量极端减少。而且没有羊群，就使土地不能取得肥料。由于没有肥料，又使土地只能取得很少的收获。就是在丰收的年景，也只能得到五倍的谷物(au grain cinq)，换言之，是种子的五倍，即每一亚尔邦约三塞蒂，就已经是好收成了。因此，以这种利用不好的方法进行耕种的土地，几乎没有什么人要购买，在这种地方，一亚尔邦以三十利佛尔或四十利佛尔出卖的土地，如果在耕种得好的地方，可能值二百以至三百利佛尔。这种土地，对于土地所有者，特别是对于不在土地所有者说，很难说能否取得购买价格的利息。因此人们如果从这种使用小农经营的土地收入中，除去用于生产饲料的土地的生产量，扣除购买经过使用一定年限后价值减少的耕牛所预付的款项的利息一成，则耕地原来的收入，事实上，余下的每一亚尔邦只有二十以至三十苏。虽然这种耕种方法下的收入和支出可能有些差错，但这种土地价格的低廉，是由卖者和买者的利害关系所确定的正确评价所决定。

现在来看一下在平常年成，对土地所有者说除了种子，几乎全部可以获得纯良小麦约三千利佛尔的土地的状态。这种土地的地质肥沃，约可生产五倍于种子的谷物。这种耕地有四百亚尔邦，其中二百亚尔邦，是每年可以取得收获的轮耕地，它的收获由分成租地农场主和土地所有者折半平分。这种土地，由用大牛四头所拉的犁十架来耕。四十头牛，有总计约八千利佛尔的价值。由于这些牛的变老变瘦，在出售时可能遇到的危险与损失，以平常百分之十的利率计算，利息应为八百利佛尔。草原生产牛所消费的一百三十车干草。此外还有用于放牧牛的一百亚尔邦的荒地。在这个情况之下，土地所有者所取得的是生产物三千利佛尔。即

项目	数额	合计
牛的价格的利息	800	1 050 利佛尔
由土地所有者预付的种子原本，优良小麦一千利佛尔的利息	50	
不包括修理费和管理人报酬的由土地所有者使用的特别费用二百利佛尔	200	
一车十利佛尔，一百三十车的干草	1 300	1 950 利佛尔
一亚尔邦十五苏，一百亚尔邦的牧地	75	
耕地四百亚尔邦生产量的余额	575	
总计		3 000 利佛尔

在这个情况之下，这四百亚尔邦的肥沃土地，每亚尔邦只有一利佛尔十苏的收入。[①] 但如后面所说，每一亚尔邦的租借费是十利佛尔，因此对于土地所有者说，从四百亚尔邦土地所取得的应当不是五百七十五利佛尔，而是四千利佛尔。因此，对于王国土地收入中这种庞大的损失，能够不使人感到惊异吗！

① 又在这里假定是丰年，但同时还必须假定，干草的价格不超过十利佛尔，或者在冬季里牛并不消费大量干草的情况。因为只要生产物数量稍为减少，或者是支出数字稍微增加，这种少量的收入就会完全没有。（原注）

中等的土地,只能取得极少的收入,根据杜柏来·德·圣莫尔(《货币论》*Essai sur les monai*)的资料,王国中部的索罗尼(Sologne)和贝利(Berry)的土地,牧场、耕地、荒地一起几乎都只以一亚尔邦十五苏来租借。此外,还必须要有相当的预付给租地农场主的家畜,在租借完毕之后,只能回收资本(le capital)。同时还说:"香巴尼、布尔塔尼、梅奴、布瓦多、贝扬奴等附近的地方,大部分都不能比上述这些地方生产得更多。"[①]朗基多克州(Le Languedoc)比这些地方耕种得好一些,也更为肥沃。虽然有这许多有利之点,没有被充分利用,因为这个地方的小麦,只能保留在本地方内,并不许自由贩卖,即使进行交易,也和其他许多地方一样,也不过是在这个州的几个场所,买卖不过是物物交换,即不过是生产物本身的相互交换,几乎不能取得利润。

所取得的小收获,大部分是黑麦,[②]因为不能提供过多的干草,因此几乎不能保证家畜的饲料。这种土地只能用它放牧家畜,或让它荒芜。正因为这个原因,土地不能集约地使用。始终贫困的分成租地农场主,为了能够取得一些金钱收入,把土地所有者所

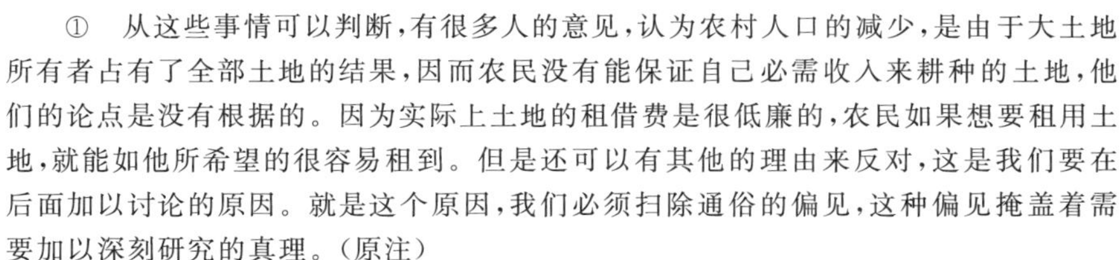

① 从这些事情可以判断,有很多人的意见,认为农村人口的减少,是由于大土地所有者占有了全部土地的结果,因而农民没有能保证自己必需收入来耕种的土地,他们的论点是没有根据的。因为实际上土地的租借费是很低廉的,农民如果想要租用土地,就能如他所希望的很容易租到。但是还可以有其他的理由来反对,这是我们要在后面加以讨论的原因。就是这个原因,我们必须扫除通俗的偏见,这种偏见掩盖着需要加以深刻研究的真理。(原注)

② 进行小农经营的人们,对于由纯良小麦所得的干草并不十分关心。因为他们几乎完全不使用干草。他们倒是喜欢耕种黑麦的。原因是即使在贫瘠的土地上,黑麦的收入也是比较可靠的。常有许多部分的轮耕地,用于耕种三月谷物,对于三月谷物,为了避免无意义的详细说明,在这里是把它和小麦一起来说明的。这许多种谷物,把它们的价格平均起来看,它们的平均价格是稍微低于纯良小麦的价值。(原注)

提供的牛，随意地用于拖拉牛车。而土地所有者为了使分成租地农场主留在自己周围，对于滥用耕牛，不能不采取忍耐的态度。对于分成租地农场主说，与其把牛用于耕种，不如用于搬运，所得的利润反而要多一些，因而就大为疏忽了土地的耕种。由于分成租地农场主长期地把土地荒芜，因此土地上荆棘丛生；这时开垦的费用，远远超过土地的价格，结果就使土地始终保持未开垦的状态。

在这样的地方，农民和雇工，和大农经营的地方一样，没有能被富裕租地农场主所雇佣，从事于他们的农业劳动和家畜管理工作。极其贫困的分成租地农场主，几乎是没有什么工作可以给别人做。农民则以吃杂谷做的劣质面包过活，这种杂谷是他们自己所耕种，几乎不要什么耕作费，但国家则不能获得任何利润。

在这种地方，因为没有小麦的消费，因此也几乎没有销路。因为在大都市附近地方，如果能够充分地供给小麦，则远离大都市的地方，小麦就卖不出去。那么小麦只有以极其低廉的价格出卖，或者把它储藏起来，以等待在最适当的时期出卖。由于小麦一般的不值钱，就使小麦的耕种更为草率。分成租地农场主所取得的部分，也只够供给家属以生活的资料。在歉收时，就陷于饥馑状态，土地所有者不得不给他们以补助。因为由这种耕作所取得的收获，不可能有任何的积储，以备在饥馑的年度食用。因为在歉收的时候，收获甚至难于供应土地所有者和租地农场主的生活资料。所以歉收时小麦的高价，丝毫不能抵偿丰收时农产物的无价值的情况。能够从小麦高价获得利益的，只有能够把所收获的小麦等待良好时机出售的生活优裕的若干土地所有者。

因此，关于这种耕作，小麦的价值，只能以丰收之年的普通价格来考察。但在远离首都的地方，只能出卖很少的数量，小麦就维持在非常低的价格。所以在土地进行小农经营的地方，纯良小麦和黑麦的平均价格只是一塞蒂十二利佛尔。事实上在这种地方，小麦的价格不能抵偿大农经营的货币费用，土地只能在损害地力本身的情况下来耕种，结果只有尽量以极少的支出来利用，来取得有限的生产物。

从土地只能种出极少的生产物，并不是由于牛耕的缘故。就是小农经营，如果有必要的支出，也能从土地取得同用马耕作几乎是同等数量的生产物。但是只有土地所有者能够负担这项支出。但是由于小麦的交易不自由，除非土地所有者们能够知道小麦的贬值所要受到的损失不大时，他们才肯担负这项支出。

进行小农经营的土地，估计约有三千万亚尔邦，每一亚尔邦在平常年成，可得种子四倍的谷物，即不包括十分之一税，可以生产三十二蒲华束。在三十二蒲华束中，必须扣除八蒲华束的种子。结果只余下二塞蒂，由土地所有者和分成租地农场主对半平分。分成租地农场主在分得的部分中，还要负担土地税和一些不可避免的费用。

进行小农经营的三千万亚尔邦土地，划分为交互播种小麦的两块轮耕地。如果各个分成租地农场主用作播种三月谷物（春播谷物）的若干亚尔邦不计在内，那么每年可以播种小麦的有一千五百万亚尔邦。因为在小农经营下，没有一点为耕种三月谷物的特别轮耕地。在一千五百万亚尔邦中，对三月谷物和小麦的收获，并没有区别的必要，因为三月谷物的数量是极少的，这并不是要详细说明的重要问题。况且每亚尔邦小麦的收获非常少，从生产量的一点说，两种作物的收获几乎没有什么不同。

每一亚尔邦小麦地，除去种子，也不包括十分之一税，平均可以四倍于种子的数量，即收获二塞蒂。在平常年成，一塞蒂小麦和黑麦为十二利佛尔，则二塞蒂的货币价值为二十四利佛尔。

上述的数字，加上先已扣除的十分之一税 1/12，和种子这两部分…………………………………………… 2〔利佛尔〕13〔苏〕

则全部的收获为 ……………………………………… 26〔利佛尔〕13〔苏〕

二十四利佛尔，即二塞蒂可分为如下：

预付给土地所有者利息，其他的费用，用作耕牛饲料的元本的偿还部分…………………	9	12〔利佛尔〕
交给土地所有者的每年 1 利佛尔 10 苏，两年的租借费………………………………	3	
给分成租地农场主的费用，维持费，生活费………………………………………	10	12〔利佛尔〕
分成租地农场主支付的土地税…………………	1	
分成租地农场主担负危险的报酬和利润……	1	

因此，每一亚尔邦总生产量二十六利佛尔十三苏，可分为如下：

两年的租借费……………………………………	3		5〔利佛尔〕
土地税………………………………………………	1		
分成租地农场主……………………………………	1		
十分之一税………	2〔利佛尔〕		21〔利佛尔〕13〔苏〕
费用………………	19	13〔苏〕	
总生产量…………………………………………	26	13	

进行小农经营的土地一千五百万亚尔邦的小麦的收获，包括十分之一税，除去种子，可以得三千三百一十五万塞蒂，即货币价值三亿九千七百八十万零二千零四十利佛尔，其中：

项目	金额	小计
土地税	15 000 000	75 000 000
土地所有者	45 000 000	
分成租地农场主	15 000 000	
十分之一税	37 802 040	322 802 040
费用	285 000 000	
总生产额		397 802 040

大农经营和小农经营合计的生产总额

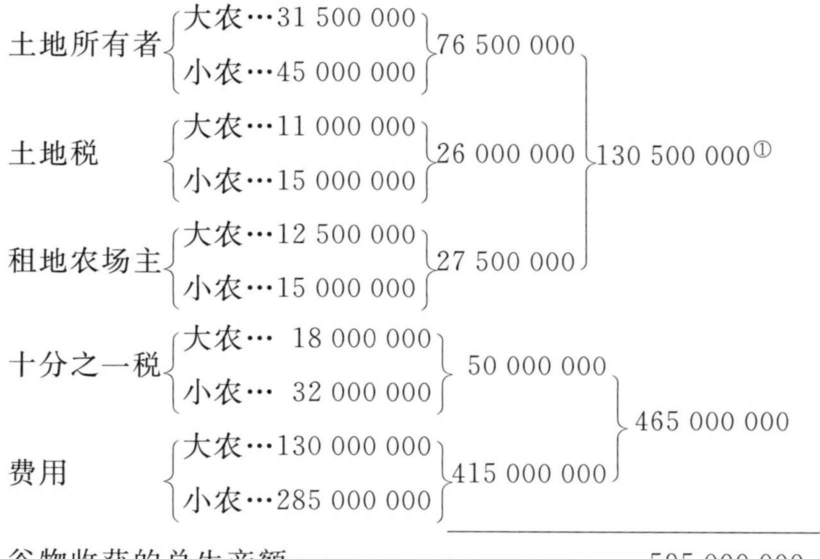

项目	经营	金额	小计	合计
土地所有者	大农	31 500 000	76 500 000	130 500 000[1]
	小农	45 000 000		
土地税	大农	11 000 000	26 000 000	
	小农	15 000 000		
租地农场主	大农	12 500 000	27 500 000	
	小农	15 000 000		
十分之一税	大农	18 000 000	50 000 000	465 000 000
	小农	32 000 000		
费用	大农	130 000 000	415 000 000	
	小农	285 000 000		
谷物收获的总生产额				595 000 000

① 原本有错误，总和应为 130 000 000。（翁根注）

谷物优良耕种的生产状况

谷物交易的不自由、输出的禁止、人口的减退、农村中财富的缺乏、任意的课税、民兵的征集、赋役的滥用，这些都是引起如上所述我国收获量不大的原因。在过去，拥有比今天多三分之一的住民，因而消费也比今天多，但是法国的农业，还能有大量的谷物可供输出，由于法国人以大量的小麦，并以极其低廉的价格输出到英国市场，英国人因为在市场中无法和它竞争，因而在一六二一年发出不平的呼声。[①] 当时法国的小麦，以现在货币价值十八利佛尔出卖，这是那个世纪中低廉的小麦价格。因此我们的小麦生产，至少有七千万塞蒂的收获。但是现在小麦的收获，约为四千五百万塞蒂。当时比现在多三分之一的人口，即比现在要多消费二千万塞蒂的小麦，同时还有丰富的小麦向外国输出。这种丰饶是苏理氏经济政策的幸运的结果。这个大政治家，为了使君主和国民取得收入，保持国力，首先是尊重耕作者，葡萄栽培者、畜牧工作者。

要复兴我们的农业，只能以人口的增加为前提。两者的发展，是相互促进的。谷物的价格，应该超过耕种的费用。因此无论是国内的消费还是国外的贩卖，谷物价格都必须能够保证取得一定的利润。对外国的贩卖，能便于销售，有利于农业的发展，增加土地收入；这项收入的增加，因而能使支出增大，支出的增加，又使更

① 《关于大英帝国的优点和缺点的讨论》(*Traité des avantages et des désavantages de la Grande Bretagne*)。(原注)

多的人得到利益,因此助长了人口的增加。人口的增加,扩大了消费;消费维持了农产物价格,农产物是随着人们需要的增加而增加,也就是随着人口的增加而增加。因为这个缘故,这一连串发展的根源,是本国农产物的输出。因为对外国的贩卖可以增加收入,收入的增加可以增殖人口,人口的增殖可以提高消费,更大的消费可以渐次地增加农业和土地收入,以及增加人口。简括地说,收入的增加引起人口的增长,人口的增长又增加了收入。

这一连串的增加,都是从收入的增加开始。这正是问题的根本,但是法国最不了解这一点,至少是最忽视这一点。又在法国雇佣人的时候,并不承认和理解仅仅能抵补工资的劳动生产物(不生产劳动的生产物),和支付了工资又能取得盈利的劳动生产物(生产劳动的生产物)之间的不同。如果不注意这种区别,就会对工业比较对农业爱好,对工业品的贸易,就会比较农产品的贸易更重视;正因为这个缘故,就会支持工业和奢侈品贸易,而损害农业。

但是,政府为了繁荣商业,维持发展工业,明显地除了注意收入的增加,并没有别的方法。因为只有收入,能够吸引商人和工匠,并支付他们以劳动报酬。我们必须培育树木的根基,不应只考虑枝叶的处理。最好使枝叶自由地繁荣发展。但不能忘记为生长和增殖供给必要的树液的土地。连埋头于工业发展的柯尔培尔,为了重建衰落的农业,不得不减轻土地税,预付农业者的费用。但他没有能够把这件事同国家的利益联系起来。他并不理解按照规则的课税方法来征收土地税,以及建立容许谷物自由交易的根本政策。结果由于农业的被忽视，加以不断的战争和使农村荒废的民兵，使王国的收入减少。租税的包征人，可以由贿赂献金而成为国家的官吏。大臣(柯尔培尔)没有足够的先见之明，以避免采取这种不幸的方策，结果使法国蒙受非常的灾祸。①

小麦的生产是很昂贵的。我们所有的耕种小麦的土地，比所需要的多得多；因此小麦的耕种应当只限于生产量远远超过优良耕种费用的良田。三千万亚尔邦的良田，年年可以有生产小麦的一千万亚尔邦的轮耕地。进行优良耕种的良田，在平常年成，扣除种子，每亚尔邦可以生产六塞蒂小麦。因此一千万亚尔邦的轮耕地，包括十分之一税，至少可以获得六千五百万塞蒂。② 如果国内消费增加，小麦的交易能够完全恢复自由，则每一塞蒂小麦的价格，在平常的年成就会是十八利佛尔；虽然可能比这个数字略有增

① 《市民租税包征人》(*Le Financier citoyen*)第三章及第四章。(原注)

② 我们假定，每亚尔邦除去种子，能够生产六塞蒂，但是已经知道，很好耕种的良田，每一亚尔邦的生产，可以多于六塞蒂。在评价时，从更大的确实的前提来考虑，则这个收获量的设想，可说是很得当的。在这个场合，为了考虑一亚尔邦土地，究竟可以生产多少，想引用凡尔赛狩猎地的狩猎长官勒·罗伊《租地农场主论》的一个例子来说明。著者写道："在我的眼前，有一个三百亚尔邦以上土地的农场，虽然不是最好的土地，但土壤质地还是良好的。在四年前，这土地由某一租地农场主经营，虽然耕种得相当好，但是施肥情况非常恶劣。因为他把麦秆卖去，几乎不给家畜以饲料。甚至在丰年，每一亚尔邦也只能获得三塞蒂以至四塞蒂的小麦。因此他破产了，这个农场就不得不转让给另一个比较勤勉的耕作者。局面就完全改观了。支出一点也没有节约，但土地比以前耕种得更好，羊群和肥料掩盖了土地。就此两年之后，这块土地每一亚尔邦获得十塞蒂小麦，并且继续进行改良，希望以后能够取得更多的收获。每次重复的试验都能得到同样的成功。增加了羊群，因而使我们的收获也成倍地增多。无论是租地农场主或土地所有者都应当有这样的信念。如果能使这个信念变成大家的信念，并加以鼓励，我想就可以使我们的农业很快地进步，因而使我们丰裕起来，享受种种的利益。"(原注)

年　　度	塞　蒂	价　　格 （一塞蒂的）	合　　计 （每一亚尔邦）	费　　用 （每一亚尔邦）	余　　额
丰　　年	8	16 利佛尔①	128 利佛尔		62 利佛尔
好 年 成	7	17	119	66 利佛尔	53
中等年成	6	18	108		42
较差的年成	5	19	95		29
歉收年成	4	20	80		14②
合　　计	30	90			200

① 法国的小麦，虽然质量比较英国的小麦优良，但是价格却比英国要低。虽然小麦的质量优良，但是我国要把小麦卖给外国，就要在相互竞争之下，把价格降低。（原注）

② 在现在法国的大农经营之下，上面已经说明过，租地农场主即使在较好之年，也是要遭受损失。这个表里的材料说明租地农场主在收成好的年份是能够获得利益的，但在歉收之年则受到损失。因此，对租地农场主说，是在小麦多收时较为有利。然而在我们以前考察的例子中，丰收使租地农场主破产。而只有在歉收之年，才能使收入可以抵偿费用。（原注）

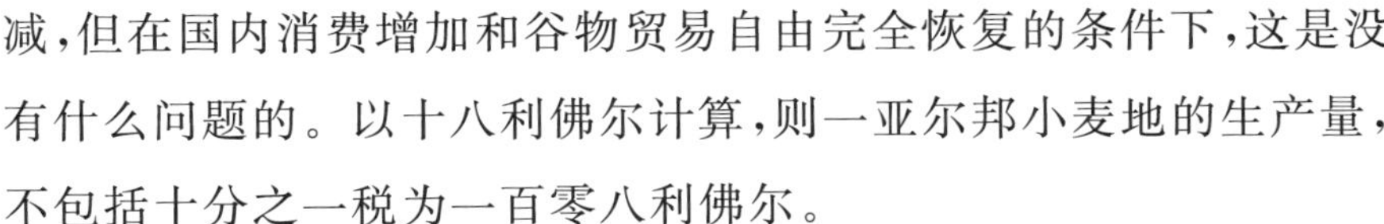

减，但在国内消费增加和谷物贸易自由完全恢复的条件下，这是没有什么问题的。以十八利佛尔计算，则一亚尔邦小麦地的生产量，不包括十分之一税为一百零八利佛尔。

在允许输出的条件下，为了更确切地决定小麦的平均价格，必须注意收获量的变动，以及和收获量相适应的小麦价格的变动。从英国的实例来看，很早以前起，变动就几乎上下于十八利佛尔和二十二利佛尔之间，在允许输出的情况之下，可以推断变动的状态就是这样的。也容易了解，在英国，变动为什么会这样微小。就是英国的农业取得了很大的进步，收获无论怎样少，作为住民的生活资料，还是经常有余。如果我国农业的状况良好，就是在收成较差的年份，也可以收获和今天好收成时差不多同样多的小麦。因此，如果没有例外事件,那么就可以把好收成时收获的多余的部分,转去弥补收成较差时的不足,就能使王国的供给经常超过需要,因而不会再有饥馑了。现在我们把各年度的耕种状态良好的前提之下,作一个一览表来说明,从这个表可以判断如下的情况。又从这个一览表可以知道,即使一千亚尔邦的土地收成不好,把播种三月谷物的同面积的亚尔邦的收获不计在内,也可以获得四千万塞蒂的小麦。

除去费用后的总计二百利佛尔用五年来平分,则

平均每年 …………………………………… 40 利佛尔

费用 ………………………………………… 66 利佛尔

共计 ……………………………………… 106 利佛尔

一百零六利佛尔以六塞蒂来划分,则每一

塞蒂的平均价格为……………… 17 利佛尔 13 苏 4 德尼[1]

六塞蒂收获量的价值 ………………………… 106 利佛尔

如果加上全部收获的十分之一税和预先扣

除的种子的 1/12,则为 ……………………… 10 利佛尔

加上前面所说的这两项,则每一亚尔邦的

总生产量为 ………………………………… 116 利佛尔

① 购买者的平均价格,是九十利佛尔的五分之一,即十八利佛尔。这差不多等于最近我国小麦一般的平均贩卖价格。因此对于购买者说,输出并不会使小麦的价格提高。但对租地农场主说,输出可以使一塞蒂的价格提高二利佛尔四苏。以六千五百万塞蒂说,则意味着农业可以取得一亿六千万利佛尔的利益。同时对于小麦的购买者并没有把价格提高。但这里表现出自由输出谷物的优点。从这里可以看出,英国农业的进步是当然的,并不是不可思议的事。(原注)

其中所包含的纯产品《poduit net》四十利佛尔的分配如下：

项目	金额	合计
两年的租借费占 1/2,即…………20 利佛尔		40 利佛尔
土地税占 1/4,即………………10①		
租地农场主占 1/4,即……………10		
十分之一税………………………………	10	76 利佛尔
费用………………………………………	66	

一亚尔邦的总生产额 ……………………… 116 利佛尔

费用六十六利佛尔，以及土地税和租借费二十和佛尔合计，则每一亚尔邦为八十六利佛尔。一亚尔邦的收获量为六塞蒂，因此平均每年，对租地农场主说一塞蒂要花十六利佛尔。在丰收的年度，每一亚尔邦可以收获八塞蒂，每一塞蒂对租地农场主说要十二利佛尔，因为以十六利佛尔出卖，所以可以多得四利佛尔。在歉收的年成，每一亚尔邦收获四塞蒂，则每一塞蒂要二十四利佛尔，因为以二十利佛尔出卖，所以损失四利佛尔。如果把丰收和歉收平均计算，则在平常的年成，租地农场主从每一塞蒂可以得一利佛尔十三苏，即一亚尔邦可以得约十利佛尔。

一千万亚尔邦的小麦收获，在平常的年成，在全部收获中包括种子的成本，也包含所征收的十分之一税，但除去种子，则所得为六千五百五十五万五千五百塞蒂，即货币价值为十一亿五千九百五十万利佛尔。其分配如下：

① 对于征收实物税(droit de champart)和十分之一税(la dime agraire)的土地，租地农场主不必交纳这样多的土地税。由此而产生的不足部分，由征课了十分之一税的租地人负担。(原注)

项目	金额	合计
土地所有者	200 000 000	400 000 000
土地税	100 000 000	
租地农场主	100 000 000	
十分之一税	99 500 000	759 500 000
费用	660 000 000	
总生产额		1 159 500 000

此外，还有播种三月谷物的一千万亚尔邦的轮耕地，在耕种情况适当的良田，除去种子，不包括十分之一税，在平常年成至少可以生产二塞蒂。每一塞蒂的价格，估计约为小麦价格的三分之二，即十利佛尔。

项目	金额	合计
一亚尔邦土地的生产量	20	21.17
1/2 的十分之一税	1.17	

这个总数二十一利佛尔十七苏可以分为如下部分：

项目	利佛尔	苏	合计
对土地所有者的一年的租借费	10 利佛尔		15
土地税	2 利佛尔	10 苏	
租地农场主	2	10	
十分之一税	1	17	6.17
费用	5		
总生产额	21 利佛尔	17 苏	

燕麦地一千万亚尔邦，包含十分之一税，可以得二千一百九十四万四千四百四十一塞蒂，货币价值为二亿一千八百五十万利佛尔，分配如下：

土地所有者	100 000 000	150 000 000
土地税	25 000 000	
租地农场主	25 000 000	
十分之一税	18 500 000	68 666 660①
费用	50 000 000	
总生产额		218 500 000

小麦地一千万亚尔邦的收获量，和三月**谷物**地一千万亚尔邦的收获量合计如下：

包含十分之一税，

除去费用的收获	小麦 499 500 000	668 000 000
	燕麦 168 500 000	
费用	小麦 660 000 000	710 000 000
	燕麦 50 000 000	
总生产额		378 000 000

其中可分为如下：

土地所有者	小麦 200 000 000	300 000 000	550 000 000
	燕麦 100 000 000		
土地税	小麦 100 000 000	125 000 000	
	燕麦 250 000 000②		
租地农场主	小麦 100 000 000	125 000 000	
	燕麦 25 000 000		

① 原文有错误。总和应为 68 500 000。（翁根注）

② 原文有错误。应为 25 000 000。（翁根注）

十分之一税	小麦	99 500 000	118 000 000	828 000 000
	燕麦	18 500 000		
费用	小麦	660 000 000	710 000 000	
	燕麦	50 000 000		
总生产额				1 378 000 000

在上面已经评定了生产额的三千万亚尔邦以外，还有价值比较少的耕地三千万亚尔邦，这些耕地用作其他种种的生产。其中最好的土地，可以用来种植大麻、亚麻、蔬菜、黑麦、大麦、**杂谷**，或作为人工牧场，其他的土地，按照它的种种性质，可以用于栽植木材、葡萄、桑树、苹果、胡桃树、栗子，或者播种荞麦、黑麦类、马铃薯、芜菁、龙芽草及其他用作家畜饲料的生产物。要评定这三千万亚尔邦种种的生产额虽觉困难，但大部分在耕种时并不需要多大的费用，在收入分配上也不会有很大的错误，估计约为上述三千万亚尔邦生产额的三分之一。内容如下：

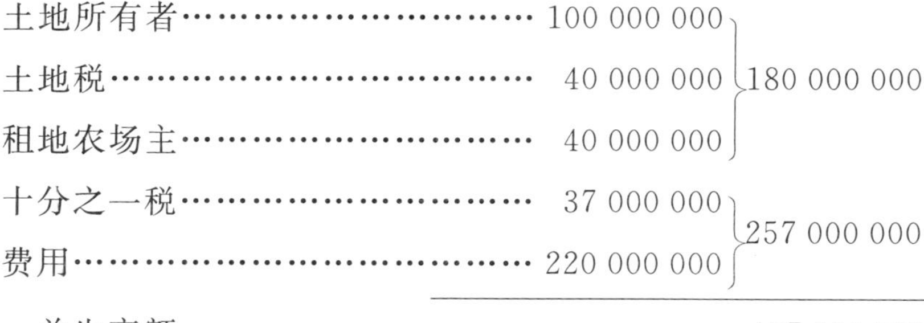

土地所有者	100 000 000	180 000 000
土地税	40 000 000	
租地农场主	40 000 000	
十分之一税	37 000 000	257 000 000
费用	220 000 000	
总生产额		437 000 000

由良好的耕种所得的各种生产额的总计的概况。在法国耕地六千万亚尔邦的生产额如下：

土地所有名	良田	300 000 000	400 000 000	730 000 000
	劣田	100 000 000		
土地税	良田	125 000 000	165 000 000	
	劣田	40 000 000		
租地农场主	良田	125 000 000	165 000 000	
	劣田	40 000 000		
十分之一税	良田	118 000 000	155 000 000	1 085 000 000
	劣田	37 000 000		
费用	良田	710 000 000	930 000 000①	
	劣田	220 000 000		

除去费用的生产余额 …………………………… 885 000 000

总生产额 …………………………………… 1 815 000 000

王国现在耕种的生产量和良好耕种情况下的生产量的比较：

	现在耕种	良好耕种	差额	
土地所有者……	76 500 000	400 000 000	324 500 000②	增 4/5
土地税…………	26 000 000③	165 000 000④	138 000 000	增 5/6

① 费用并不完全由货币构成，如马的饲料和雇佣人的生活资料，则是以收获物的实物支用，因此进入货币流通中的，不过是费用中的半数。但葡萄栽培的费用和关于葡萄酒酿造所要的支出情况就有所不同。就是这项预付，几乎完全是用货币支付。因而王国内所存的铸造货币量的一半以上，应当作为农业的费用在农村里流通。（原注）

② 原文有错误，应为 323 500 000。（翁根注）（俄译本为 3 235 000 000。——译者注）

③ 俄译本为 27 000 000。——译者注

④ 在这两种耕作情况下，假定土地税约等于土地所有者收入的三分之一。但是现在因为把人头税（capitation）和特别税（taxes particulières）附加在土地税上，所以课税总额提高到收入的约一半，即四千万利佛尔。从这个比率来说，在良好耕种的情况

租地农场主……	27 500 000	165 000 000	137 500 000[①]	增 5/6
十分之一税……	50 000 000[②]	155 000 000	105 000 000	增 2/3
费用…………	415 000 000	930 000 000[③]	515 000 000	增 5/9
生产额……… (除去费用)	178 000 000	885 000 000[④]	707 000 000	增 4/5
总生产额………	595 000 000	1 815 000 000	1 220 000 000[⑤]	增 2/3

关于谷物耕种优越性的考察

耕作的费用是留在王国之内，因而总生产额完全是国家的利益。家畜的收入至少等于每年所收获的财富的一半。因此农业这两个部门的生产额，合计约为三十亿。葡萄园的生产额，在五亿以

下，课税总额不是四千万利佛尔，而是二亿利佛尔。现在 *Pays d'état* 和 *Paysd'élection* * 双方都实际上从用于谷物耕种的王国土地，支付献金(dons gratuits)人头税、土地税一起约四千万利佛尔。我们并不把这种征税区加以区别，而是站在相同的观点，包含在两种耕作状态中。(原注)

* *Pays d'état* 和 *Pays d'élection* 是法国旧税制中的两种行政区。和两者有重要关联的是土地税。后者是国王的征税权直接所及的，前者则是封建贵族的权力所及。——译者注

① 俄译本为 137 000 000。——译者注

② 俄译本为 6 000 000。——译者注

③ 在现状之下，费用只能产生百分之三十的收益，但在良好耕种的情况下，谷物的贩卖和英国一样有输出的良好条件，因此费用可以产生约百分之一百的收益。(原注)

④ 必须注意，这个比较，并不是以谷物的平均价格的任何增加为前提。因为谷物的输出，会使价格腾贵，这并不是事实。虽然如此，但输出会消除使生产物变成无价值(non-oaleurs)和造成高价(chertés)。英国只输出约一百万塞蒂(这个数量还不到收获的二十分之一)，但已不断地受到这个利益的好处。英国所以只输出这个数量的谷物，是因为在外国没有更多的贩卖场所。(原注)

⑤ 根据上一页的注所作的修正，这里应该是 1 219 500 000。(翁根注)

上，如果王国的人口增加，葡萄酒和火酒的交易不受限制，就会有更多的增加。[①] 农业的生产额，不包括大麻、木材、捕鱼等的生产额，至少是四十亿。我们还没有论述房屋、年金、盐、矿山的收入。同时也还没有论述会随着收入(Reoenus)和人口的增多而成比例地增加的工艺、航海等的收益。问题在于这一切利益的本源，实际

① 《市民租税包征人》(*Le Financier citoyen*)一书的著者，他的意图虽然值得赞赏，但是过分地着重了葡萄酒消费税(droits de aides)，并且造成一种印象，似乎没有考虑到这种租税的缺点，他只从消费者观点来看，认为对于葡萄酒的支出的多少，是可自由决定的。但是消费者购买葡萄酒支出的多少，对于葡萄种植的收入，和对于从事种植的住民，是个重大的问题。葡萄的种植要使用很多的人力，甚至可能使用更多的人。这从人口的一点来说，已是值得很大关心。况且从种植葡萄的土地，可以取得很大的收益。政府的一项极重大的任务，是为了国家福利和确保税源，而注意收入的增加。因为能够取得较多收益的土地，是能够负担较重的租税。葡萄园可以连年继续生产，因此一亚尔邦葡萄园的土地税，为一亚尔邦小麦播种地的两倍。结果对于君主说，意味着几乎可以获得和葡萄酒消费税同样的收入。但是在征收消费税的场合，对于国王说，是破坏了重要而不可缺的商业，由于收税人员残酷行为，和纳税管理人的恶劣作风，而使葡萄种植者受苦。在良好的耕作制度之下，合理的土地税，是君主收入的主要源泉。对于这方面，目前还研究得很少，对于它的破坏作用也知道得不多。对于它的弊害，虽然经常可以听到反对的呼声，但是依然很少纠正(参看《赋税论》)。

著者对于工业，稍有通俗的偏见。工业由于支付工资，确能给很多人以生活资料，但是它本身却不能产生任何收入，不过由购买工匠的制造品的市民收入来支付。他因为害怕工业遭到破坏，而禁止对工业课税。但是在王国内，由于工业，无论是必需品工业或是奢侈品工业，都能得到收入，所以还能够经常的存续的。课税不过是使它的价格稍为提高。因为工业部门，和由生产物的贩卖而使我们富裕起来的对外贸易，关系极为微小。著者完全肯定了按照正当的手续的一般租税包征，认为这是有利的。他认为租税包征，可以保证君主的收入，无人负责的领主的利益，租地农场主和转借人应得的利得，和使用人的报酬。当然他希望租税包征人是正直诚实的。他还从租税包征制度中发现另一个优点，就是它可以在不损害农业、工业和商业的条件下，增加租税的收入。无论如何，在未充分开发的王国，能使君主取得收入，给领主以利益的唯一手段，恐怕是租税包征制，这一点至少是事实。但是，在一个由于财物和生产物交易而富裕起来的国家里，这种负担沉重的租税包征制是不必要的，领主是可以由它的所有地的生产物来维持自己的支出的。(原注)

是农业。正是农业,供给着原材料,给君主和土地所有者以收入,给僧侣以十分之一税,给耕作者以利润。正是这种不断地再生产的本源的财富,维持着王国其他一切的阶级,给所有其他职业以活动力,发展商业,增殖人口,活跃工业,因而维持国家的繁荣。如上所述,法国要把自己的力量可能获得的数十亿的全部收入,不仅用于享乐。就是一方面,国民每年的消费和支出,估计最多不过二十亿。另一方面,还有和这项支出约略相等的,被看作是手工业经费的收入,从这项收入,支付给所有种类的劳动者以生活资料,所有这一切,几乎都是由土地生产物来支付。因为除了捕鱼和制盐,航海的利润虽然庞大,但也只有以我国的农产物进行交易时,才有可能取得。通常都把农业和商业看作是我国财富的两个源泉,但是商业和手工业一样,不过是农业的一个分支;而且手工业比商业,范围远为广大,而且也远为重要。但是这两种职业,只有依靠农业才能存续。实际上,只有农业能够供给手工业和商业以材料,而且供给这两者以生活资料。因为这两个分支,都要把它们所取得的利得还给农业。农业则再生产着年年支出的和被消费掉的财富。实际上,如果没有土地生产物,没有土地所有者和耕作者的收入和支付,哪里还有商业的利润和手工业的工资呢?如果把商业和农业分离开来,认为它能够独立存在则不过是一个抽象,所谓离开了农业的商业,不过是一个不完全的观念。这种抽象的观念,也吸引着一些研究这类问题的著作家,其中有人则把国内商业看作是生产的商业;但是实际上,国内商业是什么也没有生产,不过是为国民服务,并接受国民的报酬。

苏理氏见解的卓越性,给予任何赞扬也不会过分。就是这个伟大的大臣，由于把君主的财富，国家的权力，国民的幸福，都建立在土地收入，即农业和农产物的对外贸易之上，掌握了王国经济统治的真正原理。他曾经说过这样的话，如果没有小麦的输出，就会使国民失去货币，使国王失去收入。这样就不会被各种工业的自我宣扬的利益所眩惑。因此他只保护了毛纺织业。原因为羊毛的贩卖，给肥沃土地所必要的羊群增殖以便利，结果是丰富的收获，有赖于羊毛的贩卖。

良好的收获，给家畜的饲养生产了很多饲料。就是三千万亚尔邦中等的土地，有一部分是充当这个用途。《人工牧场》(*Prairies artificielles*)著者的意见很正确，他的结论是，年年必须有和播种小麦的土地同等数量亚尔邦土地的人工牧场。因此，三千万亚尔邦土地，就要有用作家畜饲料的一千万亚尔邦土地的人工牧场。这些家畜，每年能给播种小麦的土地以十分良好的肥料。必须很好地了解这个方法。因为，由于给土地以肥料，就可以每一亚尔邦多收一塞蒂的小麦，因而使利润约增加一倍。以一塞蒂十五利佛尔计算，则收获五塞蒂的一亚尔邦的小麦地，除去全部费用，可以得到二十利佛尔的收入。假使多收获一塞蒂，就此几乎可以使一亚尔邦土地的收入增加一倍。因为，例如一亚尔邦收获六塞蒂，则收入为三十五利佛尔，如果收获七塞蒂，则收入为五十利佛尔，就是比最初的收获要多五分之三。这是因为收入不单是取决于生产量的对比，而且还取决于费用的大小。虽然因饲养家畜而使费用增加，但家畜也能产生收益。因此，从陈旧的耕作方法所取得的利润，是难于和优良耕种所取得的利润相比。

因此我们可以看到，租地农场主的能不能够有财富来支付优

良耕种所要的经费，决定于一亚尔邦的土地，有没有一塞蒂或二塞蒂多余的生产物。虽然他还要把其中的价值，分配给土地税和租借费，但他自己的利得部分，远比这些为多，最大部分常是作为利得留在他的手中。因为他相应的还可以收获更多的饲料，就以这些饲料来饲养可以使他增殖利润的家畜。

租地农场主只能由饲养家畜，获得这些收益；但他从家畜的收益，又可以获得很大的利益。事情确是这样，只使用一架犁的租地农场主，要想获得很大的利益是不可能的。只有能够置备较大设备的比较富裕的租地农场主，才能取得较大的利润，只有由较大的支出，才能使自己的土地有较大的价值。

只有一架犁的租地农场主，必须依靠这种零细的经营，来取得维持一家生活所必需的全部费用。此外，他还必须对不同的生产业务上的需要支出费用，这种费用在小农经营中，它所占的比例还大于大农经营。例如他只有一架犁，只能够有一个小羊群，但这个小羊群对于饲养人来说，他所要的费用，和能够产生较大利润的大羊群差不多相同。所以不管经营规模的大小，都必须支出不和利润成比例的费用。使用多数犁的富裕的耕作者，无论对于他们自己或对国家来说，都比只使用一架犁的耕作者能够进行远为有利的耕种；这是因为使用多数犁的耕作者能实行人力的节约，和以较少的支出进行生产，同时又能获得较大的生产量。但是人事费用和人的劳动，只有在他们所获得的生产物能够再生产和增加国民财富时，才对国家有利。土地不仅能养活耕作者，而且能提供大部分国家所要的费用，僧侣的十分之一税，土地所有者的收入，租地农场主的利润，租地耕种者的利得。君主、僧侣、土地所有者的收入，租地农场主和他雇佣来耕种土地的工人的利得等，通过它们的支出，而分配于其他一切阶级和职业的人们之间。有一个作者[①]彻底了解这个根本的真理，曾写道："在有许多富裕土地所有者住居的地方，就会形成一般所说的城市(une ville)，在这里随着土地所有者把自己收入支出的数量的多少，集中着相应的商人、工业家、工匠、劳动者和仆人。因此在这个场合，都市的大小，是和土地所有者的人数，更确切地说，是和土地所有者所有土地的生产额成比例。和地方的都市形成一样，同时形成着首都，所不同的，在这里住着一国的大土地所有者。"

由许多小租地农场主进行零星耕种的土地，因为需要支出比较多的人力和费用，所以它们的利润就很有限。以比较少的人力和费用来经营，就可以避免在这些工作上浪费人力和费用，这对于国家是有利的。这样拙劣的把人力使用于土地的耕种，即使在人力很多的王国也是有害的。因为人口愈多，愈需要从土地取得大量的生产物。但是在人手少的王国就更加不利。因为在这样的王国，必须充分注意把人力配置于对国家最必要和最有利的工作。关于农业的利益，实际上是要把土地集中形成大规模的租借地，由富裕的租地农场主经营……，使它达到最好的状态。

单单依靠人类劳动进行的耕种事业，是葡萄的种植，如果葡萄的种植鼓励了葡萄酒的贩卖，人口能够更多的增殖，在法国就可以雇佣比现在远为众多的人力。我们的葡萄种植和葡萄酒与火酒的

① 康替龙的《试论一般商业的性质》第五章和第六章(Cantillon, *Essai sur le commerce*, chap. 5, 6)。(原注)

交易，受着很大的阻碍，实际上这也和谷物的耕作一样，是值得注意的对象。

我们在这里所考察的富裕租地农场主，并不是自己耕种土地的普通劳动者，他认为自己是依靠智力和财富取得收入，和经营管理企业的企业家。由富裕的耕作者所经营的农业，是非常阔绰的利润很大的企业。只有这种农业，才能够预付土地耕种所必要的大量费用，是自由人所能做的职业，并且是雇佣着农民，使他们能够得到相应的确实的利得的职业。根据苏理氏的想法，只有在这里，在保有大领土的王国，有使真正的租地农场主，即真正的资本主（financier）维持存续的理由。只有这些租地农场主的财富，能够产生出国民的生活资料、社会的安宁、君主、土地所有者和僧侣的收入，可以分配给所有职业的收入，众多的人口，国家的实力，以及国家的繁荣。

大收入是大支出的源泉，大支出实际上是人口增加的原因；大支出会扩大商业和工业，而使多数人获得利益。有人只从维持大军队的观点，来考察大人口的优越性；这是对于国家实力的错误观念；这是由于军事当局只从培养士兵的必要来考察人口。正和土地所有者在为农地经营的必要而挖掘沟渠时很爱惜土地一样；真正的政治家在把人用于战争时，也是很爱惜的。和庞大的军队会把田地荒芜相反，大人口和大财富，则可以使生产力得到很好的发挥。大人口的重要的利益，是有利于生产和消费，增加王国的货币财富（richesses pécuniaires）。如果有肥沃的土地和贸易的自由的国家，同时它的人数又很多，则国民就愈益富裕，国民富裕则国力愈益强大。目前在王国内，所有的货币财富，现在和前一世纪相同。但是要判断这种财富的状态，不能单从这种财富的量来考察，必须根据王国内部生产物的数量，以及和贩卖与价格相适应的流通情况来考察。因为一塞蒂二十利佛尔的小麦一百塞蒂，比较一塞蒂十利佛尔的小麦五十塞蒂，是大四倍的货币财富。因此财富的数量，既由金银货币而表现其存在，同时也由真实的生产物价值而表现其存在。这种情况，在国外贸易能够保证生产物的价格和贩卖时，就特别值得注意。

收入是土地和人力所取得的生产物。如果没有人类的劳动，土地就不会有什么价值。大国的本源的财货，是人力、土地及家畜。如果没有农业生产物，工业与商业是没有另外的财源。但这二者都只有由外国的财富来支持，可是这种财源非常有限，而且几乎没有保证，只能支持极小的国家。

从谷物耕种所征收的土地税的考察

虽然确是家畜使土地的生产提高，但要对租地农场主家畜的利润征收土地税，还是要仔细地考虑。因为即使不把土地税的征收扩大到这个范围，由于农业收入的增加，也可能使课税额达到等于租借费价格的半数。总之，如上所述土地税的增加，并不是由于把课税扩大到租借费，而把课税对象限定在原来的范围，土地税是会适应土地所有者收入额四亿，而为其半数的约两亿。在这个数额中，并不包含对食利息的生活者，要征收土地税的地主、房屋、葡萄园，以及要征收土地税的森林、牧场的特别租借费，输送者、商人、农民、工匠及夫役等的课税。

从谷物耕种所取得的两亿土地税，还必须扣除约二十分之一，因为这个数额是由于法令的许可，对于贵族和特权阶级免除他们自己使用的一定土地的租税。这样就只有一亿九千万了。但是在租地农场主的土地税上，必须附加十分之一税；因此把它附加在一亿九千万上的结果，土地税总额至少是二亿。[①]

土地税和租借费的比例，是对租地农场主课税的最确实的基准，因为有了这个基准，就可以避免对租地农场主进行任意征税的不合理现象，从而给它以保护。土地所有者和租地农场主都知道自己的课税对象，他们相互的利益，在于正确地保全君主的权力。[②]

① 在这里是假定，所征收的十分之一税，约等于对租地农场主所征收的约一千万的土地税。但是相当于要征收十分之一税的生产量，不会由于耕种费用而成为负担。因此能够负担较重的租税。就是这个缘故，租金的十分之一税，换言之，不受教会直接管辖的土地的十分之一税，在实现了良好的耕种的场合，可以达到一亿以上的数额，因此对于租地农场主的耕种，即使征收二千万以上的土地税，也不能说是不合理的。所以在这个场合的土地税，和对耕作者的土地税并不是成比例的。而负担十分之一税的租地农场主，在如这里所说的实现了良好耕种的场合，就可以获得远比今天为多的利得。（原注）

② 等于租借费半数的土地税，看起来似乎是太大了，实际上确是如此。如果土地税有了确切的规定，对租地农场主说，在租借土地时，就可以遵照这种严格规定的税额去做。所以建立起确定的土地税会有很多利益。就是使租地农场主能够预先知道所征收的土地税，因此不会有破坏作用。相反，在租借期间，往往连续的增加土地税，使租地农场主破产，因为租地农场主不能避免因租借费任意提高所受的损失。但是如果租地农场主知道租借费是如何决定的，知道所应支付的土地税的数额，那么他就可以设法不在他自己应得的份额中来负担这种课税。这样就可以使土地税不致伤害耕种工作。如果这种课税是从租借地生产物中来征收，这样就会使土地所有者的收入部分更为增加，更有保证。因为土地税对于土地所有者的耕地，丝毫也没有妨碍；但相反，对租地农场主无规律地任意征课土地税，则要造成租地农场主生活的不安定。原因为租地农场主的利得是由和土地所有者的协约所限定，并不能适应土地税的变化。因此，如果土地税过于苛刻，就会使租地农场主无法支付耕种所要的费用，而使土地恶化。租税应该对根源的生产物征课，而且应该在耕作中征收。然而就在这个场合，所

对于分成租地农场主的课税，也非常希望能够发现同样确实的基准。因为如果实现了良好的耕种，则租地农场主人数就会逐渐地增加，而分成租地农场主的人数，就会跟着减少。但要实现良好的耕种使租地农场主人数增加的根本条件之一，是要纠正任意征收土地税的弊害，确保耕作者为耕种土地所预付的元本。特别是租地农场主，对于国家最为有利，必须加强对他们的保护，以免受到这种任意征收土地税损害的危险。很显然的，由于没有征收土地税的有秩序的制度，农村就会遭到比城市更大的破坏。因为收入是由农村所产生，它的收入的减少，就会使整个王国受到破坏。因为都市住民的生活，是以农村所取得的收入为依据的，都市的人口只能随该地农业收入的增加，而比例地增加。因此，为了使

谓以根源生产物为课税的对象，仍然要适应它的价值和耕作状态来进行，作为它的课税基准的，仍然是租借费。

所谓根据租借费来确定土地税，可能会产生一种疑虑，就是土地所有者和租地农场主之间，为了逃避租税而私下协议，在租借契约中，伪造假报租借费数目。但是在这个场合，土地所有者为了安全，必然要求订立一些契约或文据。这种契约显然是用不通行的形式订立的，因此必然会引起怀疑。这样就不难发现而加以禁止。这种文据可能用土地所有者预先借给租地农场主钱的方式来表明，但土地所有者借钱给租地农场主的情况是极少的，特别是文据日期和土地租约的日期很接近，就不能不引起怀疑。如果这种文据没有经过公证人证明，也会引起怀疑。由于这种可怀疑的协议是绝对不允许的，因此就能够消灭脱税欺骗现象，但如果这种文据是在租借契约以后三四年订立的，而且是公证人证明之下进行的，同时它的内容没有什么改变，则没有问题可以允许仍有效力。因为后面这种文据是关于租借费价格的，没有成立脱税契约的余地，而是土地所有者和租地农场主之间关系的必要文证。由于这个原因，如果在租借期中，家畜和收获上遇到灾害，土地所有者有对自己的租户给予救助的余地。为了给减少租借费数额的名目以报酬，由租地农场主以酒壶的形式先交预付金，那就是逃避租税。在这种情况下，他的租借费就要比其他地方低得很多，因而容易把它看出来。如果发现某个地方有过分显著不同的征象时，就可以把破坏租借契约的租地农场主驱逐出去。（原注）

富裕租地农场主增加，和使虽然进行耕种，但只会对国家带来不利的贫困的耕作者人数渐次减少，必须使农村的土地税，遵从确实不变的基准。

但是在大农经营和小农经营共同存在的法国的现状之下，必须承认要遵循这个基准是困难的。正因为这个缘故，我们在《租地农场主论》中，提出了保证课税确实性的可以采取的其他方法。结果是小麦的生产量和租借费，成了对耕作者成比例地征课土地税的最简单而适当的基准。在农业的现状之下，以大农经营的一亚尔邦土地，可以生产七十四利佛尔，缴纳土地税不过占小麦生产总价格的约二十分之一。由小农经营的一亚尔邦土地，可以生产二十四利佛尔，土地税占二十四分之一。进行良好耕种的一亚尔邦土地，如果其他条件相同，因为可以生产一百零六利佛尔，土地税约占十一分之一。就此只因为耕种方法的不同，同价值的一亚尔邦土地，在某一种场合，可以取得十利佛尔的土地税，而在另一场合，可以取得三利佛尔十苏，而此外的场合，不过能得一利佛尔。因此对于土地税，不能不管土地的如何使用，一律征课相同的税额。原因是土地的生产量，由于耕种方法的不同，非常容易发生变化。因此，根据不同的耕种方法，更加考虑到因利润的不同而发生的费用的变化，和种子量的差异，然后依据总收获量按比例地征课土地税，所以无论是提议以十分之一税[①]代替土地税的人，还是提

① 根据由于种种的耕种方法的不同，因而生产量不同来考察，可以知道转化为十分之一税形式的牛耕经营条件下的土地税，提高到土地所有者收入的三分之二以上。土地税不能固定在这种耕种方法下的收入上；因为在这种耕作情况下的土地，不能取得实现良好耕种情况下的收入，如果完全实现了良好耕种状态，则固定的土地税，就会

出对土地征收实物土地税（taille réalle）的人，都没有考察由于耕种方法不同而产生的不规则性，和同它有关的变化。确实，在有些地方是对土地规定一般租税的，因为这种方法只限于耕作方法几乎是同一的特殊地方，对于有不同价值的土地的生产额进行课税，斟酌各块土地的价值和不同的种子量，就能够作大体的规定。但并不是王国其他地方，普遍可以按照这个基准来课税。在现在的情况之下，即使可以设定比例的土地税，也只能限于适应地方的农业状况，预先把所课的税额分配于各小的教区。但是这种土地税，和在《租地农场主论》中所说的一样，要根据个人每年正确的申报，比例于眼睛看得到的农业资产而分担。在收入归着于谷物生产物时，也可以不要这种申报。但是如果在实现了良好耕种的地方，课税形式比例于租借费来征收，就可以把它单纯化了。如果耕作者

比现在的小七倍，八倍。

在实现了大农经营时，土地确实会取得比现在高的生产量，但是如果不能保证谷物交易的自由，那就不能取得自由情况下的收入的半数。在目前的情况下，十分之一税等于租借费的半数。转化为十分之一税形式的土地税，就会比现在多，而且负担很重。但是在允许自由输出的场合，土地就会取得较多的收入。因而十分之一税，就只等于租借费的约三分之一；在这个场合，转化为十分之一税形式的土地税，就不能保持符合于收入的比例。因为差不多只对它的收入的一半进行课税，比现在的负担轻得很多。因此，土地税和十分之一税对于租借费的比例关系，对于不同的土地生产量，有着很大的差异。在小农经营中，土地税即使只等于十分之一税的一半，也是苛酷的。但在良好的耕种条件之下，即使土地税等于全数的十分之一税，也还是轻的。土地税和生产量的比例，在不同的耕种状态，虽然没有和上述场合的不统一，但是如果一律依据同一的基准来征课，那就过分的不统一了。就是只有把谷物价格，耕作状态以及土地性质完全综合起来观察，才能从纯生产额中，比例于土地所有者的收入，形成土地税的基准。这样的基准，就是由土地所有者所负担的进行牛耕的土地的土地税，亦可以遵照它来征收。因为，根据生产量来征收十分之一税，它的数额，有的场合只相当于〔土地所有者〕收入的一半，在另一场合，则会相当于土地所有者全部的收入。（原注）

自己改良耕种方法，增加支出（因为生产额增加），当然会支付比较多的土地税。因为与此同时，他可以保证比较以前获得较多的利润；只要是随着利润的增加，比例地增加土地税，那么他就不会认为这是破坏性的课税而感到烦恼。

如果能够实现以上的条件，则在由租地农场主耕种的地方，就能够比例于租借费而征课土地税。在土地所有者使用分成租地农场主耕种的地方，也可以找到近似的基准。各处的分成租借地的生产量，大体是知道的，除去费用，就可以知道土地所有者的收入，土地税就按这个收入而成比例地征收。因此，并不是从土地所有者收入本身征收，只考虑比例于土地所有者的收入，对分成租地农场主的收入部分设定课税。假使在这比例课税中，有损害分成租地农场主的某些缺点，那么这个缺点就可以由分成租地农场主和土地所有者的协约，而把它修正。因此这样的共同一律的基准所会发生的不合适的情况，由于土地所有者和租地农场主的妥协，而不致成为很大的困难。我认为无论是对于大农经营或小农经营，设定比例土地税的一律不变的基准是可能的。

由计算现行大农经营的生产量，作为我们课税对象的一定生产量所征课的土地税，估计约为地主收入的三分之一。在大农经营中，土地几乎都是租借的，课税数额比例于（土地所有者）租金收入来决定，是很容易的事情。

但是同样的方法，大体上并不适合于不是租借，但是由小农经营的土地。因为土地所有者的收入，只能从生产额来计算。从这种生产额的计算，我们可以知道，在小农经营的场合，土地税约等于土地所有者收入的三分之一。但是对于完全不确定的土地所有者收入，就可以从另一观点来考察这样的计算。所以这就要从另外的观点来研究。因为关于由分成租地农场主耕种，预付货币费用，大部分土地用于保证耕牛饲料的各分成租借地的土地所有者的收入，为了避免由于采取不同的评价方法而产生混乱，所以就要从另外的观点来研究。我们在前面已举了这种耕作方法的例子，来说明在平常年成，除去种子以外能给土地所有者以小麦三千利佛尔的土地状态。并且说明了三千利佛尔中所包含的不同的费用。就是一千零五十利佛尔用作货币的预付，因此在三千利佛尔中，得到的收入只为一千九百五十利佛尔。

然而在这一千九百五十利佛尔的总收入中，提供牛饲料的牧场和荒地的收入是一千三百七十五利佛尔。因此能够取得收获的土地，在这一千九百五十利佛尔的数额中，只有五百七十五利佛尔的生产物。原因是牧场与荒地的收入，同样是这一千九百五十利佛尔收入的一部分。如果土地税等于一千九百五十利佛尔的三分之一，则达六百五十利佛尔，如果这个数额由五个分成租地农场主来平均分担，则各人为一百三十一利佛尔。

因为这种分成租地农场主一起共获得谷物的一半，即三千利佛尔，则每人所分得的份额为六百利佛尔。分成租地农场主如果每人要支付一千九百五十利佛尔的三分之一，即一百三十利佛尔的土地税，则余下作为费用，自己和家属的生活费的，只有四百七十九利佛尔十六苏。

我们所举的例，是属于用牛耕种的方法，土地生产物获得了良好生产量的场合；而这种方法，是以比较通常的生产量高四分之一为前提。因此费用的数额虽然相同，但是在通常小农经营的场合，土地所有者收入不会超过一千四百五十利佛尔，各分成租地农场主取得的份额则为四百五十三利佛尔。如果土地税等于土地所有者收入的三分之一，则为四百九十七利佛尔。每一个分成租地农场主则分摊到一百零二利佛尔。从各人所取得的生产物中，余下的作为自己消费的部分，不过三百四十八利佛尔，只是这个数额，是不能满足自己的支出，因此分成租地农场主所付的土地税，至少有一半左右要转嫁于土地所有者，而且土地所有者对于耕种不得不有大量的支出，因此他的收入是不稳定的。

关于从分成租地农场主所分得的土地所有者不稳定的收入（分成实物租借费），也可以和上面所说的一样来考虑，如果作为土地税从土地所有者所征收的数额，相当于这项收入的三分之一，那么这个土地所有者，比较那些把土地租借出去，以租借费的形式经常取得收入的土地所有者，至少要把自己所取得的收入的三分之一，额外地作为土地税而支付。这是因为后一种情况的土地所有者，所谓相当于所取得的收入三分之一的土地税，并不是由租借契约所规定和保证的这部分收入（租借费）来征收，因而对于他们是完全没有关系的。和这种情况相反，与定额租借费相同的税率（三分之一），也适用不稳定的土地所有者的收入，如果从分成租地农场主征收土地税，如上面所说，其中的半数，将转嫁于土地所有者的不稳定的收入。但由分成租地农场主所进行的耕种，它的收获极少，土地所有者对它的管理也极为困难。特别是有些土地所有者，并不居住在自己的所有地上，而是雇佣人员进行管理，那就更加困难了。如果对于这种耕种和对大农经营一样的税率进行课税，则土地税就未免过重。

无论是大农经营还是小农经营，如果都是把土地出租，或土地所有者由租借费取得收入时，即使土地税相当于土地所有者收入三分之一乃至二分之一的数额，则这个税率对于双方说，还是公正的。但是如果土地税等于由使用分成租地农场主耕种的土地所有者不稳定收入的约四分之一，则这个税率也还是公正的。在这种情况下的四分之一，相当于分成租地农场主取得份额的约六分之一。

因此，如果知道分成租借地通常生产量的概况，则在租借期中，土地税的数额是容易规定的，它等于分成租地农场主所取得份额的约六分之一或五分之一。

如果土地非常肥沃，结果也会使分成租地农场主取得的份额，只为分成租地农场主租借地生产量的三分之一。在这个场合的三分之一的数额，对分成租地农场主说，几乎和贫瘠的分成租借地生产量的半数同样有利。在这种情况下，对两种土地所征课的土地税，同所取得的产量的比例是相同的，但同土地所有者的收入的比例却不同。在较肥沃的土地上，土地所有者得到的收入是收获的三分之二，这样和土地所有者的收入相比，土地税的数额是很少的。在这个情况之下，在把收获物的二分之一，即对半进行分配时，对于分成租借地的谷物生产量中，以分成租地农场主取得份额的六分之一以至五分之一来作为土地税，则农业就会由于谷物交易的自由和有秩序的课税的保证而进步发展，并且会由于比例土地税而使税收增加。在这里可以得到为了君主的利益，而制定这种税制的极其简单和一般基准。

在大农经营的场合，依据租借契约规定的课税，约为小农经营课税额的两倍。因为大农经营的生产量，是远比小农经营的生产量为大。

和土地税的现状对照起来看，我现在所设想的租税体系，还不知道是否妥当。但是如果把税率加以适当的调整，要适应现状是容易的(参看《赋税论》)。

如果能够经常地正确遵守这些基准，给谷物交易以自由，免除租地农场主子弟的民兵义务，废止服役[①]，则很多能够缴纳土地税的逃避到都市的土地所有者，就会再回到农村，安心地经营所有地，均沾农业的利益。同时还有为求得生活安定而离开都市的富裕居民，也到农村来，这样农村又会重新充满复兴土地耕种的耕作者。这些人就会和租借土地，比例于从所有地取得的收入，和租地农场主从耕作利润支付土地税一样，负担土地税。他们作为土地所有者，也要征课土地税，如果他们自己不耕种土地，则要缴纳作为土地财产所有权的土地税，从所有地的租借费收入中支付十分之一。利己心必然会使人去选择优越的有利的事业。在农业受到

① 不少较富足的租地农场主，为了使子弟免除兵役，就在都市做工作。还有对于农业更加不利的，是不仅那些农村里当然会成为租地农场主的人们，离开农村，同时家长还把用于土地耕种的财富，也抽离农村。为了禁止这种破坏现象，洛林州的知事拉加莱西尔(la Galaisière)，曾经颁布法令，为了保证耕作，免除车夫和租地农场主子弟的兵役。加于农民的服役，对于国家和君主，也是极其不利的。因为这会使农民陷于贫困，以致不能维持自己的经营。因而使生产量、消费和收入蒙受很大的损失。原来是想由这种服役的方法，节约公共事业的费用，但是结果并不是使国家节约，反而使国家支付非常高的费用。与此相反，如果国家有偿地来进行公共事业，就是支付劳动者的费用，由各个地方以少额的一般租税来支应，实际上只要很小的经费。所有的地方，都十分了解方便交易的公共事业的利益，因此只要这些租税的收入，能够忠实而确当地为这个目的而使用，那么也就乐于负担了。(原注)

保护时，就没有一种职业能和农业一样可以保证获得确实的利得。因此，农业可以由那些把必要的财富来投资的人而获得复兴。经营所有地的贵族们，由于把土地出租，并以所收入的租借费来支付租税，就是按照租借费的比例来缴纳土地租。因而使他们忙碌地工作，促进贵族们和农业双方的利益，这是非常适当的。这样可以使他获得比现在更多的利润，大大地促进农业的进步。虽然他们也可以在大都市中从事小卖商人的工作，但是农业这种职业，远比做商人合于他们的身份。都市里商人的增加，对于农业是极其有害的。总之，对于国家来说，虽然小卖商业常能雇佣很多的人，但农业却远比小卖商为重要。

富裕租地农场主的地位必须很好地加以保护；同时大农经营也必须在王国内广泛推行。这样就可以使利用牛的耕种完全消灭，因为由于农业中获得的利润，使土地所有者能够把土地出租给富裕租地农场主，这些富裕的租地农场主有足够的资金来支付大农经营所需要的费用。即使在有些地方，由于和大农经营比较，还是更喜欢小农经营，因此小农经营依然会被保存；但是如果另外一种方法，能够使他们在偿还土地所有者所付出的预付之后，还有能力取得较大的收入，这样他们当然可以选择较好的经营方法。在这种情况下，分成租地农场主就可以从收获的取得部分，和租地农场主一样地来支付土地税。因为这样可以使分成租地农场主的收入，比较在现在的小农经营之下，每一亚尔邦多得十八以至二十蒲华束的小麦，并缴纳大四倍或五倍的土地税，还能取得远比现在为多的利润。因此，在这个场合，分成租地农场主的收获，又给比例的土地税征课以确实的基准。

这种简便易行而又可靠的方法，能使耕作者免受任意课税之苦，并使国家财政不致因破坏性的课税而陷入绝境，这就能帮助土地的耕种，复兴王国的力量。

对于农民以外的农村住民的比例土地税，也要以利润即实物的利得为基础。但是这个问题的重要性要少得多，如果在征课时能审慎办理，比较正确地施行就更好。因为即使有了错误，对于君主的收入来说，几乎没有什么影响，在这里最重要的是鼓励和促进农村人口的增加。

至于城市的土地税，并不能以上述农村的基准为依据。关于制定适合于自己的基准，是城市本身的工作。在这里我不打算谈一种没有重要意义的政策原则，即把任意的课税看作是使人民必须服从的可靠手段；因为这种极其不合理的政策，是和伟大的政治家没有关系的，伟大的政治家是会知道这种政策的不合理和荒谬。被征课土地税的人民，都是有中小资产的人，应该给他们以鼓励，而不应压制他们。他们完全服从王权和法律。因为他们有了一些财产，那么就会固守这些财产，对于恐怖和刑罚更加敏感。虽然他们那种乡下人的傲慢态度，常是受到人们的非难，这是由于他们完全不关心政治的地位所产生的态度，这不过是对于支配欲很强，对于比他们更傲慢的人的反抗所表现出来的现象。他们即使有些微缺点，但一点不会破坏国家的秩序，相反，甚至因此而可排遣小资产者对于一个值得尊敬的富强国家经常怀抱的轻侮情绪。总之，土地税的任意征课，究竟有什么好处呢？作为政治家，难道可以对于当然应该受保护的人们，反而要加以压制吗？这种任意的课税，不过是在几个私人面前，暴露出他们做损害国

家福利的破坏行为。

关于谷物输出的考察

谷物的输出，是农业复兴的另一个根本条件，这不会引起谷物价格的提高。这可以从把谷物输出于国外的邻国，以低廉的价格输出的情况来判断。但是由于这种输出，可以防止小麦变成无价值的东西。由于这个唯一的效果，正如我们在上面所说，可以使农业免去一亿五千万利佛尔的损失。并不是说只因为向外国贩卖，就使我们富裕起来。因为，如果购买者不多，销售就会受很大的限制（请参看《租地农场主论》）。事实上，我们的输出很难达到二百万塞蒂。

在这里，我不想来解答有些人的疑虑，就是怕输出会引起饥馑。[①] 因为情况正是相反，由于有输出才保证了丰收，如上所述，甚至歉收年的收获，也会比现在普通年成所取得的收获高。我不想在这里多费唇舌来谈有些人，他们为了防备饥馑，提出设立公共仓库的不能实现的计划，以及这种预防措施的缺点和弊害。关于这一点，只要考虑一下某一英国人著作[②]中所说的话就够了。

“关于预防饥馑的措施，请看一看其他国家的情况。它们为了预防饥馑，想出了种种的计划，但是我们所看到的是饥馑难于避免的前景。我们已经发现以非常简单的方法，轻易而充分地调度生活必不可缺的主食的秘诀。我们比较祖先幸福的，是我们不但没

① 艾尔伯（Herbert）著的《谷物政策论》（*Traité de la police des grains*）。（原注）

② 《大不列颠的优点和缺点》。（原注）

有遇到过饥馑的事实，而且连由于担心饥馑而引起小麦价格的激烈涨落，也一点没有经验过。……这不是因为有很多广大的谷物仓库来预备救济，而是因为我们有已经进行耕种的广大田地。”

“在英国只想耕种本国所要的生活资料时，常常不能满足自己的需要，因而不得不购买外国的小麦。但是自从英国把小麦作为对外贸易的商品以来，耕种就大为增加，一年的好收获，可以供给英国人五年的生活资料。而现在则是可以把小麦输出到缺乏小麦的国家。”

“人们如果看一下法国各地，就可以发现多数的土地，如果进行耕种，是可以生产小麦，饲养家畜；由于不进行耕种，不仅土地依然荒芜，而且由于耕作者缺乏经营能力，甚至连肥沃的土地，也不能有良好的收获。”

“真正使人感到高兴的，是我看到法国的统治有缺陷，并且它的后果是非常严重的，因而为我的祖国祝福。但是，如果这个强国能够活用自己的领土和国家的有利之点，不能不使人感到，它将成为一个如何可怕的国家。啊，如果他们知道自己的优点！（O sua si bona norint！）”①

① 虽然理由很明白，还是有人抱有输出容易引起饥馑的疑虑，但是这很容易使他们安心；原因是如果允许输出，同时也允许外国的小麦免税输入。因此，我国小麦的价格，不会提高到输出国之上。而且由于长期的经验了解到，小麦的输出国的小麦总是很丰富，很少有卖高价的情况。在我们国内，由于有外国小麦的竞争，就使我们的商人不可能囤积居奇，待价而沽。又由于国民有担心发生饥馑的思想，或想使小麦价格提高，实际上正是这个情况，是引起价格额外提高的唯一原因。但是只要一看到外国小麦的运输船的到达，把小麦运到巴黎，这种原因就很快的消失了。小麦的高价，常是由于没有交易的自由所引起。实际上在法国很少遇到大饥馑，而在由小麦自由交易维持着农业的国家，则比我国更少遇到。在一七〇九年，由于冰雹而丧失了收获。在那时，

因此，只有那些农业生产限于供应本国的生活资料的国家，才不能不担心发生饥馑。一般说，在谷物自由交易的条件下，事实上所担心的正是相反的现象。法国的高度发达的农业，由于所取得的生产物很丰富，就要顾虑生产物变成没有价值。然而这样的顾虑是不必要的。因为依据我们王国的位置、港口、横贯各地的河流，来进行设置交易上所必要的措施，就会给本国农产品的运输贩卖以便利。只有农业上的成功，才会使法国的人口重新增加，并提高他们的生活。所有种类的农业原料和工业生产物的消费，随着住民人数的增加而扩大，只有很少的剩余可以出卖给外国。美国殖民地的肥美，和新世界农业的发展，确实是可怕的。但是法国谷物的质量，优于这些国家以及其他国家谷物的质量，我们没有必要畏惧同它们的对等的竞争。其他国家谷物的质量较差，它们的面

法国的小麦，每一塞蒂合现在的货币一百利佛尔。但在英国是四十三利佛尔，就是不过卖当时普通价格的约二倍。因此，这不能算是非常高价。在一六九三年和一六九四年的饥馑时期，由于英国早已在三四年之前开始输出，小麦的价格只有法国的一半。但是在输出开始以前，英国的国民常常尝到非常高价之苦。但是我国，在亨利第四，路易十三世，以及在路易十四世的初期，受到了谷物交易自由的利益。丰富和善价维持国民生活的富裕。因为法国小麦的平均价格，常常达到我国现在货币二十五利佛尔，或者甚至超过这个数目。就此在王国内，每年可以获得三十亿以上的财富，如果把这个数目换成当时的货币，约为十二亿。这项财富现在减少了六分之五。但是无限制的输出也是不行的，和英国一样，在小麦的价格超过法定限度时，就不得不加以禁止。到最近，英国尝到了高价之苦，这是由于政府默许商人贪欲和垄断，因而违反了这些规则，因而放任这种使人讨厌的手段，而使国家常常受到不幸的影响。结果这个国家，虽然在六十多年的时间中，免除了小麦的高价，但是后来终于又遭遇到了。在这段时间中，法国则常常遇到饥馑。原因在于常常禁止小麦的输出，因而饥馑造成国民的不幸，相反，丰收的时候，同样的是对于租地农场主不利。在防止王国内部的饥馑的借口之下，由于把各地方之间的谷物交易阻断，这样只会造成弊端，增大贫穷，破坏农业，结果引起王国收入的缩减。（原注）

粉少于我国的谷物。殖民地的面粉，经过海上运输，很容易变坏，只能保存很短的时间。但是法国的面粉，则比较便宜，可以制比较美好的面包，而且能够保存比较长的时间，所以法国输出的面粉是受到欢迎的。因此，我国的小麦和小麦粉，任何时候都比其他国家容易在外国销售。还有可以使人安心的另一个理由，就是即使殖民地的农业扩大了，但它必然意味着人口和谷物消费的比例的增加，因而殖民地的谷物剩余额，并不是随农业的扩大而比例地增加。

由于农产物没有销售市场和跌价，而使我国各省的土地荒芜，是人民的贫困和我们对于生产物交易所设的障碍的结果。冷静地考察，就可以知道很多地方由于农产物销售不出去，而变成没有价值。由于这个缺点，使富人离开地方，逃到宫廷和大都市去而成为不在当地的土地所有者，只能希望地方的司教，地方长官及一般居住者，把他们的收入，在那里投入有效的消费。但这是一种非常狭隘的见解。因为很清楚，这并没有使王国的消费有所增加，不过是从比较浪费的地方，转移到比较俭朴的地方去。因此，这个措施不但没有使王国内部的消费增加，反而是使它减少了。必须扩大输出和国内消费，才能扩大销路。这样就可以使国内消费和对国外的销售，共同一起来维持农产物的价格。但是要取得这个利益，只有由保障谷物的普遍交易，人口以及生活的安定；因为只有这些因素，才能经常保持维持农产物价格所必不可缺的售卖和消费。

为了更好地理解谷物国外贸易的利益，必须对一般贸易，主要是手工业制品贸易和本国农产物的贸易，进行若干基本的考察。因为，只为转口贩卖而购买的中介贸易，这是那些除了贸易之外，没有其他方法的若干小国所做的职业。因此,这种国外贸易,是不值得大国去关心的。对我们来说,为了理解对我国有最重要性的贸易,只把另外两种贸易,即手工业制品贸易和本国农产物贸易的利益进行比较。

经济管理的原则①

一、工业劳动不会增加财富。农业劳动可以抵偿费用,支付耕种的工资,使耕作者获得利得,并且产生土地收入。工业制品的购买者,支付了费用、工资以及商人的利得。但是工业制品不能取得此外的其他任何的收入。

因此,全部对于工业制品的支出,都是靠土地的收入抵补的。因为不能产生任何收入的〔工业〕劳动,只能依赖收入的支付者的财富而维持它的存在。

把制造工业品的劳动者的利得,和受耕作者租地农场主所雇佣进行土地耕种的劳动者的利得加以比较吧!二者的利得,都只限于劳动者的生活资料,这些利得并不使财富有什么增加,同时工业制品的价值,是和〔工业〕劳动者和商人所消费的生活资料的价值成比例。因此,可以知道手工业者,只是把自己劳动的产物,作为生活资料而消费掉。

所以在工业制品的生产中,并没有财富的增加。因为,在工业

① 这个"经济管理的原则"(Maximes de gouvernement économique)是同大家所知道的"农业国经济管理的一般准则"(Maximes générales du gouvernement économiqne d'un Royaume agricole)不同的。原文"Maximes"为了二者的区别,能够一看而知,因此在译语上,一个译为"原则",另一个译为"准则"。(日译本注)

制品中价值的增加，不过是劳动者所消费掉的生活资料价格的增加。商人的大财产也只能从这个观点来加以考察。就是它和小商人的利得是同性质的东西，不过是大商业企业综合的结果。这和大〔工业〕企业的把由许多劳动者劳动所取得的小利润，集中而成为大财产的情况正是相同。所有这些企业者，都不过是把别人的支出，来作为他的财产。因此，在这里并不存在财富的增加。

财富是人的生活资料的来源。工业则把它们加工，使之适合于人的使用。土地所有者为了享用工业品，而把它支付给工业劳动，因此土地所有者的收入转到了所有其他人的手里。

因此，人口数量随着土地收入的增多而成比例地增长。有一些人由进行耕种而创造这些财富，另外一些则把它加工使之能够适合享受使用。就此享受使用的人，就要对二者进行支付。

因为这个原因，为了使人和财富能够存在，必须先有土地、人和财富。因此可以说，只有商人和手工业者的国家，除了依赖外国土地的收入，是不能够维持他们的生存的。

二、工业劳动对于人口和财富的增加所做的贡献。假使某个国家通过把本国的手工业制品出卖，从外国取得一百万利佛尔，同时又把本国农产物一百万利佛尔出卖给外国，则这种收益双方都同样地是对本国财富的增加，同样的都对本国有利。假使一个国家的人口，超过本国土地收入所能维持的限度，那么，这些过剩人口，只能依赖向外国售卖手工业制品来维持生存。

在这个场合，这个国家从土地和人，取得它所能得到的全部利益。这就是说，对于这个国家来说，贩卖一百万利佛尔本国农产品的利益，比贩卖一百万利佛尔的手工业制品的利益要大得很多。

因为，手工业制品只能取得手工业者劳动的价格，而农产物则能取得耕作劳动的价格，和由土地所生产的财富的价格。因此，由不同的商品贩卖来取得金额时，常是本国农产品的贸易比较起来要远为有利。

三、工业劳动的雇佣如果要妨碍土地的耕种，则要损害人口和财富的增加。在把一百万的手工业制品和一百万本国农产品出卖给外国的国家，如果在土地耕作上没有充分的人力可以雇佣，则在使用人力从事制造出售给外国的手工业制品，要受到很大的损失。因为在这个场合，人们不可能把农产物销售于邻国，年年积存着剩余产物；相反，在手工业制品方面，因为容易输送，能够把它售卖给邻国。在这种情况下，这个国家给较多的制造业者和手工业者以利益，是得策的。因为他们消费本国的农产物的同时，把他们自己的制成品出卖于外国，他们由所取得的利益和所进行的消费，来增加国家的财富。

但是要这样地改革国家并不容易；因为即使把制造业者和手工业者集中于国内，但这也只能和国家现实的收入成比例。详细地说，一国的制造业者和手工业者的人数是由土地所有者和商人的人数所决定的，因为商人能够把他们的制成品出卖给外国，同时又能够从外国买回有同等价值的东西，为制造品寻找到市场。但要这样做，对于没有自己的农产物市场，从而使这些农产物变成无价值的东西，同时又没有创设制造业和手工业所要的足够收入的国家来说，几乎是不可能的。

这种计划只能逐渐地缓慢地来实行。许多试行这种计划的国家，也要承认它们的成功是不容易的。

然而对于土地肥沃的王国说，除了这个方策之外，政府没有其他的途径来使工业进步。

所以只要本国的农产物交易方便而自由，必然可以使能不损害土地的收入，来从事这种劳动，从事耕种土地的人的劳动生产量，比较手工业品制造的生产量，要多两三倍。

四、耕作者的财富，是由耕作所生产出来的财富。耕作劳动的生产量，在耕作者不能支付良好耕种的费用时，对于国家来说，是等于零，或接近于零。一个贫穷的人，只能靠自己的劳动，从土地取得几乎没有什么价值的农产物，例如马铃薯、荞麦、栗子等，只能供给自己的需要，不能出卖也不能购买一样东西，这种人只能为本人自己劳动。只能在贫穷中生活。因此，他和那块他所耕种的土地，不能给国家以任何东西。

在耕作者无力雇佣农民的省份里，那些赤贫如洗的农民，只能自给自足过着粗衣粗食的生活，这些地方贫穷的结果就是如此。

因此，如果一个国家没有准备好耕作所必要的资金，使土地能够取得丰收，那么无论在耕作上使用了多少人，仍然是不生产的(infructueux)。相反，在富裕的耕作者很多的王国，就常能保证土地的收入。

五、工业劳动促进土地收入的增加，土地收入维持工业劳动。一个国家的土地虽然肥沃，但是因为运输困难，手工业劳动，经常有土地收入的保证。

六、有本国农产物大规模贸易的国家，常能维持本国手工业制品的大规模贸易。因为这样的国家，能够比例于土地收入，对制造他们所必要的手工业品的劳动者支付工资。

因此，有本国农产物的贸易，同时在这个国家中，也必然会有工业品的商业。

七、几乎不输出本国农产物，为了生存而不得已从事工业品贸易的国家状态，是不安定而且不可靠的。因为这样的国家所做的贸易，可能会受到从事同样贸易的其他优秀竞争国的侵害。

还有，这样的国家，要受支配和从属于把原料出卖给它的其他国家。这个国家不得不实行严格的节约。因为毫无可以应付支出的收入，除了依赖节约，不能维持和扩大自己的贸易、工业和航海。相反，有土地财产的国家，就能够由消费来增大收入。

八、手工业品的广大国内贸易，只有依靠土地的收入才能维持。王国内工业品的对外贸易和国内贸易的比例关系，必须加以研究。因为手工业品的国内贸易，例如为三百万利佛尔，对外贸易为一百万利佛尔，则全部手工业品贸易的四分之三，由国家的土地收入来支付，只有余下的四分之一由外国支付。

这个场合，土地收入成为王国的主要财富。因此，政府的主要目的，在于保护土地收入的维持和增加。

要达到这个目的的方策，在于允许交易的自由和维护耕作者的财富。如果没有这些条件，则收入、人口、工业生产量就要减少。

农业生产两种财富，就是作为土地所有者收入的年生产量和耕作费的补偿。

收入必须每年花费掉而分配于全体市民，和缴纳对国家的租税。

用作耕作费用的财富，应该保留在耕作者的手中，而免除所有的课税。因为，如果它不保持在耕作者手中，就要破坏农业，夺去农村住民的利益,断绝国家收入的源泉。

九、有广大领土的国家,为了鼓励手工业品的生产,而把本国农产物的价格降低,就会使它的经济全面崩溃。因为,耕作者如果不能补偿耕种上必要的大量经费,不能取得利益,则会使农业凋敝,国家失去土地收入,同时手工业劳动,也因为土地所有者不能支付而减少。因为制造业者、手工业者、工人、农民,只能依靠比例于国家收入的利得,以维持生活,在上述情况之下,只能从这个国家逃亡,所以正因为贫困而使人口减少。

在这个情况之下,王国的力量受到破坏,财富被剥夺,人民的租税负担过重,国王的收入减少。因此,只是这个恶劣的政策,就完全可以使国家陷于毁灭。

十、对外贸易的利益,不在于货币财富的增加。一个国家从对外贸易所取得的财富的增加,并不在于货币财富的增加;因为某一国家和外国所进行的对外贸易,总是这个国家对外国所进行的商品交换,来供给自己消费的需要。但是,即使在这个场合,并不妨碍把用于国民消费的财富,转到其他用途去,和把它节约而变为货币形式的财富。

同时,作为商品来看的农产物,是货币财富(richesses pécunières)和实物财富(richesses réeles)的综合体。把小麦卖给商人的耕作者,接受的是货币的支付。同时他就以这项货币,用于对土地所有者、土地税、仆役劳动者的支付,还用于购买他所必需的商品。商人把小麦出卖给外国,就从外国购买其他商品,或者和外国直接进行商品交易,又把带回来的商品出卖,并以所取得的货币再买小麦。

因此，把小麦作为商品来看，对于出卖者来说，是货币财富，对于购买者来说，则是实物财富。

在这个情况之下，可以贩卖的农产物，对于国家说，任何时候，既可作为货币财富，也可作为实物财富，并不给它以特别的区别，对于国民来说，则根据各人的需要而使用。

一个国家的财富，并不由货币财富的总量所规定。货币的财富是由农产物丰富的程度和根据它的价值如何而规定的货币数与流通速度，才能在国家内部发挥它的有效的机能，因此，货币财富可能并不明显地跟着实物财富的增减而增加和减少。西班牙虽然拥有秘鲁的银山，但是必需品经常枯竭。英国则依靠实物财富维持着它的富裕。在英国，代表货币的纸币，由贸易和国民的土地收入保证着它的价值。

因此，决定国家财富多少的，并不是货币财富的多少。认为即使损害有利的贸易，也要禁止王国货币的流出，那不过是基于有害的偏见所产生的意见。

为了维持国家，必须要有真实的财富（véritables richesses）。这里所说的真实的财富，就是不断地更新的财富，为了满足生活上的欲望，取得方便，获得享乐，是人们经常需要，经常能够以一定代价取得的财富。

十一、各国之间的贸易收支如何，并不能判断贸易的利益和各国财富的状况。因为某一个国家，由于人口和土地的关系，可以比其他国家富裕；也可能其他国家的国内贸易比较这个国家少，消费亦比较少，但是有较多的对外贸易。

又在这些国家中，有些比其他国家可能有较多的中介贸易。

把商品从一国转卖给另一国，从而收回购买价格(prix de l'achat)的贸易，在收支结算上，虽然可以形成相当大的利益，但是这种中介贸易的资金(le fonds)，和以较小规模的贸易资金，把本国生产物售卖给外国的其他国家比较并不能取得同等程度的利益。

手工业品贸易的情况，也和上面所说的相同。因为原料的价格，和制造时劳动的价格，二者是应该有区别的，但在生产额中则是混淆起来的。

十二、判断一个国家富裕程度的依据，是国内贸易和对外贸易，特别是国内贸易的状况。假使一个国家以高价(à haut prix)大量消费本国农产物，则这个国家的财富，是和所消费的农产物的丰富程度，以及它的价格成比例。因为这些农产物的生产丰富，和维持高价(cherté)，这两个条件使它成为财富。农产物由于它的贩卖，可以用于任何其他用途，满足非必需的欲求。但是对于国家说，首先必要的是实物财富形式的元本。

十三、在能够从自己的土地、人力、航海取得最好生产量的国家，没有羡慕邻国的贸易的必要。因为一个国家不应该妨碍任何邻国的贸易，如果是妨碍邻国的贸易，必然会打乱自己，搬起石头砸自己的脚。特别是这个国家和邻国共同进行相互贸易时是如此。

因此，贸易的竞争国，即使是敌对国，与其用力直接地去妨碍其他国家的贸易，不如注意于尽力维持和扩大本国自己的贸易。这种国家，甚至可以帮助其他国家贸易的发展；因为国家间的相互贸易，是要依靠出卖者和购买者双方的富足，才能相互维持。

十四、在相互贸易中，出卖最必需的和最有用的商品的国家，比出卖奢侈品的国家有利。一个国家，如果能够以土地为基础，来保证本国的农产物贸易，因而也有可能从事手工业品的贸易，那么就能完全不依赖其他国家而独立。这样的国家，只是为了维持、便利、扩展它的国外贸易而和外国交易。因而为了尽可能地保持本国的独立性，和相互贸易的优越性，只从外国购买奢侈品，而把生活必需品出卖给外国。

其他国家，从这种种商品的实物价值出发，认为这种相互贸易更为对本国有利。但是所谓优越性，常是在出卖最有用最必需的商品的国家这方面。因为在这个场合，这个国家所进行的贸易，是根据其他国家的要求，而把剩余物品出卖给外国，这种国家所进行的购买是必然造成富裕（opulence）的结果。对于其他国家来看，这样的国家由于以超过所要购买的限度来售卖，因而更为有利。对这个国家来说，拒绝奢侈品的购买，远比其他国家削减必需品容易。

参加制造奢侈品的国家，必须充分认识有发生剧烈变化的事实。因为，一旦经济衰落，奢侈品的贸易很快减退，因此，劳动者就有陷于没有面包，没有工作的危险。

如果交易自由，则法国可以丰富地生产主要农产物。而农产物的丰富，在满足巨额的消费和大规模的对外贸易的同时，还能够维持王国内部手工业品的大规模贸易。

但从法国人口的现状说，是不容许奢侈品工业雇佣很多的人工。因而，为了能够从本国的土地生产出商品，以便利对外贸易，则由输入奢侈品，以维持同外国的相互贸易，还是比较有利的。

又在法国，不应该追求无所不包的对外贸易。对法国来说，其中最不重要的若干部门，应该为对本国最有益、能够增加和保证王国土地收入的其他部门的利益而牺牲。

但是一切交易必须自由，使商人能够为自己的利益，自由挑选最可靠和最有利的国外贸易部门。

以下所述，是政府施行政策所要求的事项。即：

注意王国土地收入的增加，毫不束缚工业的发展，给市民以支出的便利和选择。

在农产品陷于变成无价值（non-valeur）之物的地方，由促进贸易以复兴农业。

禁止和妨碍国内商业以及相互对外贸易的许多措施，应该废除。

要废除或减轻额外河道税和通行税，因为这种税要破坏农产物由长途运输所进行的远距离交易的收入。这种租税的负担者，可以由王国土地收入一般增加中应得的份额，得到充分地补偿。

此外，必须废除地方和城市，以及公共团体用以谋取狭隘利益的垄断特权，不必说也是很重要的。

修建道路和发展河道航运，以便利交通和商品的输送，亦是很重要的。①

① 几乎在所有的地方，都是缺少通往交通大道、都市和市场的农村道路，或者是处在不好的状态，这对于促进交易是很大的障碍。但是这种情况，不要很多年就可以改正。因为，从土地所取得的生产物的贩卖如何，对于土地所有者是有很大的利害关系，因而愿意负担修建道路的费用。对土地所有者可以根据他们租地农场主的土地税的课税额，征收规定的少额的税金，如每一利佛尔征收一苏。但对租地农场主和无地的农民，则可以免予征收。应该整修的道路，可以由各地区的首长和住民商议后决定，以后则可以由企业家来把它完成。首先，应该在通行最为困难的地方修理，逐渐地来完成其余道路的整修。至于租地农场主和农民，则有维持已经整修完毕的道路的责

此外，很重要的，是不应该在为保证城市以丰富物品的动人口实之下，任意地或含糊地允许或禁止地方农产物的贸易以致使农村遭到破坏。都市可以由居住在都市的土地所有者的支出保持它的生存。因此，破坏土地收入，既不能保护城市，也不能改善整个国家的福利。

关于国家收入的政策，并不能委之于从属的地方行政和特殊的行政机关的自由裁决。

谷物的输出，不能仅限于几个特殊的地区；因为这样会使这个地区在取得其他地区谷物的补给之前，陷于枯竭的境地。因而住民会有几个月陷于饥馑，而这种饥馑完全有根据地可以归咎于输出。

但是，在输出自由一般地普及于各地时，就不会有谷物价格显著腾贵的现象产生。因为如果有输出的自由，商人很早就会从王国各地，特别是从谷物价格低廉的地方输入。

在这种情况之下，就不会有地方放任农产物跌价贬值，到处的农业，都会适应市场的销售情况而振兴起来。

商业的进步和农业的进步是携手并进的。输出的对象只限于国内的剩余，这种剩余也只以输出为前提才能生产。还有只有输出才能经常维持丰富，增加王国的收入。

收入的增加，又引起人口和消费的增加。因为，由于收入增

任。为了使河道能够航行，应该由各个地方进行同以上一样的整修。各地方应该自发地充分地认识这个事业的有用性，申请批准这项支出。但是由于国家的要求，常要征收使用于这项事业的资金。总之，这种拙劣的做法，结果会压制对于国家福利非常有益的计划。（原注）

加，引起支出的增加，而支出的增加，又增进了各人的利得，和使人得到新的利得，因而使人口集中。

由于农业和商业的进步，就可以很快地使王国具有高度实力和达到繁荣状态。就此君主就可以极简单的方法，稳坐国内而征服他国。而且这样的征服，比较用武力去征服更为有利。这样的进步是异常迅速。就是因为这个缘故，在亨利第四的治世，经济疲敝、负债很重的王国，很快地变成丰饶富裕的国家。参看《赋税论》。

关于用于谷物生产的财富的必要性之考察

我们决不能忽视的一点，就是我们所希求的繁荣状态，与其说它是耕作者劳动的果实，倒不如说它是，耕作者投入于土地耕种的财富的产物。丰收的获得，首先是由于所施的肥料，实际上，生产肥料的是家畜。但是能够取得家畜，并且对管理家畜的人支付工资，就需要有货币。由上面的说明可以知道，以小农经营的三千万亚尔邦土地的经费，不过是二亿八千五百万利佛尔；而很好的大农经营的三千万亚尔邦所支出的经费，就要提高到七亿一千万利佛尔。但是前者的收获量只有三亿九千万利佛尔，而后者的收获量则达十三亿七千八百万利佛尔。费用愈多，则所产生的利润愈大。还有在良好的耕作条件之下，虽然要有较多的家畜购买费和管理费的支出，同时还要有较多的人工，但在这个场合，可以取得不差于耕作收获量的畜牧部分的新收获量。

因为不好的耕种(la mauvaise culture)也要求有很多的劳动。但是由于耕作者不能担负必要的支出，他们的劳动是不生产的

(infructueux)。因而他终于失败了,而愚蠢的市民,却认为由于怠惰,所以他失败了。这些市民可能是这样想的,要从土地取得良好的收获,只要把土地耕种,任意地使用土地就够了。于是得意地对不从事于工作的贫穷人说:“应该去耕种土地。”但是,耕种土地应当是牛马,而不是人。应当由羊群使土地肥沃起来。如果没有这种家畜的援助,则土地几乎不足以补偿耕作者的劳动。难道不知道,土地本身从来不具有预付的资金,相反,需要很长的时间才能取得收获?这些“应该去耕种土地”的贫穷人的遭遇究竟如何呢?这些人能够靠自己本身的力量来耕种吗?在租地农场主们贫困的时候,能够在他们那里找到工作吗?不能支付良好耕种所要的费用和雇工与劳动者工资的租地农场主,是不可能雇佣农民的。在土地没有肥料,几乎荒芜未耕的场合,租地农场主和农民是无法不日趋贫苦困难的。

还必须注意,为了维持良好的耕种,和使君主取得大的收入,应该使王国的全部住民,能够利用良好耕种的优越性。只有依靠土地所有者的收入和租地农场主的利润的增加,良好的耕种才能使从事于其他一切职业的人们获得利益,因而维持一定的消费和支出,以支持良好的耕种。

但是,君主的课税,是从耕作者身上征收的,如果夺去耕作者的利润,就会使农业衰落,土地所有者的收入减少。这样就不可避免地会引起波及于被雇佣者、商人、劳动者及使用人的支出的缩减。这样就会搅乱支出、劳动、利得、消费的一连串的关系,使国家变得衰弱,渐次使租税受到破坏。要使王国繁荣富强,只有在很多勤勉的人们的财富不断的更新,因而使生产物不断再生产的基础上才能达到。所以，这些人的勤勉，应该得到政府的支持和奖励。

普通的想法，认为即使由于政府的统治方法，而使个人财产受到破坏，但对于整个国家说，是没有什么影响的。明白地说，就是即使有损人利己的富者存在，但是财富仍然以相同的数量保存在王国之内。这种想法是错误的，而且是荒谬的。因为一国的财富，并不是由财富本身来维持的，只有由它的有效使用，并由此而更新的情况之下，才能获得维持和增加。如果耕作者由于高利贷而破产，就会使王国的收入枯竭，工商业凋敝。因而使劳动者失去工作，国王、土地所有者、僧侣失去收入，并丧失支出和利得。因而把财富锁藏于贷放者的金库，保持着不生产的(infructueux)状态，就是有利息的贷放，也只会使国家负担过重。所以，政府必须深切地注意，把王国为生产和增加财富重要而不可缺的财富，确实保持在所有生产性的职业中。

关于由谷物耕作所维持的人口的考察

总之必须承认，土地生产物本身还不是财富，只有当它为人所必需和买卖时才是财富。因此，土地生产物只有在它能满足人的一定需要，和有一定数量的人口的情况之下，才作为财富而具有高的价值。生活在社会中的每一个人，并不能由自己的劳动，生产出满足所有欲望的财物。各人出卖自己劳动的生产物，以换取自己所缺乏的东西。就此，所有的东西，都因为是买卖的对象(Commerçabbe)，由于在人与人之间的相互交换而成为财富。如果一国的人口减少三分之一，则财富就会减少三分之二。因为各人的支出和各人的生产量，在社会内形成二重的财富。在一百年之前，我们的王国约有二千四百万人。但在约四十年的连续战争结束，南特法令废除之后，经过一七〇〇年的调查，知道依然有一千九百五十万人。可是由于破坏性的西班牙王位继承战争、交易不自由，和由任意课税所引起的君主收入的减少、农村的贫困、向国外的逃亡、因为贫困和民兵，不得已移住城市的不结婚而过着放荡生活的人过多，由于无限度的奢侈所造成的阻碍人口增加的结果，如把这一连串的原因加以考虑，认为今日王国的人口估计应有一千六百万人口的意见，是没有什么不确当的。但是其中多数是在农村，是处在不得不由耕种荞麦或其他廉价的谷物，以获得生活资料的状态。因此，这些人的消费和劳动，对于国家财富的形成，几乎没有什么益处。只有在下述的情况之下，农民在农村才是有用的，就是能够取得收获，由劳动获得收入，能够充分供应衣食消费的必需，维持农产物的价格和土地的收入，能够使一切的制造者和手工业者都得到工资，因而能够使他们根据生产量和收入来支付对君主的租税。

因此，必须看到，现在的情况，如果现在还是愈来愈贫困，或者如果王国再丧失几百万人口，这两种情况都会使现在的财富相应地减少。相反，其他国家，则从这个灾祸中获得双重的利益。但是，如果人口减少到它应有数目的一半，就是减少到一百年以前的半数，则王国就会陷于荒芜，只有很少一些城市或一些商业地区有人居住，王国的其他部分，就完全处于荒废的状态。因此土地财产就不能取得收入，到处的土地都是过剩，在既不支付地租，也不知道土地所有者是谁的情况之下，由使用者随便地占有。

换句话讲，土地所以是财富，只因为土地生产物是满足人类的需要所不可缺，使这种财富成为财富的根源，实在就是需要。因此，在有肥沃土地的王国，则人口愈多，它的财富亦愈多。由人类的需求所推进的耕种，实在是最丰裕的财富源泉，是人口的主要支柱。正是耕种供给我们的欲求以紧要和不可缺少的财物，使君主和土地所有者取得收入。人口与其说它是自然地增殖，在更大的程度上是由于收入和支出增加的结果。

关于谷物价格的考察

收入多能增加支出，支出吸引追求工作的人；因而使外国人抛弃自己的国家，移住富裕的国家，均享安逸的生活，但是由于他们的移住，而使消费增加，维持了农业生产物的良好价格；这种良好的价格，又使生产物丰富起来，而使国富比较以前更为增加。应当看到良好的价格不仅可以促进农业的进步，而且使农业所获得的财富成为真正的财富。被看作财富的一塞蒂小麦的价值，完全依存于它的价格。因此，小麦、葡萄酒、羊毛、家畜愈多，它们的价钱愈高，则一国的财富愈多。东西虽多而无价值，决不是财富。价钱虽然高，但是如果东西缺乏，那就是贫困。只有高价，同时又丰富，才是富裕。

我所指的是稳定的经常的高价和丰富，至于一时的高价，则不可能使财富在整个国家普遍地分配，它不能使土地所有者的收入和君主的收入增加，在这个场合，只会对那些以高价出卖农产物的个人有利。

因此，农产物只有依靠良好的耕种，大量的消费，以及对外贸易，只有依靠经常而稳定的丰富和高价，才能成为整个国家的财富。从任何国家来看，只有丰富而且普及于国际的高价，才对于这个国家来说是很大的财富，特别依靠农产物所构成的财富是如此。因为能够生产财富的，正是受各王国的领土所限制的土地财产(richesse en propriété)。因而经常能够表示一国土地财产最有利的效果的，是有最多的土地生产物，同时又能在国外以高价出卖的国家。因为如果有货币，则可以在任何方面使用，结果只有货币是在国际关系中决定国力的唯一财富；因此，王国愈能有多量的土地生产物以高价输出，能够得到愈多的金钱财富(richesse en argent)，则国家愈强，愈能伸张个人的能力。

在任何地方，如果土地生产物的价格低廉(bas prix)，则这个国家是贫困的。虽然这种生产物是最贵重和最能买卖的财富，但是如果人口稀缺和对外贸易不振，就不可避免地要陷于无价值的状态。在这个情况之下，没有贸易之利的国家，则货币的财富必然枯竭。因此，在这个场合，除了人们生存上重要而不可缺的财富之外，要取得满足生活上的其他需要，考虑国家安全所必要的财富，就不可能了。这就是农产物价格低廉的地方的现状，虽是丰富，但是贫困的国家的现状。这样的国家，无论是如何地尽力劳动，无论是怎样地厉行节约，也绝不能取得货币。如果农产物的价格是昂贵的，收入和工资能够比例地增加时，就可能由实行种种的经济改革，以分散支出，偿付债务，进行购买，培育子女。至于农产物的高价能不能使生活安定起来，完全要看这种种改革的效果。正因为这个原因，在农产物价格高昂的城市和地方，它们的人口比较农产物价格极其低廉的地方稠密。这是因为低廉的价格使收入减少，夺去了支出，破坏了商业，并丧失了其他一切职业的利得，以及工

人和工役的就业机会和工资。而且低廉的价格，又使君主的收入源泉枯竭。因为在这个场合，为消费品商业的最大部分，是由农产物的物物交换所构成，因此它对于货币流通是没有贡献的；结果这就意味着君主不能从这些地方的生活资料的消费取得租税，也只能从土地收入取得极少的租税。

在贸易自由的条件下，农产物的高价，必然有一个限度，这个限度是由它们的通商网所及的其他各国的农产物价格所决定。由于没有交易的自由，就会发生和上面所说不同的情况，会发生农产物变成无价值或高价的交替不规则相继而起的现象。在这种情况下，无论是低价或高价，都是有害的，而且几乎都是由于国家管理上的缺点所产生。

在通常的场合，小麦的优价，可以使国家取得巨额的收入，对于下层的居民也没有损害。一个人要消费三塞蒂的小麦，即使以每塞蒂贵四利佛尔的高价购买，每天也不过增加一苏的支出。但是人们的工资会比例地增加。这样程度的小麦价格的增高，和由小麦的优价所取得的利益比较起来，几乎是不成问题的。小麦优价的利益，一点也不会由于劳动者工资的增加，而遭到破坏。但是在这个场合，劳动者工资的增加，远不及租地农场主利润的增加，土地所有者收入的增加，十分之一税收益的增加，君主收入的增加。不仅如此，而且由于这种优价所取得的利益，会使制造业的劳动价格提高二十分之一以至四十分之一。但是事实上，我们的制造业者，却不明智地坚决主张禁止小麦输出，致使国家遭受巨大的损失。而且使人民习惯于以过分低廉的价格购买小麦，也会产生很不好的结果。这样会使人民没有以前勤勉，使他们习惯于以很少的费用，购买面包过活，因而变成懒汉。这样就会使耕作者难于找到劳动者和佣人。因此在丰收的年岁，就是因为难于找到劳动者和佣人，而使他们受到特别残酷的使用。非常重要的是，下层阶级之所以肯多做一些，是由于必须多做工作来维持生活。在过去的时代里，小麦以远比现在为高的价格出卖，但是人民已经习惯于此；因而人们就比例于小麦的高价而工作，比今天为勤勉，而且过着安乐的生活。

必须注意，我们在这里所说的高价(cherté)，并不是过分高价的意思，不过是我国和外国之间的平均价格。在以对外贸易的自由为前提的情况之下，价格常是受邻国农产物交易竞争的制约。

在不从广大范围来观察国富分配的人们，可能会提出如下的非难，就是认为高价只对于出卖者有利，会使购买者陷于困难，因而高价会使一部分人的财富增加，另一些人的财富减少。根据这种想法，在任何场合，高价都不能增加国内的财富。

但是农业生产物的高价和丰富，难道不会使耕作者的利润，君主、土地所有者、十分之一税征收者的收入增加吗？还有这些财富不会使支出和工资增加吗？劳动者，手工业者，制造业者们，难道不会比例于他们的生活费，按照时间与工作取得收入吗？总之，国内的收入愈多，则商业，制造业，工艺技能，手工业以及其他各种职业就愈必需，愈是有利。

但是这种繁荣，只有在农产物高价之下才有可能。如果政府禁止土地生产物输出，使它的价格降低，则这种统治，随着使农产物转化为货币的价格下降的程度，阻碍着产物的丰富和减少国家的财富。

只有在过去我们谷物的交易自由，土地的耕种受到保护，并拥有很多人口的时代，这种优价和丰富的状态，在王国内才能存在。但是小麦交易的不自由，租税的强制征收，把人力和财富不合理地使用于制造奢侈品，继续不断的战争，以及其他使人口减退和贫困的原因，则破坏了这种利益。目前国家正在一年一年地丧失掉它在一世纪前的谷物生产量的四分之三以上。至于没有提到的其他商品，由于农业的巨大衰退和人口减少的结果，必然要遭受损失。

人口论*

构成国家强大的因素是人：财富是由于他们的需要而增长的；人们所需的生产品增加得越多，他们对产品的消费越多，他们就越富裕。如果不去使用和消费，那么产品也就失去了作用。正是消费使它成为商品，并且维持着它的价格；产品的值钱的价格和巨大的数量，产生收入并促成国民财富的每年增长。因此，在增加产品的生产和消费方面，人们本身就成为自己财富的第一个创造性因素。①

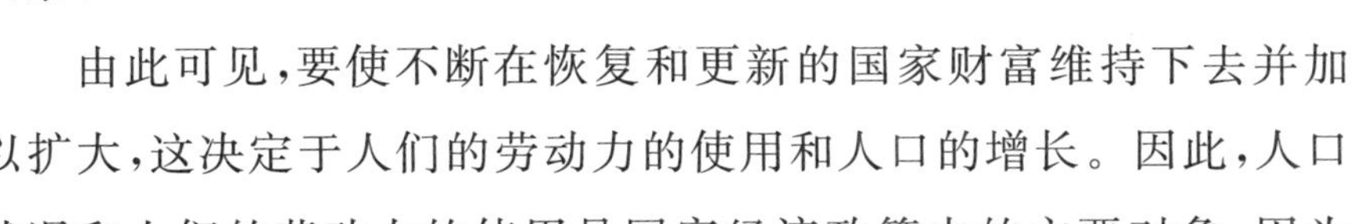

由此可见，要使不断在恢复和更新的国家财富维持下去并加以扩大，这决定于人们的劳动力的使用和人口的增长。因此，人口状况和人们的劳动力的使用是国家经济政策中的主要对象，因为

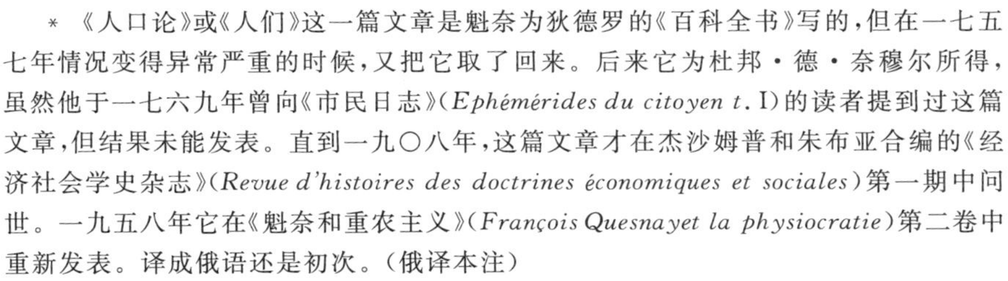

* 《人口论》或《人们》这一篇文章是魁奈为狄德罗的《百科全书》写的，但在一七五七年情况变得异常严重的时候，又把它取了回来。后来它为杜邦·德·奈穆尔所得，虽然他于一七六九年曾向《市民日志》（*Ephémérides du citoyen t*. I）的读者提到过这篇文章，但结果未能发表。直到一九〇八年，这篇文章才在杰沙姆普和朱布亚合编的《经济社会学史杂志》（*Revue d'histoires des doctrines économiques et sociales*）第一期中问世。一九五八年它在《魁奈和重农主义》（*François Quesnayet la physiocratie*）第二卷中重新发表。译成俄语还是初次。（俄译本注）

① 魁奈关于人本身是财富最初的创造者的论点，表明了他的思考的深刻和接近于对财富的源泉和人口的变动的正确观点。在他的以后的著作中，由于对手工业和工业劳动的生产率的教条主义的否定，这个论点被弄得模糊不清了。（俄译本注）

土地的肥力、产品的售价和资金的合理使用都决定于人的劳动和他们的积极性。这就是富裕的四个根源，它们在各自的发展中相互进行着竞争。但是只有在政府对人、对所有制和产品加以正确保护的情况下，它们才能起作用。资金不起作用是管理制度中存在某种缺陷的明显证据，它表明人民受到压制和情绪低落。

人口状况

一国的人口是随着国民收入的增长而增加的，因为收入能够提供富裕的生活和利益，把人们吸引过来，使他们留在国内；但是只有在人们劳动力的使用适应国家优越的自然条件的情况下，国家才能使自己的收入增长。

法国由于自己的地理状况，国内河道纵横，土地广阔，土壤肥沃，由于它拥有大量为邻国所缺乏的某些产品，才能够使大批的人去从事耕种和对外贸易[①]，这就是不断更新的财富和国家收入的来源。

有人认为，法国的人口在一百年前曾达到二千四百万。但是由于军队的扩大，几乎连年不断的战争，以及南特敕令[②]的废除，根据一七〇一年的统计，人口已缩减到一千九百五十万。

在这一年以后进行的人口调查中，我们发现，由于法国在十二

---

① 把对外贸易当作国民财富的一个来源的看法，在魁奈以后的著作中没有得到发展。不仅如此，他还持相反的看法，认为贸易是一种无益的工作。（俄译本注）

② 魁奈指的是一五九八年亨利第四所颁布而在一六八五年为路易十四所废除的敕令。它的废除给法国带来了巨大的经济和政治危害。魁奈和十八世纪所有的法国启蒙派学者，都对这个敕令的废除加以指摘，并为在法国建立信仰自由而斗争。（俄译本注）

年内以巨大的军队进行西班牙王位战争的结果，它的人口又大大地减少了。它在海上和陆地上至少保持着四十万军队，另外还必须加上二十万为军队服务的人，总数为六十万人。这就比一百年前的法国军队多了四十万人。仅从这一点，我们可以看到，每年需要有十万多人来弥补这个破坏性战争带来的损失。除此以外，在十二年内国家至少丧失了一百万成年人，失去了可以从这些人身上取得的相应的增长部分。

根据人口衍生的进程，可以认为，每一对夫妇至少要有两个能达到结婚年龄的孩子和几个没有达到结婚年龄就死去的孩子。因此，这样一对夫妇和他们的子女住在一起，组成一个至少有四个人的家庭。一百万人的死亡及其增长部分的损失，意味着使人口减少四百万。

我国的人口根据一七〇一年的统计是一千九百五十万人，由于西班牙王位战争而减少到一千五百五十万人左右，也就是说，在前朝减少了将近三分之一，即八百万人。由于路易十四的胜利，法国得到了大约五六十万人。可见，从那时候起人口没有增加。虽然我们在十八或二十年内过着和平的生活，但是在差不多二十六年的时间内我们还不得不经常维持着大量的军队，因此如果不是得到了洛林（该地人口约占法国全部人口的五分之一），我们的人口更会大大地减少。然而即使在今天也有人认为，法国包括洛林在内，约有四百万个家庭[①]，每个家庭平均有四人，总共约有一千

① 《特瓦赛的法兰西王国详情》(*Details du Royaume de France par M. Doisy*)，一七五三。（原注）

六百万人。

根据包税管理局的统计，现在每一个家庭平均有三个半人，因此四百万个家庭不超过一千四百万人。但是如果把两岁的小孩估计在内，那么可以认为，每一个家庭有四个人，因此四百万个家庭总共有将近一千六百万人。如果把新生的婴儿包括进去，那么总数可能会达到二千四百万人，因为两岁以下的孩子的死亡率在三分之一以上。不过我们只能从生产、消费和增长额的角度来研究人口。

小孩只能在消费的方面加以考虑，但是两岁以下的孩子的消费是没有多大意义的。从每年的出生率和死亡率的比例角度来研究我国人口的人们，所得到的数字应当比我们的大，因为我们的统计是把孩子从两岁算起的。

如果根据杜柏莱·德·圣莫尔和标芳对寿命的推测来统计，那么应当认为，从两岁到十六一十七岁人的死亡率约占四分之一。因此在包括两岁的孩子在内的一千六百万人口中间，成年人是一千两百万，其中男人和女人各六百万，其余四百万是从两岁到十七岁的孩子①。

从农业工作来看，可以认为，有一半以上的男人和女人住在乡村里；有将近七十五万块地是用于种植谷物的，有两百万以上成年男人在从事体力劳动，包括对这些土地进行耕作。可以假定，这一部门需要不少于一百五十万的成年男人。管理牲畜和种植葡萄所

① 魁奈根据他当时的统计文献所作的关于法国人口的这些计算，具有重大的学术意义，并且在以后的历史文献和统计文献中得到了证实。魁奈另外在《谷物论》这篇文章中也提到过这些数字。（俄译本注）

需的人数大致上也是这一些。其余的农业工作、制造工具以及同这部门有关的其他工作、在教区内执行教堂职务、建造住房和其他建筑物等等，还需要一百多万人，总数加起来需要四百多万成年男人。如果少于这个数字(这是非常可能的)，那么不足的部分就由女人和孩子来填补。在这种情况下，工作的质量就很差。但是如果由于各种劳役、压迫和贫困而促使农民情绪低落，如果他们穷得付不出雇工的工钱，那么工作的质量更会差得多。

不过，虽然我国的农业处在很不景气的状态中，耕地面积只占适宜于耕种的土地面积的一半，但农业仍然使法国一半以上的居民得到工作。在商业、手艺、法学、艺术和科学、工场手工业、学校、教堂、城市中的教会职务、建筑、城市企业主、军队、搬运业、军舰和商船等方面工作的，仅占大约二百万成年男人。

由此可见，对法国这样一个大国说来，一千六百万人口是少得可怜的，以致六千万亚尔邦适宜于耕种的土地中有一半是荒地，另外一半也没有能够好好地耕种，特别是当乡村里缺乏用以抵补开支的资金的时候，而且其他各种体力劳动也相应地受到限制。因为工业的发展，只能建立在手工业产品的对外贸易能使企业主得到收入的基础上。

按照杜柏莱·德·圣莫尔的算法，巴黎的人口共有六十万[①]，

① 魁奈在这里提出的巴黎的人口的数字与下列诸人的提法不同：瓦本(七十二万)，索格伦(七十五万)，杰派尔舍(八十万)，标芳(六十万)，埃克斯比里(六十到六十五万之间)，稍后的涅克尔(六十二万)，杜柏莱·德·圣莫尔(六十万)。重要的是魁奈强调所有这些计算的结果都很接近，而把其中的差别解释为只是由于计算的对象不同。(俄译本注)

这是可以从这个城市全年的小麦消费量算出来的，小麦的消费量约为八万一千二百五十缪特，或九十七万五千塞蒂，包括城外烘烤的面包在内。如果按平均每人消费一点五塞蒂计算，九十七万五千塞蒂可以供应六十五万人。这个数字中包括经常住在巴黎的外国人在内。不满两岁的小孩也要消费面粉。当然，有许多居民不是全年都住在巴黎的。然而一个人的消费总共只算一点五塞蒂，那是算得非常少的，特别是对于占巴黎人口四分之三的仆役和工人来说。这样，按照巴黎一年的小麦消费量计算，它的人口包括两岁的孩子在内不超过六十万人，其中四十五万是成年人，十五万是从两岁到十七岁的孩子。我们看到，这个消费量同一百年前的消费量大体上差不多，按照黎塞留红衣主教时代的计算，那时巴黎的人口有八十万；这样，虽然一百年来乡村的人口大大地减少了，巴黎的人口也没有增加。因为圣莫尔的推算是把孩子从两岁算起的，因此同认为巴黎有八十万人的一般意见是合得上的。的确，如果把所有的孩子，从新生的婴孩起，全部加上去，那么巴黎的人口可能有八十万，因为两岁以下的孩子的死亡率约为孩子总数的三分之一。如果按全年死亡的人数来计算，巴黎一年死去的人约有二万，一般认为这相当于人口总数的四十分之一，那么所有这些计算的结果都是十分接近的[①]。

巴黎和乡村中人口增长的比例大体上是相等的。由于风俗败坏，巴黎结婚的数字大大地减少。而在乡村中，母亲不仅要给自己

---

① 这个结论的正确性是不容争辩的，而且十分确切地指出了巴黎人口补充的主要来源。（俄译本注）

的孩子，而且还要给资产阶级的孩子喂奶，因此她们只能三年生一个孩子，不可能生得更多。结果，可能增长数额的减少在这两种情况下是相等的。

在巴黎，每年出生两万个孩子，占六十万人口的三十分之一；要是这样的话，全国一千六百万人口每年应当生大约五十三万个孩子。其中活不到十七岁而死去的有二十九万；这样，达到十七岁的每年只有二十四万，其中大约十二万是男孩，十二万是女孩。

考虑到妇女的生育期限，可以认为，在三十年内出生的人数应当同现有的人数大致相等。假定妇女在二十岁出嫁，不合于这个假定的情况大概可以相互抵消，而在五十岁丧失生育的能力，要使人口数保持在同样的水平上，那么必须使三十年内出生的人数同现有的人数相等。

虽然巴黎每年出生的只有大约两万个孩子，而且这种经常的生殖每年只能增加九千个成年的男人和女人，然而在这个城市中结婚的却大约有四千七百对。这样每年结婚的人数至少是等于每年达到成年年龄的人数，这似乎是同巴黎有许多人不结婚的情况相矛盾的。但是事情是这样的：巴黎出生的人，尤其是男人，只占在这个城市中结婚的人数的一小部分。很大数量的市民经常是靠从外省到巴黎来谋生的人补足的。女仆的数量有十五万人，其中在巴黎出生的不到八分之一。二分之一有独立职业的人是外省出生的。例如，三百九十七个国会检察官中出生于巴黎的不超过一百人[①]。因此可以认为，在巴黎结婚的男人甚至有一半不是在这

① 参阅王国年鉴中的检察官名单。（原注）

个城市中出生的。除女仆外，已婚的妇女大多数是在巴黎出生的，因为几乎所有迁居到巴黎来的男人都娶这个城市出生的女人。

还必须注意到，在巴黎结婚的次数中，有许多是鳏夫和寡妇重新结婚；这一点也能证实下面这个结论，即在巴黎结婚的男人中，甚至有一半不是在这个城市中出生的。因此，巴黎的人口是靠外省的填补而保持原有水平的[①]。

人口缩减和增长的原因

战争、不结婚、粮食产品价格低、缺乏耕种土地的资金、下层阶级人民的贫困，这一切阻碍着人口的增长。国家赡养着的大批军队，耗费着国库，这同过分严厉的教会一起对国家产生破坏作用。

一个没有容忍心的国家，如果处在一些强大而有容忍心的国家的包围之中，那是非常不利的。宗教自由能把人和财富吸引过来。宗教上极端的不容忍会迫使人们离开自己的国家，并阻挡他们回国。这两种情况都阻碍着这样一个国家的繁荣，而促进那些有容忍心的国家的昌盛。因此，不容忍会逐渐使一个国家走向破灭，而促进邻国的财富、人口和力量的增长。

目前一个国家的力量是靠它的财富来维持的，而财富是由生产这些财富的人们创造的，大量的军队对这二者都会造成损害。英国人向来是长于计算的，他们判断敌人的力量是根据其有职业的人口数及其所花费的支出：他们经常扩大自己所使用的财富，以

① 取材于威廉・配第的文章《政治算术》。（俄译本注）

保证自己的胜利;他们在判断时并不根据一个国家拥有的货币数量。他们在自己的政治著作中说:“我们只应当注意在商业和农业中起作用的、不断回复和更新的财富;我们经常在更新的财富,是我们所花费的支出的来源,这种支出不会使我们破产。我们正像那些富裕的业主,他们的现金并不多,但是由于有大量的收入,所以经常能够抵补巨大的支出。我们的军队并不是一个军事国家的精华部分,我们的士兵是为了得到报酬才变得勇敢的;我们的政府不是靠作战,而是靠自己的财富和政治协商来保证自己的军事胜利的。我们几乎一直处在战争状态。然而我们的国家依旧很繁荣,并不失去自己在欧洲的威望和海上霸权,它的人口并不缩减,殖民地财富也并不减少。为了坚持战争,我们签订了借款条约,但是我们从有利的和约中得到了补偿。我们不像法国那样拥有一千二百万或一千五百万的金币和银币,但是我们同样能够扩大自己的货币财富,增加货币的数量,因为我们的货币总量是能够和我们王国的疆域和人口数相称的。然而我们的收入和法国的收入比起来,就和货币的情况不同,我们的收入绝对不能像法国那样显得无关紧要。”①

一个国家的力量的确决定于收入,而不是决定于货币的总量。后者很少能达到收入一半的数量。因此国家的支出不应当以此为根据,而要以每年通过收入而恢复的财富为根据。

如果真是像英国人有力地证明的那样,英国的收入像法国一

① 《经济杂志》(*Journal Économique*)一七五七年六月和七月号英国的经济情报。(原注)

样多[①]，那么由此可以得出结论，英国比较富裕，因为一个国家的收入如果同另一个较大的国家的收入相等，那么它就比较富裕，这是由于它在行政、防御工事和保证边疆城市的安全上所花的费用较少，由于它的财富供给较少的人消费：如果每一个人都比较富裕，那么整个国家也就比较殷实。

英国的人口比法国少，仅够满足它的海军的需要，因此它不可能有大量的陆军。但是人口的数量一般并不决定一个国家的武装力量，军队是要和国家的收入相适应的。如果军队的数量超过了国家所能供养的能力，那么就会比敌人的军队更加可怕。英国自认为是十分强大的，它不大需要陆军，因此免去了大量的开支，能够把这些支出用于它更为需要的别种防御上面。

军队是国防工具，但这种防御掌握在国家本身的手中，取决于国家的力量和它的理解力，也就是它的财富和它的政治协调。历

① 一般认为，英国的人口有七百万，苏格兰有二百五十万人，爱尔兰有一百五十万人。我国的人口比这三个王国多五百万人。英国的富足引起了很大的消费，消费大永远是收入多的标志。按照这个特征可以确实地判断该国每年财富的再生产。但法国也可能轻而易举地使自己的居民达到这样的富裕，并很快地增加人口数量。法国政府现在承认了苏理的原则的正确性，同样很关心，要使国家变得富裕。从英国文章中摘录的引文，是以法国和英国目前的收入状况为根据的；他们的计算，是以按土地所有者的收入成比例地征收的租税为根据的；这租税证明土地所有者的收入为二亿利佛尔。同时，这些文章的作者证明，法国的土地收入（约为土地所提供的全部产品的八分之一，包括所花的支出在内）不超过这个数目。他们认为，英国的贸易比法国的贸易超过一倍。他们证明，从土地得到的收入并不决定于土地面积的大小，而是决定于耕作方法和产品的价格。在这方面，荷兰和西兰岛提供了令人信服的证明。这两个地方从自己的十五万亚尔邦土地中取得的产品，相当于法国三分之一的土地，也就是一亿三千万亚尔邦土地所提供的产品。收入中不应包括出租房屋和放债的进款，因为房屋和货币是非生产性的财产，为支付房租和利息，需要从别的财产中得到收入。（原注）

史家把自己国家的战争事迹讲给后辈听，他们的关于战功的叙述引起读者极大的喜悦；但是如果他们不熟悉政府的经济和政治上的后备力量，那么他们的著作就只能供消遣，而没有教益；他们讲的只是战争的历史，而不是和谈的历史和使战争获胜的原因的历史。

士兵和军官除了出战以外什么也看不到，他们认为国家的命运仅仅决定于围攻和战役的胜利，这是可以理解的。他们认为，人口稠密的国家比较强大，因为它能提供大量的战士；身体结实的农民比城市居民能成为更好的士兵。但是更有远见的政府，不会因为要具有反对敌人的手段和供养优秀的将军而使乡村变得荒无人烟，使国家收入的来源变得枯竭。关于在乡村中招募士兵对人口增长额缩减的影响，可以从大约三十年前国内实行固定非常后备军制所引起的后果来判断。起初这个措施看来似乎非常适宜，以致不易看出它对国家造成的不可弥补的损失。这支非常的后备军基于有六万人，他们每六年轮换一次，此外还有二万人在这六年内供补足缺额之用。总共有八万个成年人，他们不能结婚，即使有二万个替代的人，也不能回家。这样，在每三十年中国家要损失三十万人所生的后代。每一代的一个家庭有四个人。因此，三十万人没有后代就意味着在人口不断的增长额中减少一百二十万人。

非常后备军中三分之二以上的人来自乡村，因为大城市和享受特权的人是可以免于征募的。招募入非常后备军而六年内不能返回的六万人总数中，有四万多人是乡村供给的，即平均每年约有七千人，占在该年年满十七岁的乡村青年总数的八分之一左右。但是这个八分之一的比数逐渐变成了七分之一和六分之一；就这样在三十年内非常后备军使乡村失去了二十万人，因而使人口缩减八十万人。由于青年们企图避免被抽中为非常后备军而流入城市，更加影响到乡村的人烟稀少。因此由于一个青年被抽入非常后备军，却使乡村失去不止三个青年。这样，三十年内乡村中减少的人口总数还要加上四十万人及其后代。结果非常后备军使乡村人口在三十年内减少二百多万人。如果这种情况再继续下去，那么不消一个世纪乡村将会变得荒无人烟。

军人们认为，固定的非常后备军组织有很大的优点。它使国家在常规军以外另有六万人的固定名额。在战时可以把其中一部分划入正规的团队，或者把他们编成王国的特种团队、法国特种团队等等，以此增加我国军队的固定名额。然而这些优点都是从这样一个思想出发的，即国家的生存必须依靠军事活动，同时还忘记了由此而引起的巨大开支。

军人的狭隘观点使他们只考虑到军队的利益，而且只是陆军的利益，因为所谓非常后备军提供的优点，对我国的海军是无关的，而且相反，它所引起的人口的缩减，对后者是十分有害的。

然而法国是一个航海大国，自从英国的军舰和商船成了我们的敌人的依靠力量以后，法国在海上比在陆地上更需要保护自己。除此以外，法国还必须维护自己的通商和保卫自己的领海。加入德国的大部分国家都没有航海所提供的优点，因此不能靠出售自己生产的粮食产品而获得巨大的财富。这些国家的收入是非常有限的，要不是英国以其商船所获得的财富帮助它们，它们就没有能力赡养大批的军队，甚至不可能把这些军队调离他们就食的地方。正是由于这样，英国很怕我国海军的发展。它并不掩盖这一点：假如我们以自己足够的力量来同英国的保证其统治权的海军力量抗衡，那么我们就会改变欧洲的体系，不再需要大大地扩大自己的陆军。在这种情况下，我们的邻国依靠自己的力量，就不可能调出大量的军队来反对我们。的确，假如我们的海军力量能把英国的贸易拦阻住，或者对它制造很大的麻烦，那么贸易就不再成为英国的取之不尽的财源，同时，它不得不在海上花费巨额的开支，以便对付我们的巨大力量。这样英国就不可能用金钱来支持反对我们的联盟。我们的邻国看到英国的资源耗竭，就不会愿意去参加它的事业和支持它的自私计划。这样对我们说来，战争的危险就会减少，战争就不会经常发生，它的破坏性也会缩小，因为假如我们同这个航海国家进行海战，所需的开支会比在陆地上进行的战争少得多。

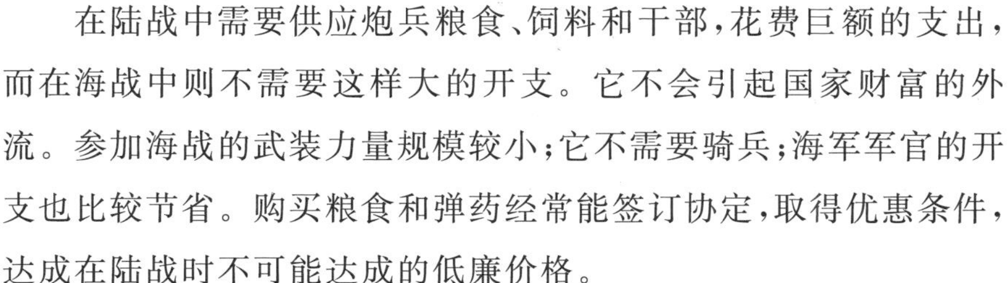

在陆战中需要供应炮兵粮食、饲料和干部，花费巨额的支出，而在海战中则不需要这样大的开支。它不会引起国家财富的外流。参加海战的武装力量规模较小；它不需要骑兵；海军军官的开支也比较节省。购买粮食和弹药经常能签订协定，取得优惠条件，达成在陆战时不可能达成的低廉价格。

海军力量能保证对外贸易的加强和进展，而对外贸易能促使土地收入的提高。在为其他航海国家所惧怕的海军的保护下，我国的贸易就能遍及各地，并把人口吸引过来。谁也不会迫使它接受自己的法令，国外的办事处能平安无事地、自由地同其他相互竞争的通商国家进行双方面的贸易。一切的限制、禁止、捐税，以及对出售商品不利的压制都将消除；双方的船只能通行无阻地驶入它们所有的港埠，贸易能保持正常的性质，而对所有通商的国家都有利。它们将不得不承认促进共同利益的一切条件的协定。它们将只会努力去发展对自己最有利的贸易方式。谁也不会对别人制造细小的麻烦,来损害他们;人们会以更加远大的眼光来看待通商,并且明白,双方应当相互促进,纯粹出售的通商是一种不可能的幻想,因为商人需要顾客,每一方面都必须既是商人,又是顾客,他们的财富同样地促进双方的繁荣。

规定向外国人关闭英国港口的著名的克伦威尔航海法,[①]绝不是像英国人和我们自己所想象的那样对英国的贸易有利。大多数论述贸易问题,特别是有关我国的粮食贸易问题的作者,都认为为了协助我们的航运事业,从海道输出我国产品的权利应当完全掌握在法国手里,然而这个专利权的问题仅仅是在商人的局部利益的影响之下提出来的。他们非常正确地证明,为了扩大我们的贸易以及为了使我们富裕起来,应当使我国产品的外销得到充分的自由。但是他们认为,发展我国贸易的直接目的应当是扩大我们的商船队,我们应当用自己的船只把产品运送到国外去,并把在国外获得的东西运回来,这样,我们的商船会使许多人学会航海术,这是对海军有利的。

毫无疑问,对外贸易能够带来上述的良好结果,不过它应当不依赖其他一些会阻碍贸易的全面发展和对国民收入不利的条件,而带来这种结果。我们应当尽一切可能使我们的粮食商品便于销

① 魁奈低估一六五一年颁布的克伦威尔航海法的意义的意图,是基于这样一个信念:他认为只有国内贸易和对外贸易完全自由并取消一切专利权和限制,才能够为发展贸易和建立合理的国际关系创造最有利的条件。在这一点上表现了他对建立在重商主义基础上的国际政策的敌对态度。(俄译本注)

售，并扩大销售额。但是如果禁止前来采购的外国船只进入我国的港口，或者不让外国人自己带来的货物自由地进口，使他们在运费上得不到好处，而把这种好处保证给予我们的航运事业，那么上述这种目的也是达不到的。

在销售我国的粮食商品时只想赚取大量货币，而害怕外国人竞争的我国的批发商的看法，就是这样的。他们的同胞经常会成为他们的虚假证明和他们的局部利益的牺牲者。他们只想使本国的粮食商品的价格降低；他们说，买价便宜是赚钱的第一个因素，而且在外国也比较容易销售。他们要我们相信，这是扩大贸易的唯一的方法。照他们的话来说就变成这样的了：扩大我国对外贸易的方法，就在于靠牺牲本国的利益而从对外贸易中取得利润。这种看法就是一切特权、禁止和专利的来源，而且发展这种有破坏作用的贸易的结果，只会使我国的产品失去价值，人民不得不以更高的价格来购买输入的货物，这样就会使整个贸易遭受损失。除此以外，这些原则不会给我国的农业带来任何好处，不会促使我们的牲畜增多，也不会使亚麻的播种面积扩大。

如果交易对顾客有利，那么货物就容易销售，因此一个希望尽可能更好地销售和扩大销售额的商人，不应当阻碍顾客获得利益。要是我们压制邻国的贸易，以此来帮助发展自己的船队，这将意味着，我们使主要的任务服从于个别的任务，而且我们将达不到自己的目的，因为阻碍贸易顺利发展和对国家的粮食产品供应有害的措施，对我国的船队和对国家收入同样也是有害的。除此以外，在迫使别人接受对他们不利的条件时，应当考虑到，他们自己也会提出对我们的贸易和我们的航运事业更加不利的条件。因此，所有这些拙劣的、有缺陷的措施，经常是同采取这种措施的人的意图背道而驰的，因为它们不仅不会有利于本国的航运事业，反而会限制和削弱本国的贸易。

英国的航运事业的扩大并不是一六六〇年的航海条例造成的。它的原因是由于我国的海军不发达，而我国的海军不发达绝对不是这个航海条例的结果，这个航海条例只会对颁布它的国家的贸易造成损失，使它的收入缩减。

要是我国的海军能够自卫的话，那么英国人很容易发现这个航海条例的不利，而把它废除。贸易的顺利发展取决于贸易的自由，取决于使大家普遍有利的法令，因为只有当贸易对双方都有利的时候，它才会繁荣起来。

然而最能促进我们的船队顺利发展的，是国家收入的增长。像海军支持商船一样，商船对海军也是有利的。它们只有共同协作，相互支持，才能够发展：海军之所以能够强大，只是由于商船对它供给有航海经验的人，而商船如果事先得不到海军的支持，也不可能发展。但是海军的支出只能靠我们的收入来抵偿。商船赚钱，海军花钱，但依靠了海军，陆军和陆战就可以减少了。商船的盈利能吸引许多人去参加海外通商，在航海事业上取得经验；而我国的丰富的农产品，这些农产品销售的可能性，以及居民和海陆军对它的支持，又是这些盈利的来源。

为了不至于没有好的士兵和水手，应当给予他们优厚的报酬，并且依靠大农经营和发展能提高国内土地收入的对外贸易，取得这些支出的经费。只有这样，法国才能成为真正的军事国家，也就是真正强大的国家。

当过去法国分成几个臣属于王室的大国的时候，它曾经是一个在另一种意义上的军事国家：每一个属国都必须保卫自己所统治的领地，而且只从事耕种土地和军事活动；但是自从法国全国统一在一个君主的权力之下以后，那些领主的权利就得到了法律的保护，由于这种统一和自己所处的地位，法国变成了一个航海、贸易和农业的强国，因为只有依靠自己的农产品、贸易和海军，它的财富和威力才能够保存和不断增长；要知道它必须阻挠别的国家夺取海上的统治权和控制贸易及其带来的利益，以防止这些国家变成在欧洲占优势的国家。否则不管我们有多大的军事力量，它们可能会迫使我们接受法令，我们会变得依从他们，会发现我们的薄弱和他们的优势。

因此，政府的基本任务在于依靠发展贸易来使本国的粮食商品易于倾销。没有这种倾销，即使有丰富的农产品也不会增加国家的收入；相反，产品的丰富恰恰会引起价格的下降，农民的收入不能抵偿他们的生产费用而土地的收入会变得一无所有。只有在有销路，并且价格能抵偿生产费用和保证收入的情况下，一个国家才可以努力促使农产品丰富。要达到这种状态，应当为对外贸易创造一切的条件，这样，销路和好的售价才能带来收入，而这种收入又能引起人口的增长：如果收入能对人们的劳动给予报酬，保证他们的盈利，使他们能过富足的生活，这样就会把人们吸引到这个国家里来。有了大量的收入以后，在我们的航海事业方面，在保卫国家的领海和领土方面，我们将不会缺乏人力了。

绝不能用限制或压制对外贸易的办法来促进航运事业；相反，只有在促进贸易，使贸易得到充分自由的情况下，航运事业才会扩大;得到了发展的航运事业反过来也会使贸易扩大,使国家的收入增多。

能把人们吸引到一个国家来并使他们留在这个国家里的福利,人们所最需要的福利,表现为值钱的商品财富和大量的货币。

所谓商品财富,我们指的是能够按决定其销售价值的价格交换成货币的那些东西。财富之所以成为售卖财富或商品财富,是由于这种财富顾客需要它其持有者能够把它出售。因此并不是所有能满足人们需要的物质都是可以售卖的财富:我们呼吸的空气,我们可以在河里汲取的水,以及其他数量极其丰富的、属于大家所有的物质,并不是贸易的对象,它们虽能满足人们的需要,但并不是财富。①

能满足人们需要的物质的持有,是带有固定性的,就像土地所有权那样,因此这种东西很少被看作是商品财富。当然,土地的出产品本身是可以出售的,而且在出售时还能确定和调整土地的价格,但是这种土地的出产品以及甚至人们所必需的粮食,当其售价不超过其生产所花费的费用和劳动时,即使它们是可以销售的,也不能算作是能带来盈利的财富。因此,不能把人们生活所必需的以及他们需要使用的一切东西,同由于贸易中的价格而能带来利

① 魁奈关于能满足人们需要的物质与财富的区别的这些议论,实际上表明了他要想把使用价值和价值加以区分。然而结果他还是把二者混淆起来。他既把价值看作是劳动的结果,但同时又常常把恰恰属于使用价值的个别成分归入价值的说明中。

他常常把价值和价格混同起来。因此他对价值的理解是非常复杂和矛盾的。他对"价值"(valeur)的概念不仅同"财富"(richesse),而且还同"使用价值"(valeur usuelle)混淆在一起。由于这种混淆,不仅把它的文章译成俄文非常困难,而且他的思想也难于理解。至今魁奈还保持着难懂的作家这个称号,并不是偶然的。(俄译本注)

益的售卖财富混同起来。

人们需要各种可以使用的、有价值的东西，其中有的东西，他们拥有的数量比所需要的数量更多，这些东西应当用来换取他们所需要而又不足的东西。因此人们希望拥有许多可以用来交换其他东西的财富。这就是可以售卖的财富或商品财富和货币或货币财富：因为各种可以售卖的财富的交换都是通过货币来进行的，而货币可以换成一切种类的财富。因此人们如果持有一种商品财富，就可以通过货币在两者价格相等的基础上取得另外一种财富。

物品的价格表示着商品财富的销售价格。不应当把商品财富的价格同它的使用价值混为一谈，因为这两者相互之间经常是毫无关系的。使用价值经常是一成不变的，经常或多或少地取决于人的因素，取决于人们的需求，以及人们对拥有该物品的愿望。价格却相反，是不断改变的，它取决于不以人们的意志为转移的各种不固定的因素。它不受人们的需求调节，但也不是任意决定的价格，也不是由商人之间的协商决定的[①]。

一切商品财富中用处最小的钻石的售价，除非是在粮食极端缺乏的场合，几乎总是比粮食的售价要高得多。

然而在对粮食商品有极大需要的情况下，粮食的价格可能会无限制地上涨，在这样的条件下，使用价值偶尔能决定它的售价。我说偶尔，是因为歉收或引起粮价高涨的一般的粮食不足，是由一

① 魁奈关于使用价值同价格，价格同价值等等之间的区别的这些议论，表明他有时对价格、价值和使用价值之间的区别的正确理解是非常接近的。然而他不大遵循他自己所确定的区别，时常把这些术语当作同义词使用，以致使自己的术语产生很大的不固定性，时常会引起许多误会，造成逻辑上的矛盾。（俄译本注）

些对财富的使用价值毫无关系的原因所决定的。因此，一切可以售卖的财富的价值并不是由它们的价格构成的（ne consiste que dans le prix）。生产这些财富所取得的盈利，与它们的使用价值没有联系。一塞蒂小麦或同样价格的一块花边，对出售者和对希望使用它们的人说来，是相等的财富。商品财富之所以成为财富，是由于它们的价格是由理智确定的。所以关于一国的富裕和繁荣，应当按照商品粮食的丰裕程度和粮食的稳定而优裕的价格来判断。

虽然商品财富的价格绝对不是任意决定的，也不是商人之间通过协商决定的，但国家仍然能够利用自己的带有破坏性的措施使价格发生很大的、有害的混乱。在一个航海和贸易的国家中尤其可能如此，因为一个对其他的贸易国家没有任何影响的政府，可能用自己的片面的措施来制定价格，而这种价格将与其他相互之间自由通商的国家的普遍的共同价格不一致。结果贸易受到政府压制的那个国家的收入就会减少。同时，我们可以证实，在所有相互通商的国家中，普遍的共同价格是很少会发生变动的，是非常稳定的，对所有这些国家都是有利的。

商品财富的价格，调节着通过货币而相互之间进行的商品交换，或商品变成货币财富的交换，而货币财富可以交换成任何一种商品财富。货币是在交易时同一切种类的商品财产的售价等价的财富。

货币或金银（它们也可以作为货币），本身绝对不是消费性财富。因为货币可以说只是贸易的工具，它在贸易中完成自己的任务时，不会损坏，不会破碎，不会陈旧，经过十年的时间，千万次的买卖以后，它还继续存在，并且在贸易时依旧有用。因此在可以售卖的财富的连续不断的交易中，只要有很少量的固定不变的货币就可以了。在进行买卖时，货币通常只是被用来表示商品财富的价格，在贸易中只具有抽象意义。代之而起的票据更为方便。它在买卖商品财富时不需要有同这些财富等价的现金，而是以商人之间的票据往来为连续不断的交易服务。因此国家的繁荣不在于它拥有的货币数量，而决定于商品财富是否丰裕，是否值钱。

货币的数量是随时可以补足的，但是构成财富的基础及其售价的商品的不足，或商品价格的不足，却无法补偿。在法国的任何一个人如果有一百缪特葡萄酒（目前的酒价是每缪特五十四利佛尔），就好比他有一百马克的货币一样富有；只要他愿意，他就确实能够得到同他的葡萄酒的售价相等的这一笔货币。在一个贸易国家里经常有足够的货币，以供货物按其价格进行交换之用。因为货价本身就是一个确实的证据，证明人们愿意把货物按照时价交换成货币。

一个国家的贫穷，并不像人们通常说的是由于它的货币少，而是由于它的商品财富不足，或者是由于在这个国家内商品的价格过低。因为一个农业国只有在年产量丰富和产品值钱的情况下才可能变得富裕。换句话说，只有很好地耕种土地和对本国商品进行广泛的对外贸易，才能够保证它的富裕。对外贸易不仅能提供销售的可能性，而且还能依靠通商国家的交易保持有利的和稳定的价格。国家之达到高度繁荣并不依靠大量的货币。因为一个本身没有矿山的国家只要把自己的农产品卖给外国，就能增加自己的货币财富的数量。因此产品的丰富和值钱永远是货币的来源，而货币本身如果没有贸易就会变得一无用处。它除了有利地向外国购买商品财富以外，不可能增加国家的财富。因此一个国家不应当积聚货币，因为这会阻碍贸易所带来的财富的增长。

在一个国家里过多地积聚货币，并不构成能带来好处的财富。因此所有的国家都把自己的货币用于流通，以利于相互通商。全部货币量在通商各国之间成比例地分配，这种比例是同商人的意图相符合的，他们认为贸易的任务在于相互夺取货币。商人所遵循的是一个完全不同的规则。他们总是用自己的货币来购买他们输出或输入的货物，而在这两种场合以及在航运事业上赚钱。

向商人出售产品的耕作者和工厂主同样能使从商人那里取得的货币带来好处，因为他们能利用这些货币来重新进行商品生产。土地所有者把从租地农场主那里取得的货币用于购买商人运来的外国货，而商人又把货币交给租地农场主，向他们购买农产品。工人从工厂主、耕作者以及所有雇佣他们的人那里取得工资，而把这些货币用于购买粮食和其他货物，供自己消费。货币重新回来用于土地耕作和其他生产工作上。因此，一国的货币量应当大致同它的商品财富的数量和价格相适应。而在商品数量不变的情况下，不管货币多一些或少一些，国家的财富基础不变。

国家的收入取决于它的农产品的价格，而农产品的价格是通过对外贸易来确定和调节的，因为在一个同别的国家不通商的国家里，也就是在没有进出口贸易的国家里，没有什么东西可以调节农产品的价格，它不受任何规则的约束；它不可避免地随着国内产品的充裕和不足的更替而发生变动，而产品价格过低或过高同样是有害的和不可避免的，两者都会使国家蒙受损失。

商品的基础价格[①]是由生产或创造该商品所需的费用所决定的:如果商品的售价低于生产商品的成本,那么就要亏本,如果售价能提供相当的盈利,使生产能够继续维持下去或者更加扩大,那么就可以认为商品很值钱。如果在歉收的年月,商品的价格达到使人民难以负担的程度,那么就是物价腾贵。如果售价超过基础价格很多,而人民并不感到负担很重,那么就可以认为商品值钱或价格有利。一个经常拥有很多小麦的国家,如把小麦大量向国外倾销,就能使国内的小麦值钱,而且给君主和土地所有者带来很大的收入,并保证居民的工资或盈利,以此抵补由于小麦贵而增大的支出。因此对外贸易能够使国内的小麦和一切其他的农产品值钱,农产品值钱不会增重居民的负担,而同时却对国家十分有利。在评判我国农产品是否值钱、售价是否太高和是否需要压低之前,应当把上面这些条件研究一番。

商品不值钱和长期不能超过基础价格就是另外一种情况,因为这一定会造成很大的亏损,并且不得不停止生产那种一贯不值钱的商品。因此任何一个政府都不应该去考虑那种按照偏见通常被认为便宜的价格所提供的利益,因为它同时对君主和土地所有者的收入、其余居民的工资、人口的增长和国内生产的扩大都可能产生破坏作用。在我国的一些农产品不值钱的省份里,就可以看到这种有害的影响;那里的生活费用是很低廉的,但是薪水却是这样的低,人们挣的钱是这样的少,以致他们的劳动不能使他们过富足的生活;工资不能吸引他们,他们宁可偷懒,而过贫困的生活。

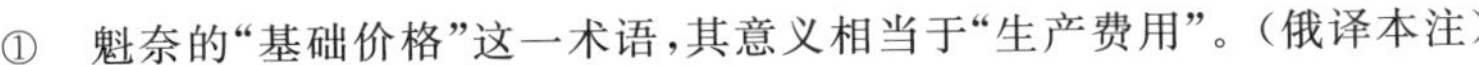

① 魁奈的“基础价格”这一术语,其意义相当于“生产费用”。(俄译本注)

土地所有者得到的收入也很少，因此不可能拿出必需的支出来改善自己的耕地，不可能雇佣工人和手艺匠并给予他们优厚的工资。工人和手艺匠离开了各省地方，流入大城市，那里的生活费用较大，而工资也较高；因此那些粮食产品贵的国家，人口就比较稠密，而那里的人们比粮食产品价格过低的国家的人们更爱好劳动，过着更为富足的生活。人们的需要并不只限于食物一种，他们还需要衣服，劳动工具以及使他们能过富裕生活的其他东西。法国人到海外去，迁居到圣多明各或马提尼克岛等地方去，并不是去寻找粮食，吸引他们去的是使他们能够过富足生活的工资。

我们已经提到过，在一个同其他国家进行毫无阻碍和完全自由的进出口贸易的国家里，价格不会发生很大的波动。这是因为在这样的国家里，价格是同其他国家的共同价格相等的。在这种情况下，该国的歉收或丰收通常不会引起价格的变动；因为在同一年内，有些国家可能是丰收，有些国家可能是歉收，但是通过这些国家之间自由的、没有阻碍的贸易，粮食不足的国家可以从多余的国家那里得到供应，反之，当后者感到不足的时候，前者也会向它供应。由于各国之间的联系以及各国的丰收和歉收的不断更替，价格就能保持在一个固定的中等水平上，这个水平是由通商各国共同的基础价格决定的。

荷兰人和英国人的谷物是自由贸易的，他们的谷物价格没有发生像我们法国所经受的那种巨大波动[①]；法国的谷物进出口是

① 这一点并不完全正确。英国和荷兰并不完全遵守谷物自由贸易的原则。这可以参阅巴施的《十六—十八世纪荷兰经济发展史》（一九四九年俄文版）中的《贸易

禁止的。我们的收获只是供给本国人食用，有时会过多，有时又大大地不足，这样价格就会发生不规则的波动，有时昂贵，有时低廉。因此在一个没有自由贸易或者不能进行进出口贸易的国家里，粮食价格不可能有任何的规则，它完全是不稳定的。在丰收的年份里耕作者的损失很大，而在歉收的年份里，一般平民会由于饥饿以及随着挨饿发生的流行性疾病而死亡。剧烈的和经常的价格波动是极端贫穷和人口缩减的一个原因，这是显而易见的。

它对国家收入的害处也并不小：虽然可以认为，在过低的价格和高价更替的时候，它们相互之间能取得平衡，形成某种共同的价格，我们的收入就是以这种共同价格为基础的；然而实际上这种共同价格本身对于土地的收入就是不利的。价格的波动和收获量的波动在其结合起来和取得平衡的过程中，为出售者所形成的共同价格要比购买者的共同价格低得多。购买者每年购买同样数量的小麦供自己消费，他们的共同价格的形成是几年内价格波动的结果。但是出售者每年收获和出售的小麦数量是不同的，他们的共同价格的形成是几年内不同价格和按不同价格出售的不同小麦量的结果。它不同于在这几年内由于购买同样数量的小麦而形成的购买者的价格。然而进出口贸易能免除价格发生巨大波动的可能性，因此在这种情况下售价和买价就会很接近。这可以从下面两张图表中看出，一张表明法国由于小麦收获量波动而引起的价格波动，另一张表明英国的情况。

与贸易政策》一章。在一七五七——一七五九年内英国的谷物出口是禁止的。（俄译本注）

小　　麦

禁止谷物出口的法国的小麦价格状况

年　　成	每亚尔邦的产量，以塞蒂计算	每塞蒂的价格，以利佛尔计算	每亚尔邦的总收入，以利佛尔计算	每亚尔邦的进款、赋税和租地费，以利佛尔计算
丰　　年	7	10	70	74
好 年 成	6	12	72	
中等年成	5	15	75	
差的年成	4	20	80	
荒　　年	3	30	90	
总　　共	25	87	387	370

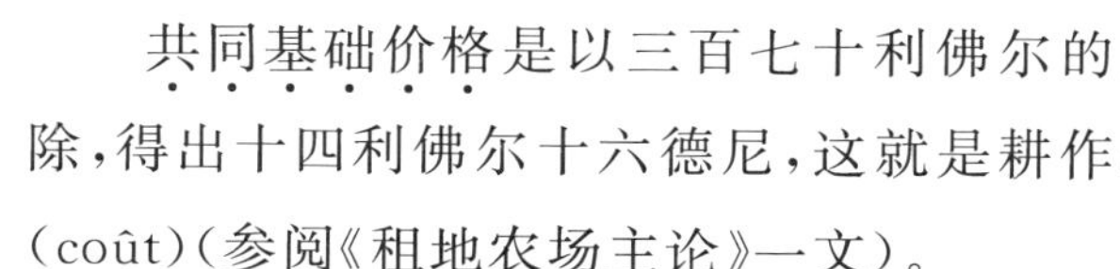

共同基础价格是以三百七十利佛尔的开支为二十五塞蒂所除，得出十四利佛尔十六德尼，这就是耕作者每塞蒂的平均成本(coût)(参阅《租地农场主论》一文)。

共同买价。每人每年消费三塞蒂，即在五年内消费十五塞蒂，共值二百六十一利佛尔，即上表中所表明的五塞蒂小麦的成本八十七利佛尔的三倍。如果把二百六十一利佛尔按十五塞蒂来除，那么每塞蒂的价格是十七利佛尔八德尼。这就是法国很久以来通常的共同价格。

共同售价。是以五年内的进款总数三百八十七利佛尔用二十五塞蒂来除，得出十五利佛尔九德尼，这个数字的五分之一就是每塞蒂的价格。这样，出售者的共同价格比基础价格只多十三德尼，即每亚尔邦多三利佛尔五德尼。它比购买者的价格低一利佛尔十九德尼，因此如果在物价昂贵的年份小麦的价格比较低，那么耕作者经常会吃亏，而不再播种小麦。在不出口而播种面积又较大的情况下，他们无法维持下去，因为如果收获了大量的小麦，那么售价就会降低到基础价格之下，并且遭到亏损，同时君主和国家也会得不到进款。

英国的由其出口贸易决定的小麦价格的情况

年　成	每亚尔邦的产量，以塞蒂计算	每塞蒂的价格，以利佛尔计算	每亚尔邦的总收入，以利佛尔计算	每亚尔邦的年进款赋税和租地费，以利佛尔计算
丰　年	7	16	112	74
好年成	6	17	102	
中等年成	5	18	90	
差的年成	4	19	76	
荒　年	3	20	60	
总　共	25	90	440	370

共同的基础价格。以三百七十利佛尔的支出为二十五塞蒂所除，得出十四利佛尔十六德尼，这就是耕作者每塞蒂的平均成本。

共同买价。每年三塞蒂，五年是十五塞蒂，值三百七十利佛尔（应该是二百七十利佛尔）①。这个数目用十五来除，得出每塞蒂十八利佛尔的成本（coût）。

共同售价。以五年内的进款总数四百四十利佛尔为二十五塞蒂所除，得出每塞蒂的价格为十七利佛尔十二德尼。这样，出售者的共同价格超过基础价格二利佛尔十六德尼，比共同买价仅少八德尼。在前面的情况下，由于没有出口贸易，出售者只能得到十五利佛尔九德尼，因此他的盈利每塞蒂总共只有二利佛尔三德尼。

① 这段所列数字，俄文译本错误极为明显，如五年是十五塞蒂，值三百七十利佛尔，这数目以十五来除，显然不是十八利佛尔，以十五除二百七十，则是十八。——译者注

每亚尔邦是十利佛尔十五德尼，加上三利佛尔九德尼总共是十四利佛尔三德尼，而且购买者在购买小麦时是不会付更多的钱的。

我们每年大约能收获四千五百万塞蒂小麦，因而在这个收获量中我们要损失一亿利佛尔，本来可以卖给外国的大约三百万或四百万塞蒂小麦的进款还不计在内①。但是我们的小麦收获量是有可能增加二千万或三千万塞蒂的。只需要出口贸易对小麦本身的价格以及随小麦涨落的其他各种谷物的价格施加影响，土地的收入就可能增加一亿五千万以上，其中国内小麦价格的增长和我们运往国外的谷物进款的增长都不算在内。②

但是出口还有一个优点，就是它能阻止物价过分昂贵；物价昂贵会造成下层居民的破产，使许多人饿死，使更多的人由于随着饥饿发生的流行性疾病而死亡。可能有人会反驳说，英国虽然有很好的年成，物价仍然是很贵的。但这对于英帝国来说是一个例外，不能把它归咎于出口贸易，因为正是出口贸易经常使它免于由于

① 在《谷物论》中，我们的小麦收获量估计为在通常的年份从大农经营可以得到四千五百万塞蒂，从小农经营可以得到三千四百万塞蒂。然而在计算后者的数量时，把这些农户生产的其他谷物也包括在小麦的总数中（为的是避免过于繁琐）。这些农业经营者的小麦是以较低的价格计算的，以便把所有的谷物一起得出一个总数。但是如果精确地计算，那么我们总共收获四千五百万塞蒂小麦，其余的数量属于各种不同的折合成等价的谷物。这个收获量应当看作是一千五百万亚尔邦耕种得很好的土地的产量，然而我们拥有六千万亚尔邦适宜于耕种的土地。因此，我们有四分之三的面积没有用于农业。

法国把农业局限于满足本国人民的需要，使自己的土地失去了四分之三的收入。从这一点很容易理解，为什么只有二千万亚尔邦耕种得很好的土地的英国会比法国获得更多的收入（参阅《谷物论》中关于很好地耕种的效果的资料）。（原注）

② 英国人的对外贸易比我们更为广泛和稳定，他们输出一百多万塞蒂小麦和一百多万塞蒂其他的谷物。在欧洲的整个国际贸易中，谷物的销售量总共大约有一千万塞蒂。因此，由于缺少顾客，英国的谷物贸易自然会受到限制。（原注）

扩大农业的结果而引起的物价猛涨。总之,对提高谷物价格来说,单靠出口是不够的,因为英国每年输出的小麦不超过一百万塞蒂,还不到年产量二十分之一。因此它最好还要以适当的比例提高小麦的价格,但这是不可想象的。一个国家的罕有的物价腾贵现象一定有某些特殊的、它所不愿发现的原因。

有关政治经济学的所有这些问题,请参阅下面这些文章:《农场论》、《租地农场主论》、《谷物论》、《赋税论》、《利息论》等。

农产品的价格没有被给予足够的注意,然而只有根据土地产品的价格,收入才能够得到正确的估价。但产品本身是不会提供收入的:它的确可能非常丰富,然而却是没有收入的。如果售价不超过基础价格,也就是不超过成本,那么它就会使耕作者亏本,因此只有当产品的价格高于生产这种产品所需的费用或支出时,才能够得到收入。所以,依靠对外贸易而价格达到的程度越高,那么对国家、对土地所有者和人民也越有利,也越能够促进人口的增长和繁荣。这对国家有利,那是由于随着价格的增长国家财富也会增加;这对土地所有者有利,那是因为他们的收入增加了;这对人民有利,那是因为生产谷物所需的支出也在不断增长。从人口增长的观点看来,这是很重要的,因为谷物的丰富能够把人们吸引过来,促进人口的自然增加。在促使国家繁荣方面这也是很重要的,因为盈利能刺激扩大生产。但是只有依靠对外贸易而达到的价格,才对国家财富具有决定性的意义。可能有人认为,假定有一个闭关自守的国家,它同其他国家没有任何的交往,只是为了本身的消费而进行国内贸易,那么它对粮食产品就只会从满足自己需要的角度出发看问题,而不是从粮食的售价出发看问题,因此它就希

望价格低，因为这样就能摆脱发行过多的货币的沉重负担。然而，如果这个假想的国家同其他国家一样是由不同类别的人们组成的，其中有耕作者，土地所有者，君主，政府成员，以及从事各种行业的人，那么事情就会是这样的：君主和土地所有者需要有收入，参加管理工作的人需要薪水，从事各种行业的人和耕作者雇佣的工人需要工资。因此，同其他所有的国家一样，这个国家的全年收入，也必须通过同全年产品和体力劳动的售价相适应的买卖方式在各种类别的人们中间分配。像所有的地方一样，这里的年成也是有好有坏的，这样就会引起价格的剧烈波动。因此，对这样的国家说来，商品财富的售价同其他国家几乎是同样重要的。

但是当一个国家必须靠货币财富来抵抗邻国的时候，那么它的产品在作为货币财富的来源这一点上就成了它的宝贵的东西；我说的是在作为货币财富的来源这一点上，并不是说它真是货币财富。这两个条件是要加以区别的，以便能对国家的财富得到一个正确的概念。假定某种货物能卖到一百埃扣(法国的古货币)，那么就是说这货物本身被认为相等于一百个真实的埃扣，这已经是足够了。在这个意义上，所有的财富都是按其价格折成的真正的货币财富，即使它们实际上并没有转换成货币。因此一个同外国通商的国家的财富，是由货币财富和按国外价格估计的实物财富构成的。

这样，一个拥有价值为二十亿的农产品而没有货币的国家，同一个拥有二十亿货币而没有农产品的国家，是同样的富裕。

但是拥有这种可以售卖的财富必须进行双方面的对外贸易。假定两个相互通商的国家没有任何交往或对外贸易，那么其中的一个国家就不能靠自己的产品取得货币，而另外一个国家也不可能用自己的货币来满足自己的需要。因此它们两者都同样地需要对外贸易——一个是为了用货币财富来购买等价的产品，另一个是为了保证自己产品的价格，使其能相等于货币财富。

然而关于本国的财富，不应当按照用出售商品的方法从国外吸取的货币数量来估计，而是要按照通过双方恒常的自由贸易而确定的这些产品的价格来估计。假定你每年只输出一百塞蒂小麦，没有可能更多地出售，但通商国家之间的小麦的共同价格，将对你具有与你出售一千万塞蒂小麦同样的力量。这种共同价格是这样形成的，正像几个沟通的蓄水库里的水位一样：假定在一定的时期内地中海的水没有流入大西洋，大西洋的水也没有流入地中海，那么这两个水库的水位将是相同的，因为这种水位是由它们之间的相互沟通所保证的。通商各国之间的价格平衡也是这么一回事：它是靠双方贸易的恒常联系来确定和保证不变的。因此，即使你们这一年没有向邻国销售小麦，邻国也没有向你们销售小麦，因为你们已有足够的数量来满足自己的消费，但也并不多余；你们这里的价格将仍然不比邻国低，也不比邻国高。因为假使你们这里的小麦价格较低，那么在自由的对外贸易条件下，你们就会把它输出，于是你们国家里的价格就会变得同国外的售价相等。自由的双方对外贸易的优点就在这里：它能使你们的任何商品经常都有共同价格，甚至在你们没有能力销售或购买的时候。这种共同价格能为你们的产品确定一个真正的，从对邻国的关系来说是相对的价格，而你们的真正的财富就是由这种相对价格确定的。仅对国内贸易有关的一切价格，本身不会使这个国家更加富裕或更加

贫困，然而由于这种价格的混乱和不稳定，可能对个人的经济生活、行政管理和农业产生破坏作用。因此，商品的售价只能通过通商各国之间的共同的和稳定的价格来实现，因为每一个通商国家能够按照这种价格确实地向国外销售商品。于是土地面积最广大和物产最丰富的国家就成为最富裕的国家。

如果依靠对外贸易商品成为与货币等价的财富，而货币成为与商品等价的财富，那么认为向国外购买商品会使我们丧失货币的那种指责，就毫无意义了。由于对外贸易几乎总是以相互买卖的形式进行的，因此类似的责备就变得没有内容了。从研究对外贸易的平衡来判断它是否有利是毫无意义的，如果一方得到了更多的货币，那么另一方购买了更多的商品。哪一方变得更富裕了呢？况且贸易的平衡不能表示出一方从自己的货币中，另一方从商品中取得的盈利。

然而我们知道得很清楚，如果不进行双方面的贸易，一个国家的农产品就不可能有稳定的售价，它的国内价格是混乱和不稳定的，因为这种价格是由年成的好坏决定的。除此以外，由于这种波动而形成的共同价格，对国民收入是非常不利的。因此一个航海国家如果忽视自己农产品的出口贸易，就会对自己财富的增长和人口的发展，以及对国家的富强造成巨大的损失。

人口的增长完全决定于财富的增加，决定于劳动、人力和这些财富本身的使用方法

不论什么地方，只要人们能够取得财富，过富足的生活，安逸地作为所有主享有以其劳动和精力获得的一切东西，他们就会在

那里聚居，并不断孳生。人们取得财富必须依靠他们已有的财富，以及依靠别人的财富使他们得到的盈利。人们如果没有消费性的财富，就不可能在荒无人烟的地方居住。因为假如他们找不到动物或其他天然产品，以便在他们耕种的土地能够供给满足他们需要的物品以前借以充饥，那么他们就会饿死。这就是说，要取得生活必需的财富和达到能促使人丁兴旺的富裕水平，必须预先拥有财富。一个收入不断增加的国家，由于在国内能赚到工资就会把新的移民吸引过来，因此财富的增加能引起人口的增加。

然而要使财富和人口增加，必须使人们相信自己能得到自由和拥有自己的财富。要是人们失去了保障、权利和财产，他们就不会留恋自己的君主，也不会留恋自己的祖国。即使有人甘于过贫穷的生活而留在国内，但这些人对国家也是没有益处的。那种安于贫穷的人，那种习惯于吃粗劣的食物、穿褴褛的衣服、忍受各种困苦的人，像第奥根[①]那样用自己的手掌掬水喝的人，是不肯做工作的，对自己祖国的利益也将是漠不关心的：在荒无人烟的土地上到处是暴虐和贫穷。一个国家衰亡的通常的原因，是由于政府的滥用权力和施行暴政。一些对罗马皇帝的暴虐所引起的社会混乱不很了解的作家，认为罗马帝国的衰亡是由于奢侈。而实际上其原因是要维持这种奢侈生活而向行省征收了过多的税。一等到行省的经济被破坏了，那么像罗马这样一个大城市就无法自己维持自己和保持自己的统治权。行省和帝国本身都发生了由于政

① 第奥根（公元前约404—前323年），古希腊哲学家，犬儒学派的创始人，主张抑制自己的欲望，把需要降低到最低水平，回复到原始状态。——译者注

府繁重的苛捐杂税而引起的革命。历史家们提到了一些令人害怕的详细情节:“加列里阿目无法律,任意妄为,并且放任他派往行省的法官胡作非为;这些人只知道战争,毫无教养、毫无原则,盲目地信奉专制政体,而他们自己就是这种专制政体的工具。然而人民普遍的绝望情绪是由于全国人口普查和登记财产而引起的。委员们在全国各地引起了极大的惶恐不安,仿佛来了敌人,加列里阿的整个帝国的人们,仿佛都成了俘虏。丈量土地,计算葡萄藤、树木,甚至每一个小土岗;登记人数和牲畜头数;城市里充满了前来备案的大批农民和奴隶,父亲带了孩子一起前来。假如按比例征税的原则本身是公平的,假如这种税本身是负担得起的,假如对待人的态度好一些,那么人们对这种压制还可能容忍下去。然而相反,到处可以听到鞭子和呻吟的声音:孩子、奴隶、妇女都经常受到拷问,来对证父亲、主人、丈夫的口供;所有主受到折磨和拷打,要他们供认他们的财产比实际上所有的还要多。人们不管年老或有病,都必须到指定的地方去报到;人们的年龄被任意地确定,由于法律规定交纳人头税的义务有一定的起讫年限,孩子们往往被增加几岁,老人被减少几岁。第一批委员办事冷酷无情,以图满足国王的贪婪心,然而加列里阿还一次又一次地重新派人来,对不幸的国民施加更大的压力,找寻新的税源。新的委员为了胜过自己的前任,任意加重人们的负担,在登记簿册上登上了比实际上多得多的财产和人数。牲畜倒毙了,人死亡了,但是在登记簿上并不注销,仍然要征税。加列里阿的残酷的天性和他的国民的忍耐心使勒索的财物源源不断,因此他竟认为是取之不竭的。一批新的勒索者派往全国各地,他们无情地抢夺前任压迫者抢剩下来的一切东西。他们打家劫舍，把居民的东西抢得精光，人们甚至对未来的收成也失去了希望，因为耕作者播种的种子也没有给留下来，甚至田里还没有收割的庄稼也被抢去。这些不幸的人由于饥饿和贫困而不断死亡，君主也就失去了表现自己阔绰的可能。

“马克森提河把自己所有国民的财产看作是自己的财富；他甚至不饶恕自己的大神的庙宇；这是一个无底洞，它吞噬了罗马将近十一个世纪积储下来的一切财富。意大利到处充满了告密者和凶手，他们同他一样的凶暴，并且为他用掠夺到的部分东西所豢养。由于这样的专制统治，城市和乡村都变得一片萧条，人们躲避在最隐秘的地方，土地没有翻耕和播种[1]。在戴克里西和瓦林提尼安纳三世统治的年代里，统治者的掠夺引起了高卢地方的起义，人们遭到了杀戮，并且被预先夺去了财产[2]。后来别的民族占领了这些遭到破坏的，既没有力量也没有财力来支援罗马帝国的行省，这个帝国过去是如此的富裕和强盛，现在却变得衰弱和可鄙。西班牙被哥特人占据了，英吉利被萨克逊人占据了，高卢被法兰克人占据了，德意志被阿拉曼尼人占据了，意大利为土西林格人和伦巴第人所占有。”

这些毁灭性的结果是罗马帝国的军事专制制度引起的，我说军事专制制度，因为专制制度永远是君主同国内比君主本人更有力的某一阶层的联盟。君主专制制度是一种幻想，这是从未有过的，也是不可能有的。一个人不可能擅自统治千百万人；最高的君

① 拉·奥鲍：《下层帝国的历史》(*Histoire du Bas Empire par* **M. Lee Beau**)。(原注)

② 《帝王的财富和历史》(Richer, *Histoire des Empereurs*)。(原注)

权只有在得到法律的支持和在互相制约的政府官吏之间保持均势的情况下才可能存在;而决定他们的制度的法律,一方面限制他们的权利,一方面又保障他们的权利。如果君主不同一个强大的阶层分享权力,把这个阶层提到其他阶层之上,把对国民的一切专制力量集中在这一阶层,那么他自己也不可能拥有专制的权力①。然而这种不稳定的权力不仅是危险的,而且对一个受尊敬的合法的君主来说是不值得的!不管谁拥护专制制度,这个人对于君主本人和他的大臣说来,永远是可怕的,正像君主对自己的国民说来是可怕的一样。在野蛮的国家里,军事专制制度是最横暴、最混乱、最专断、最富有破坏性的制度。罗马帝国,奥托曼帝国和一切野蛮国家在这方面提供了各种极端恶劣的例子。

财富和人口只有在由财富本身造成的富足生活条件下才可能维持。人们通过自己的生产和消费来促进国家的繁荣。要生产财富,必须有财富。如果耕作者的产业由于冰雹、牲畜大批死亡、赋税或其他原因而遭到了破坏,他们再也没有能力拿出耕种土地所需要的费用,国家就会失去耕作者用财富和劳动不断生产出来的产品;耕作者陷入贫穷的境地,这种贫穷不可避免地使他们长期停留在贫苦状态,使他们不可能从事自己的事业和抚养自己的子女。这样的家庭无法找到生活资料,只得转而从事体力劳动。但是作为一个普通的工人,也只有当他能够靠自己的劳动达到富足生活

① 关于君主如果没有一个有力阶层的支持不可能拥有专制权力的思想,表明魁奈对国家政权的本质的正确看法已经很接近了,并且看到了当代法国君主政体同贵族阶层和僧侣阶层的不可分割的联系,不过他竭力要表明,君主的权力必须保护法国人民的民族利益。(俄译本注)

的情况下，才是有益的。这些人为赋税、计件工作和其他负担所役使，对可能达到某种成就已失去希望，他们不得不吃很坏的面包，穿破旧的衣服，在干草上睡觉，得不到一切的生活设备和家用什物，失去了一切可以表示他们是一个家庭的象征，他们没有任何的家畜，可以向他们供给一些牛奶、奶油、干酪和几个鸡蛋；他们所有的，只是可以使他们免受查封财产之苦的赤贫。他们把自己的劳动局限于取得只够购买最必需的生活用品的工资，而这一些是不会向他们剥夺的，因为满足日常需要的东西是没有什么价值的。结果他们不论在生产方面或是在消费方面都成为无益的人。因此，在为国家提供收入的人口总数中，不能把这些人计算在内，或者更确切地说，不能把这些对国家说来已失去任何价值的家庭计算在内。由于从他们那里索取了过多的东西，把他们变成无益的和不幸的人，因此现在不能盼望从他们的子女那里得到什么；这些孩子习惯于过贫穷的生活，从他们父母的呻吟中获悉了自己痛苦的原因，看到自己周围的游手好闲的现象，自己也就学会了游手好闲，而且说实在的，这是他们能够得到的唯一的享受。那些认为必须使社会的下层阶级处于贫苦境地以便迫使他们工作的残酷的人们，他们的原则就会造成上述的结果。人和土地能提供物质，他们的商品生产能提供财富；人像土地一样，贫瘠以后就会变得荒芜并失去一切的价值。千百万人的贫困和千百万英亩土地的荒芜，可以证明一个国家在衰亡[①]。

① 魁奈反对作为重商主义政策直接结果的限制并降低人民的消费，这是他提出的政治经济学纲要中的最进步的成分之一。（俄译本注）

富足的生活能够促使人们爱好劳动,那是因为人们能享受劳动所提供的物质福利,习惯于生活上的舒适设备,吃好的食物,穿好的衣服,害怕贫困。他们教育自己的子女同样习惯于劳动和享受物质福利;他们会加倍努力来建设自己的有着一些舒适设备的小小的幸福生活,努力来减轻自己的劳动和增加工资;成功的希望鼓励着他们的勇气,而工作的顺利能使他们的做父母的感情和自尊心得到满足。这就是从事有益工作的、爱好劳动的下层阶级的人们对国家的贡献。

富足的生活从来也不会使下层阶级变得懒惰,因为这种生活对他们说来是太宝贵了,他们不愿失去这种生活;除了家庭生活的温暖以外,他们还为了名誉、由于感情和虚荣心而重视富足的生活;人总是希望穿的衣服能符合自己的身份,希望拥有工具设备和能有一个像样的家庭,借以表明其生活的顺遂,不致由于贫困而被人轻视。因此不单是靠财富本身来增加财富的意图,才是鼓励人们劳动、把他们变成能为国家提供财富的有益的人的真正原因。

人的劳动的结果并不限于生产产品,它还为消费的需要服务,为抵补所花的费用服务,而这种费用本身则是财富的另一来源。**人们从自己的工资或盈利收入中花费的一切,能为别人带来好处,并且重新成为产生和恢复财富的来源**。

一个耕作者把一百塞蒂小麦卖了一千六百利佛尔。土地所有者得到一千六百利佛尔的租费,他把这笔钱用于造房子;从他那里取得这笔钱的工人把钱用来买小麦,以维持自己的生活,这样,一千六百利佛尔重新回到了出售小麦的耕作者手里。耕作者把它用于耕种土地，以便重新生产小麦。结果土地所有者的支出变成了工人的工资，而工人则又把土地所有者给他们的这笔钱还给了耕作者。如果土地所有者、工人或耕作者得不到这笔钱，那么就不会发生连续不断的恢复。无论是土地所有者、工人或耕作者都不能从财富的来源中得到这笔钱。以土地所有者、工人和耕作者的支出的形式使财富不断恢复的手段消失了；作为实物财富的小麦，不断生产的、每年被人们作为食物消费的小麦也就消失了。结果人们不得不到别的地方去寻找生活资料，国家会变得贫穷，人口也会减少，因为人们在国内创造财富，并且使它不断恢复的程度，是同在财富的帮助下人口增加的程度相同的，是同人们依靠财富本身的帮助而使财富增加的程度相同的。

假如政府使财富失去了不断再生产的来源，那么它就会使财富受到破坏，使人们受到危害。

举例来说，假定把人数众多的、以其生产为国家带来很大利益的葡萄酒酿造师弄到贫困的境地，那么在由于严寒和冰雹而葡萄歉收的年份里，他们就不可能在葡萄种植方面来预付，而且即使在丰收的年份，由于葡萄不值钱，他们也盼望不到出售葡萄酒的有利时机，并且抵补不了生产费用。不管在歉收的年份或者在丰收的年份，他们是一样的贫困，因此他们并不好好地经营自己的葡萄园，他们的家属吃着很差的食物，他们的消费没有为国家带来任何好处。

这个问题并不像有些人所认为的那样对国家无关紧要。假如二百万葡萄酒酿造师及其家属吃小麦，而不吃大麦、燕麦或黑麦，那么他们就要消费一千五百万或一千八百万塞蒂小麦，因而会相应地扩大小麦的种植，并在国内创造二亿利佛尔的财富，结果君主和土地所有者的收入也会增加，租地农场主所花的费用也会增加，这些费用就是用于为土地所有者雇来从事农业劳动的大批工人的工资。君主和土地所有者的收入的增加，会引起他们的支出的增加，会使从事各种行业的人能得到工资，结果消费也会扩大，并且会创造出财富的新的来源，促使农业为适应消费的扩大而发生新的增长。因此，这些葡萄酒酿造师消费的小麦会引起财富的增加，而后者又引起财富和人口的增加；假如这些葡萄酒酿造师吃较贱的粮食，自己去种谷物并由此而缩小葡萄的种植，那么上述的一切优点就会完全消失。假如他们不得不在别种食物和衣服方面更进一步地节省，那么国家的损失也会随着他们贫困的程度而增加。

因此下层阶级生活得富裕还是仅限于消费一些最必需的东西，对国家来说并不是无关紧要的，这一部分人口的数量比有钱人要多得多。因此随着这些人的消费所受到的限制，国家会遭到同样程度的损失；必须在他们的劳动和正确的国库政策的帮助之下保证穷苦人的消费，因为使君主和国家的收入来源枯竭的、考虑不周的赋税，是会促使这种消费缩减的。

对本国生产的农产品课税，会损害土地所提供的收入，使人口和君主的收入减少。

例如，征收葡萄酒税和烧酒税会造成一种人为的酒价，引起消费和生产的缩减，使国家失去财富的来源，不利于把酒向邻国销售；而向邻国销售葡萄酒本来却能给予土地所有者和君主很大的收入，使国家富裕起来，并且由于能吸引一批人来经营新的葡萄园而使人口增长，因为我国的可耕土地面积要比播种谷物所需要的面积多得多[①]（参阅《谷物论》）。

随着由于扩大葡萄种植业而引起的每年财富的增加，人口也会相应地增加，因为国家人口的增加是和他们的收入相适应的。

上述的课税使我们的葡萄酒和白兰地价格变得昂贵起来[②]，妨碍它们在国外倾销。因此在那里它们为别种饮料和白酒所代替，然而外国人喝的这些饮料和白酒的价格，要比我们的葡萄酒和白兰地的正常价格高。同我国相邻而本身不种葡萄的那些国家，地方是很大的。如果葡萄酒的贸易能给予好处，他们很可能会对此发生兴趣。他们的贸易和我们的贸易会在同样的程度上增长，而且盈利也是双方面的：他们在向我们出售的货物上赚钱；我们在向他们出售的葡萄酒和白兰地上得到好处。问题是这样的，要保持对外贸易，必须使它成为双方面的贸易。通常认为对外贸易像国内贸易一样，商人出售自己的货物只是为了要把它变成货币，这种看法是不正确的。执政者在考虑对外贸易的好处时，不应当有这种肤浅的看法。

① 这里魁奈发展了这样一种思想，即如果不是与谷物经济一起发展技术作物，农业的高度发展是不可思议的；这种思想显然是他从狄德罗那里接受过来的，狄德罗在百科全书的条文中曾叙述过这种思想。（俄译本注）

② 这种课税使向国外销售的葡萄酒的价格增加三分之一或一半，以致大大地缩减了它的销路（还有着另外几种重得多的税）。一桶价值一百利佛尔的葡萄酒从波尔多运到布列塔尼去销售，要征二百五十四利佛尔的税（维伦著《基耶纳耕作的考察》基耶纳在法国西南部）（*Observations sur la culture de la Guyenne*，Par Virens，一七五五）。布列塔尼的代表议会对饮料课了税，以此把它们在这个省份里的消费量至少缩减了四分之三。结果，这种课税落在国家本身的身上。这种税是靠土地的收入来支付的，那么布列塔尼的土地变得怎样了呢，这倒是很想了解的。也许土地已经失去了一切的价值，也许土地所有者不去进行生产，以此来逃避赋税吧？如果由于谷物没有销路而土地失去价值，那么这种祸害一定还会引起别的灾难。（原注）

假如由于农产品贸易而我们的收入和人口都有所增加，那么我们的开支也会增加，我们会向外国购买相当于外国向我们购买的货物。

北方的那些国家从消费我国的葡萄酒上面可能得到很大的好处。他们通常的饮料，特别是谷物酿制的烧酒和糖酒，对他们是很有害的。我们自己也可能从他们卖给我们消费的货物上面得到很多好处，因为人们通过消费可以恢复自己每年生产的财富。

然而不应当认为，这种双方面的贸易会造成通商国家之间财富的均等。显然，只有在自己土地的年产量和贸易发展的范围内它们才可能富裕起来。因此，一个拥有更好和更多的土地的国家，尤其是耕种得更好的国家，就会比别的国家富裕。但是它为了使自己的农产品便于倾销，必须关心促进同邻国的贸易。这种国家的财富和人口数量往往会超过别的国家，因为它的土地的产量超过别的国家。此外，向其他国家购买货物以后又转卖出去以获取盈利的那种贸易，也能够增加国家的财富，不过对一个大国来说，这种贸易是微不足道的。在这个国家内，贸易必须是土地所有者的贸易，也就是自己生产的农产品的买卖。因此，财富的来源并不是贸易，而是土地，它必须满足国内的需要，并为它创造财富。

依靠贸易，各国之间能交换自己多余的东西，并且通过购买使自己得到各种各样的财富。真正的财富只是那些被消费的和每年恢复的东西。人们希望得到它们，它们之所以成为贸易的对象和能提供盈利，那只是因为它们是被消费的。一个国家的繁荣绝对不能从它的货币数量来判断。国家的富裕是由于它每年生产的财富和这些财富的价值，因为它使用这些财富，因为这些财富是不断再生产和不断恢复的，依靠这些财富，国家在需要货币的时候，是随时能够得到货币的。

货币不是贸易的对象。国家把它从自己的矿山中开采出来，把它变成可供消费的实际财富，以便使它能够恢复。国家不能依靠这些货币来满足自己的需要，也不能向把它从地层中开采出来，消除杂质并把它变成贸易手段的工人提供生活资料。因此这种用劳动使之恢复的货币对开采它的工人的关系，正像我们耕种土地取得的每年的财富对我们的关系一样。谁也不使用这些货币，它只是通过变成财富，也就是通过货币的消费得到恢复的。因此货币本身不是贸易的对象。贸易的最大的好处，只是在于它能向我们提供财富，这种财富是我们消费所必需的，并且能通过这种消费来增加和重新恢复我们的收入。贸易的好处绝对不是在于向其他国家取得货币。这样的贸易不仅不可能存在，而且它不得不经常把货币变成消费财富，以恢复必须在贸易时交换的财富。商人本身对这一点是非常明白的！他们一等到把自己的货物向外国销售以后，就在那里购买别的货物，同时在卖出和买进两者上面都得到好处，使贸易变得更为有利。

然而我们也能够设想有一种只得到货币的对外贸易。例如，这种对外贸易是这样的：一个国家把自己的农产品卖给另外一个国家，购买的国家由于没有供销售的货物，用从自己矿山里开采出来的货币来支付。这就产生了一个问题，这样的对外贸易对出售农产品的国家说来，不是比交换货物的对外贸易更有利吗。乍一看来，它的确是有利得多。因为依靠在国外销售货物而取得的货币，可以扩大耕种，给许多工人和手工业者工资，因而还会使国内的消费增加！这样，收入和人口数量也就会增加。除此以外，这个国家的生活资料全部依靠本国的产品，消费的东西和制造品也都是自己生产和制造的，它就能把从外国取得的全部货币积存起来。这样，这种单纯输出的对外贸易就一定能使国家的人口、实物财富和货币财富增加。

但是这种单纯输出的对外贸易必须具有两个空想的先决条件：1）同这种只靠矿山中开采出来的金银货币进行贸易的国家通商的，只能有一个国家；因为如果有许多国家向它输出自己的产品，那么就任何一个国家都不可能同它进行广泛的输出贸易，以便把自己所有的一切产品或商品向它倾销。竞争会把这种贸易打得粉碎，使它不再比互相交换商品的贸易更为有利。因为每一个国家为了取得货币就会竭力降低自己产品的价格，而把这种单纯输出贸易的利益降低到双方相互贸易的利益的水平。结果这两种贸易方式的盈利率就会变得一样。

2）一个国家要把从单纯输出贸易中得到的货币保存起来，必须不向国外购买任何商品！但是拥有货币的个人，都希望使用或得到为他们所需的或能满足他们需要的外国商品。国家既不能抑制消费，也不能抑制贸易，这是非常重要的。因此必须让人们有花钱的自由，同时还要看到这对倾销本国产品方面的好处。因为从国外获得的每一种货物，都是我们卖给外国的多少桶葡萄酒或其他产品的等价物。而且商人一回国把他们带来的货物出售以后，重新又购买葡萄酒或其他产品，运到国外去。他们的贸易为我国的产品开辟了固定的销路，并促进它的再生产。

单纯输出贸易带来的货币，并不比出售本国产品而买得的外国货物价值更大，因此也并不比双方面的贸易更为有利。它不会带来更多的财富，也不会比双方面的贸易更能促进我们收入和人口的增长，而且说不定反而不如，因为它不能在同样的程度上刺激个人去花钱，而这却是有利于农产品的销售和生产的。

不过可能有人会觉得，如果我们在国内自己生产我们所需要的制造品，就能使更多的人得到工作，这样就能引起人口、消费和收入的增长。然而国内自己生产的制造品，同我们向国外销售的葡萄酒或其他产品的消费是没有联系的。在国外消费我们的产品，同国内消费一样能对我们有利，一样能促使我们的收入提高。消费是再生产的必不可少的条件。但是这两者之间是由一个共同的重要条件联系着的，那就是价格。没有售价，消费和再生产之间就不存在联系或正常的相互关系。价格是衡量再生产财富的尺度，这种再生产是靠从已消费财富中取得的等价物的帮助而进行的。因此价格的涨落决定着这一年可能再生产的财富的数量。不论国内贸易还是对外贸易，它的目的总是想在商品财富的价格上或在其贬值中得到盈利。我们的对外贸易必须以其所提供的盈利促进每年的再生产和我们财富的增长。但是这种贸易的另外一个优点，就是它能保证使我们的产品得到非常稳定的和有利的价格或售价，从而也就保证了它的再生产。

可能有人会觉得，随着人口的增长会出现另一种不同的情况，因为我们向其他国家购买的制造品是由外国工人生产的。但是在双方面贸易的情况下，外国人同样也购买我国工人的制造品，因此他们也给予我国的居民以工作，以此增加人口的数量。

如果对人的看法单是从他们给国家带来利益的角度出发，那么在本国工作的工人就不会比生产了制造品卖给我们的外国工人更有益。因为外国工人消费我们卖给他们的、与他们的劳动等价的产品,同在国内消费这些产品对我们具有同样的好处。因此虽然他们不是我国的人民,但他们也能给予我们盈利,而这种盈利则促进我国人口的增长。我们由于在国外扩大对我国产品的消费而使自己的财富增加得越多,那么由于从事各种行业的人的工资的提高,我国的人口也会增加得越多。

例如葡萄酒的大宗出口,需要有大批的人去从事葡萄园的种植工作。这种工作对法国的确是非常有利的,因为再没有别的工作需要更多的人,会带来更多的收入,会像它那样由于它生产的财富而促进人口的增长。

人们的生产超过自己的消费越多,他们对国家越有益,反之,他们的支出超过自己的收入越多,或者他们的消费超过自己劳动所生产的有效产品越多,那么他们就越成为国家的累赘。

这个共同的原则可以用来判断,怎样用最有利的方法来使用人们的劳动,以及国家需要多少人口。从对人们有益的生产的角度来看,可以把人口分成两个部分:一部分是用自己的劳动真正生产财富的,另一部分是用自己的服务间接促进生产或保存财富的。仆人为自己的主人做饭,或者为雇主作为其生活所必需或能满足其需要的其他工作,这样就节省了主人需要花在这些事情上面的时间,而主人就可以把这时间用在生产劳动上面。因此,仆人是间接地促进自己主人的生产劳动。

严格地说,只有那些用劳动生产为人们所必需的产品的人,才创造财富,因为土地所有者和君主的一切收入,工人的全部工资,仆人的全部工资，从事各种行业的人的全部工资，都是从这些产品的价值中取得的。那些用自己的双手制造货物的人们并不创造财富，因为他们的劳动只是使这种货物的价值增加上支付给他们的工资数，而这些工资是从土地的产品中取得的。织造布匹的工厂主，缝制衣服的裁缝，生产鞋子的鞋匠，并不比为自己的主人做饭的厨子，锯木柴的工人和举行音乐会的音乐家创造更多的财富。所有他们的报酬都来自同一个来源，来自通常为酬报他们的工作而付给他们的工资。而这工资却又用于购买生活资料。因此他们所消费的东西和他们所生产的东西是相等的。他们的劳动产品等于他们所需要的费用。结果财富毫不增加。因此，只有花在土地上的劳动，其生产的产品价值超过支出，才创造财富或每年的收入。所以，除了制造和贩卖出口制造品的工人以外，其他从事各种行业的人都是从土地产品取得自己的收入或工资的。

土地为耕种土地的人提供生活资料，为君主和土地所有者提供收入，还为僧侣提供十分之一税。这些收入的支出能为从事各种行业的人创造工资的来源。结果一个国家的人口就会随着这些收入的增减而增减。这种增减并不取决于国家，但经常是同这个国家的政府所采取的措施相联系着的。然而政府却经常把国家的衰落归咎于人民的懒惰，而土地的荒芜仿佛为这种看法提供了证据。不过人总是希望过富足和丰裕的生活的，要是能够达到这一点，他们是从来不会偷懒的。他们的懒惰只是反映着他们的无能为力，而他们的无能为力是政府的作用造成的结果。无能为力的状态会造成情绪低落，使他们离乡背井，乡村人口稀少，土地荒芜，而城市则人口过多，人们靠政府的最后一点资源来维持生活，结果人口会缩减到在这种完全衰落的状态中所仅能维持的数量。

这时就会抱怨耕种工作人手不足，可是却没有人抱怨说，没有足够的财富供人们用于财富的再生产。国家需要许多谷物，然而没有人关心耕作者耕种田地的工作能值多少。同时谷物的销售很困难，而没有人注意到，在通常的年份里耕作者花了劳动，担了风险，而所得的报酬甚至不到全部收成的二十分之一。要知道在收入这样低微的情况下是不可能扩大谷物的播种面积的，因为收成增加了，谷物的价格就会下降。没有人注意到，谷物的售价如低于成本，就会使农民破产。农业变得衰落不堪，土地不值钱，君主和土地所有者的收入会逐渐枯竭，所有其他阶级的人们的工资也会失去来源，国家的人口会逐渐减少，最后，如果课税不是缩减到足以改正因政府的错误所造成的状态，国家就会完全衰亡。

把这种衰落的原因解释为由于居民的懒惰和他们的离开乡村，那是太天真了。柯尔培尔在一六六六年制订了一个方案，在这个方案中他以牺牲皇族的收入来开设生产奢侈品的工场。它在十年内促使谷物价格下降，并且由于没有继续作战的资金，不得不借债及同支持者做生意（这是苏理所确定的经济衰落的第一阶段）。

大家都懂得，应当扩大农村的人口，可是没有人愿意知道，人口的增长首先取决于财富的增加，只有在财富的协助之下，人们才能够繁殖起来，并增加财富，因此应当注意的不是人口的增加，而是财富的增加，因为只有当人们劳动的成效得到保证的时候，人们才真正是有益的。

在法国有三千万亚尔邦可耕的土地荒废着，而其余的土地也耕种得并不好，那是由于种植谷物不足以补偿所花的费用（参阅

《谷物论》)。葡萄藤被砍掉了,又禁止重新种植。可是葡萄种植业可以很有利地使大批的人有工作做,它能促使人口的增长,使有可能同国外进行大量的贸易。尽管这样,有人还是认为,把土地作为葡萄园是很可惜的,不如种植谷物来得好,可是我国可耕的土地却有一半是不值钱的,而农业又局限于供给国内对谷物的需要。显然,在这种情况下,不能种植比目前更多的谷物,因为这样会使它的价格降低,以至于亏本,谷物的丰足会引起收入的减少和国内人口的缩减。

我们来看一下,小麦的基础价格是怎样的,耕作者得到的通常价格是怎样的。你们可以看到,种植小麦是处在多么没有出路的处境,并且会同意,不能再扩大小麦的种植,因为没有人愿意从事无益的劳动,把经费花在足以使耕作者倾家荡产和使国家蒙受巨大损失的事业上。

在这些条件下不可避免会发生饥馑,因为种植的粮食在丰收的年份仅限于供给居民的需要,在歉收的年份就会变得不足。这一切的混乱现象,是那些限制耕作者自由和贸易的措施所造成的结果,难道还不清楚吗?

为了防止饥馑(这一般说来是可以避免的),就会实行一些法令,而这些法令是会有害于丰产和阻碍人口增长的,因为它们会使国家失去销售农产品的手段。下级行政机关不大懂得农业方面的知识,并且受到个别人的似乎合理的观念的影响,推行着那些极其有害的法令,而在人民中间,却又为偏见所左右。这样的错误几乎是不可避免的。

法官们支持[①]关于葡萄园的法令，而且他们还亲自作出了砍掉葡萄藤和限制葡萄园面积的决议，这也是不足为奇的。他们非常严厉地叫人执行这些决议，以便扩大小麦的种植面积，然而这是在这样一个王国内进行的，那里小麦的种植由于妨碍小麦销售的禁令而受到限制，那里有着这样多的荒地，这些荒地由于这些禁令而失去了一切价值。

这些措施的目的在于降低小麦的价格，而这是对国家收入不利的。同时他们没有很好地研究基础价格，这种基础价格会对像这些决议那样的考虑不周的措施产生不可克服的阻力。他们在确定农产品售价的时候，使国家丧失包含在这些产品的价格中的一部分财富，他们使人得不到盈利，以此引起了生产的缩减，并且造成了饥馑和物价飞涨。这是尤其危险的，因为政府没有能对此加以预防。

一切意欲使农村人口增加的经济管理机构，应当以增产粮食产品作为自己的任务，但必须对人和这些工作所需的财富关怀和爱护，在农业上作适当的资金预付。

能提供最多的收入、生产出在国外最能卖钱的最必需产品的作物，是最有利的作物。究竟哪一种作物最有利，应当让每一个预付资金的人自己来解决这个问题。

如果一块生产五塞蒂小麦的土地，种植其他谷物生产的东西能相当于六塞蒂小麦，那么在第二种场合不是比实际种小麦生产得更多吗？不过有人会提出问题：那么谁给小麦供我们消费呢？

---

① 这里原稿有空白。（法文本注）

别的国家会给我们的，他们需要出售小麦，正像我们需要购买小麦一样；他们会争先恐后地把小麦卖给我们。但是对我们说来，这个问题是没有意义的。由于我国疆土辽阔，只要我们的贸易能够自由，我们就有可能丰富地生产我们消费所需的和向外国销售的一切产品。

在我们的时代，一个比较开明的政府对使用劳动力的方法、土地的占有和自由贸易的优点的看法，会更正确些。

自然，在农业中和商业中为国家每年生产财富的人，是国家最有益的人。有利地从事农业和对外贸易的人越多，那么我国的财富和人口也会增加得越多[①]。

使用家畜耕种土地，比仅靠人的双手耕种土地所需的人力要少。使用马匹耕种比使用犍牛耕种需要的人力要少，这也是同样确实的。而耕种土地需要的人越少，对国家就越有利。

会提高产品的售价而又不能促使产品数量增加的开支，应当尽可能减去。但是由于耕作者缺乏资金，在利用劳动力时就不得不花费与产品不相适应的支出。要是他们有足够的资金来进行工作，他们是可以避免这些开支的。（参阅《百科全书》中的《谷物论》这一条目）。

像葡萄种植业等需要人手的农业部门，要有大批的人工作，因此所花的费用很大。但这些费用是必不可少的，应当算在这类产品的价格中，因为在这种场合下人们的工作是有益的。这种作物比种小麦更能促使乡村人烟稠密。在谷物经济中一个人的劳动力

① 参阅《百科全书》中的“租地农场主论”、“谷物论”、“赋税论”等条目。（原注）

比在葡萄种植业中得到的盈利更多(参阅《谷物论》中所述关于谷物经济的产量)。然而葡萄园对国家的利益究竟并不小。只要人的劳动是必需的,只要他所生产的比他自己消费得多,国家就能在这里得到盈利,并且应当尽一切方法来增加这种盈利。这些有益的人一面消费,一面在生产或做买卖,他们的生产和消费能促进消费和满足别人的需要……(参阅《赋税论》中所述的关于葡萄酒酿造师的产品)。从事饲养和繁殖牲畜工作的人,组成另外一批与农业有关的生产工作者,因为牲畜能为土地提供肥料,以此保证很好的收成,而农业则在下雪天或天气寒冷不能放牧的时候为牲畜供给饲料。

牲畜是一种独特的产品,在管理得好的国家里是盈利极大的。然而如果遇到随意课税的混乱现象,以及在农业地区的居民遭到种种压迫的情况下,那么这个部门所受的损害也最大。在征收代役租和盐税的时候,在管家或收税员敲诈勒索的时候,在行政机构任意课罚金的时候,牲畜由于价值高和容易长大,就成了最好的目标;结果,农民的母牛给它的主人带来了种种压迫,直到最后它被牵走为止!要是政府不注意保护这些生产性的财富,那么乡村就会开始衰败,土地会得不到肥料,而且不好好地耕种,农民会变得没有任何资金。消费者非常需要的肉类会成为稀有之物,下层阶级,也就是几乎所有的居民,都会根本吃不到肉。毛和其他的畜产品也会以同样的比例缩减。国家整个说来会失去很大的一笔财富,这笔财富本来可以大大地促进农业居民的福利,增加土地的收入,使人们能够在农村里安居乐业,促使人口增长和国家繁荣。然而只有管理得很好的产业才能提供这样的好处。英国政府对这个问题给予很大的注意。大家知道英国人在这一部门使自己增加了多少财富。根据一位英国作者的报道，英国早在十四世纪就从自己的羊毛中获得一千万英镑，或二亿三千万利佛尔。

从那时候起，这一类财富取得的成绩极大，目前它除了满足国内消费的需要以外，已成为英国出口事业中的主要项目之一。的确，牧畜业所提供的财富对农业的财富起着决定作用，而农业的财富又对国民收入、人口数量和国家的强弱起着决定作用。

在靠自己的劳力经营业务的人们中间，那些只消费自己生产的东西并且把自己生产的东西全部消费掉的人，对国家的益处最少。贫农就是这样的，他们生产很少的、没有价值的产品，靠这些产品维持衣食，他们什么也不出售，什么也不购买，并不给予别人任何的利益，他们的工作只是艰苦地、以最可怜的方式满足本身的需要。这一类人口的增减，是完全和他们的困苦状态相适应的，这种状态，是由那些统治着他们、使他们破产，从而也使国家破产的人造成的。结果居民都抛弃了土地，离乡背井，而君主统治的只是一片荒地。

以捕鱼为业的人也应当算作是生产者。虽然渔业不能和农业相比，但终究可算是一种盈利很大的行业。仅是第厄普一个地区捕捉的鲭鱼和鲱鱼，价值就超过一千三百万利佛尔。从这里就可以看出，我国所有的港口的捕鱼业能提供多少财富。在公海捕鱼，也就是捕捉鲸鱼和鳕鱼等，是非常重要的一个项目，应当予以很大的注意。它对于那些准备将来在海军中服务的人来说，是一个初步的训练，如果不对它征过重的税，将会得到更大的成绩。如果这种税不是成为很大的负担，捕鱼业可能会大大地发展。在产量增加的情况下，征税的目标也会扩大，捕鱼业会培养出更多数量的水手，并促使国家财富增加。但是个人的利益是不受考虑到公共福利的那种观点支配的。只有英明的政府才能够把它导向上述的结果。

对开采矿产和金属的工作同样也需要采取这种明智的态度[①]。这种工作也是产品和财富的丰富的来源。实际上，这并不是供人们食用或者满足他们需要的、自然而然成为最宝贵、最必需的财富。但在商业社会中不能以自然的标准作为指导，因为产品只是由于它的价格才成为商品财富的。因此它们的实质是什么，它们是做什么用的，这都并不重要，重要的只是每一样货物能通过货币或直接地交换成与其价值相等的任何一种其他的财富。每一个人能根据需要而挑选这种或那种财富。但是作为商品财富来考察，应当按照他们的价格来评价。因此，一个贸易国靠自己的劳动生产的东西，不管这些东西是什么，对国家最有利的是那些由于数量多和价格大、花费小而能提供最大财富的东西。每一个人应当根据自己的才能和居住地点，根据供其取得最有利产品的土地的状况，自己决定把自己的劳动和经费花在对他最有利的生产上。如果他选择错了，那么他本身的利益会促使他很快地发现错误。

商人也应当列入生产者的阶级[②]，只要他们能通过对外贸易中达到的有利价格促使大家富裕。不过我们经常可以在他们所写

① 从这里可以清楚地看到，魁奈是把从事采矿业的人算作生产性劳动者。不过在他以后的著作里这一点再没有被提到过。（俄译本注）

② 这个论题与魁奈对贸易的观点很不一致。在以后的文章中它再没有被提到过。（俄译本注）

的文章中看到，他们对贸易给予他们的利益持有另外一种看法，而且他们本身的利益常常促使他们忘记国家的利益。按照他们的意见，价格低是对贸易有利的。他们说，贸易能扩大销路，销路广能促使产品丰富，产品丰富能使价格降低。因此，如果扩大了贸易，他们能够按低价购买，那么他们的目的就达到了。因为通过贸易而扩大的销路会引起产品丰富，从而促使农产品的价格降低；按低价购买的货物有利于在外国出售，便于同其他国家竞争。这种低价会破坏他们的贸易，或者使他们破产，使他们的收入减少，并迫使他们降低货物的价格。

这就是我国商人的原则，他们经常企图用这些原则来影响政府，使政府颁布对他们有利的规章和禁令，造成一批享有特权的人。这样，他们就能以低价购买我国的产品，并把从国外运来的货物用很高的价格卖给我们，从而获得很大的盈利。他们希望禁止外国的船只驶入我国的港口。他们说，我们在运费上竞争不过荷兰人，因为他们的航运非常便宜。从这一切可以看到，我国的商人只想到为自己谋利益而不惜损害整个国家和整个贸易事业的利益。

应当希望，他们的贸易会因扩大销路而使产品丰富，而产品的丰富则不仅在法国，而且还在其他通商国家引起粮食产品价格的下降。然而，产品丰富可以使价格下降得几乎一钱不值，而产品一钱不值则不会促使产品丰富：生产粮食产品所必需的费用构成基础价格，如果售价跌到基础价格以下，就会亏本。可能有人会反驳说，售价下跌后基础价格也会随着降低，因为工人的生活资料也会更加便宜。然而在基础价格中还包括赋税和租借费（fermage des terres),因此如果农村居民的工资以及土地所有者和君主的收入不减少,生产费用就不可能降低。所以,如果你把这种极其有害的后果同你所想象的不现实的产品丰富比较一下,你就能很容易地看到,商人追求的目的并不是公共福利。

有些航海国家同样遭受着像我国的贸易对我们本身造成的那种灾害,我们能不能把破坏这些国家的贸易看作很大的成就呢?为了破坏别人而把自己也一起破坏掉,我们能得到什么呢?我们甚至不会使他们遭到的损害像我们自己遭到的损害一样大。而且即使两者所遭受的损害是同样的,那么我们自己也只会受到损害而得不到任何好处。况且我们的这种不良意图只能用来对付荷兰人和英国人。

荷兰人从事中介贸易或转口贸易,他们购买粮食产品,目的是为了转卖出去。他们经常按照售价来调整买价,他们出卖的并不是自己的产品,价格的降低既不会减少他们的收入,也不会减少他们从贸易中获得的盈利。英国人的贸易虽然在相当大的程度上是销售自己的产品,然而他们还包括许多其他的部门,在这些部门中他们和我们是没有竞争的,而且不会由于我们向国外销售的粮食产品价格降低而遭受任何损失。因此他们蒙受的只是一部分损失,而我们却要蒙受全部损失。

但是海外贸易不会在其他没有这种优越性的国家中增加我们的影响吗?英国将不得不在海军方面花费巨大的支出,以便和我们的海军力量相对抗,它就不会给予这些国家经费来同我国进行陆战。商人要我们相信,我们应当降低我国粮食产品的价格,缩减我们的财富,丢掉贸易给予我们的、我们和其他一些航海国家共有的优越性，他们的借口是：这样可以对同我们竞争的国家造成损害。这种主张怎么能使我们相信呢？因为在同其他一切国家相比之下，这同时也会破坏我们自己和使自己本身削弱。

因此只有在我们出售的产品价格高、我们购买的货物价格贱的情况下，我们的海外贸易才会对我们有利。当商人开始遵循这种原则以后，他们才会促进国家富裕，才能博得同胞们的尊敬，才有权利享受荣誉。

从事中介贸易或转口贸易、从一国购买货物又向另一国出售的人们，以及生产外销制造品的工厂主，也可以归入商人阶级。因为他们从国外取得的盈利在国内花费后，也能使国家的财富增加。但只有在国家人口过剩的情况下，才能得到上述的结果。

进行中介贸易或转口贸易的国家，通常几乎完全没有农田，他们的居民都住在沿海的城市里，那里易于进行海外贸易。荷兰人、汉堡人、热那亚人等等都是这样。这种贸易方式是某些国家赖以生存的源泉。在这些国家里，专制政体破坏了农业，而且人们只拥有易于隐藏和携带的财富。一些野蛮国家、土耳其、犹太人等等，都是这样的。他们依靠航运、商队和信札往来进行交易，这种贸易有利于他们所居住的、他们受到暴君及其分享政权的代理人压迫较少的城市，因为在城市里，特别是首都，压制的行为比较收敛一些。

只有在农村里才能横行无忌，农村也正是由于这样而变得荒无人烟。这种政权只有对农民才敢肆无忌惮，以至于农业被完全破坏，外省地方变得荒芜不堪。

交换贸易是很有局限性的，对于一些大国来说，只是一个很小的资金来源。那是由于一些依靠自己的生产而变得富裕的、其地理环境便于进行航运事业的国家，自己也向国外销售粮食产品。它们大大地限制了进行中介贸易的国家的活动范围，使大多数这样的国家变成了只是承运人和中间人。它们的盈利主要来自节约消费，它们没有任何自己生产的东西，只能靠买进卖出来赚钱。因此，它们的消费越大，得到的盈利就越少。相反，拥有大量产品的国家却要靠消费来维持自己的财富，因为消费能促进产品价格的提高！经常的消费引起产品的经常再生产，这就意味着国家财富的恢复。

耕地多的国家，特别在没有大批的人把这些耕地变成有价值的东西的情况下，对外销制造品的生产不必予以很大的注意。一般说来，从事对外工作的人的数量是很有限的。

一切国家的人口总是同该国每年生产的财富相适应的；后者保证每一个国家有它所需要的、用以生产必需制造品的人数。只有有钱人才会花钱去买稀有的或珍奇的东西；他们向国外购买他们所需的东西。因此，对一个大国来说，这类东西的对外贸易总数同本国生产的农产品输出比较起来，总是微不足道的。

随你怎样去吹捧我国的时髦商品、丝织品和其他出口货物的生产，总之这些都是微不足道的①。不过我们将永远保持这样的意见：撇开原料问题不谈，这种只能补偿体力劳动价格的生产，同土地所提供的收入比较起来，对一个大国说来是意义不大的。

① 魁奈具有同大多数法国启蒙学者相同的观点：在基本需要还不能满足以前，不容许奢侈。他反对发展生产奢侈品的工业。（俄译本注）

我们必须把生产外销制造品的雇佣工人看作帮闲的食客，他们用靠劳动取得的、不超过自己支出的工资向我们支付自己的生活费。

捕鱼业提供很小的一部分产品，受到的保护要比生产奢侈品的工场小得多，它被征收过重的税，而又没有被予以注意，然而它却是我国水兵的培养所；它的好处要比这些工场大百倍，工场占用了很多人，这些人本来可以在农业或海军中找到更为有益的工作。

工场生产丝织品、棉织品，并且用进口的羊毛生产毛织品，大大地缩减了我们本国的羊毛的消费，使人感觉到，这种生产的目的似乎在于消减我们的牲畜，而牲畜对于供给土地肥料和提高我们最需要的肉类消费是必需的。这一切好处都为那种徒有其表的贸易而牺牲了，因为这种贸易的结果是购买外国的原料，而原料的加工仅能维持工人的生活费，不能给工人和国家带来更多的利益。但为了做这种工作，我们就要缩减我们谷物的对外贸易，使很多人离开生产性工作，使他们不去耕种土地而从事浪费性的生产。

可能有人会反对说，生产奢侈品的工场购买原料，能促进同国外的贸易，因而也使我国生产的农产品易于出售。然而购买现成的奢侈品将对我们更会有利，这些奢侈品会贵一倍[①]。这能使我们出售更多的本国产品，使我们减少奢侈之风，奢侈会损害我们的牲畜，使我们的土地变得贫瘠，占用许多需要用于更有益的工作的人力。

因此我们不要为那种仅能补偿体力劳动费用的零星的奢侈品

① 这是明显的笔误。应当是：便宜一半。（俄译本注）

贸易所吸引,因为我国的耕地是非常广的。我们要对我们的土地施肥,尽可能更多地出售谷物、葡萄酒、大麻、布匹和本国的羊毛。各种各样的产品,这才是真正的财富,这种每年再生产的财富能保证我们得到各种工场制造品和一切种类的工业品。财富是手工业和奢侈品的泉源。

土地所有者也可以看作是生产者,因为他们管理和改善土地。甚至君主及其大臣通过对国家经济的管理,也能在总的方面间接地促进财富的增加。国家的繁荣同他们也有关系,但是行政机构不能忽视国家财富的真正的来源。

在发现新大陆以前,西班牙一向从农业中取得自己的财富,它的人口非常众多。但是当秘鲁的矿山成了西班牙国王和上层贵族收入的来源以后,农业就被弃置不顾了。大土地所有者(他们的物质福利现在只能依靠君主的国库)把自己的土地弄得一文不值,国内人丁稀少,肥沃的土地荒废了,变成了一片广阔的荒地。人口的数量开始同秘鲁的矿山中每年生产的财富相适应。这样,西班牙从这个来源中取得数亿财富,却在农业生产上损失了数十亿的财富。

如果一个国家的大土地所有者除了土地的产品以外没有别的来源来抵补自己的支出,那么他们就会支持农业,利用自己的影响来保护农业,使它不致受到下级行政人员滥用职权之害。他们经常把情况告知政府,混乱的秩序也就会停止发生。农村的居民保持着必要的资金,用于缴纳租借费和赋税、使土地不失去其价值,并使自己的家庭能以保持他们所习惯的生活状态。

住在自己领地上的大土地所有者经常维护和改善自己的土

地，防止它们被过于贫穷或马虎的租地农场主弄得荒废。他们对改善和扩大的工作以及为保证或提高收入的工作进行预付，或者在租地农场主发生困难的时候给予他们帮助。在租地农场主出售产品时机不利的时候。允许他们延迟缴纳租借费。已故的元帅密尔普亚拿出一万利佛尔给自己的管家支配[①]，以便帮助那些由于冻害、牲畜倒毙或其他灾害而遭到困难的租地农场主。这位大臣肯定地说，上述的数目并没有变少，因为农场主非常善意地、而且一有可能就把所借的钱归还了。要是所有的大土地所有者都愿意进行这样的帮助，那么他们就能为国家保全许多由于遭受农业灾害而濒于破产的良好租地农场主。拥有土地的寺院目前几乎是执行这种义务的唯一的所有主。结果它们的土地经常处于良好的状态，它们的租地农场主数百年来父子相传都能缴纳租借费。它们不去促使那些轻率地宣称愿意出较高租借费的租地农场主进行有害的竞争。一个租地农场主只要他能把土地种好，就永远可以相信，土地将仍旧归他耕种。这样的土地所有者会促进耕作者的利益，并且会同意让耕作者在方便的时候缴纳租借费。但一般说来，长久以来一直在自己土地上耕作的租地农场主总是能够在规定的期限内缴纳租借费的，因为他们有充分的时间依靠自己的劳动和耕作得很好的土地安定地为自己创造富裕的生活。他们越富裕，就能把土地耕种得越好，越能准时缴纳租借费，越能安心地等待有

① 根据鲍威尔的记载："沙尔里-庇尔-加斯东-法朗苏亚·德·列维，侯爵，后为密尔普亚公爵(1699—1757)，驻维也纳及伦敦大使，战时在布罗温斯和尼斯服役，后为布鲁阿斯省省长，王家护航舰舰长，郎基多克的中将，法国元帅。"(《经济社会学说史评论》第1号，一九〇八)(俄译本注)

利的时机来出售产品，越能经受住所遭到的灾害。因此土地所有者如果能很好地管理自己的土地，在改善土地方面进行预付以提高土地的产量，挑选善于耕种土地的租地农场主，在资金和劳动方面给予他们帮助，并促使他们富裕起来，这对国家说来是非常有益的。这样的土地所有者越富裕，他们就越能使国家财富的年产量提高，因为他们越富裕，他们就更能通过改善自己土地的方法来增加自己的收入。在土地所有者这样明智的情况下，我国的土地价值可以增加一倍或二倍。英国的大土地所有者一年中有一部分时间住在自己的领地上，他们在改善自己的土地方面达到了很大的成效；这一点可以从下面的事实得到说明：那里的农业成了他们的财富的来源。

生产者是人口中的主要部分，其余的人是辅助部分或补充部分，它们与前者总是成比例的。这一辅助部分的人能帮助主要部分的人节省花在以下各种事情上面的时间：满足自己的需要，保卫国家，保护自己的劳动产品，以及保卫作为每年再生产财富的来源的土地。

任何人，如果只享用国家的财富或者完全不享用国家的财富，都是对国家无益的。不过也可以说，人是由于自己的消费而变得有益的。这确实是如此的，只要他用劳动补偿自己的消费，或者他直接或间接地对生产他所消费的或占有的东西带来好处。因为如果他从财富中拿取了东西而不予偿还，那么这财富不可避免地就会减少。但是如果他对自己消费的东西付了钱，那么他不就是使财货恢复了吗？不，因为如果他自己不赚工资，那么他只能用他所持有的来支付，这至多是把落入他手中的财富还出来。他本身对他所消费的东西的再生产并没有起促进作用；只有依靠别人的劳动，财富才能够再生产和不断地产生。因此不为自己所占有或消费的财富的恢复进行工作的人，把自己消费的东西一去不还地消灭掉了。也许有人会觉得，他付了钱，就是为社会恢复了他所消费的东西，但是毫无疑问，他所消费掉的那一部分财富，在再生产的财富中是不会有了，因为他无论直接或间接都没有促进这种再生产。可能有人会反对说，即使他不促进这种再生产，但其他的人们在重新生产。其他的人们的确以他们的劳动或他们带来的好处在重新生产一切的东西，但是他们没有重新生产应当靠他自己的劳动或他带给社会的好处而再生产的部分，因为他消费了，而没有对所消费的东西给予补偿。因此他的消费是纯粹的损失，因为这消费并不成为再生产财富的组成部分。假如他继续消费而对所消费的东西不予以补偿，那么由于持续的消费必须使这部分财富仍然再生产。当然，这部分财富是重新生产的，不过是靠别人的劳动生产的，即使他无论直接或间接都不生产，东西也并不会由此而缺少。因此从国家财富的方面来看，这种无益的人仿佛根本并不存在。可能有人会反对说，小孩什么也不生产而只消费，但并不算作国家的负担，因为一个人对社会的益处是以他整个一生来计算的。童年时代和老年时代是靠他带来好处的那些年代补偿的。同时也不应当认为，到我们这里来花自己的钱和消费我们的财富的外国人没有带来好处，因为大家知道，他的消费是用外国的财富向我们支付的，而并不是用我们的财富。那么难道一个靠利息生活的游手好闲的人花费自己的收入就不会带来好处吗？他们得出的结论是，他也是有益的，因为他们没有注意后果，把人和他所消费的财

富纠缠在一起了。的确，假如对生产财富毫无帮助的有钱人不把自己的收入花费掉，那么他们就会是极端有害的。现在他们虽然不是那样有害，但不能由此得出结论，说他们是有益的。假如他们把自己的本金(capital)一起花费掉，那就更好，这本金转移到劳动者手里，会变得更加有益；这些财富掌握在自己不带来任何好处也不提供任何东西的游手好闲的人手里，可以认为没有得到很好的补偿。幸而这样的人并不很多。在贵族中间不献身于重大事业或不担任重要职位的人是很少的，不管是在教堂里，在军队里，在国家管理机关中或者在法院中等等。

没有巨大财产的人们，从事适合于他们的能力和文化水平的各种工作。关于有钱人和一般工商界人士的益处，可以根据他们的收入来加以判断，他们的收入表明他们的劳动对国家繁荣所起的作用。

在使用人的劳动力的时候，国家应当不单是考虑人们实际带来的利益，还应当考虑到，就目前的人口数量，如果把这些劳动力用于别的更为有利的工作上，是否能使国家取得更加巨大的利益。它还应当在能够用较少的人和较少的开支就应付得过的工作上缩减工作人员的人数。在这些工作上没有必要的人们，是从别的工作上夺取过来的，而在别的工作上他们可能为国家带来利益。没有任何好处而只会增加商品或农产品价格的支出，会减少它们的销路和生产。那些对人口的增加比财富的增长更为重视的人可能会说，甚至这种支出也会给国家带来利益，因为这样能够使更多的人生活，增加消费，扩大农产品的销路和生产。

所有这些好处都是凭空想象出来的，因为使产品增加价格的那些支出不可能增加产品的数量和业主的收入，因此只会使销路、消费和生产缩减。消费是同消费者的富裕程度相适应的，而消费者的富裕程度决定于国民收入。支出的增长不会使收入增加，相反，只会使收入减少，因为它会使粮食的价值降低，这价值应当反映真正的价格。使粮食生产担负不必要的支出，就会使粮食变得十分昂贵，如果不是损害产品的真正价值[①]而使价格降低到可能的限度，那么它就会失去销路。从这里可以清楚地看到，本来可以避免的而同时又构成许多人（这些人对所拿的工资没有给予补偿）的工资的那种支出，会使消费者的收入和财富减少，会使产品的销路和生产缩小。

生产的缩减意味着财富的缩减。而国家的人口总是同国家的年产量和收入相适应的。因此只会使农产品和商品增加生产费用的人，不仅对财富的增长是有害的，而且也会妨碍人口的增长。由此可见，可以减少人力上的支出的一切机器，以及节省搬运劳动的运河和河流，都有助于符合产品或商品的真正价值的价格的形成。它们对销售和生产都是有利的，从而促进财富的增长，以及人口的增长，因为财富的增加会引起支出的增加，而支出的增加则引起各行业工资的增加，吸引更多的人去从事工作。因此，认为人口的增加会损害财富的年生产量，那是不正确的：有一部分人，他们消费的东西会超过他们所生产的东西，但这部分人并不如想象的那样多。

---

① “真正价值”这个名称又一次表明魁奈对价值问题的看法是何等的模糊，他在对它的本质所下的定义方面是多么的摇摆不定，他感到他是在努力寻找最确切的表达方式，因而对它作了许多种的定义。（俄译本注）

有关缩减会造成产品价格上涨的支出的那些问题，都可以在上面这个原理中找到解答。例如，有这样一个问题，是否应当禁止荷兰人从事航运业务，他们把我们的货物从一个法国港口运到另一个港口，而所收的费用比我们自己的少。有人说，这样我们的航运业就会失去盈利，而为外国人所得。然而在使用荷兰人的廉价服务中国家可以得到好处，因此就应当决定，是否应当把航运业的局部利益看得比国家的整体利益更重要。可能有人会反驳说，航运业的利益是和国家的利益密切结合在一起的，两者都要求取缔荷兰人的近海航运事业，因为这样可以促进我国的贸易和海军的发展。这种禁止当然对我国商船的发展是有好处的，因为能保证它的盈利，而这种盈利能扩大我国航运事业中的这个重要部分；这对海军同样是有好处的，因为能吸引更多的人去从事航海事业。但是能把近海航运和商船完全混为一谈吗？它不是一个独特的部分吗？因为它的任务并不是对外贸易，而只是把货物从一个港口运到另一个港口，而且只与我国的国内贸易有关系。因此减少这种运输费用，能使属于同一个国家的出售者和购买者同样感兴趣。而增加这种运输费用虽然对某些同胞有利，却会对农产品的销售、消费和生产带来很大的损失，从而不可避免地使国家财富的年产量缩减。

使国家财富缩减就等于是损害它的基础。至于增加水手的数量，这毫无疑问是一件重要的事情，但这并不是区区近海航运所能解决的，而且决定于人口和财富的增长。如果我们有财富，对他们给予优厚的报酬，那么水手是可以找到的，特别是假如我们能够促进渔业的发展的话，因为渔业是海员的培养所，同时又是财富的源泉。但是假如我们采取会促使财富缩减的办法来使水手的人数增加,那么人口也会减少,因为人口总是和财富相适应的。这种办法不仅不会有利于他们所追求的局部利益,而且对公共利益也将更加不利。因此,在等待我们所期望的变化时,至少可以说,现状对我们并不危险。

一旦乡村居民受到压制和变得贫困起来,一旦耕种土地不足以维持和保证住在乡下的人们的生活资料,他们就会流入大城市。在那里,他们大批人从事益处很小,甚至完全无益的工作,或者成为其他的人的负担。人数特别多的是商贩和仆役。

严格地说,只进行国内贸易的商人不能算作从事生产性劳动[①]。他们替国家效劳,国家给予他们报酬。商人的人数和他们的盈利是这样的不确定,完全不决定于某种固定的制度,以致各种商贩的人数可以无止境地增加。他们每一个人都竭力至少保证自己家庭的生活,因此,这些家庭的人数越多,那么零售商业的价格就越贵,对居民的负担也越繁重。由于只需要有不大的资金就能当商贩,去推销某种货物,结果许多由于农村破产而流入大城市的人都开始做生意;他们把一笔不大的资金投入商业中,而这种资金在他们的父亲的时代本来是会投入农业中的。这样,苛捐杂税、非常后备军的征召、强制劳动,对农产品贸易的限制以及其他的压制,使农业失去了劳动者和资金。流入大城市的许多商贩,由于必须赚到同他们的人数相适应的工资,势必引起物价的高涨,给居民造成损害。由于商贩众多而引起的物价高涨,使善于推销的那些

① 这是对前面所叙述的看法的修正,参阅 164 页注②。(俄译本注)

人能够积储起财产来，而这对社会是不利的，因为构成这种财产的盈利大大地超过了那些大商人所花的费用和消费。

积储起来的、滞积的财富，形成了积累和妨碍生产性财富周转的障碍，这种生产性财富必须经常不断地通过农业来构成每年的财富生产和国家收入。

同时，对农业国有害的这种财产积累往往被看作是国家财富的指标，而实际上相反，它却是衰败的原因。

不能认为耕作者的资金同城市小商贩的资金是属于同一类的。耕种土地的耕作者只有通过对国家有益的劳动才能得到收入，而且每年只把自己的财富用于向雇佣来从事田间工作的农民支付工资。这种连续不断的工资，只要他们一般有此可能的话，为他们创立财产，然而这种工资甚至还不到他们每年生产的产品的十五分之一。因此，这种财产越大，获得这种财产的人也就更为有益，他们在创立财产时对自己的财富就利用得更适当。问题在于如果在农业上作较大的预付，就能使土地的产量增加二三倍，如果预付不足，则所得到的产量仅能比支出超过30%，而如果花费足够的支出，则能够获得预付数的100%的盈利，这种盈利一部分为国家所得，一部分归耕作者所得。由此可见，正是耕作者创造的财富才能保证国民的收入、君主的强大和国家的繁荣。因此由于耕作者使用财富的作用和性质，对耕作者应当比商人给予大得多的注意，商人是在困难时期、在有价证券流通数量增加的时刻着手工作的。这种商业不可避免地会使资金脱离生产过程。贴现贷款银行不仅不以自己的财产促进财富的生产，而且还要使货币停止流通，逐渐地把国家的不大的积蓄汲取殆尽。

在这样的时期,国家的全部货币都集中在首都。单靠用不动产向债主抵押的人们,很难借到钱。在由于资本归国家所有、结果利润只是单利的时候,这利润是太小了。为了要使自己能得到较大的利润和使货币能迅速地归还,就不得不规避法律。

在财政界取得的巨大成就的影响下,一些没有远见的人认为流通的货币量增加了,国家拥有良好的资金来源。但是这些成就并不像他们所认为的那样是国家资金的来源,做投机生意的人(l'agioters),在当他们知道对信贷的需要能维持他们贴现的期票的价值的时期,会不断地发财致富。但他们从不放弃对自己的财富的支配,只有当他们得到充分的安全保证时,才会把这些财富拿出来,然后把它们藏在仓库里。于是留下来的就只是过去时期的困难的后果。

有些人认为,依靠一定数量的钞票和其他的国家商业证券的经常周转来补足国家金银的数量是适当的,但他们不懂得,这种期票只适合于维持成为累赘的、不正当的贸易,这种贸易什么也不生产,它仅靠货币而存在,并帮助职业投机商把国家的一部分货币操纵在自己手里。这部分货币就停止周转了,而货币只有依靠周转才能经常充实实物财富的来源,才能满足预付的需要,满足使这些财富每年再生产所需的必要支出的需要。货币本身是不能生产货币的。在这种容易使人产生误解的贸易中,货币同时是商品,又是清算的手段,因此这种贸易是损害了办理贴现的人而使贴现者致富的。投机生意对社会只会有害处。对出售者和顾客都有利而对整个国家也有益的唯一的一种付钱的贸易形式,是把商品交换成货币。国家证券和商业证券的周转不可能算是国家财富的真正的充实；要使货币不缺乏，只要有商品和无阻碍地进行的自由贸易就足够了。

人们对过多的人离开乡村到巴黎来当仆人，比对城市居民从事商贩或货币交易给予更大的注意。的确，假如人们依靠农业能够生活下去，假如他们没有被拉入非常后备军的危险，或者强制的筑路工役(corvée)不是把他们弄得一贫如洗，那么他们到城市来当仆人就意味着使农业失去人力。如果没有所需的资金，他们依靠自己的力量就无法进行耕作，如果租地农场主无力雇佣工人并付给他们足以维持全年生活的工资，那么他们也就无法依靠租地农场主而进行耕作。但是在大多数的省份里，租地农场主和分成租地农场主要经过很大的困难才能得到维持自己家庭的生活资料，他们从不能自由销售的谷物中得到的钱极少，因此如果不能保证他们低微的、哪怕同他们的繁重劳动不完全适应的价格，他们就无法进行耕种；远不是所有的农业工人都能劳动并忍受这样的贫苦和劳累工作的。他们对这种繁重而又贫苦的工作感到厌倦，不愿留在自己的悲惨的处境中而宁愿去当仆人，这又有什么可奇怪的呢？

要保持人道，不能阻止乡村的人口流亡。假如强制地把人们留在乡村里，那么住在这一切荒芜的地区的人们，都将是很不幸的。

也许应当回想一下这样的一些国家，那里农民是大土地所有者的农奴，必须替自己的主人做工，主人只给予他们一些最必需的东西。但是这种强烈地损害君主的政权和国家的繁荣的制度，压制着一切的竞争和一切的积极性。除此以外，它是同航运事业和贸易的发展不相容的；这种封建的霸主政权无论对航海国家或是对真正的君主政府都是不适宜的,因为只有自由和私人利益才能够使国家欣欣向荣。

有人建议在法国把乡村教师从乡村中赶出去,这是徒然的。这种拙劣的方法有时会受人欢迎,但这是荒谬的,而且只会增加另一种压制!不管那些不幸的农民自己会不会阅读,他们知道得很清楚,他们能够在巴黎生活下去,他们在那里有相当多的亲戚或同乡能收留他们,替他们安排生活。要防止这种情况只有一个方法,那就是改善他们的处境。在乡村中,农民是很眷恋自己的乡土的,除非贫困逼迫他们离乡背井,否则他们是不会抛弃自己的乡土的。居民离开乡村,那是由于乡村里没有足够的财富;当人们不能得到富足生活的时候,他们在那里是无益的。因为没有富足和安定的生活,他们就没有可能也没有勇气从事有益的耕作。因此,在这种万不得已的情况下,农民离开自己的乡土,以便也许能在外地得到某种好处,这对国家是没有什么损失的,因为这些人的消费仅限于最粗劣的食物和最破旧的衣服;他们什么也不购买,什么也不出售,他们的劳动是这样的无用,甚至不能满足他们最迫切的需要。虽然众多的仆役对促进财富的年产量作用很小,他们终究还能起间接的促进作用。

应当让有钱的人能够自由地花钱。假如奢侈能促使他们拿出工资养活一些无用的人,那么这些仆人虽然不能列入生产性劳动者之数,但终究应当把他们看作是有助于使有钱人的钱在各行业中分配的消费者。因为仆人不会把从货币周转(其目的在于不断回复到每年财富生产的源泉中去)中取得的财物积累起来。他们的衣食和薪金是对社会有益的消费。有钱人一方面使用自己的财富，同时也就把财富还给了社会。绝对不能妨碍有钱人使用自己的财富和收入，因为这种使用会促进财富的产生和再生产！因此，为贫困所迫而出来当佣工的许多仆人，比他们留在乡村里过贫苦的、无目的的生活害处较少。这些仆人对国家的益处，正像生产奢侈品的工人一样。因为这类工人之所以有益，只是由于他们能促使有钱人花钱，并且由于他们自己也把劳动所得的工资花费掉。但是在一个没有足够的人力使土地变得有价值（faire valoir les biens—fonds）的国家里，这两者都是无益的。

但如果政府不要土地的收入，如果它凭借法律的权力使土地的耕作只限于生产国家生活必需的产品，那么总是有一部分同人口总数相适应的人，不管它的数目多么小，会只以自己的消费而有益。甚至可能，人口多将成为国家的负担。

滥用职权和混乱的现象会使有些人创立对社会有害的财产，而使另一些人变得贫穷和卑微，如果不加以反对，那么奢侈将变得没有限度，使一切等级的人倾家荡产地乱花钱，因为地位和尊敬只有靠财富才能得到；财富会把一切社会地位搞乱，使官阶、功绩、德行以及一切基本的社会特性失去作用；依靠财富的帮助，可以给自己找到靠山，使弱小者破产，以及获得按理应当属于有才能和有功绩的人的职位。这种杂乱无章的状态会损害人们对公共福利的关心，破坏政府在内政上所依靠的动力，破坏经济秩序，使国家发生震荡。罗马最富裕和最浪费的时期，正是在它把自己统治下的行省搜刮殆尽的时候。然而这种浪费成了摧毁罗马帝国的力量[①]并

① 这里原文有笔误：把 consumait（摧毁）写成 eonsommait（消耗）。（原注）

使它为敌人所征服的直接原因。

当一个国家在人口和产品方面都达到高度繁荣的时候,那么人们以其财富给予国家的好处比以其数量给予国家的好处更大。如果这财富巨大,那么人的生活就富裕,他们的同富裕程度相适应的消费会促进财富的生产,维持国家的威力。然而如果人口的数量与从土地和从对外贸易取得的财富数量比较起来显得过多的话,那么这种过多的人口就不可能促进财富的增加,而是以其消费引起粮食产品价格的高涨。但价格的提高并不增加财富的总量,而由于人数增多引起的需要的增多,会降低全体人民的富裕程度。假如人口过分的多,那么人们的消费就只能限于一些最迫切的必需品。结果国家就会从繁荣变得贫穷。人们将没有可能缩减自己的消费,以便分出一部分作为政府和保卫国家所需的费用。这样的国家将不得不使土地只生产最必需的东西,并以此限制自己的消费。中国的人口情况就是这样的,中国虽然地大物博,但只能保证居民大米和某些充作粮食的谷物。中国人是管理得很好的,没有战争,也不侵犯别的国家,他们的人口增长超过了耕种得很好的广大国土所能供给的生活资料,不过促使人口过分增长的这一切情况,在别的国家是没有的。

君主及其地方长官的专制,法律的不足和不固定,行政的杂乱无章,土地权的没有保障,战争,赋税的不固定,会使人们遭到损害,使君主的财富遭到损失。世界上几乎没有一个国家使自己的人口达到这样的数量,以致能获取土地所能提供的全部物产,并且创造出在这样的条件下可以享受最大福利的财富。

政府经常致力于使人口增加,因为人能够使财富增多。但是如果它过于贪婪，就会急于把应当用于使国家收入增多和使人口增长的财富搜刮殆尽。如果它急于使用现有的财富，而超出了在不损害农业的情况下所容许的范围，它就会使自己濒于贫困的境地。它通过足以使人破产的、没有很好调节的赋税，通过强迫和罚款，通过为产品的销售设立障碍，通过剥夺贸易自由或者通过对外销的粮食产品征税等方法，来搜刮这些财富。

这种考虑不周的征税方法，其结果只会减少君主的收入，因为不仅由于赋税本身，而且还由于征税的费用，而引起价格的上涨，而价格上涨会妨碍粮食产品的生产和销售，特别是那些为其他国家所没有的，而我国能够大量生产的粮食产品。而这些产品却正是国家的巨大财富的源泉，它能向许多人提供生活资料，这不仅是由于生产这些产品可以使许多人得到工作，而且还由于这些财富的消耗能为从事各种行业的人构成工资的来源。法国可以生产大量的葡萄酒，按照对邻国有利的价格把它销售给邻国，而我们也能得到大量的收入。这样财富就能增加数百万，而人口也会增长数百万。

然而一个农业国的变得富裕，并不仅是依靠自己财富的增长。事情是这样的，大量的财富比大量的人更能促进这些财富的增加，但另一方面，财富的增加会促使从事各种行业的人数的增多。例如，小农经营由于资金不足，只能使用犍牛，需要的人数比使用马匹的大农经营要多得多，而得到的收入却要少得多。大农经营需要大量的预付，但是它能得到百分之百的盈利，而占用较多人力的小农经营，所花的支出只提供百分之二十的盈利（参阅《谷物论》，政治经济学）；除此以外，占用较少人力的大农经营能保证人口的大量增长，因为它能对数量多得多的人提供工资和生活资料①。

因此，国家财富的增长，能促使这些财富以及国家的人口和威力更大地增长。

航运能使国家利用本国的粮食产品进行大规模的贸易，没有航运的国家几乎完全没有能力使自己的财富和人口增长。要知道在没有对外贸易的情况下它们甚至不能扩大农业，因为农产品的丰富会促使其价格下跌，并损害土地所有者和君主的收入。促使价格下跌的产品的丰富，对人口的增长是不利的，因为贫穷根本不能把人留在国内，而且不能把人们吸引过来。的确，如果财富和人口的比例遭到破坏而人口显得较多的话，那么这种人口的过多将促使国家愈加贫穷。工资将成比例地随着人口的增加而下降，消费将成比例地随着工资的下降而下降，以至于使人们处于这样贫困的境地，使他们不得不离开自己的国家。土地提供的收入的缩减，情况也是如此，因为在这种场合土地所有者将缩减自己的支出，从而也引起了从事各种行业的人的工资的减少，结果人口也就会随着缩减。

一个航海国家如果国内有大量多余的粮食产品，而禁止把它

① 在拥有大农场的富裕租地农场主耕种的土地上，居住的人要比小租地农场主或分成租地农场主耕种的土地上少。如果看一下博斯地区和彼歇地区的地形图，那么就可以看到，前者比后者空旷。在博斯只有一些范围很大的大教区；在各教区中住房非常多，而且很密；博斯的土地所提供的收入大大地超过彼歇的土地收入。总之彼歇的人口虽然比博斯多，但在促进国家人口增长方面却远不如博斯。对于在农村中使用人力的合适性，应当根据他们的工作，根据他们对增加土地价值的能力来判断。由富裕的耕作者耕种土地的国家，是能够保证得到最大的收入和拥有大量人口的。必须使农场保持财富，而使土地所有者把收入花费掉。前者能创造收入，后者能向人们提供生活资料。（原注）

输出,或者用课税的方法来阻碍其销售,那么也会发生上面那种情况。结果会形成使耕作者亏本的价格,而土地的收入也就会得不到。解决的办法只有一个,那就是恢复对外贸易,否则就是严格地把农业限制在满足本国的生活资料需要的范围内,而这样在歉收的年份就会使下层居民有经常挨饿的危险。但产品贬值的危险性更大,因为它会使农业生产缩减,损害国家的收入和国家生活的泉源,使人口减少,使国家破产。

因此当谷物输出被禁止的时候,就不必去埋怨农村的居民没有开垦荒地,没有生产丰富的谷物!丰富同贬值连在一起就意味着贫穷,因为不管谷物怎样丰富,假如它只能给耕作者补偿他们所花的支出,那么丰富就并不意味着财富的增长;要使售价超过所花的支出,达到能够改善工资和收入。因此经常需要仔细地研究,所花的支出是否会超过产品的价格,扩大耕地面积是否会影响另外一些土地的收入,哪些土地是为了必须把谷物价格维持在一定的程度上、为了补偿所花的支出、为了缴纳租借费和赋税以及为了补偿耕作者的劳动和所冒的风险而至今一直加以限制的。只有这样才能明白,是否相反地需要依靠法律来严格地限制耕地面积,遵照在商务上有高度知识的国家的榜样,把一部分过剩的商品抛到海里去,以便维持它所出售的那一部分商品的价格[①]。这样的法律要比禁止把多余的产品(假定由于这种极其有害的禁令而变得贬值的土地上还能得到多余的产品的话)向外国销售的法律更为合

① 由此可见,魁奈赞成商人资本家在原始积累时代所实行的,并且由重商主义者在理论上建立起来的一种最野蛮的措施,虽然他是反对殖民政策和商业战争的。不过他的赞成是有条件的。(俄译本注)

理。它们同样要比禁止种植新的葡萄和规定把葡萄藤拔去以便扩大没有销路的谷物播种面积的法律更为合理。法国还有三千多万亚尔邦适宜于播种谷物的未开垦土地，然而这些土地不能耕种，以免谷物的价格会下降，从而引起国家收入的减少，同时也是为了避免人口的减少，这种人口的减少在得不到收入和由于人口减少而使农业衰落的情况下是一定会发生的。

在制定这些禁令的时候，难道真是相信小麦的低廉价格将能促进谷物产量的丰富和人口的增长吗？这里面有着一系列会导致普遍衰落的现象，难道不是很清楚的吗？今天已经没有必要来寻找衰落的原因了。要摆脱这种有害的偏见，只消看一下罗亚尔河对岸的那些省份，那里谷物由于没有销路，经常发生贬值，农民收入极少，甚至价格低廉的小麦也吃不起。这是一些最贫穷的、人口稀少的省份，耕种的土地也极少。像法国这样一个航海、农业和贸易的国家必须用自身的经验教训来理解这些真理，这是十分可悲的事。因为这些真理从没有航海优越性的邻国的经验教训中是很容易发现的。

赋　税　论[①]

向国民征收的租税，或者是国民付给国家以抵补政府开支的赋税，是以人民的每年再生产财富为基础的。这种财富可以分成四类：

1. 土地所出产的收入；

2. 用作抵补恢复收入所必需的费用的财富；

3. 工业生产的财富；

4. 发行纸币的收入或元本的利息；出租房屋[②]或其他不动产

① 《赋税论》这篇文章是魁奈于一七五七年替《百科全书》写的，但当时没有发表。它初次由席莱发表在一九〇二年第二期的《经济社会学说史评论》(*Revue d'histoire des doctrines économiques et sociales*)上。译成俄文发表还是第一次。在统计方面这篇文章是很不完善的，也没有很好地校正。因此像《租地农场主论》、《谷物论》和《人口论》一样，翻译起来非常困难。杜尔哥为它写的一些注，有很大的意义。我们把这些注全部引录在这里。他指出，这篇文章的思想是从维克多·米拉波的《税的理论》和《农业哲学》这两篇文章发展而成的。这是确实的。维克多·米拉波是魁奈的基本思想的较为通俗的作者。(俄译本注)

② 我认为，城市里出租房屋的收入应当看作是真正的收入。的确，支付房租的人不能从其中取得任何好处，而且是用自己的其他收入来支付的。但同样确实的是，对房东说来，这是毫不费力的纯盈利，而且不是从生产性和创造性的经营中取得的。应当考虑这样一个问题：对房屋征的税同对土地的全年收入征税加在一起，不成为双重的征税吗？这是可能的，但如果只在取消土地税的情况下才征收房屋税，那么这种双重的征税就不会发生了。在这种场合，与其说是双重征税，不如说是征收间接税。但这种间接税并不像从工业和农产品贸易中征收的间接税那样有许多不方便。它在简单划一方面有很大的优点。(杜尔哥注)

和财产，所有主能从这些财产中得到收入，但同土地不同，租用者不能从这上面得到任何利润，而土地却能每年产生收入，由租地农场主付给土地所有者。严格地讲，上述各种收入完全不是财富，而是由于借钱或租屋而支付的每年的债务。虽然这些收入是从特种的元本中取得的，并不是在国内周转的财富的产物，但从取得这种收入的所有主的角度来看，这终究是收入（因为对他们说来，这是真正的收入）。因此，同其他的收入一样，对这种收入也要征税。只有以土地抵押借款的利息除外，但在这种情况下，也不能把这种利息和土地生产的收入区别开来，因为它是建立在这种收入的基础上的[①]。

货币财富

我们这里不谈财富的其他形式，这些财富数量可能是很大的、可以看作用于每年再生产的部分货币财富。这种仿佛是向国家夺取的、被称作流动资金（finance circulante[②]）的财富，是积聚在国

① 如果没有预付，即元本，就不可能从事农业和商业。因此国家必须拥有大量的货币财富，用于这种预付；由此，在拥有货币的人和需要货币以从事企业的人之间，必然会发生交易；所以货币的交易本身并不比任何其他的贸易差，不过它只是在消费者和生产者之间起中介作用，并且总是要依靠土地生产的收入来支付的，这是它与任何一种贸易相似的地方。只有当政府由于秩序混乱而不得不依靠贷款来满足其需要，同时当这种贷款变得形形色色，漫无限制的时候，货币交易才会变成坏事。在这种情况下，货币交易变成了赌博，那些在老实人身上打主意发财的坏蛋在这上面进行投机。但政府对这种投机行为给予的好处，并不比那些糊涂的年轻人给予高利贷者的好处更多。（杜尔哥注）

② finance circulante——流动资金，也就是做投机买卖的货币资本——是从约翰·劳时代起在法国非常普遍的现象，不过其规模不及十八世纪二十年代末和三十年代初那样大。（俄译本注）

都的一种货币资金，有时甚至是采用国家证券的形式。它用于行情中差价的交易，或者用于通过一种元本和另一种元本对比来进行的证券买卖，同时在计算证券的时候，它给予持有大量货币资金进行这种交易的人很大的盈利。

大量的货币资金仿佛能证明国家的富裕，而实际上却说明了它的衰落和崩溃，因为这些资金会对农业、航运业、对外贸易、手工业和君主的收入造成损失。

它损害大量的生产性财富，并且逃避了课税，正是由于这个原因，我们认为它不是能促进君主收入的财富。然而假如征税按其性质来说对国家害处较少，假如农业稳固而本国的农产品又能自由贸易的话，那么上述货币资金会自然而然地回到总体系中来，因为这里所得的盈利，比行情差价的交易或几乎总是变成公债①的证券的买卖更有保证，更加稳当。

再生产财富

补偿支出的再生产财富不应当看作是新的财富，因为它只是抵补了为使土地生产满足人们经常需要的产品而预付的支出。为取得盈利而使用的财富，应当看作是能带来收获的种子，它必须从收获物中分取来，以便下一年再播种。分取的这些种子，并不是收获所提供的盈利的一部分，因为这些种子只是抵补了为取得收获而花掉的那些种子，因为它们必须重新播种到地里去，以便每年生

① 十八世纪的法国确实是这样的，但英国和荷兰并不如此，在那里贸易广泛的大企业的有价证券同国家的有价证券一起在交易所进行买卖。（俄译本注）

产新的收获。

耕作者在耕种土地时所花的支出，也是如此。这些支出约等于收获的产品的三分之二，在收获庄稼时应当归还耕作者，以便他们能够把它重新用于耕种土地。因此上述的三分之二的收获绝对不是从收获中取得的盈利部分。很明显，对这种用于耕作的财富是不应当征税的，因为如果耕作者的这部分财富减少了，那么土地的产量也会因之而减少。

这种不正确的征税会逐渐地彻底破坏人民和君主的收入，使国家衰弱，最后完全崩溃。因此对耕作者用于耕作的财富，是不能征税的。

纯　产　品

从土地取得的盈利扣除了一切支出以后，所余的产品就是构成国家收入的每年创造的财富。

土地所有者不应当把纯产品保留起来

必须使取得这种盈利的土地所有者每年把盈利花费掉，这样就可以使这些盈利在全国分配。没有这种分配，国家是不可能维持下去的。假如土地所有者把这种盈利保留在自己手中，那就应当从他们手中夺下来。这种财富不仅是属于土地所有者的，同样也是属于国家的；土地所有者拥有这种财富，只能把它花费掉[①]。

① 因为这种财富只有不断花费才能拥有，因此不必担心土地所有者会停止花费。（杜尔哥注）

土地所有者对国家的益处仅在于他们的消费：他们的收入使他们能够不参加劳动，他们什么也不生产。假如他们的收入不是在从事各种行业的人们之间分配，那么由于这些不公正的和残酷的土地所有者的吝啬，国家就会变得荒无人烟[①]。在这种情况下，就应当采取法律措施，来反对这些把祖国的财富保留起来的、对社会无益的人。

因此，土地所有者从自己的土地上取得的盈利或收入，是国家真正的财富，是国君的财富，是国民的财富，是为国家的需要服务的财富，也就是说，税是从这些财富中征取的，政府把这些税用于必要的开支以及保卫国防。

工 业 收 入

工业生产着能满足人们需要和使他们生活过得安适的各种物品。这些物品对购买它们的人说来就是财富。因此，购买这些物品的人要有支付的财富，不过这种财富必须是由土地提供的盈利或收入。只有土地的产品才是原始的、纯粹得到的、经常在更新的财富，人们可以用它来支付他们购买的一切物品。

人们制造的物品，需要生产者支出相等于这些制造品的价值的支出。这些支出像农业上用于维持农村工人生活的花费一样：赚到这些花费的人，把它们花在自己的需要上；支付这些花费的耕作者，从土地产品中取得它们。这些支出同时既是财富，又是支出。它是财富，因为它能维持赚到它的人的生活，它同时又是支

① 这是表明魁奈对土地所有者的看法的一个十分清楚和明确的意见。（俄译本注）

出，因为它是从支付它的人那里取得的，而且又为赚得的人所消费，这种支出不可能自己产生。它是依靠人们的劳动而由土地产生的。不应当把产生这种支出的财富的源泉同人的劳动或者人们生产的制造品混同起来。在讨论这些财富的性质的时候，应当把在工业中周转的财富和作为农业支出的财富看作同样的东西：前者给予在城市工业中工作的人生活资料，后者给予农村中的工人生活资料；两者都是依靠农业生产而每年得到更新的。

在这个方面的比较是正确的，至于它们的作用，那么作为农业支出的财富同工业财富是有巨大区别的。前者能生产盈利，而后者生产的制造品，其价值仅能与所花的支出相等。生产布匹的工人购买原料，并且为满足自己在生产期间的需要而花费支出；他出售自己的制造品而取得的报酬，抵补他购买原料和满足其本身需要的支出。他靠劳动取得的进款，只能补偿他的支出，同时这种补偿使他能够靠自己的劳动而维持生活。希望得到这种进款的工人们的竞争，使这种补偿仅限于取得劳动报酬。因此，这种进款或支出的补偿并不和土地的收入一样，它不是原始财富或纯收入；即使这种进款超过支出，也只有依靠经常恢复的原始财富来支付工人的劳动，这种进款才能存在。工业劳动生产的财富，是在土地提供的收入的帮助下产生的，本身是非生产性财富，它只有在土地收入的帮助之下才能再生产。国家只有依靠消费和经常的再生产才能生存。维持国家生活的财富需要恢复，非生产性财富只能用于消费，而为这种消费所消灭。如果这种财富的再生产没有其他财富的帮助，那么它就不能保证不断地满足人们的需要和财富的不断恢复。

货币财富

我们这里不预备讨论货币财富。这种财富不是每年再生产的，它在国内只是辅助性的或潜在的、处在流通中的财富的基金，它在贸易中作为实物财富的代表。货币财富本身是不进行再生产的。货币本身不能满足人们的需要，也不能产生货币。如果没有实物财富，货币财富只是非生产性的和无益的财富。但货币作为潜在财富，对人们是十分有用的，因为它能帮助人们获得实物财富，并且能作为潜在财富的价值来为各种实物财富规定比较的尺度。结果，在人们之间财富交换的现制度下，只要拥有货币财富就能随时取得其他财富；而且货币在流通中是不消耗的，也不进行再生产，而是用于交换只适合于消费的那些财富，以及只有依靠再生产才能不断存在的那些财富。管理经济的人必须考虑到两种财富之间的这种重大区别。所有的国家都应当经常努力去增加实物财富的数量，并且在实物财富的价格的帮助下把流通的财富吸取过来。但在实物财富中，应当把能提供收入的生产性财富同非生产性的消费财富，也就是满足人们需要的财富加以区别。工业或手工业制造品都属于后者，它们是靠收入来购买的，但本身不能产生收入。

对外贸易

可能有人会反对说，依靠工业品的贸易，一国的土地收入可以用作另一国工业劳动的报酬，通过这种贸易，后者可以为自己吸取一部分外国财富。但贸易通常是双方面的，因此，一个国家向另一个国家购买商品而支付的报酬，会因前者向后者同样出售商品而回到前者手里；这样，相互的出售抵偿了用于购买的资金。所以这个国家出售工业品不能从国外吸取财富，这些制造品是靠本国的收入支付的。即使一国的贸易是出超的，这种结果仍然非常可疑，因为出售的工业品的价格总量并不就是从这上面取得的盈利总量；因为价格总量中不仅包括原料的价值，而且还包括工人和商人的支出和进款。

不过应当承认，这样的国家也是有的，它从土地得到的收入很少，它是依靠贸易和工业劳动赚到的工资创造自己的财富的。但是这些财富只有对城市或位置适宜于航运的小国才足够维持。在这种情况下，海洋和江河仿佛成了土地，向它们提供财富，以代替收入，但这与其说是依靠工业，不如说是依靠贸易的帮助。

有些大国位置同样适宜于航运，并且由于土地广大而能广泛地出售自己的产品，但这样的国家就不能像那些小国一样满足于这种财源，因为对于大国说来，那些小国的富裕程度是很不够的。阿姆斯特丹只是由于安特卫普遭到了破坏才能进行广泛的海外贸易。由此可见，这种贸易是这样的有限，甚至一个国家中不可能有两个城市同时进行。我国的生产奢侈品的工厂只是依靠特权才能在几个城市里维持下来，①而它们的产品销售到外国的较少，在本

① 关于生产奢侈品的工厂没有特权就不可能维持下去的思想，是完全不真实的，并且成为企业主对政府施加压力的借口。相反，特权几乎总是它们竞争不过外国人的原因。虽然他们在支付较低的利息方面是很有利的，但是在积极的自由竞争的情况下，由于运费开支的节省，由于预先考虑到把这种工厂开设在劳动力便宜或易于销售的地方，这种有利条件就会消失；不过，如果工厂没有特权真的不能维持下去，那么魁奈认为维持它们是一件十分不利的事，这种思想是完全正确的。（杜尔哥注）

国出售得较多。

在那些疆土辽阔的国家内，土地、江河、港埠和海洋在创造巨大收入方面互相竞争，这样的国家应当把注意力放在土地产品及其销售方面，以便从农业和农产品贸易中每年取得巨大的收入。这样的国家不应当去发展工业，因为工业的发展必须和国家的收入相适应，才能得到保证。一个国家的工厂主、手工业者和工人的人数总是和大批的耕作者相适应的。农业财富可以使土地变得肥沃，创造富裕的生活，保证本国产品的大量出售[①]。

在疆土辽阔而位置又有利于产品销售的国家里，土地所有者、君主、商人、工厂主、手工业者和工人的财富决定于耕作者的财富。如果国内有大量富裕的耕作者，那么整个国家也就会富裕。

把我国的农产品运往外国按好价出售的商人，应归并入耕作者之列，因为农产品销售的扩大和价格的增加能促进其生产的扩大。能从外国吸取资金的这些财富，同样是国家的财富的来源。应当对它们免于征税，因为它们是生产性的，能促进国家收入的增长。但不应当把这种商人同限于从事国内贸易的商人混为一谈，后者什么也不生产，他们为本国服务，并取得报酬。除此以外，应当指出，他们的盈利愈大，他们的财产增加得愈多，那么他们从用于生产的财富总量中取去的财富也愈多。那些为贸易辩护的人经常对国内贸易的繁荣和对外贸易的繁荣不加区别，这种错误的看

① 参阅《租地农场主论》和《谷物论》。（原注）

② 由此可见，杜尔哥并不同意魁奈的关于生产奢侈品的工厂没有特权就不能维持下去的看法。他认为即使在普通的条件下，它们也能为工厂主带来盈利。他的看法当然是正确的。（俄译本注）

法对人民是十分有害的。[1]

对外贸易本身也很容易发生许多弊端，这些弊端对国家非常有害，而政府并没有采取措施加以制止。商人和他们的帮手从来不会考虑到国家的公共利益。他们在贸易中只关心自己的利益，经常钻政府的空子，以便在国家身上取得盈利，而不是从外国取得盈利。他们努力使别人相信，他们的贸易对国家的好处是同贸易的规模成比例的，六千万营业额的对外贸易对国家说来总是比四千万营业额的对外贸易更有利。这种关于贸易规模的议论，对那些对于这种贸易的实质没有足够知识的人起着影响。如果贸易从六千万降低到四千万，那么商人就会提出，必须降低国内农产品的价格，以便能够按照比其他同我们竞争的国家更低的价格向外国销售。他们会肯定地说，这样我国的贸易就会大大地发展，这也有利于农产品在国内销售，并引起农产品生产的扩大，这一切将导致国内物价的下降和产品的丰裕。我国的贸易将对其他国家的贸易占优势。它们的财富将会缩减，而我们的将会增长[2]。所有的城市将用同样的理由来取得特权，以利于自己的贸易而损害国内其他城市或省份。他们将证明，同一个贸易部门有大批商人进行竞

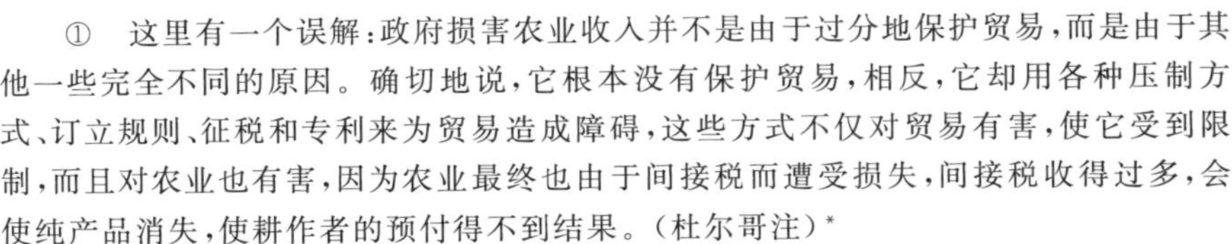

① 这里有一个误解：政府损害农业收入并不是由于过分地保护贸易，而是由于其他一些完全不同的原因。确切地说，它根本没有保护贸易，相反，它却用各种压制方式、订立规则、征税和专利来为贸易造成障碍，这些方式不仅对贸易有害，使它受到限制，而且对农业也有害，因为农业最终也由于间接税而遭受损失，间接税收得过多，会使纯产品消失，使耕作者的预付得不到结果。（杜尔哥注）*

* 这是魁奈和杜尔哥之间的又一个分歧之点。杜尔哥的纠正是非常重要的。但是在魁奈的其他几篇文章中，也有类似的意见。（俄译本注）

② 这些愚蠢的话是同贸易的原则和正确管理经济的原则相矛盾的。但个别商人的私人利益对那些无知的行政人员发生影响的事，也是经常有的。（杜尔哥注）

争会把贸易搞垮，这种竞争会使农产品的价格保持在过高的水平上，而使国外的价格降低，这不可避免地会使对外贸易垮台。

这种理由似乎是很有说服力的，因此可能会注意不到，这些希望取得特权的人只是想通过专利使自己发财，而为国家造成损失。这些袒护对外贸易的人从来不想去理解这样的情况：他们想用低价购买的产品在国内是有基础价格的[①]，这种基础价格是由生产它们所需的支出构成的，一旦出售这些产品的人得不到适当的价格和应有的盈利，那么产品的生产就会缩减。因此，可以根据经验很容易地证明，商人的特权愈多，国内农产品生产的保障就愈少，那些享有特权的商人经常是靠损害本国而不是损害外国人来发财致富的。他们按低价向自己的同胞购买的东西愈多，他们赚的钱就愈多，国家的损失也愈大；他们赚的钱愈多，他们的贸易就扩展得愈大，他们对国家和政府的影响也愈大。贸易担心竞争，而国家则担心享有特权的商人，他们会依靠自己的影响来为自己造成财产，并且通过专利来操纵他们购买的产品的价格。

英国的贸易

英国人比我们更了解对外贸易的好处，以及生产作为贸易对象的农产品所需的支出，他们在组织自己的贸易工作时并不忽视耕作者的开支和盈利。问题的这些方面是有密切联系的，因此不能认为，即使国家在农产品生产中受到损失，但却能在发展对外贸易中得到好处。英国在努力扩大其谷物出口，如果商人不是用二

① 关于基础价格，也就是生产费用，魁奈在《谷物论》中曾提到过。（俄译本注）

十利佛尔而是用十六利佛尔向耕作者买到谷物，那么它的确能大大地增加出口。然而一个明白事理的政府知道，没有农业的发展，贸易的成就是没有结果的。因此，为了同时对贸易和农业有利，它在谷物价格以外还对出口的每一夸脱谷物发给奖励金。

法国为了顾及享有特权的商人的利益，采取同上述相反的措施。在商人破坏了国内的大麻作物以后，印度公司在一七一九年向议会提出了一个关于恢复大麻种植的十分奇怪的方法：它请求给予它按每公担三十三利佛尔的价格收购大麻的特权，并规定由它以同样价格向船队供应大麻。议会的决定把这个特权授予它。但这个决定只能看作是在按每公担三十三利佛尔的价格把全部收获售给印度公司的条件下允许在国内种植大麻。耕作者从这个决定中什么也得不到，因为恢复大麻作物只是印度公司的一个借口；按照商人的传统，印度公司在自己的计算中并没有考虑这种作物所需要的支出。议会也不了解这个问题，因此整个方案在根本上就是有缺陷的；船队照旧向国外购买大麻，国内的大麻种植并没有恢复。

给予呢绒商的特权，对产毛的牲畜的增长并没有产生良好的结果，我国土地的肥力也并不由于有这个来源而加强。盲目地给予蚕丝商和棉布商的优惠，导致了我国牧畜业的急剧缩减。由此可见，对商人有利而不是对贸易有利，至少不是对有利于生产的贸易有利的特权，只会把我国生产的源泉以及国家和君主的收入彻底搞垮。

商人的手腕是非常灵活的，他们能从自己的庇护者那里得到很好的保护，正因为如此，他们能从对外贸易中取得预期的全部盈利。现在应当期待政府中这个重要部门的领导人采取更为合理的措施。

可以在无害于耕作者、商人和手工业者的情况下征税，[①]但绝对不应当向耕作者和从事对外贸易的商人征税，不应当使他们的财富减少，因为他们在耕种土地和从事对外贸易时每年恢复着国家的财富。这些财富可以经常花费掉，因为耕作者和商人在不断地恢复它们。因此，不难明白，在国内每年创造的财富中哪一部分是可以征税的。不过更加重要的是要找到对国家负担最轻的征税形式。

早有人说过，对国家造成巨大危害的不是征税本身，而是征税的方式。这个真理被猜对了，但没有得到证实，也没有深入地理解。但终究提出过不少方案，以便用对国家负担最轻的方式来征税。不过所有这些方案实行起来都没有足够的根据。对私人财产和农产品贸易任意征税是最有害的征税形式，但这种征税自古以来都被认为是最恰当和最容易的征税方法，或者对于管理税收的人说来，毋宁是最隐秘和最方便的方法。

财富的计算

要实行按国民财产成比例地征税的形式，必须清楚地知道国家财富的来源。

的确，现在知道，土地、工业和手工业的产品构成国家每年恢

---

① 魁奈在这里作了一个更正：他知道，不论商人还是手工业者都不应当纳税，只有土地所有者才纳税。（杜尔哥注）*

* 这个更正同魁奈的意见并不矛盾，只是表达得更加明确了。（俄译本注）

复的财富。但不可能找到确定这些产品的数量和价值的尺度或计算标准。

土　地　税

从根本的来源来研究产品，我们得出结论，可以大致正确地确定土地的产量，并提出各种同个人的收入成比例的征税方法。但看到很难找到估计工业和手工业产量的确切方法，则又得出结论，应当把整个征税制度建立在对土地征税的基础上。有人认为，把这种征税法扩大到工业上根本是困难的。这种征税形式以土地税的名称在各省实行。但另外一些人认为，这种税使土地的负担过重，而工业生产是十分大的，也应当对它征税。瓦本想消除任意征税的现象，长久地、仔细地制定了王国的十分之一税制度，这种制度把上面这两个对象都包括了进去，然而结果对任何一个都不适合①。

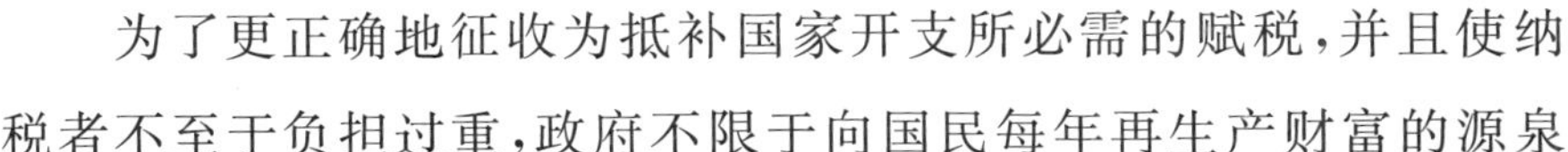

为了更正确地征收为抵补国家开支所必需的赋税，并且使纳税者不至于负担过重，政府不限于向国民每年再生产财富的源泉

① 参阅《谷物论》这篇文章和关于土地税的注。尽管有教会的十分之一税作为榜样，王国从谷物收获中征收十分之一税是不适合的。在引述的这篇文章中证明，从贫瘠的土地征收的十分之一税同从肥沃的土地征收的十分之一税相比，就成了加倍的征税。因此，在向不同的产量征税的情况下，从按比例的意义来说，对谷物征收十分之一税是不公平的。当然，它是与产量成比例的，然而与不同质量的土地上的支出和播种材料的价值却不成比例。葡萄酒酿造业的情况就不是如此，因为在生产得少的土地和生产得多的土地上葡萄酒的质量是完全不同的。因此，虽然两者的支出几乎是相同的，但葡萄酒质量的差别，对产量少而能得到较好的葡萄酒的土地作了补偿。总之，从葡萄酒酿造业征收的十分之一税并不像从谷物征收的十分之一税那样不公平。（杜尔哥注）

征收土地税。它把税扩大到作为贸易对象和消费对象的农产品上，并且成立税务管理局，设置租税包征人，依靠许多代理人的帮助来征收这些赋税，所有这些使国家担负了比税本身重得多的负担。

然而同这种征税有关的舞弊现象和由此产生的不便，是大家都知道得很清楚的。大家还都知道，君主并没有从这种征税中得到大量的收入。

的确，很容易证明，向每年再生产财富的源泉征的税，或者从这种财富的一般消费中征的税，实际上会成为同一个元本的负担。还可以证明，在第一种场合征税比在第二种场合征税要简单得多，而且负担要轻些。但不管怎样征收，征税的开支更加重了它的负担。

间 接 税

对农产品和商品征税，在税的分配和其他一切细节方面有很大的困难，而且税的管理和征收是非常复杂的。整个这件事情需要大批的人力，分派到全国各地去，他们欺压人民，抑制贸易，而且只会领取国家津贴并暗中压迫人民以取得自己的盈利和财产。加在农产品上的这些过大的费用，造成了产品的人为价格，使它变得非常昂贵，对它的实际价格和消费带来很大的损害。这两种情况在同样程度上使国家收入和人民收入的根本源泉受到损害。

国家的收入是同农产品价格成比例的

国家的收入总是同农产品价格成比例的。如果这价格是它的实际价格，那么价格昂贵不会使消费减少，因为消费总是同个人的工资和收入相适应的[①]。但是如果这种价格的昂贵，是由于不能增加产品实际价值的开支所造成的虚拟价格引起的，那么它就会使实际价格、消费、生产和收入减少。这种价格昂贵会使农产品的实际价格减少，因为虚拟价格使它变得太贵了，如果不是用降低实际价格的方法使它变得便宜一些，就会妨碍销售。然而价格的昂贵仍然会被感觉到，因而它会使消费减少。收入也会减少，因为实际价格的降低和消费的减少结果会引起生产的缩减，而收入是取决于生产的；反之，收入的减少又会引起消费的减少，因为支出总是同收入相适应的。收入和消费的减少又会促使实际价格的减少，因为这两者都会促使销售减少，而产品的实际价格是靠销售维持的。

黎塞留红衣主教十分正确地指出[②]，“如果君主不能靠别的方法而只能依靠增加各种农产品的税来增加自己的收入，那么很明显，在这种情况下进款增加了，开支也会同样增加，因为以前价格便宜的东西现在要用较贵的价格去买。如果肉价贵了，如果布匹和其他一切东西涨价了，士兵就难以维持自己的生活，因此就必须提高他们的薪水，所有手工业者的工资也将比过去提高，因此开支的增长会向工资的增长靠近，这将对个别的人们造成很大的损失，而君主得到的好处是极小的。”

一位赞成很好地组织普遍租税包征制的作者，企图推翻这些

① 参阅《谷物论》这篇文章中关于价格的意见。（原注）

② 黎塞留红衣主教的政治性遗教，第 380 页。保尔·海·莎斯特尔侯爵增补。（法文本注）

理由，他说，“政府不明白，扩大租税包征制的必要性是同贸易的发展和人民富裕程度的提高相适应的”[①]。

他说，“大量的税加在农产品上，会使农产品的价格提高。但如果这些税并不大，那么主要应当对那些次要的农产品征税。这有两个优点：第一，所有的消费者毫无例外地一律付税；第二，大部分税将落在最有钱的消费者身上。”（由于这种议论是同普遍的看法相符合的，因此尤其令人信服。）“由此可以得出结论，如果税具有普遍性，并且在较大的程度上落在富裕的消费者身上，那么在迫切需要的场合可以没有什么顾虑地实行这种税；我再补充一句，这种税将能固定下来，并加以扩大，而不应把它废除”[②]。

然而这位作者同意，这些富裕的消费者将付出较多的钱，因为他说，大部分的税落在他们身上。实际上，由于用于征税的开支比税本身负担更重，因此他们付出的钱比穷人要多得多。关于这些富裕的消费者，作者指的是那些收入较多的人，因为消费是必须同收入相适应的。但不可避免地会发生这样的情况：产品的价格昂贵会使他们的收入减少。这里指的不是产品的实际价格的提高，而是不会使收入增加的虚拟价格的提高。上面已经证明过，这种消费减少会对所有出售农产品的人造成损失，使生产这些产品的土地的收入以及工业工人的工资减少。这种工资和收入的减少会对土地所有者、商人、工厂主、手工业者和工人产生影响。因此，认为税或者用于征税的费用只会落在富裕的消费者身上，这种看法

① 《财政家—公民》第一卷，第 21 页。（法文本注）

② 同上书，第 23 页。（原注）

是不正确的；显然，它会使工资、国家收入和君主收入的基础缩减。同时，这位作者设想，租税包征制的改善，贸易的发展和人民富裕程度的增长应当同时进行。但这种设想是很难理解的。我认为应当作下述说明：征税愈多，租税包征事业的发展就愈顺利，从相对的成本来说，它的管理费用就愈少；因为征收一埃扣税需要花费一埃扣的开支，但如果税增加一倍或两倍，开支却仍旧一样。租税包征事业的发展基础就在这里；这种租税包征制能使征税更为方便，能扩大贸易并提高人民的福利。因此“这种税应该巩固和扩大，而不应把它废除”。这位作者有根据地指出，黎塞留红衣主教不能解释这个秘密。

因此，如果租税包征事业组织得好，那么逐渐增加葡萄酒税是有利的；随着这种事业的发展，用于征税的开支将相对地减少，这就会提供好处，葡萄酒的消费会增加，将会有更多的人去从事葡萄酒的酿造。葡萄酒的贸易也会扩大，用作葡萄园的土地将提供更多的收入。由于这样，国家的赋税收入将能稳步增加，而人民的收入的提高也有保证！假如试验不符合作者预期的结果，他认为这是由于财政管理人员从租税包征中索取得过多。

用于征税的开支

然而不仅是财政管理人员的过多的利益，还有大量官吏的薪水的负担、不公平的情况和对贸易的限制，妨碍着作者预期的整个情况的改善。认为增加赋税能使极其有害的、巨大的征税费用缩减的看法，是不正确的，相反，赋税的增加只会导致它的负担的增加。租税包征制的确有很大的成就，这是黎塞留红衣主教所不知道的，然而这些成就能导致作者所预期的结果吗？关于这一点应当按照实际情况来判断。

人们有根据地指出，对农产品征税的大批收税员本身就意味着使国家失去了许多人。所有这些人由国家付给工资，可是他们的劳动并不为国家生产任何财富，因此这些开支和这些人本身就是国家的纯损失。由于这种征税形式会产生走私行为，因此需要与之作斗争，这就在已有的困难上又增加了新的灾难，这既是对国家有害的，又是不人道的。

很明显，对农产品和商品的征税，会花费开支并造成损失，从而使君主的力量和财富遭到破坏和垮台。

真实的泉源

现在还要来看一下对国家每年再生产财富的泉源本身征税的可能性，以及这样征税的后果。

财富是每年由土地、工业和对外贸易创造的。

土地生产的财富本身决定于人的劳动，所以应当把使从土地生产财富的人们的劳动同在工厂里制造各种制造品的工人的劳动加以区别。在任何国家内，只有在农业使它变得富裕的程度上，制造品的制造才有保证，因为商人、工厂主、手工业者和工人的收入，是由耕作者的劳动创造的。土地所有者花费的费用维持着从事各种行业的人的生活，而土地所有者的财富是从土地耕作中取得的。

但不应当认为，土地所有者和君主的收入是单靠土地产品创造的。它还取决于这些产品的价格。税的大小应当根据对土地所有者的收入的估计来确定，这种估计只能从粮食产品的价格出发。

要取得巨大的收入，单靠土地丰收是不够的。还必须使收割的庄稼能以好价出售。在最肥沃的土地的产品不值钱或者只能按极低的价格出售的国家里，土地所有者和君主几乎得不到什么收入。丰收而没有好价是会造成巨大损失的，因为耕作者不能补偿所花的支出。不能补偿支出的任何价格，都会造成亏本，因此这样的丰收并不表示富裕。在这种情况下征税是极其有害的。但在沿海的国家里发生农产品贬值的情况，经常是由于政府的错误造成的。不好的行政管理者企图增加君主的收入，结果却可能使它大大地减少。

如果政府不能使农产品价格保持在国外的价格水平上，那么靠扩大农业生产来提高国家收入的一切努力都是白费的，因为在这种情况下国家每年都将损失巨大的财富。除此以外，国家的人口数量总是同国家的收入和政府的英明措施相适应的。一个不好的政权使农产品价格低落，使贸易受到限制，人民受到压迫，结果由于农产品跌价而收入减少，农村居民贫困，并从农村中流亡出去，人口必然也会减少。只有知道国家管理者的才干，才能够判断赋税的合适性、国家的收入和人口密度。

由于战功而在军队中达到很高地位的苏理，在他领导国家经济以后，变得更加有名了。老实说，这样的伟大政治家要比伟大的统帅更不容易得到。但是在我们这样的文明国家里，难道现在不可能再产生一个新的苏理吗？

租地农场主的盈利和农场工作者的工资，应当同土地所有者每年的农业收入加以区别，因为只有支出和分成租地农场主的盈利才能够维持农业和取得收入。

只有依靠租地农场主创造的财富，土地才能得到改善。耕种土地需要很大的支出，这种支出愈大，土地就愈肥沃，它给予农业工人的工资、租地农场主的盈利和土地所有者的收入也愈大①。

因此不能对分成租地农场主的生产性财富征税，因为这意味着破坏国家每年再生产财富的源泉。

耕作者的财富及其大部分的盈利能保证土地很好地耕种。同时农村中将充满着牲畜，土地上将种满庄稼，农民都有工作做，他们的工资能得到保证，国家的收入也会增加。因此不应当妒忌他们和企图使他们的财富减少。应当对他们加以保护，因为他们是国家财富的根源。

管理经济必须遵循的最重要的、不可破坏的原则，是不要通过征税来使农业失去保障和破坏农业的成就。只有这样，受到政府保护的农业才会繁荣起来，并创造财富，对这种财富可以按照农业本身的指示用最恰当的、不成为人民负担的方法来征税。这样才能成功地对土地所有者的收入征税，而不是对创造这些收入的耕作者的盈利征税。我说成功，是因为向土地所有者征税比对农业或农产品征税害处较少。

很容易证明，向土地所有者征税对他们本身说来也比对农业或租地农场主的资金征税害处较少，因为上面已经指出过，如果由于征税而使耕作者的资金减少，则收入也会随着减少。对同耕作无关的非农业收入征税，不会造成任何损失，因为农业给予土地所有者的收入已能充分补偿对他们的收入所征的税。这个原理在

① 参阅《谷物论》这篇文章。(原注)

《谷物论》这篇文章中有着详细的阐述和充分的证明。

同样很容易明白，为什么对土地所有者说来，对收入征税比对农产品或商品征税负担较轻。这是由于土地所有者在进行消费和花钱的时候，不仅是付了税，而且还付了农产品和商品征税工作的巨大支出。

土地税是根据租地农场主所付的租借费征收的，这种租借费是按照《谷物论》这篇文章中所述的规章而在租约中规定下来的；土地税同土地所有者的收入成比例，在征收时不需要花什么费用。它不会给租地农场主带来损失，因为他们在向土地所有者租地的时候，是知道它的数额的。租地农场主在这方面感到自己是有把握的，因此很安心地担负起饲养牲畜和很好地耕种土地所需要的一切支出。土地所有者的土地永远保持着良好的状态，在每一次租借费更新时，他们都能得到同土地的良好状态相适应的收入。他们的这些收入是有保证的，因为土地的耕作是有保证的。租地农场主并不依靠土地所有者而得到盈利，但这种盈利是他们本身所花的支出的果实。在租借费更新时，租地农场主的竞争经常能使土地所有者的收入同土地的产量相适应。同土地收入成比例的土地税，对土地所有者的状态什么也不会改变，因为它总是靠土地的产量来支付的。但租地农场主却能因此而摆脱任意征税的弊端。

这种弊端是非常大的，以致影响到租地农场主不敢把自己的财富向土地投资。他们或他们的子女会抛弃土地，去寻找别的工作。土地所有者会找不到能够很好地使用他们的土地的租地农场主。土地会变得荒废，分成小块。的确，法国的几乎所有的省份里，土地都处在这种可怜的状态中，这是农业的大衰落。这方面可以从收入来判断：大农制以每亚尔邦十利佛尔出租的土地，在小农制情况下只有十二或十三蒲华束，如果在征税时不去考虑这种恶化的情况，那么土地会完全荒废掉。在大农制情况下每亚尔邦土地值二百或三百利佛尔，而在小农制情况下只值二十或三十利佛尔；要不是对土地的投资使它产生价值，土地本身是不值什么的。

这些事实，同要我们相信农村居民应当过贫穷生活的投机商人的想法，是难以调和的！然而国家的富裕却正是决定于农村居民的富裕；他们贫穷了，收入就会减少，土地会失去价值。如果农村居民贫穷，那么谁将会富裕呢？可以回答说，那些促使他们破产的人将会富裕。但这些人的财富会创造什么呢？国家借了财富，但负了债，不能偿还。于是国家财富就会完全被毁灭。

从上面引录的文章中可以看到，现在付三千万左右土地税的谷物经济，如果依靠富裕的租地农场主的帮助而加以恢复，就可以付两亿左右。同时土地所有者的收入和租地农场主的盈利会比现在增加四分之三以上。假如同时使土地所有者的支出免除租税包征人征收的税，那么土地税就可能增加，而且对土地所有者也是有利的。这是由于租地农场主本身也免除了这种税的负担，能够把租借费提高一些。

这两亿土地税只是对王国的财产和国民——葡萄园、牧场、房屋、一切其他的财产、商品、手工业者、工人等——所征收的赋税的一部分。

对葡萄园征收的土地税

假如免去葡萄酒和苹果酒的税，那么可以对葡萄园和苹果园征收土地税，土地税将比需要花很大支出的酒税给予君主以更多的收入。上述酒税给予国库的收入还不到一千五百万。如果代之以收十利佛尔的税，也就是根据葡萄园土地的肥沃程度平均每亚尔邦征收十利佛尔的土地税，那么就能补偿本来收的酒税。但问题还不在于收入的多寡，而是在于把这个经济部门整顿好，对它进行正确的管理。

对葡萄园征收的每年一次的赋税，使处境困难的酿造葡萄酒的业主能够用出售葡萄酒的进款来付税。以前为了减轻他们支付土地税的负担，允许他们缓期两年或三年；由于这样，好的年成能帮助度过坏的年成，葡萄酒酿造师能够等待有利的时机出售葡萄酒，不必在不利的时候被迫出售，否则他们是会彻底破产的。在年成不好或酒价过低的时候，葡萄酒酿造业需要政府特殊的照顾。假如能免除对葡萄酒的一切赋税，它就能卖较高的价格，所得的进款完全能酬报葡萄酒酿造师所付的土地税。的确，很明显，对葡萄园所征的税既不落在葡萄酒酿造师的身上，甚至也不落在葡萄园上，因为这税自然而然地包括在葡萄酒的价格中，而由顾客支付。在对所有的葡萄园征税的情况下，在出售葡萄酒时，就能补偿所付的这种赋税，以及同葡萄酒酿造有关的一切其他支出，因为在平常的年份葡萄酒价是同所有这些支出相适应的。因此葡萄酒价也能根据酒的质量而同这种固定的赋税相适应。同时应当对每一个葡萄园单独规定税额。由于葡萄酒的价格到处都是同所征的税相适

应的，所以葡萄酒酿造师所付的税自然而然会得到补偿。

当然，如果把赋税改成十分之一税，每省由规定的租地农场主自己收集，那么对葡萄酒酿造师说来负担就更轻了，因为这种用葡萄酒和苹果酒支付的十分之一税使他们对这部分产品免去了酒桶的支出，而在丰收而酒价低的年份，这种支出是很繁重的。用葡萄酒支付同在原预付以外另加支出比较起来，即使多付一半，他们的负担也比较轻。在把用作十分之一税的葡萄酒很快交出去的情况下，租地农场主可以雇佣较少的工人，并且能够等待有利的时机出售葡萄酒，从而得到好处。葡萄酒的十分之一税可以规定为十分之一或九分之一，在这种情况下，租地农场主给予君主的收入要比征收酒税所得的收入多，而国家也可以免去巨大的开支，这种开支会使葡萄酒价格猛涨，减少对它的消费，不利于葡萄酒的贸易，并且会造成很大的弊端。

葡萄酒的国内贸易和对外贸易如果更加活跃和广泛，葡萄园和葡萄酒酿造业提供的收入，到处都会扩大，由此会给予国家比包征酒税大得多的收入。这个农业部门会成为国家大量财富的源泉，使许多人获得生活资料。

葡萄园是法国的重要经济部门，因为这种宝贵的产品在另外一种气候条件下不能获得，而它又为国外所需要，依靠这种值钱的产品，使土地变得富饶起来，这对于国家是有重大意义的。因此不应当对这种产品本身征税，它是一种应当予以特别优待的商品，对它的贸易应给予方便，以便我国能够充分利用与别国不同的自然条件的优点。

担心葡萄园的土地不够是没有道理的，因为除了播种谷物的土地和现有的葡萄园以外,我们还有三千多万亚尔邦可以用于耕作的土地,其中一部分可以用于扩大葡萄园的面积①。

但应当注意到,在扩大葡萄园时应考虑到谷物播种面积的增加,因为随着谷物播种面积的增加,收割时需要的人力也要增加。除了有一批人固定地在播种谷物的土地上耕作以外,在收割庄稼的几个月内人力需要增加四倍或五倍。然而耕作者目前已经感到工人不足了。这经常会引起巨大的损失,因为他们不能利用有利的时机来收割庄稼。应当使农村中有大批从事其他工作的人,他们在收割庄稼的时候可以放下自己的工作而参加收割工作。葡萄园恰巧比农村中任何其他作物需要更多的人,而且在收割期间能为耕作者提供许多劳动力,因为葡萄园在这时候是不需要劳动力的。报酬很高的收割庄稼的工作,能帮助种植葡萄的工人解决在葡萄种植方面所需的预付。

谷物生产的增长能使收入增加,收入的增加能使城市的人口增长,这两者都有利于葡萄酒酿造业的发展,因为人口增长了,对葡萄酒的消费也会随着增长。因此,种植谷物同葡萄酒酿造业是相互帮助的,并且一起促进土地产品的增长。

扩大三百万亚尔邦土地的葡萄园,就能使一百万成年男人得到工作,同时也就能使一百万有关的妇女维持生活,他们所生的未成年的孩子还不算在内。因此,假如扩大三百万亚尔邦土地的葡萄园,就能使人口增加约二百五十万人,如果从消费的角度看,这些人需要六百万塞蒂以上的谷物,其他的生活必需品还不算在内,

① 参阅《谷物论》和《租地农场主论》这两篇文章。(原注)

这将使农产品增加约一亿。他们的其他消费将在一亿以上，这也是由土地生产的。

假如现在我们从生产葡萄酒的角度，来考察扩大三百万亚尔邦土地的葡萄园，那么就能看到，对国家说来，把劳动力用于这个经济部门并不比用于谷物经济不利。当然，在同样的生产上葡萄园需要的人力要多两倍，而所得的产量只有三分之一，但在对外贸易方面它给予我们的利益要大得多，只要政府对这种贸易加以保护，并且不要对它征收对国家有害并会使君主的收入缩减的过重的税。其他国家很少购买谷物，而且几乎所有的国家都在出售谷物。英国人的对外贸易要比我国稳固得多，但由于缺乏买主，也仅能出口一百万塞蒂的谷物。我们的谷物对外贸易未必能更好些。

我国的谷物财富的增长决定于国内人口的增长，也就是人民消费的增长；我们已经证实过，种植葡萄是法国使人口增长的一个重要手段。上面指出，这种增长同样为扩大谷物播种面积所需要。如果限制葡萄种植业，这就会同样地限制谷物经济。然而葡萄酒酿造业并不同我们的消费发生关系。我们南方的所有邻国都不生产葡萄酒。由于我国的贸易领导得不好，他们不得不使用在他们的气候条件下是有害的饮料，例如啤酒，呼吸着潮湿空气的人们喝了啤酒，会发胖和变得虚弱。他们经常当作兴奋剂服用的烧酒，是对头脑和神经有害的毒品，会使人变得委靡不振，情绪忧郁。然而他们的邻国，却能向他们供应大量在他们的气候条件下有益的饮料。

我国同其他国家在双边贸易中的纷争，使双方都失去了本来可以得到的许多好处。竞争或理解得不正确的利益，使各国之间的双边贸易的发展受到阻碍，对双方都造成了损失。比较明智的国家应当自己在发展贸易关系的道路上扫除障碍。

我们应当取消危害我国对外贸易、不利于本国农产品倾销并使其生产缩减的赋税；这种有害的赋税的数额妨碍了贸易和农业的恢复；取消这种赋税的损失，可以从贸易和农业丰收中得到百倍的补偿。

为了要相信这一点，我们来仔细地分析一下葡萄种植业的产量，同时假定人口的增长至少能适应农业的发展。我们从扩大三百万亚尔邦土地的葡萄园出发看问题：用于葡萄酒酿造师的生活费、支架、酒桶和收割的支出，每亚尔邦需要一百利佛尔，三百万亚尔邦就需要三亿利佛尔的支出。这些支出可以由葡萄酒酿造业的产品来补偿，并且每年由土地的其他有关方面支付。这样，每年的实际产品为三亿利佛尔。除了这些支出以外，还需要每亚尔邦十利佛尔的地租，十利佛尔的土地税，以及葡萄酒酿造师的盈利十五利佛尔。因此很明白。三百万亚尔邦的总产值要达到四亿零五百万利佛尔。

在有一百万人在三百万亚尔邦土地的葡萄园中工作的情况下，他们每一个人生产四百零五利佛尔，除此以外，在收割庄稼时能赚到三十利佛尔的工资。总数是四亿三千五百万。妇女和孩子从事种植大麻、纺纱、看管家畜和家禽等工作，每天约能得到盈利十法郎，或每年二百利佛尔，因此总产值将是二亿；如果在四亿三千五百万利佛尔上再加这个数目，那么在不同年龄的男女人数增加到二百五十万人的情况下，这个部门每年生产的补充财富将达到六亿以上。

有些人主张在某些省份里禁止种植葡萄，并促使严格执行这种禁令，他们的想法是很难理解的。他们说，在葡萄园收成不好的年份葡萄酒酿造师生活很苦；那是因为他们现在不敢说，种植谷物的土地不够。因此现在他们只是为葡萄酒酿造师的命运担忧。当然，这种人道的感情同被征收繁重赋税的农民所受的压迫是很难调和的！的确，在收成不好的年份葡萄酒酿造师是非常困难的，但这是由于他们极端贫困和受到压迫的缘故。因此在他们还没有完全破产以前，应当去寻找另外的资源，而不要把他们彻底搞垮。我们暂且不论对他们的这种待遇的别的说明；但是在使用人力方面，当对国家的好处和人们本身的好处同样很明显的时候，人们比那些企图替他们决策的人更明白自己的利益，在这种情况下想提出足以令人信服的借口，以便公然违反公共福利，那是很困难的。

幸而目前省行政管理者的观点和意图，都倾向于恢复为发展农业和贸易所必需的自由。他们在征收赋税方面努力确立正确的秩序，以便在政府实行全面改革、有效地复兴农村以前，赢得耕作者的信任。

在管理国家的时候经常要注意到，土地产品和人们工资的价值只有通过价格才能规定下来，没有合理的价格，国家就不可能富裕，君主的收入必须在这个基础上加以调整，一个贸易国家的商品流通只有在和外国发生联系的程度上实现。因此，在国内年产量减少的时候，政府的全部注意力始终应当用于不使农产品价格低于国外的普通价格。它只有竭力促进对外贸易才能在这方面作出成绩。任何国家的富裕状态完全取决于政府在这方面的行动。对输出和输入的一切赋税，阻碍对外贸易和国内贸易的一切禁令和一切规定，都会使国家的财富总量和君主的收入减少；对贸易和粮食生产会造成损失的一切赋税，都是极其有害的。

征税的时候，应当从可能的最大产量的总数出发，从它的各个部分的相互关系对价格、对人口增长、对农产品生产的影响出发；而不应当以每一种个别产品的价格和数量作为根据：应当研究它们相互之间的支持作用。

应当把葡萄酒酿造业看作是农业的一个辅助部门，它能起很大的作用，并且需要特别加以注意；饲养耕畜和能提供肥料的牲畜，也是如此。葡萄园是由于种植特种作物而获得价值的土地，从生产的葡萄酒的价格中扣除种植这种作物的支出，就能确定葡萄园所提供的收入。但要保持收入的水平，就必须维持补偿葡萄酒酿造支出的价格；征税应当从这个根据出发。如果所征的税是适当的，它将有助于栽种数量的分配；如果税太高了，结果种植面积就会缩小。这将使国家财富和君主遭到损失。

对房屋和其他财产征收的税，可以很容易地按照房租的比例来确定和规定。

经过上述说明以后，不难理解，同一切征税对象成比例的税是对全体人民有利的，这种税可以不通过投机商人的中介而为君主创造大量收入。此外还有其他好处，我们将在下面叙述。

集中生产手工制造品或商品的工业，较难征收按比例的税。但由此产生的不便，并不像对耕地任意征收的土地税那样带有破坏性，因为手工制造品生产并不像土地那样是财富的原始源泉。它不创造收入，只是补偿手工业者的劳动价格，而且是依靠土地收入维持的。手工业者的劳动正是靠这种收入支付的；国内的企业主、手工业者、商人和工人的人数，是同土地提供的收入相适应的。

我不打算讨论向国外销售他们的制造品的问题；因为除麻织品和毛织品以外，这事对一个大国说来实在太微不足道了。不过生产麻织品和毛织品并且与本国产品的贸易有关的工厂，不能同手工业制造，尤其是同奢侈品生产混为一谈，这种奢侈品的生产需要外国原料，特别是丝，丝在法国用得十分广泛，因而对我国的羊毛的贸易、牲畜的繁殖和土地的施肥造成损失。我国工业为本国的消费而生产的一切产品，不需要特别的保护；它是由人民自己付钱购买的。在农业能提供大量收入的国家里，这种生产永远能够繁荣，因为土地所有者拥有这些收入，能够支付工资，就会把企业主、手工业者、商人、工人和仆人吸引过来，并使他们留在那里。如果农业和农产品对外贸易能保持繁荣，那就不必担心不完全按比例的税会对这些职业造成损害，因为对手工业制造品和商品的需要经常能保证工厂主、手工业者、商人、工人和仆人的工作和盈利与国家的收入和支出相适应；付给他们的工资能补偿对他们所征的税。因为这税是从收入中支付的。对于这个经济部门，重要的是要使税的分配合理；这里应当注意的只是同征税工作有关的支出的大小，这些支出多少总是国家的负担，对君主和国家同样都是损失。

对这些经济部门征收的税，所花的支出较少，但对税作均匀的分配却很复杂。任意征税的坏处，在于它的不公平，而不是在于它对国家有害，因为生产我们的消费品的工业能够依靠国家的财富而维持下来；然而如果不能完全消除不公平的现象，那么也会使工业大大地衰落。有些城市要求把税在各个行会之间分配。在这种情况下,行会本身会把税分摊给自己的会员,采用这种征税形式的各地的纳税者,对这种形式都很满意。各城市都可以采用这种征税形式,不过应当让它们有自己选择的自由,因为对城市居民征税并不涉及农业,而只对城市本身有关系,所以应当让他们有可能自己决定,哪种形式对他们最方便。

商人和手工业者在农村中为数不多,对他们可以采用被称为“按地位征税”(taxe d'office)的征税形式,不过应当注意,这种征税不要使小商人负担过重。他们负担的税在君主的收入中并不是重要部分,因此不必严格征收。对限于同谷物、葡萄酒和牲畜做交易的实际贸易,也许应当根本免税,这种贸易应当加以保护;因为它对农业十分有益,这一点将在下面讨论贵族能从事的贸易形式时提到。

对农民、雇农或短工的征税也同样应当适度;重要的是对农村的下层阶级征的税不要过分,使他们对赋税的数额能够放心。如果任意征收不适度的税,他们就会对自己的工作不抱任何希望。他们甚至不敢工作,因为担心这工作所得的工资会引起赋税的增加。除此以外,他们甚至不相信能从自己的工作中得到任何好处;他们不知道是否能保持自己的被褥和其他生活用品;他们宁可过贫穷的日子而偷懒;这种无所作为的态度对国家非常有害。如果农民不可能吃很好的食物,穿很好的衣服和使用适合于他们地位的其他生活用品,如果他们不能达到他们的劳动和努力应得的富裕水平,如果他们不能安排自己子女的生活,那么他们就会失去勇气。他们会变成没有益处的人,他们几乎赚不到什么工资,什么也不生产,什么也不出售,什么也不购买;他们靠消费自己土地的粗劣产品而生活，因此他们既不以自己的开支，也不以自己的产品来促进国家财富的增长。这种损失对国家具有巨大的意义，因为大量的人购买必需品会大大地增加消费。因此，不应当靠增加税收来扩大君主的收入。

君主的巨大收入只能建立在恢复国家收入的基础上，换句话说，就是建立在恢复农业的基础上，而要达到这一点，只能通过使耕作者的财富增加的方法，并且用工资来刺激农民的劳动，使他们相信他们能得到工资。

从农业中收取的财富，只要当心地为农业保存着，一定会从城市重新回到农村，因为那些把财富用于土地耕作的人，会看到这样是对自己有利的，并且愿意永远从事这种工作。这就能促使国家财富每年恢复。手工业制造品的生产和对外贸易将同这些财产的增长成比例地发展。这样，不通过租税包征人的中介，税收总额给予君主的收入，已足以抵补政府开支，并维持国家的富强和王位的荣誉。

关于赋税落在哪些对象身上的问题，是没有任何意义的。它总是落在同一个元本上，因为总是靠土地收入来支付的。因此领导经济的人应当致力于使这种收入增长，和不断获得这种收入；与此有关的一切其他优点，本身就会显现出来，并促使获得更大的成就。

殖民地的产品

盐、烟草、我们的殖民地的商品以及其他的外国商品，也能促进国库收入；不过在对这些东西征税时应当避免巨大的开支，因为这种开支总是落在国家身上，并成为君主和人民的纯损失。盐、烟草、我们的殖民地生产而在法国消费的产品，可以在产地或进入王国的时候由一个专门的赋税管理局进行征税，这个管理局应当是不很大的，不需要很多的支出。这样以后，上述产品就能自由买卖。这种不需要花很大支出的征税，将不成为很大的负担，而且不会发生欺骗的事情。享有消费免税盐权利的地区，仍能按很低的价格来购买盐，因此它们不会对为了公共福利而对它们没有什么害处的这种措施感到不满。况且它们能够在取消其他赋税方面得到足够的补偿，这些赋税对它们说来比盐价的稍微上涨负担要大得多。

在免除土地税的城市里消费的殖民地产品，不应当免税，因为应当使这些城市的居民同付土地税的城市的居民一样，对这些产品的进口担负费用，这才是公平的。因为免除土地税的是一些大城市，居住在那里的是一些大土地所有者、食利者、富商和手工业者，他们也应当促进国库收入。取消这些城市的进口税，会促使更多的居民和财富集中在大城市里，而对农业区和小的省城造成损失。

十分之一税能提供约五千万利佛尔，在农业恢复的情况下能超过一亿。这个增长部分构成租地农场主的支出，在十分之一税的征收者还没有使用之前，其中一部分可以用于君主的利益。

假如有必要进一步增加君主的收入，那么可以保持人头税；由于人口随着国家财富的增长而增加，人头税的收入也会因之而增加。

这种征税形式能保证君主的巨大收入，它能大大地减轻人民的负担，并消除会造成国家破产的两种有害现象。由于用于征税的支出而使赋税过高；对国民收入的基础本身征税从而破坏国家财富的源泉。对获得收入来说，耕作者的耕作能力同土地本身一样重要。会促使耕作者贫穷的征税，同毁灭庄稼的冰雹起着相同的作用。如果一个国家拥有适宜于农业的土地，如果国家所处的位置有利于销售自己的产品，如果耕作者富裕，如果他们的财富由他们自己保存着并把它用于耕作，那么这样的国家一定能过富裕的生活。安排得正确的赋税不会促使国家贫穷，因为对国家来说，君主的收入同耕作者的收入是一样有益，耕作者的支出使国民能够得到工资，并促使他们的财富增加。

租税包征制

我不知道，这里是否应当回答一种反对意见，这种意见，只有见识肤浅的人们才觉得有说服力。有人说，不应当取消普遍的租税包征制，因为这样君主在急需资金的时候，就不可能利用财政人员向他提供的资金的巨大来源。在一个繁荣的国家里，是不会需要这种会促使国家破产的资金的；君主能乞助于一个更加富裕得多的源泉，即自己国民的财富，向他们征收临时的非常税，这种税不会引起国债的增加。例如，十分之一税能使他的收入比现在增加两倍，而国民的负担要比现在在租税包征制的情况下减轻一半。假如君主在非常的情况下仍然需要支出利息借债，那么依靠自己国民的财富他会很快地找到他所需要的资金。假如他需要预收赋税，那么上述的反对就变得没有根据了，因为要做这种足以使国家破产的工作，是随时能找到所需要的租税包征人的。从规定的赋税中取得好处是一件有利的事，因此总会有许多人愿意向国家预付资金，由于这样，经常要靠情面来取得承包的资格。不过应当希望，一个繁荣的国家永远不要乞助于这个危险的来源。

从事贸易的贵族

现在提出一个对国家很重要的问题：给予贵族自由从事贸易的可能，而不剥夺其贵族的权利。但过去对这个问题的讨论是非常一般性的和不明确的，引起了许多议论，有的赞成给予这种权利，有的反对，同时只笼统地谈贸易，没有任何的限制。赞成这种或那种观点的人引用了不同的理由来为自己辩护，因为整个对象本身提供了会引起对立意见的基础，这些意见都是值得注意的。

争论中指的主要是贫穷的贵族。因此所谓贸易并不是指批发贸易，这对他们来说是力不能及的，而是指适合于贫穷贵族的能力的零星贸易。他们需要赚一些钱，以便在他们服军役时能维持自己和家庭的生活，因为他们主要都是规定要服军役的。

看到国内有许多没有财产的贵族，不得不承认，他们需要从事某种能赚钱的体面的工作，以便取得收入。但同时也不能反对，商人或城市小商贩的职业对他们的地位是不相称的。这种工作对他们是有失体面和不方便的，这一切都已经清楚地指出过了，而且还有会造成国家巨大损失的其他一些条件。

没有任何必要来扩大城市商人的数量，那里商人已经太多了。所有的农村居民都竭力设法迁居到城市里，以致城市里的贸易分得过于零散，从事贸易的人过多了：许多小商贩的工作只要有一个人就足以应付。这种状态使国家的人力遭到巨大的损失，而且不能合理地使用他们的才能。

假如由于贵族从事贸易而使城市商贩的人数更加扩大，那么对国家的损失亦会增加。在农村中，贫穷的贵族不得不耕种他们拥有的少量土地。假如允许他们到城市来当商人或商贩，那么就会有许多人离开农村，这对农业是非常有害的。

然而最好使这一部分对国家重要的人口不要在贫苦中苟且度日，使他们有钱过体面的生活，甚至由此而变得对国家有益。

耕种土地对拥有土地的这个高贵阶级的地位总是相称的。然而如果他们本身工作中的这个条件不改变，他们只有极少的土地耕种，从这上面不能取得足够的钱，以维持自己家庭最起码的生活，那么他们仍然没有多大益处。

但如果在实行按比例地征收人头税而减轻其他农村居民的土地税的条件下，允许他们租赁土地，那么就能改善他们的经济状况，使他们能够雇佣仆人而不必亲自耕作。他们就能使农业重新有起色，这样，这种工作就不仅对他们本身有益，而且还对国家有益。

要把土地耕种得好，需要巨大的支出，丰富的收获是靠耕作者用财富创造的。贫穷的贵族不可能提供这样的支出，以致他们的努力会得不到结果；因此还应当使他们有取得必要的资金的可能，只有允许他们从事农产品的贸易，即出售谷物、牲畜、羊毛、干草和葡萄酒，才能达到这一点。

对农村贸易的任何协助都不会是过分的，因为它有利于农产品的销售。农村贸易愈活跃，它对作为国家收入的源泉的农业帮助愈大。在农村贸易得到发展的情况下，耕作者不会由于等待出售自己的产品而感到贫乏;在谷物价格过低的时候,他们不会被迫把谷物去喂牲口;他们经常能依靠销售自己的产品来补偿用于土地耕作的各种支出。

如果有许多富裕的商人在农村从事贸易,那么在大丰收的年份当耕作者和葡萄酒酿造师急于出售产品的时候,他们就能够购买这些产品。同时由于商人的竞争,价格始终保持在很高的水平上。对耕作者说来,这种贸易是出售自己产品的一种手段。商人会对全体人民带来好处:有些商人能够把产品和葡萄酒保藏起来,在歉收的年份出售,他们替国家保存了储备量,帮助国家度过困难的年份。

假如住在农村的贵族参加农村贸易,他们将能带来很大的好处;在这事情中并不有损他们的体面,因为他们可以通过自己的仆人进行贸易,而自己只需下命令指挥,并用自己的知识来协助他们。这样,就能使农村中的贵族赚到钱,过比较富裕的生活,并且能在军事工作和土地耕作上提供支出,他们能依靠保证他们过适合于其地位的生活的那种特权,来促使国家繁荣。

有人认为,只有当国内的农业得到恢复的时候,当土地税的收入比现在超过二三倍,足以补偿甚至超过君主在普遍租税包征制方面的损失的时候,才能取消普遍租税包征制。但在法国目前的农业状态下,对财产所征的税虽然很高,还不能代替普遍租税包征制的收入。因此,在农产品仍然还像目前那样有限以前,取消租税包征制是不可能的。

然而这些收入是由国家支付的,而国家还负担着由于征取这些收入而花费的巨大开支;毫无疑问,假如它只支付这些收入而不支付征税的开支,那么它的负担就要轻得多,而不会感到像目前那样的沉重。取消租税包征制以后税不会马上增加,相反,由于采用新的征税方法,它反而会减少;它将变得负担较轻,较少强制性,对消费、生产和农产品贸易的害处也要小得多。

普遍租税包征制给予君主一亿一千万利佛尔。烟草、盐、征税商品的进口税、农产品运入不付土地税的城市所征的税,总之,普遍租税包征人所征的一切形式的税,大致相当于普遍租税包征制现在付给君主的那个数目;但新的制度不需要像目前那样在全国设置这样多的工作人员,而且所征的税对居民说来不是那样沉重。因此在取消租税包征制以后,只是把一笔不大的补充数目在人们中间分摊,而他们目前却在付三倍大的税。目前由于葡萄酒要付间接税,负担最重的是种植葡萄的人,以及付土地税的城市,因为饮料的税要付出很大一笔款子。

葡萄园是按土地面积征税的,我们已经指出过,只要把土地税稍微提高一些,就能比在租税包征制下对葡萄酒征收间接税得到更多的收入,同时对国家也有很大的好处,因为目前征收间接税在管理上要花费非常巨大的开支。

假如这样以后还需要分配一笔数目,那么可以对应当征土地税的城市征收土地税或人头税,以及对不付土地税的城市征收进口税和人头税。非生活必需的农产品和商品的进口税可以稍微增加一些,对这些城市的富裕居民征收的人头税也可以稍微增加一些。同时对应当付土地税的城市征收的土地税可以适当地增加,并对这些城市的享受特权的居民规定人头税,而免除他们由租税包征人征收的税。我重复说一遍,这不会使城市所付的税增加,相反，城市所付的税要比目前轻得多。

在各城市之间这种税款的分配，是同对农村征税意义相同的，因为一切的税结果都是由土地收入担负的，而且因为土地所有者，特别是大土地所有者，几乎全部住在城市里。因此，虽然他们按照城市的征税法付税，而实际上是用他们在农村中的地产的收入来支付的。商人和城市手工业者的开支，也是用从土地所有者的收入中取得的款子来抵补的，同时他们的商品或制造品的价格会随着他们的开支和税款的增加而增加。结果城市的税的增加，一部分转移到土地所有者的收入上，一部分转移到向城市购买必需商品或制造品的农村居民的工资上。严格地说，商人、手工业者和工人只是预付了向他们征收的税款，因为他们通过价格把这税款转移到购买商品或制造品的顾客身上，或者在取得工资时得到补偿，因此结果总是对土地的产品征税。

取消对国家负担很重的租税包征制，而简单地把租税包征制给予君主的收入直接付给君主，会促使赋税大大地缩减。所有付税的人都从同一个来源，即土地收入中取得他们所需的数目，不过这部分收入是流入人和财富汇集的城市中的。政府推行这种不良的分配，是加重农村居民的赋税而照顾城市居民。由于实行这种政策，农村会失去耕作土地所需要的人和财富，国家的收入会减少。城市也会因此而受到损害，国内的人口会减少，国家会变得贫穷。结果国家只归结为几个大城市，靠市内的一些大土地所有者、财政人员和一部分富裕商人来维持。但是只能保证很小一部分居民过富裕生活的城市，对一个大国来说是极小的资源。由此可见，城市和农村之间赋税的不正确分配，从国库本身来看会对国家造成巨大的损失。因此,把赋税的分配重新调整,采取负担较小的征税形式,绝对不向农业本身征税,而只是向农业提供的收入以及靠农业收入维持的各种工作征税,这是非常重要的。

这种向农村居民征收土地税的方法,不会触及用于农业的财富,值得予以重视,因为国家的繁荣就取决于这种措施的顺利推行。假如所有的土地都出租了,那么确定土地税数额的可靠而方便的方法,就是根据租约上规定的租借费按比例征收。根据目前土地税、人头税和其他各种税的数额,它大致上可以规定每一利佛尔租借费征收十苏,也就是土地税和人头税加起来等于租借费的一半。在行政当局监视着收税员必须遵守征税比例的地方,这个规则可以执行得相当好。

然而大部分土地是由分成租地农场主耕种的,他们同土地所有者平分收获,在这种情况下,耕作者仅以自己的劳动参加农业。大部分支出都由土地所有者负担,因此很难确定分成租地农场主得到的收入,也很难规定支出的大小。这时土地税就会从属于分成租地农场主的这一部分收获中征收。用这种方法耕种的土地生产很少;分成租地农场主得到的那一部分谷物几乎全部供他们和家庭消费。如果估计一下他们这部分的价值,那么很清楚,他们能够付的土地税和人头税不超过每利佛尔两苏或三苏,也就是他们的收获部分的六分之一或七分之一左右[①]。

如果永远保持这个数额,分成租地农场主是能够应付的,不过它只适用于生产谷物的分成租地农场主。有的分成租地农场主基

① 参阅《谷物论》这篇文章中关于土地税的注释。(原注)

本上经营牧场或畜牧业，谷物只占其经济中极小的一部分，在这种情况下，确定它的产量以便按比例地征税就更加困难了，因为畜牧业要担很大的风险，因此在决定这个重要问题时要特别慎重。由于这个缘故，在某些省份里决定测量牧场和耕地的面积，根据其价值分成等级，然后在这个基础上规定实际的土地税。不过在这种场合应当消除把同一个征税对象重复计算两次的可能性。因为如果为耕地的役畜供给饲料的牧场是按其价值征税的，如果这些牧场的产品，同消费这些产品的役畜所耕种的土地的产品混合起来，那么同一个产品就征了两次税。因此应当弄明白，分成租地农场主是怎样使用牧场的产品的，以便确定它是否用于饲养不耕地的牲畜，然后确定它所提供的收入，这样才能定出公平的征税数额。

要仔细地实行这些手续是十分困难的，但在省里的那些内行的帮助下，这些困难是可以克服的。即使不能达到十分的成就，终究能接近于实行按比例地、固定地征税，这样土地所有者和分成租地农场主在管理自己的经济时，所花的农业支出总是能得到补偿，这个重大的成绩同任意地、不固定地征税是不可同日而语的。

对土地的估价不可避免地会发生巨大的变动。如果由大农经营改为小农经营，那么产量就会大大降低；相反，如果小农经营改为大农经营，那么产量就会增加一倍或两倍[①]。

因此在目前的农业状态下，不能用对土地进行估价的方法规定出同这些土地的产量成比例的、固定不变的征税基础。在耕作的质量发生改变的情况下，土地的产量会同现在的产量大不相同，

① 参阅《租地农场主论》和《谷物论》。（原注）

土地的价值也会随着产量的改变而改变。在政府很容易在法国实行大农经营的时候，目前不能用对土地进行估价的方法规定出同产量成比例的、固定不变的土地税。应当找出一种方法，使君主的收入能随着农业的改进而不断增加。

国民关心的不仅是拥有自己的财富；并且还要君主用权力来加以保证和给予保障；但这个权力决定于君主的财富。结果是君主愈富，就愈能使国家的敌人感到害怕，因此应当使君主的收入同国民的财富成比例地增长[①]，这对国民来说也是很重要的。

对于使土地税收入能随农业的改进而增加的那种征税形式，必须详细谈一下。在目前状态下对土地的估价，不能成为确定土地税的固定不变的基础。由于农业的逐渐改善，经常需要进行局部的重新估价，这种估价要估计到各种详细情况，因此有许多不方便。更为简单和方便的方法，是根据土地的年产量来确定土地税，这样就能由土地的产品本身随时加以调整。这种产品甚至在对土地所有者有利的情况下也能使土地税增加六分之五，不过在土地税没有定出共同的和不变的规章以前，这种增加是得不到的。

在目前的混乱现象下，虽然每一个耕作者都知道，只有他们所花的支出和劳动才能够使生产增加，但同时又担心，生产的增加会引起对它任意加税，结果使他们破产。他们的谨慎使他们同本地

① 对保证支付国家的债务来说，君主收入的增加是必需的。除此以外，军队的薪水过低会妨碍雇佣志愿兵，不得不增加招募，而这会逐渐地把农村搞垮，使国家的收入减少。然而除了促使国民的收入增长以外，政府没有别的办法来增加君主的收入，因为如果它增加赋税，那么就会造成危害，使国家遭到破坏。只是由于政府的缺点，法国才会发生这种衰败的现象。它依靠自己所处的地位，自己的河流和土地，在本国农产品自由贸易的条件下，应当成为一个最富强的国家。（原注）

区的所有其余的耕作者保持着同样的态度；因此，由于政府的过错，君主和国家损失了巨大的财富。

租借费为按生产比例规定赋税的数额提供了根据，因为土地所有者和租地农场主在订立契约时，在同样程度上考虑到自己的利益。

如果能够根据出租给租地农场主的土地的租借费来规定赋税，并且在对由土地所有者自己耕种的不出租土地的产品征税时，对两种不同的经营方式加以考虑，那么就能达到正确的结果。

大农经营不仅产量高，而且在所花的支出方面也较小农经营有利。因此前者所付的土地税要比后者多一倍或两倍。大农经营的土地几乎全部是租借的，因此租借费可以作为确定赋税的根据。至于由土地所有者自己耕种的不出租土地，则在每一地区可以按照土地的价值，即按照该地区出租的土地的租借费，来确定其产品。

如果除了耕地以外，还有提供特殊收入的其他财产，那么应当用同样的方法按照它在当地的价值来确定税额。

可能要担心土地所有者和租地农场主进行欺骗，不确实地申报真实的租借费数额，但上面已经指出过，这是可以避免的[1]。

在大农经营占优势的那些地区，行政长官的确在努力实行按比例地征收土地税；在目前租地农场主在贩卖自己的农产品方面经常受到限制，税率每年在改变以及计件工资过高的条件下，他们在这方面取得的成就，已经可以算很大了。

---

① 参阅《谷物论》这篇文章中关于土地税的注释。（原注）

小农经营所耕种的土地，可以不按照这样确切的税额，但上面已经指出，也应避免任意征税的弊端；对于这种土地，应当根据归分成租地农场主所得的收获部分按比例地征税。土地税要按照分成租地农场主土地的质量，根据该地区谷物的通常价格来规定。如果还有别的土地，如超过役畜饲料所需的牧场，则应当根据其价值估价并按比例征税。牧场和其他非耕地的价值，并不像耕地的价值那样决定于该地区通常采用的经营方式的性质，它们的价值不是经常变动的。因此，对于这种土地的估价，为实际地或按比例地征税提供了切实的根据。同时，在对耕地按比例地征税时，应当以经营的性质为依据，因为它是不会改变的；假如小农经营改成大农经营，那么可以根据土地提供的产品数量来征税，同时首先要估计到，作这种改变需要花很大的支出。

假如耕作者能够拿出必要的支出[①]，那么小农经营的产量能够接近大农经营。但正是由于他们无力负担这种支出，因此只得满足于自己的经营方式；结果小农经营永远处在不变的状态。如果在公共福利的要求的压力下，人们的、甚至行政当局的偏见，终于对谷物输出和各省之间的转运的必要性作了让步，或者如果王国破产的危险促使政府通过公共的、不可违反的法律来规定谷物能自由贸易，那么在预期的工资的刺激下，耕作者可能会使法国的农业提高。大农经营会得到普及，小农经营将得到改进。人造牧场能饲养牲畜，能全年在畜栏里喂养役畜，通过这种方法使收获提高。在农业产量显著提高的情况下，按比例征收的土地税也可能

① 参阅《谷物论》这篇文章中关于土地税的注释。（原注）

提高。但这必须进行得很慎重，以便不要使耕作者产生恐惧，因为他们已经习惯于这样的事，即在任意征收土地税的情况下，他们的劳动和所花的支出只会引起足以使他们破产的增税。不能单凭空口议论的方法来使他们相信：付较高的、同他们收获的增加相适应的土地税对他们也是有利的；而要使他们在切身经验中认识这一点。

因此按比例征收的土地税不应当跟着农业的成就而立刻增长。应当让耕作者深深地感到这种成就的好处，使他们认识到，按比例征收的土地税不会剥夺他们的盈利，他们虽然付较高的土地税，但是在大农经营的条件下，他们得到的收入还是比小农经营多。

还应当注意到，付款的增加或减少会完全取消按比例征税的意义和作用。这些付款阻碍着土地所有者和分成租地农场主之间关系的调整，因为价格的每年变动使付土地税的农民感到没有把握。

例如，租了九年土地的租地农场主不会有任何把握，认为自己是有力量支付地租和土地税的。由于赋税的可能提高，在租约生效的时期内他冒着破产的危险。由于租地农场主的地位是岌岌可危的，以致法国的租地农场主人数大量缩减，土地所有者几乎到处都只能把土地在小农经营的条件下出租。因此，为了使租地农场主对自己的事业有把握，为了使他们的人数增加，必须使征税的数额保持不变；这是增加君主收入的最正确的方法。任意增加土地税给予国家的收入并不多，而对农业却有极大的害处。

不过使土地税保持不变是不可能的，因为由于这一地区或那一地区发生冰雹或其他灾害，就不得不减少这些地区的税而增加另外一些地区的税。然而难道国家就不能把这种偶然的损失担当起来，而不去破坏征税的制度吗？类似的灾害是几乎每年在不同的地区都要发生的，因此，总起来它所造成的损失几乎是不变的。如果把土地税稍微提高一些，以补偿国家的损失，不是比用不固定的增加赋税来麻烦耕作者更好吗？因为这种增加赋税，是耕作者在自己同土地所有者的交易中不能预见到的。

国家为了自己的利益，应当使耕作者的地位安定和稳固，在他们遭到巨大灾害的时候给予他们可靠的帮助。如果实行按比例征税对行政当局说来过于复杂、困难和麻烦，那么可以不采用这种形式，而由各省分摊赋税的数额。各省应付这样的事情要比派代理人好。这问题是非常重要的，不能等闲视之，因为君主的力量、王位的荣誉、国家的繁荣和人民的幸福都决定于这个问题的解决[①]。

财政部长的重大任务在于很好地领导农业，保证它的稳固地位，因为它是整个国家经济的基础。苏理氏把自己的注意力放在大自然的产品上，另外一个人把自己的目光限制在手工业生产之内。前者注意的是树干，后者只抓住了它的桠枝。前者看到了一个大国的经济基础的本质，后者不能摆脱小的贸易国家工业发展的图景。前者引导国家走向富裕，后者会把它搞垮[②]。

---

① 参阅 *Mémoires sur les Étatsprovinciaux* (par Mirabeau)，《关于地方州会的记录》。（米拉波注）

② 参阅《租地农场主论》和《谷物论》（这里所说的“另外一个人”是指柯尔培尔）。（法文本注）

略论国民每年收入的分配变化情况

从前面的表来看，在年收入（revenu annuel）四亿〔利佛尔〕的有规则的正常的流通秩序中，这个四亿〔利佛尔〕是由六亿〔利佛尔〕的预付（avance）所获得，每年分配给四百万名的家长。有一百万名的土地所有者，他们的支出估计平均每人四百〔利佛尔〕，有三百万名从事于劳动和盈利工作的家长，各自的支出平均每人为二百〔利佛尔〕。在这样的分配中，假定有如下的情况。

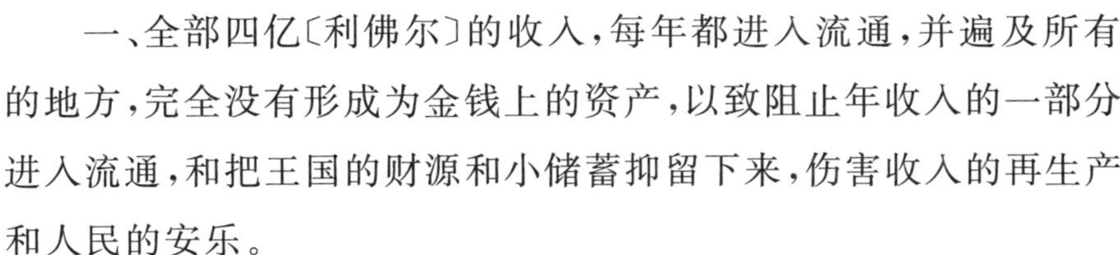

一、全部四亿〔利佛尔〕的收入，每年都进入流通，并遍及所有的地方，完全没有形成为金钱上的资产，以致阻止年收入的一部分进入流通，和把王国的财源和小储蓄抑留下来，伤害收入的再生产和人民的安乐。

二、收入额的一部分，没有转入到外国人的手中，而不以货币和商品的形式流回。

三、这个国家在外国的相互贸易中没有蒙受损失之苦，即使这种贸易对商人极为有利，他们把拿回来的商品去贩卖，从本国人获得利益；并且因为在这种情况下，这些商人财产的增加，会削减收入的流通，而这种削减是要伤害分配和再生产的。

四、不要被对外相互贸易的表面利益所欺骗，只从货币的收支差额来判断它的利益，而不或多或少地考虑从贩卖商品和购买商品所产生的利润；因为受到损失的常常是获得货币剩余额的国家，这个损失转过来是要伤害收入的分配和再生产。

五、不要使土地所有者和经营盈利事业的人，利用不生产的储蓄，把他们的收入和他们利得的一部分，从流通和分配中取去。

六、财务行政，无论在租税征收还是政府支出上，完全不致发生会把收入一部分的金钱财产，从流通、分配和再生产中掠夺去。

七、租税对于国民收入总额不要发生破坏或不平衡的情况；租税的增加是随着国民收入的增加而发生。应该直接对土地所有者的收入征税，而不应对产品征税；因为后者要增加征税费用和损害商业；同样，租税不应破坏租地农场主的预付，他们的这些财富，必须加以保存，作为耕种上的费用。

八、租地农场主的预付，必须很充足，这为的是使它作为耕种的支出，在再生产中至少达到百分之百。因为如果预付不充分，就会使耕种上的支出增多，而所生产的纯收入（revenu net）则很少。在法国，这种支出只能生产约百分之三十的纯利润。

九、租地农场主的孩子，应使他们定住在农村，永续地在农村里从事农业。因为如果有某些烦恼使他放弃了农村和决定到城市去，那么，他们就会把用于耕种的父亲的财富拿到城市里去。

十、要避免居民因逃亡而把他们的财富携带到王国之外去。

十一、完全不要妨碍粗产品的对外贸易，因有卖才有再生产。

十二、在王国之内，丝毫不能使产品和商品的价格降低。因为这会使这种同外国的相互贸易，给国民带来不利的结果。

十三、不要相信产品的廉价对于平民有利。因为产品的价格低廉，会使他们的工资降低，减少他们的享受，会使提供给他们劳动和挣钱的工作更少，而且会减少国民的收入。

十四、不要减少下层人民的安乐。因为这样那些只能在国内消费的产品，就不能由下层人民来充分地消费，而国民的再生产和消费就会减少。

十五、要促进家畜的增殖。因为家畜可以给土地提供为丰收所需要的肥料。

十六、丝毫不要刺激装饰品的多产，因为它只会不断损害生活资料的多产，这些生活资料的多产是有利于维持粗产品的贩卖和优价，以及国民收入的再生产的。

十七、经济管理机构，应专心致力于帮助扩大生产的支出和粗产品的对外贸易，对于不生产的支出，则是任其自然。

十八、为了供应国家非常必需的资源，只能依靠国民的繁荣来达到，这是不能把希望寄托在金融业者的信用上。因为这些金钱上的财产，是国王和祖国都不知道的隐秘的财富。

十九、国家要避免借债。因为借债会形成财政公债，由所交易的证券为中介，发生了金融业务和公债投机业务（commerce d'agio），贴现更增进了不生产的金钱财产的增殖。因为和农业的收入比较，人们更喜欢这样的公债和这样的高利利得，因此农业被遗弃了，土地改良和土地耕种所必要的财富被剥夺了。

二十、在拥有广大耕地和进行粗产品大商业的便利的国家，不要使货币和人力过分地扩大使用在制造业和奢侈品商业上，因而伤害农业的劳动和支出。因为对王国说，比任何事都更重要的，是必须使富裕农业者充分地增加起来。

二十一、政府应少致力于节约，多致力于王国繁荣所必要的事业。因为，为了增加财富，过多的支出，也不算过度。

二十二、比起人口的增加，应更注意收入的增加。与其由于人口过多而使必需的生活资料感到紧迫不足，不如有较大的收入而获得安乐的生活。人民之所以能够安乐，是因国家有更多的资源。

无疑地，有些国家是完全不具备这些条件的。但也有一切都很好的。事情确是如此，因为如果没有这些条件，大国就会和小国相等；如果有了这些条件，小国也能够和大国相匹敌。因此就产生了在政治的秩序上追求各国间势力均衡的现象。

关于经济表魁奈给米拉波的信

听巴伊侯夫人说，你像是又为表（Zizac）而流汗呢！确是如此，表和许多事都有关系，因此要把事情协调得一起来掌握，或更明确地说，要以明确的论证来把握这个表是困难的。我们在不知道这个表会发生什么事或为什么会发生这些情况时，也能了解它。但是，只是这一点，对你说还是不充分的。

我们从这〔表〕里所看到的，第一是作为农业经费的四百利佛尔年预付的使用，生产出四百利佛尔的收入，以及用于工业的预付二百利佛尔，到了劳动者的手里，除工资以外，什么也没有生产出来，还有工资也是由农业所生产的收入所提供。这项收入，由土地所有者支出，约略划分为等额的两份，即半数用于购买面包、肉类、木材等回流到农业去，对取得这半数的收入，并依靠它来生活的人们，把这个金额的价值，用于为农业生产物再生产的土地上的劳动。就是这样使同一数额的收入能永久地维持下去。你可能要说，这里还只是再生产了一半数额。请看前面的分配情况。余下的（一半）数额，也回到〔农业〕这里来。这些农民们同时也以这一半数额来生活。但是他们的劳动，由于土地的恩惠（don），能够生产出比他们的支出更多的东西，这种纯产品（produit net）则被称为收入。

土地所有者收入的另外一半数额，则由土地所有者为了再生产衣服、家具、器物及同类的物品，并没有再生产出其他东西时所消耗，和为维持所消灭的其他一切东西，用于购买手工业的加工品。情况就是这样，制造这些东西的劳动者的劳动产品，使他们能够维持生活，回收他们手中的他们自己的预付，但没有超过他们的工资数额。因此，用农业所生产的收入来支付给他们，给除应付他们自己的支出外，不能生产出其他东西的人们以食粮。他们除用去的经费以外，什么也没有生产出来。就是这个理由，我把它叫做不生产的支出。

任何时候都不要忘记极为明了的公理，商品如果不能抵偿它的费用，必须把它停止生产。这是毫无例外的真理。但是，至少如果商品能够抵偿它的费用，还必须把由这些费用来养活人的情况加以区别。就是说，即使完全不能养活人的东西，可是只要能生产和他们的利益有关的纯产品时，才是和人有利害关系的支出。当我想把远处的木材运来巴黎时，就要计算一下车费是否会把全部利润都吃掉，这时虽然要养马，但这些经费完全不同于养人，和养人的经费是属于不同的种类，从这个观点，因而不把它放进我的表中。因为这个〔表〕所考察的是对于人的财富和对于财富的人。这个关系是表的说明目标之一。

第二件事是和人的生活资料一起，保证〔收入〕的流回的收入分配的行程。我们在那里首先要看土地所有者的支出，是怎样的分配于农业和工业；其次是看到落入在双方手中的各自的数额，任何一方，直到最后一苏为止，是怎样的相互进行分配。

工业阶级的劳动者，为维持他们所必要的手工业品，把他们的工资的半数，支出给他们阶级的内部，另外的半数，用于购买他们的生活资料，回流到农业。在农业方面，也发生了同样的情况。农民为了生活资料，他们也把他们所取得的金额的一半，用于〔农业〕这方面，另外的半数，则为维持他们所必要的手工业品，把它缴付给工业。就是这样，在他们分配金额的支出时，以和土地所有者收入的支出时同样的比例，分到各个阶级。但是这些阶级一个一个都是相互的从另一方面取得，同时也支付给对方，但归根到底由农业阶级来再生产。我们由四百利佛尔收入的分配，这个金额在土地所有者那里，以及在农业和工业两阶级之间所划分的八百利佛尔的代理〔职务〕，它们无论在哪里，总是用来购买充实人们的食粮，和支应人们的日用物品的。

我们在表中还有应该考察的一件事，就是由人的手所推动的机械运转所必要的预付，和在一定的前提之上的这些预付与收入的关系。我们在这个〔表〕中，在农业方面，还把作为经费使用的预付，和收入一样地再生，同时这些预付的一部分，用于〔农业方面〕所使用的耕作劳动，依靠工资来生活的人们的工资。从这一点，我们一下就可以掌握财富和金额的使用与出纳，它们之间的关系和它们之间的相互影响，因而也就能够掌握农业国经济统治的全部精髓。

这样精巧考虑所制定的表，省略去很细节的部分，把非常错综复杂的构想描绘出来。如果依靠说明，则只能由智力来掌握这错综复杂的构想，要区别和了解它就要花很大的精力。不仅如此，如果这些构想，不是由表来使大家清楚地了解它，那么就会转眼忘记，而不能长久地铭记在心中。所以依靠表，那么这些构想和这些组合，就不会很快消失，至少看了这个表，就会对于这些秩序和相应的关系，很容易把它的全貌回想起来。在这个情况下，我们就能够毫无遗留的，并不烦心的，自在地把它构想出来。

我将作为例来增订的〔表〕的第二版送给你。这种生活的手册，篇幅不能太大，为了更便于明了地掌握，把它印刷了三份。至于发表的场所，我想可以附在你应征伯尔尼协会①的征稿的论文注释之末，如果你觉得妥当，可附上你的风格的序言。论文本身就是一篇很好的序言。但是在这一点上，你也是遭到困难的，从这一点来看，对我说，明显地就会更加困难，能够预想到将会遇到什么样的障碍，所以你自身就是〔把它发表〕阻力。在〔表〕的第二版中，我是从六百利佛尔的收入出发，这样做的原因是可以使每个人分到份额稍为多一些。因为从四百利佛尔的收入出发，所分配到的份额是过分的少了。这事虽是不幸，正如应该依医生的嘱咐，如果

① 一七五八年十二月，在瑞士的伯尔尼创立了“农业协会”(Sociéte d'Agriculture de Berne)。这个协会是以格鲁纳和蒙脱特安所创设的勃路泰尼的“农工商协会”为样板所创立起来的。这个协会的活动是从悬赏征求论文开始，论文的题目为《耕种谷物的利益》。魁奈和米拉波对于这个做法很感兴趣，米拉波也写了论文去应征。论文审查的结果，于一七六〇年二月二日发表，米拉波的论文未曾被选进。在这篇文章中所说的“遭受到痛苦”，无疑是魁奈写这封信以前的事，归根结底，似乎和这篇文章的落选没有关系。文章虽然未曾被选入，但米拉波的业绩却受到很高的评价，被推选为这个协会的名誉会员。(Cf. A. Oncken: *Geschichte der Nationalökonomie* I. Teil, Leipzig, 1922. S. 323)。而且差不多和应征论文同时，米拉波发表了《人民之友》第五部《关于农业的记录》(*Mémoire sur l'Agriculture*)。从《人民之友》第五部的“前言”来看，第五部共有三篇文章，其中第一篇是“记录”，第三篇是“经济表”。但是事实上，第五部只刊登了第一篇的“记录”，和作为附录而刊载了英国书本的一些摘录，并没有第两篇和第三篇。这两篇是作为《人民之友》的第六部发表的。因此作为《人民之友》第六部的附录刊载出来的《经济表和它的说明》(*Tableau Economique avec ses explications*)，大体上如这封信里所提的魁奈的希望，是通过米拉波的手所实现的。

不是准备好补血药品，就不能随便放血和停止饮食一样，在出现虚脱（Atrophie）和消耗症（Marasme）的王国，我们可悲的住民们，终于遇到了这种不幸的命运。我对于像你这样卓越的市民，很怕引起你过于悲伤的感情，对于这件事就不再多写的了。至希在乡村的安静生活中注意休息。再见！

经　济　表（第二版）

考察事项：(一)支出的三个种类；(二)支出的源泉；(三)支出的预付；(四)支出的分配；(五)支出的结果；(六)支出的再生产；(七)支出的相互关系；(八)费用与人口关系；(九)费用与农业关系；(十)支出与工业的关系；(十一)支出与商业的关系；(十二)与一国财富总额的关系。

生产的支出	收入的支出	不生产的支出
有关农业等的事项为生产600利佛尔收入的年预付600利佛尔	租税征收后分为生产的支出和不生产的支出年收入金额	有关工业等的事项为工业品等的不生产支出的年预付300利佛尔

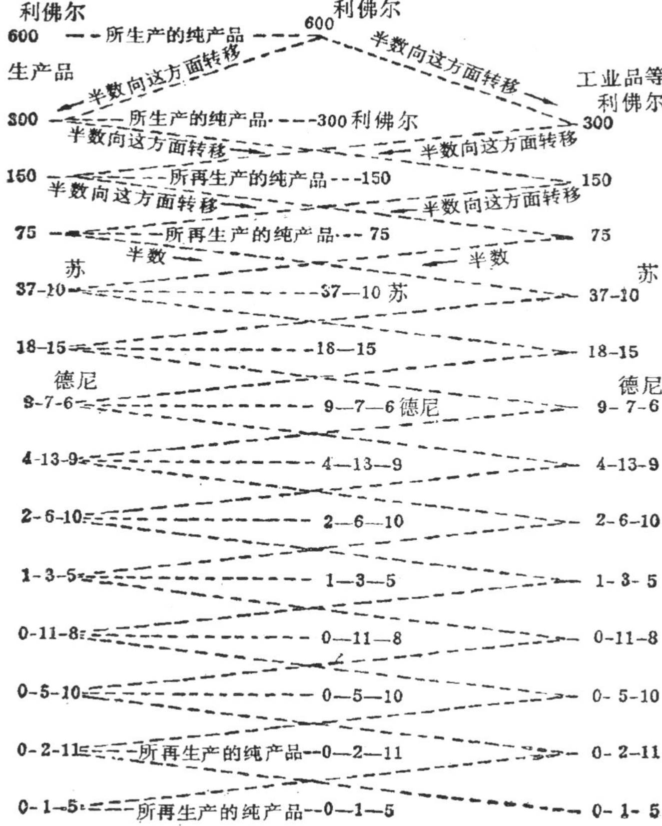

以下省略

再生产总额……收入六百利佛尔，加上每年各项费用六百利佛尔和农业者原预付利息三百利佛尔，使土地恢复生产。这样进行的再生产，包括计算基础的六百利佛尔收入，共计一千五百利佛尔，但所征租税和再生产每年收入所需预付除外。参看以下说明

经济表的说明

生产的支出(Dépenses Productives)是为了不断地再生产谷物、饮料、木材、家畜、手工业品的原料等财富而用于农业、草地、牧场、森林、矿山、渔业等方面的支出。

不生产的支出(Dépenses Stériles)是用于手工业品、住宅、衣服、利息、婢仆、商业的费用、外国商品等方面的支出。

把农民依靠租地农场主投在耕作方面的六百利佛尔年预付(avances annuelles)在上年度所生产的纯产品(produitmet)卖出后,就能将六百利佛尔的收入(revenu)支付给土地所有者。

作为不生产支出的三百利佛尔年预付,用作商业资本和商业经费,以购买手工业品的原料,以及用以供给手工工人粮食和其他必需品,直到他们制成和卖掉他们的产品的时候为止。

六百利佛尔的收入,由土地所有者花费,一半作为向生产阶级购买面包、葡萄酒、牛肉等,一半用于向不生产阶级购买衣服、家具和家用杂物。

这些收入用于这方面或那方面,用于食物或用于家具设备,其数量大小因个人爱好而极不相等。这里假定再生产的支出平均每年能带来同样的收入。但是由于生产支出和不生产支出彼此间所占的优势程度的不同,每年再生产的收入就可能发生变动,这是根据经济表图解中的变化而容易想象到的。因为，假定土地所有者、手工工人、农民用于装饰、家具的费用各增加了六分之一，则再生产收入就要从六百利佛尔减少为五百利佛尔。反之，如果用于本国所产食品的消费或者原料输出的支出增加了，那么，再生产收入也会相应地由六百利佛尔增加为七百利佛尔。由此可见，过度的奢侈能使一个非常富裕的国家很快地破产。

根据经济表的图解，把收入中的三百利佛尔以货币形式投下去作为生产的支出，就会再生产三百利佛尔纯产品，这三百利佛尔纯产品，只是土地所有者再生产收入的一部分。因此，每年收入总额的再生产，就看回到生产阶级手中的分配额如何。

租地农场主把产品出售给土地所有者，而重回到他们这个阶级手中的三百利佛尔，一半用于他们自己所提供的产品的消费，另一半用于购买衣服，家用杂物和工具等；后者是交给不生产阶级的。这三百利佛尔连同纯产品，再生产出来。

土地所有者收入中转移到不生产阶级的三百利佛尔，由手工业工人花费：一半用于向生产阶级购买生活资料、产品的必要原料，以及用于维持对外贸易；另外一半用于维持和偿还不生产阶级的预付。这种相互的流通和分配，以相同的顺序和相同的比例继续进行，一直从一个阶级向另一个阶级相互转移到最后一分钱为止。

这样的流通，使不生产阶级得到六百利佛尔，其中三百利佛尔应作为年预付扣除下来，其余的三百利佛尔则作为工资。这笔工资等于不生产阶级从生产阶级取得的三百利佛尔，而其预付则等于收入中转移到该不生产阶级的三百利佛尔。

为了使支出程序不致过于复杂，这里且把赋税、什一税(dixme)和农民(laboureur)预付的利息等项目留待以后分别考察，这样，另一阶级(即生产阶级)的产品价值为一千二百利佛尔。这些产品价值按下述程序支付：收入的所有者(即土地所有者)购进其中三百利佛尔，另有三百利佛尔为不生产阶级购买，其中的一半，即一百五十利佛尔，用于该阶级的生活资料，其余的一半，也是一百五十利佛尔，则用于和不生产阶级有关的对外贸易开支。最后，剩余产品的一半中，有价值三百利佛尔由生产阶级、即生产该产品的人们所消费，另外的三百利佛尔用于家畜的饲料。这样在全部产品价值一千二百利佛尔中，这个(生产)阶级支出六百利佛尔，而这笔六百利佛尔预付，是由土地所有者和不生产阶级以货币形式购买农产品而回到生产阶级的。生产总额的八分之一，用于对外贸易，或者用于输出，或者替本国创造出口货物的劳动者购买原料和食品。商人的出售额，相当于向国外买进的货品和获得的金银材料。

市民各阶级间在本国产品消费方面的分配程序，就是这样，我们对于一个繁荣的农业国对外贸易的措施和范围，就是抱着这样的观念。

一个阶级和另一个阶级相互进行交换，把六百利佛尔的收入分配给双方。结果，除了保存着预付之外，双方各得三百利佛尔。土地所有者用六百利佛尔维持他的生活。这两个阶级各自分配到的三百利佛尔，连同充作赋税和什一税等的产品收入，在这两个阶级中都可以维持一个人的生活。因此，六百利佛尔的收入，加上额外的进款，就能维持一家三口人的生活。这样，六亿收入，就可以维持以每家老少四口计算的三百万家庭的生活。

生产阶级的年预付，也是每年被再生产着，其中将近半数用于饲养家畜，其他半数用于他们从事劳动者的工资。这项年预付的各种支出，能提供三亿的费用，加上其他产品，又可以维持一百万个家庭的生活。

这样，按照以上所分析的年收入的流通与分配程序，除了赋税、什一税、农民年预付和原预付（avance primitive）的利息不计外，每年从土地财产所再生产出来的九亿〔利佛尔〕，足以养活老少一千六百万人。

这里所说的流通（Circulation），是指所有各阶级的人们用分配到的收入向原生产者进行购买（achat de La premiere main），而没有把商业考虑在内，因为商业并没有增加物资，只增加买进和卖出的次数，只增加不生产支出。

如果一个国家土地所有者有六亿〔利佛尔〕的经常收入，它的生产阶级的财富可以按照以下的方法计算。

土地所有者得到六亿〔利佛尔〕收入，设想另外还有从年产品征课的税赋为三亿，什一税为一亿五千万〔利佛尔〕，加起来合计为十亿五千万〔利佛尔〕；这里还应加上再生产的年预付十亿五千万〔利佛尔〕和一成利息一亿一千万〔利佛尔〕，因而全部合计为二十二亿一千万利佛尔。

在有很多葡萄园、森林、牧场等等的王国里，用犁耕种土地，仅能得到上述二十二亿一千万〔利佛尔〕的三分之二左右。要达到那个数目，就需要在一个有大规模耕作设备的国家里，用马力耕种，有犁三十三万三千三百三十四架，每架犁可锄地一百二十亚尔邦，由三十三万三千三百三十四人管理，并使用土地四千万亚尔邦。

这样的耕作，在法国可以扩大到六千万亚尔邦以上，因而需要五十或六十亿〔利佛尔〕的预付。

这里所说的并不是用牛耕的小规模的耕作。小规模耕作，需要一百多万架犁和约二百万人来耕四千万亚尔邦的土地，而且还只能得到大土地耕作五分之二的产品。农民因为缺乏供原预付的资财，不得不保持这种小规模的耕作制度。但小规模的耕作，在大多数场合下，对于土地本身是不利的，只能收回费用。维持从事这种劳动的人，耗费过大，几乎要耗去所得的全部产品。这种收益微少的耕作制度是国家贫困和衰落的标志。这种制度跟经济表秩序毫无关系；经济表是以下述耕作状态为前提，在这种耕种状态下，犁的使用只有一半〔在大规模耕作下有犁三十三万余架〕，在利用原预付的基础上，年预付每年却可以达到百分之百的生产。

在大规模耕作下，原预付要足够用来购置一架犁，以及在第一次收获以前两年内用来购买家畜、器具、种子、食品、维修保管和支付工资等的基本支出，这笔预付约计一万利佛尔。因此，使用三十三万三千三百三十四架犁所需的预付总额为三十三亿三千三百三十四万利佛尔。请参阅《百科全书》中《农场论》、《租地农场主论》、《谷物论》等条目。

这些预付至少应加上百分之十的利息，因为农业的产品可能遭到各种偶然的灾害，在十年中至少要夺去一年的收获量。除此以外，还需要有很多的资金，以便使这些预付保持一定的数量，并且能够更新。因此，给农民创业用去的费用的利息总额，相当于三亿三千三百三十二万二千利佛尔。

牧场、葡萄园、池塘、森林等，对租地农场主要求的原预付是不多的。这项原预付的价值，包括土地所有者负担的种植的用费和其他事业的原始支出，可以算作十亿利佛尔。

葡萄园和园艺需要巨额的年预付。这项年预付和其他耕作部分的年预付数额大小不一，可以一并包括在上面所说的年预付总额之内。

纯产品、年预付及其利息，以及原预付利息的年再生产总额，依据经济表，可以估计为……二十五亿四千三百三十二万二千利佛尔。

法兰西的领土，用上面的预付和进行产品的销售，生产的数额，可以和上述相同，或甚至更多。

在上列二十五亿四千三百三十二万二千利佛尔的数额中，包含着用于家畜饲料的再生产的预付的半数五亿二千五百万〔利佛尔〕。因而（如果租税全部回到流通中去，并不课加在农民的预付上）所余的数额为二十亿一千八百三十二万二千利佛尔。

就是在人的支出方面，估计每一百万家要用去大约五亿零四百五十八万零五百利佛尔，也就是每家为五百六十二利佛尔，由于各种灾害，可以使这个数目减少到五百三十利佛尔。在这种情况下，国家可称为富裕，人们可以说过着安乐的生活。

土地每年为人们生产二十五亿四千三百三十二万二千利佛尔，其中十亿五千万利佛尔为纯产品。如果以年利三分三厘三毫

(sur le pied du denier 30)[1]计算，它的财富总额应是三百三十四亿五千五百利佛尔，这里还得加上原预付四十三亿三千三百三十四万零九利佛尔，如果再包括每年的收获二十二亿一千零五十万利佛尔在内，则总额为三百六十七亿八千八百三十四万利佛尔。

生产阶级的财富，包括全部支出，总额为……四百零三亿三千二百六十六万利佛尔。

我们没有把家畜的价值以及收获另外计算，因为在估计租地农场主的预付和它的年产品的总额时，已经把上述两者计算在内。

在这里，我们已经把土地计算进去了，因为土地具有出售价值(valeur vénale)，而且它的价格，会跟着耕作所必要的其他财富状况的变化而变化，在某种程度上可以把它看作动产(richesses mobiliaires)，土地生产如减退，租地农场主的财富减少，土地所有者就会在土地的售价上受到损失。

不生产阶级的财富为：

第一，不生产的年预付基金……五亿二千五百万利佛尔。

第二，用于建立手工工场，购买工具、机械，建造磨坊、打铁铺以及其他设备的原预付为……二十亿利佛尔。

第三，富裕农业国的铸币或货币(Pécule)持有数额，跟这个国家每年由商业的媒介从土地取得的纯产品数额约略相同，为……十亿利佛尔[2]。

---

① denier 30 是对资本的三十分之一的年利的意思，纯产品十亿五千万利佛尔，以三分三厘三毫的比率来进行资本还原，约为三百一十五亿利佛尔，和三百三十四亿多的数字不一致。——译者

② 换言之，约为一千八百六十万马尔(marc，是旧重量单位，等于八盎司。——

第四，四百万个家庭四百万所房屋住宅的价值，如果每所房屋

编者）白银。应该指出，英国的货币数量和全国纯产品的比例也是如此，在英国的财富现状下，它的货币数量约为二千六百万镑，即一千一百万马尔白银，如果英国由于战争的紧急需要，而不得不担负过大的债务，那还不是由于货币不足，而是因为国家的支出超过收入。即使有足够的货币偿付借款，一旦收入为债务所消耗，国家仍然要遭到破产，因为在这种情况之下，收入的源泉日益枯竭，会促使国家每年的财富再生产减少。对于其他各国的状况，也要从这个观点来考察。如果一个国家的财富不断更新而毫不减少，就永远不会发生货币数量不足的现象。欧洲在几乎整整一个世纪的时间内，即从一四五〇年到一五五〇年之间，曾经出现货币数量大大减少的现象，这一点可以从当时的商品价格中判断出来。但是这种货币数量的减少，并没有给欧洲各国以任何影响，财富的出售价值，在整个时期中，各国都是相同的；它们的货币数量和收入，也保持着同样的比例关系，因为它们普遍都是用同样的货币价值来计算的。

在这种场合，与其以数量来补充价值，反不如以价值来补充数量，对于人们还较为有利（il vaut mieux... que ce soit la valeur qu; supplée à la masse, que si la masse suppléait à la valeur）。一般人都认为，只有在发现美洲之后，欧洲的金银才大大丰富起来；但在美洲金银涌到欧洲来之前的长时期内，欧洲的货币价值跟商品比较起来，已经低落到今天这样的程度了。但是这一切的普遍变动（variété），并没有引起各国货币储存状态的变化；货币储存常是跟土地收入和对外贸易的盈利成比例，在上世纪路易十四时代，一个银马尔值二十八利佛尔。因此，一千八百六十万马尔，在当时约值五十亿〔利佛尔〕。这时期的法国的货币储存状态，也与此相仿佛，这时期的法国，要比路易十四统治的末期更为富裕。

在一七一六年正货（espèces）普遍改铸以后，货币的数量不到四亿〔利佛尔〕。一个银马尔铸币值四十二利佛尔十二苏；因此全部铸币总数不到九百万马尔，也就是和一六八三年及一六九三年普遍改铸后的数量相比，还不到那时的一半。一国在只有收入增加的情况下，才能每年铸造货币，增加货币储存量。不管每年铸造的货币数额如何巨大，但为要用来补充走私、各部门的贸易逆差以及通货外流，就只能恢复每年外流的数量，而不会使银货（argent monnoyé）的储存增加。如果把四十四年以来由于上述原因而流出的货币计算一下，就知道那个数目是很可观的。很久以来，尽管每马尔定为五十四利佛尔（livre）的硬币增多了，那也不能证明这个国家的货币储存数量有很大的增加。这种论断，同一般关于国家必需货币量的俗见很少相同之点。一般人都认为国家的财富只是由货币所构成的，但货币和其他一切产品一样，它并不比其他商品更难得到，只要支付出商品就能得到它们。一个国家的货币数量受到它使用（usage）的限制，而货币的使用，则由每年用于买卖的费用来进行调节；这种费用本身，又受到收入的调节。因此，一个国家的货币数量，必须与其收入相适应；过多的数量，对它是没有用处的。它要把过剩的货币交换对自己更有益和更有利的其他国家的别的财富，货币

平均为一千五百利佛尔，总计应为……六十亿利佛尔。

第五，四百万所房屋的设备和家具的价值，以四百万家庭一年的收入或工资来计算，等于……三十亿利佛尔。

第六，由购买或继承遗产而获得的银器、宝石、宝石饰物、镜子、图画、书籍以及其他各种手工业品的价值，在富裕的国家，应值……三十亿利佛尔。

第七，如果是海洋国家，商船和军舰及其附属用具的价值，陆战用的各种枪炮，房屋建筑物，以及其他永久性设备等，这一切财物合计……二十亿利佛尔。

我们并不把供输入和输出的，陈列在商人的店铺和储藏在仓库里的手工业品和产品，以及供自己应用和一年内消费的东西计算在内。因为在经济表里，这些东西已经包含在每年的生产和支出的总额之内。

不生产阶级的财富总额为……一百八十亿利佛尔。

上述两个阶级的财富总额为……五百九十亿利佛尔。

假定我们的误差是二十分之一左右，则上述的财富总额应当在……五百五十亿到六百亿利佛尔之间。

我们在这里所谈的是富裕国家的情况，这种国家拥有足够的土地和生产预付，每年都能生产不少于十亿五千万〔利佛尔〕的纯产品。但是一个走向衰落的农业国的情况，就不是这样。在这种

的所有者，即使是最节约的人（les plus'économes），也经常关心从它里面取得一些利益。如果在国内能以高利贷放债，这就证明货币的流通数量，从上述意义来看是不足的，否则货币的使用或对货币的需要，不可能得到这样高的报酬，法国的货币利息，在很早以前，就已保持着这种状态。（原注）

国家里，靠每年生产勉强支持的一切财富，会由于生产费用预付的减少，而相应地遭到破坏或损失它的价值。而由于（下列的）八个主要原因，预付减退的情形日形显著。

（一）不良的课税，影响农民的预付。“不要触犯我”（Noli me tangere）就是这种预付的箴言。

（二）征税费用过多，使租税负担加重。

（三）奢侈装饰过多。

（四）诉讼费用过大。

（五）缺乏对外贸易的土地产品。

（六）国内原料物资的交易和土地耕作缺乏自由。

（七）乡村居民受到人身困厄（Vexation Personnelle）。

（八）每年的纯产品没有流回（défaut de retour）到担负生产支出的阶级的手中去。

经　济　表

为农业、草原、牧场、森林、矿山、渔猎等的供给，用于谷物、饮料、肉、林木、家畜、手工商品原料等的支出 } 生产的支出　　收入的支出　租税征收完毕分生产的支出和不生产的支出　　不生产的支出 { 用于手工商品、住居、衣服、婢仆、商业费用、外国出产食物等的支出

从一个支出阶级对另一个支出阶级的互相售卖所收入的600利佛尔，分配于双方，因此各得300利佛尔。此外还保留有预付。土地所有者依靠支付600利佛尔生活。分配给各支出阶级的300利佛尔。无论哪方面都可以养活一个人，因而收入600利佛尔可以供家庭三人的生活。

按照这个比较计算，收入6亿，除去年幼者以外，以一家三口计算，可以供给三百万家族的生活。同样每年再生产出来的约半数用作对于人的劳动的工资，而属于生产阶级的各种费用，再附加3亿，也是各人300利佛尔，就可以供养一百万的家庭。所以每年由土地所生产的这9亿，依这个年收入的流通和分配的顺序，除年幼者可以养活一千二百万人。这里所说的流通，是指由收入来支付的购买，和从原生产者的购买的支付，把收入分配于各个人之间的意思，商业则不在考虑之中，商业虽然增加了售卖与购买，但没有使物资增加，只不过增加了不生产的支出。

年预付 利佛尔	收　入 利佛尔	年预付 利佛尔
600 所生产收入	600	300
生产物 利佛尔	利弗尔	工业品等 利佛尔
300 所再生产的纯产品	300	300
150 所再生产的纯产品	150	150
75 所再生产的纯产品	75	75
苏		苏
37—10 所再生产的纯产物	37—10	37—10
18—15 同上	18—15	18—15
德尼		德尼
9—7—6 所再生产的纯产物	9—7—6	9—7—6
4—13—9 同上	4—13—9	4—13—9
2—6—10 同上	2—6—10	2—6—10
1—3—5 同上	1—3—5	1—3—5
0—11—8 同上	0—11—8	0—11—8
0—5—10 同上	0—5—10	0—5—10
0—2—11 同上	0—2—11	0—2—11
0—1—5 同上	0—1—5	0—1—5

再生产、合计……收入600利佛尔与为恢复农业土地的费用每年600利佛尔，故再生产为1200利佛尔。

一个支出阶级对另一个支出阶级的相互购买，把收入600利佛尔来划分。两个阶级把一部分作为对自己阶级的支出，把一部分作为一个阶级对另一个阶级的相互支出。

流通虽然使这一栏得600利佛尔，但其中要扣除年预付300利佛尔，这里尚余有用作工资的300利佛尔。

这个阶级所负担的租税，要从再生产的支出所取得的收入中来征收，因而从这个阶级消失。但要除去从流通中回来的部分，这部分在流通中和收入以同样顺序再生。同样的分配于两个阶级，但租税常要妨害土地所有者的收入，农民的投资和消费上的节约，这最后两种情况是有破坏作用的。因它是在这一程度内有害于再生产。转移到外国而不回来的物品。和只作为征收和支出工作的包征税收者的金钱资产的部分，情况也是相同，租税中有所节约，是会转到生产的支出去，而被夺去的部分，或从农民投资征收的部分，就消灭再生产，就要在土地所有者身上转嫁二重的损失。结果要破坏租税源泉的收入总额。租税只应该对土地所有者征课。不应向再生产的支出征收，如向后者征收租税，会使农民破灭，使土地所有者破灭，因而使国家破灭。

苏理氏王国经济精华

从前面的表中可以看出，在年收入六亿〔利佛尔〕按照正确规则流通的秩序中，这六亿〔利佛尔〕是由年预付九亿〔利佛尔〕[①]所获得，每年分配于四百万人的家庭中。其中土地所有者一百万人，以平均每人六百〔利佛尔〕的费用计算[②]，又有从事于劳动和盈利事业的家庭三百万人，他们由于自己的支出，平均各自取得三百利佛尔。但是这样的分配，是以如下的假定为依据。

一、全部六亿〔利佛尔〕收入都加入每年的流通中，而且普及到整个〔流通〕范围，金钱资产（fortunes pécuniaires）完全没有形成起来，或者至少是所形成的金钱资产，和回到流通中去的数量相互抵消了。不然，这些金钱资产，就要阻碍这个国家一部分年收入的循环，抑制这个国家的货币（pécul）和持有的金钱（finance），伤害

① 如果在收入六亿〔利佛尔〕中，再加上租税，如果租税是两亿〔利佛尔〕，那么即使不计算农民最先创业所必要的原预付，年预付至少要十二亿〔利佛尔〕。因此就是最肥沃的土地，如果没有对付耕作所必要的财富，亦是不行的；所以必须注意，一国农业的衰落，并不是由于人们的懒惰，而应归因于他们的贫困。（原注）

② 六亿〔利佛尔〕的收入分配于少数土地所有者。因此，土地所有者人数越少，他们收入的支出，超过他们的消费越多。但是他们将会实行恩施，将按照他们收入的支出的数量和他人共同消费，因而聚集了许多人。所以这种支出就和限定在少额的支出，并把它分配于多数土地所有者的情况相同。同样还应该考虑到其他各阶级的人们的利得和利润的不平等。（原注）

收入的再生产和人民的安乐。

二、收入数额的一部分，虽然转移到国外去，但没有不以货币或商品的形式流回来。

三、这个国家并不因为和外国相互贸易而蒙受损失。例如对外贸易对商人说是非常有利的，在商人把所有商品出卖时，有时是从他的本国人那里取得利益。这样商人资产的增加，就会使收入流通减少，这种减少无论对于分配，或对于再生产，都是有害的。

四、无论卖出的商品和买进的商品，都不考虑它所产生的利润的大小，不受单从货币上的差额所判断的，和外国相互贸易的表面上的利益所欺骗。因为，损失往往是在以货币接受贸易尾数的国家，而这项损失对于收入的分配和再生产都是有害的。

五、土地所有者和从事盈利事业(professions lucratives)的人们，由于受政府所不曾预测到的某种不安的驱使，因而把自己的收入和利得的一部分，从流通及分配中削减，以作不生产的储蓄的倾向。

六、在财务行政上，无论是租税的征收或政府的支出，要完全不发生从流通、分配及再生产夺去为收入一部分的金钱资产。

七、要使租税对于国家的收入总额不发生破坏作用和不平衡现象。随着国家收入的增加，租税也跟着增加起来。租税直接对土地所有者的收入征课，为了避免增加征收费用损害商业，故不对产品征税。又不要对租地农场主的土地的预付征收租税。租地农场主的财富中用于耕作的支出，必须注意保存，又必须避免使收入受到损失。

八、租地农场主的预付，耕作的支出，必须全部充分的用于再生产。因为如果预付不充分，则耕作的支出愈大，所取得的纯收入愈少①。

九、租地农场主的子女应定居在乡村，永远在农村中从事农业。如果由于某种困苦驱使他们离开农村，使他们决心退隐到都市里去，那么他们就要把耕作所使用的父亲的财富，带到都市去。因此他们所以要留在农村的原因，倒不是人的问题，而是因为有很多的财富。在谷物的耕作上，所使用的财富愈多，所使用的人愈少，就愈繁荣，所取得的纯利润就愈多。富裕租地农场主的大规模耕作(grande culture)和用牛来耕地的贫困的分成租地农场主(métayer)的小规模耕作(petite culture)比较，情况就是如此②。

① 在这样的国家，预付和租税不同，平均只占约百分之二十。这百分之二十，是对十分之一税，及对土地所有者和租地农场主作为利得，作为预付的利息，作为对危险的(补偿)而分配。这样纯产品，就发生了四分之三的不足。

差不多全部的租税，都是对租地农场主和商品征收的。这是对支出的预付征课的，因此预付是承担了租税、利得、管理费等约五亿〔利佛尔〕的负担。从十分之一税来判断，预付只给国家以约四亿〔利佛尔〕的收入，生产的支出渐次的被租税所夺去，因而损害了再生产。在产品的自然价格中，由于沉重的租税负担，在收入四亿〔利佛尔〕的支出中，商品的价格，又增加了三分之一。结果是收入的真正价值，减少了三亿〔利佛尔〕。因而对于对外贸易，和对要回到流通中去的租税的使用，同样地受到损失。

和外国的相互贸易，对于国民收入说，要通过货币的支付，或物物交换来取得商品。因此这种贸易不能作为一个独立的项目。不然就会发生重复计算的现象。关于房租(Loyers de maisons)和利息的收取(rentes d'intérêt d'argent)情况也是相同，因为这在支付的人说是支出。但是对于土地所定的征收额(最后是地租)要除去。因为这项征收额是对生产基金(fonds productif)的征课，这包括在从土地所取得的收入(produit du revenu des terres)中。(原注)

② 在大规模的耕作中，一个人操纵使用几匹马牵引的犁一台；和在小规模的耕作中，用几条牛牵引，由六个人操纵使用的犁三台所完成的工作是一样的。小规模的耕作，因为缺乏大规模的耕作创业时所要的预付，每年的支出过大，几乎得不到什么纯产品。在世界上，有一些国家，不得不把本国领土四分之三，实行这样的小规模耕作，此

十、要避免住民携带自己的财富，逃亡到国外去。

十一、丝毫不能阻碍本国出产的农产品的对外贸易。因为再生产的状况，是和贩卖的状况密切相关联的。

十二、在国内，不要使农产品(denrées)和商品的价格有丝毫的下降。因为这在和外国的相互贸易中，对于国家是不利的。收入的状况，是和售卖价值的状况密切相关联的。

十三、不要以为食品的价格低廉，对于平民是有利的。因为农产品价格低廉，使他们的工资下降，减少他们的安乐，减少他们得到劳动和有利职业的机会，因而使国民收入减少。

十四、不要降低下层人民的安乐。因为这样会使下层人民，对于只能供国内消费的产品(denrées)的消费，不能做出充分的贡献，结果会使国家的再生产和收入减少。

十五、要资助家畜的增殖。因为家畜能给土地以能够取得丰富收获所要的肥料。

十六、丝毫不要刺激奢侈装饰的耗费。因维持本国出产食品的卖价和优价，也就是维持本国的国民收入的再生产，这只有抑制奢侈装饰的耗费才能维持。

十七、经济的管理，应该使它能尽量的有助于生产的支出，和本国出产的农产品的对外贸易；不生产的支出，则可以任其自然[①]。

外又有三分之一可以耕作的土地，让其荒废不加利用。但是政府要设法阻止这种向退步发展的情况，并采取使它恢复的种种手段。请参看《百科全书》中“租地农场主论”、“农场论”、“谷物论”等项目。(原注)

① 提供给国民使用的手工业的和工业的商品的劳动，是一个不经济的项目，并不是一个收入的源泉。它们只有售卖给外国，才能够取得纯利润，仅仅由于劳动者生活上所需要的生产品价格低廉，因而手工劳动低廉。然而这对于土地的产品，是一种非

十八、供应国家非常必要的资源，只能从国民的繁荣中求得，而不能期待于金融业者的信用。因为金钱资产是不知道国王也不知道祖国的隐秘的财富。

十九、国家要避免借款。为借款来发行公债（rentes financières），由流通证券（papiers commerçables）的中介，产生了金融业和金融交易，因而更加增多由贴现而来的不生产的金钱资产。这种金钱资产，使金融离开农业，从农业夺去土地改良和土地耕作所必要的财富。

二十、有可以耕种的广大的领土，和把本国出产的农产品进行大贸易的便利的国家，不要过分地把货币与人力扩大使用在制造业和奢侈品商业，以妨碍农业上的劳动和支出。因为国家必须首先充分增加富裕的农民[①]。

常不利的状况。因而这种状况，在有对外贸易的自由和便利来维持本国出产农产品的贩卖和价格的国家是不存在的。这样就使由于土地产品低价的损失而取得利益的对外贸易，就是由手工业品的对外贸易所取得的微小的纯收益也被破坏了。但在这里不应该把纯收益，即国民的收入和商人与工业企业者的利得混同起来。这种利得，以对国民的关系说，应该列在费用的项目中。例如，假使农民所耕种的土地，只是为自己而生产，则只有富裕的农民是不充分的。世界上有许多国家，如果不是依靠垄断的特权，用禁令禁止国民使用其他国家的手工业品，把负担加在国民的身上，则它的大部分工业，就无法维持。关于农业，以及关于土地产品的商业，在这一点上情况就不是这样，在那里非常活泼的竞争，使有广大领土的国家，财富得到增加。我们在这里所说的，并不是有关小海洋国家命运的运输商业（commerce de trafic）。但大国不应放弃耕犁而从事运输业（voiturier）。在前一世纪，有一个大臣眩惑于荷兰人的商业和华丽的奢侈工业，把他的祖国陷于异常的昏迷状态中，不去考虑货币的真实用途和国家的真实商业，而只是空口谈论商业与货币，这是人们所不应该忘记的。（原注）

① 拥有原料，并且可以比较其他国家以较少的支出来生产的国家，可以致力于手工业品的制造业。就是在本国能够制造的情况下，如果在外国售卖的手工商品，他的价格比较自己制造更加低廉时，就必须从外国购买。因为这种购买，可以刺激相互的贸易。如果任何东西不想购买，而只想把所有的东西拿去出卖，对外贸易就要消灭，因而使本国出产的农产品输出的利益也归于消灭。（原注）

二十一、个人在自己力所能及的限度内，为取得最大的收获，有根据自己的利益，自己的能力，土地的性质情况，在自己的田地上种植产品的自由。因为在土地的耕种上，垄断要妨碍国民的一般收入，一点也不会对它有什么帮助。在不妨害一方或另一方的出卖价格的条件下，比必需程度比较低的产品，优先助进必需产品丰富供应的偏见，都是没有考虑到相互对外贸易效果的短视的见解。因为对外贸易能够补给（pourvoità tout）一切的东西，使国民取得最大利润，并按照这些要求，来决定耕种所得的农产品的价格。因此，为了保护人民不陷于穷困和不受外敌的欺侮，维持君主的荣誉与权势，第一必要的实在是收入与租税。

二十二、政府与其专门考虑节约，不如致力于创办使国家繁荣所必要的各种事业。因为由于财富的增加，过大的支出，也就不觉其过大了。

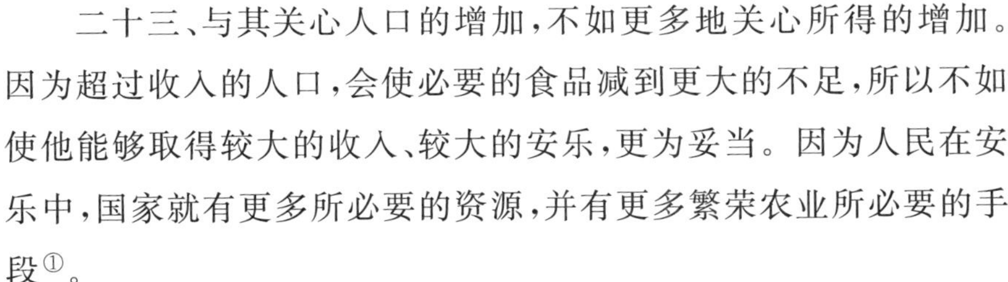

二十三、与其关心人口的增加，不如更多地关心所得的增加。因为超过收入的人口，会使必要的食品减到更大的不足，所以不如使他能够取得较大的收入、较大的安乐，更为妥当。因为人民在安乐中，国家就有更多所必要的资源，并有更多繁荣农业所必要的手段①。

如果没有上述这些条件，要如经济表中所假定的英国一样具

① 支配着各国人们头脑的关于战争的观念，认为国家的势力，是由大人口所构成。但是国民中的军人部分，是依靠纳税者部分来维持他们生活的。或许有人认为，一国巨大的财富，是由于人口的众多所获得，但是人只有由财富，和人与财富之间有适当的比例，才能继续的获得财富。但有人深信国家不会有充分的人口的，他们是没有注意到，没有支持更多人口所必要的充分的工资，同时也没有注意到，只是在有了确实的利得以维持人口时，才能增殖人口。（原注）

有充分生产的农业，结果只是一个架空的幻想。但是这些原理，并不因此而减低它的确实性。

农业哲学

（米拉波的著作第七章）

	生产阶级的预付	收入	不生产阶级的预付	
	2000	1000	1000	
收入中一半的支出	1000 它的纯产品	1000	1000	收入中一半的支出
不生产阶级归还给生产阶级的总计	1000 它的纯产品	1000	1000	生产阶级归还给不生产阶级的总计
	总计……2000	总计……2000	总计……2000	

总再生产量等于集中在生产阶级，支付给这个阶级的总数。其中包括：

生产阶级的预付 …………………………………… 2000

直接转入生产阶级之手的收入部分 ……………… 1000

不生产阶级归还给生产阶级的总计 ……………… 1000

用于向生产阶级购买原料品的不生产阶级

的预付 ……………………………………………… 1000

总计…………5000

因而总再生产量是5000,其中作为耕作者的预付,以及作为原预付和年预付的利息而收回的部分 …… 3000

收入的剩余部分 …… 2000

总计……5000

表中所包含的财富的总额

总再生产量 …… 5000

收入的货币 …… 2000

不生产阶级的作业者经常保有的这个阶级的预付 …… 1000

总计……8000

解　　说

当年度的收入,和前年度的收入数额相同。这一点对于这个表的经济秩序说,是重要的条件。

由生产阶级的支出所生产的年年再生产的纯产品(produit net),在这个表中,是和这个阶级的预付数额相同。在这个场合,所谓预付取得了百分之百,就是指这点说的。

不生产阶级预付的数额,等于生产阶级的预付数额和纯产品,即收入合计总量的四分之一,因而必须等于不生产阶级所接受的数额的一半。

生产阶级对于不生产阶级的归还数额的总计,等于生产阶级的预付的一半。

不生产阶级对于生产阶级的归还数额的总计，等于不生产阶级接受数额的一半。

不生产阶级接受二千利佛尔，其中一千〔利佛尔〕是用于填补这个阶级的预付，余下的一千〔利佛尔〕则用于维持属于这个阶级的工作者的生活。

属于不生产阶级的工作者的人数，比生产阶级要少约一半，生产阶级的支出是二千利佛尔。

生产阶级支出全部预付的二千利佛尔，由于再生产，这个数额全部被这个阶级所收回，同时还收回作为预付利息的一千利佛尔，而且这个阶级虽然支付了二千利佛尔的收入，但是这个数额分配于土地所有者、主权者和十分之一税。这些合计，是五千利佛尔年总再生产量的使用。

每年的支出是六千利佛尔，但总再生产量不过是五千利佛尔。因而支出超过了再生产。原因为对于不生产阶级支出的一部分，不能用于年生产物的购买。理由是：

（一）〔生产阶级〕支付给不生产阶级〔购买〕加工原料品，不过是买回生产阶级出卖给不生产阶级的生产物。

（二）支付给不生产阶级手工劳动报酬的支出，并不是购买生产物。这是对于属于这个阶级的工作者劳动的工资的支付。

（三）因为上述的理由，每年的支出，超过年再生产总量，但是这个支出的超过额，结果不过是国内流通货币继续的重复记入。

这些解说，是表示同样数额收入的，永恒再生产的秩序的一切表所共同的，在其他的场合，总是生产阶级的预付取得百分之百以上的纯产品，即收入，或者是取得百分之百以下的纯产品。

支出的相互关系

第一节　本章的基本思想

我们已经考察了支出的性质和本质，研究了它的作用，现在来讨论这些支出和生产量的关系，以及和形成社会的骨骼与内容的经济和动产的各部分的关系。从第一章到第六章，已经说明了所考察的各种事项的本质和它的自然的作用。从第七章到第十二章所要说明的，则是这些事项之间的关系[①]。

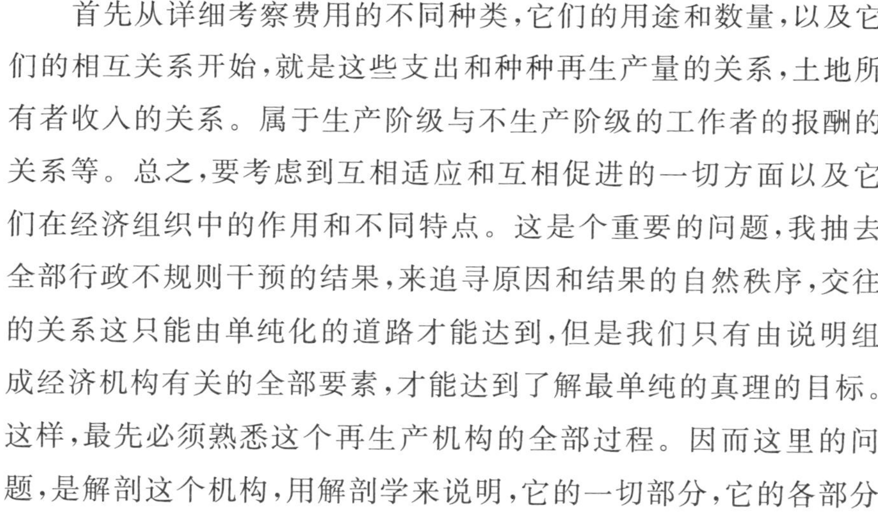

首先从详细考察费用的不同种类，它们的用途和数量，以及它们的相互关系开始，就是这些支出和种种再生产量的关系，土地所有者收入的关系。属于生产阶级与不生产阶级的工作者的报酬的关系等。总之，要考虑到互相适应和互相促进的一切方面以及它们在经济组织中的作用和不同特点。这是个重要的问题，我抽去全部行政不规则干预的结果，来追寻原因和结果的自然秩序，交往的关系这只能由单纯化的道路才能达到，但是我们只有由说明组成经济机构有关的全部要素，才能达到了解最单纯的真理的目标。这样，最先必须熟悉这个再生产机构的全部过程。因而这里的问题，是解剖这个机构，用解剖学来说明，它的一切部分，它的各部分

① 本书所录“经济表”第二版的上段，已经说明了“应该考察”的事项共十二项，这在第一章到第十二章中加以说明。就是：第一章三种支出，第二章支出的源泉，第三章支出的预付，第四章支出的分配，第五章支出的结果，第六章支出的再生产，第七章支出的相互关系，第八章支出与人口的关系，第九章支出与农业的关系，第十章支出与工业的关系，第十一章支出与商业的关系，第十二章支出与国民经济的关系。——译者注

的相互关系，及各部分相互作用的结果，以此来显示出这种机构的组织。

一切的事物，只有由种种关系的相互联结而在自然中活动。有人说种种的要素都处在相互斗争的状态中，但同时相反地，它们相互支持，相互促进。每一个要素都想取得优越的地位，并且给它的对立物以抗衡与活泼的反应力量。凝聚力量和活动是斗争与对立的结果，自然的作品的再生和持续，是自然的伟大力量的凝聚和集中的结果。这种令人惊叹的机构的秩序和经过，是由造物主所最后决定的。对于规定着一切事物的伟大规律，是贯穿到各个部分，并且统辖着全体。

第二节　预先的说明

支出可以划分为各种不同的部分，而所有这些部分，每一个都想从收入中取得最大份额，或者全部收入。经济学的目标，在于通过研究保证人类社会能使支出再生和持续的自然规律，以使支出达到可能的最大的再生产。为了达到这个简单的但是困难的和必须达到的目标，就要阐明支出的性质，特别是它们之间的相互关系。

在表中所示的支出和生产量的关系

在经济表中，可以很明确地看出支出的相互关系，而且可以看出它们本质的和相互的联系，就是在经济表中的相互关系是一目了然的。因此，如果没有清楚地认识什么变化对于经济秩序的总体系所起的作用，就不可能看出任何支出的数量和分配的变化。实际上，这种变化的结果，由于在表的下部确实地计算，立刻决定了以通商各国之间通用的价格所表示的，每年再生产量的总数，这个总数是增加还是减少决定于这种变化是获利还是亏损。这个比例的依赖关系和以货币表示的售卖价值（valeur vénale）的数字的变化，它的影响及于表的所有部分，因此由于这个变化必须全面重新加以新计算，因为它对所有方面引起了新的结果。

从这个表，我们可以看出，生产支出是财富的根源。假如预定二千利佛尔，作为一年的生产费用，同时存在着对土地进行良好耕种所必要的一切条件，那么这项支出就会取得百分之百的收入，并再生产出这项支出的回收份额，和不生产阶级的预付支出，在这个条件下，同时不生产阶级对生产阶级支付的年预付，会生产出耕作者原预付（avance primitive）的资本利息来源。在表的上部揭示着已经存在的财富，这项支出再生产着每年同一数额的财富；就是生产阶级预付二千利佛尔，生产出二千利佛尔的收入，以及补偿不生产阶级的一千利佛尔的预付。这五千利佛尔全数归于生产阶级，由于它的支付，生产阶级的预付的用于生产而使五千利佛尔再生。

因此，支配着农业国家的繁荣的是每年财富再生产的预付的维持与增加。如果这些预付不能满足取得丰富再生产，因而取得最大收入，则国家就会在土地生产物上受到损失。但是如果预付很少只够本身的再生产，这样就会没有收入，因而不生产阶级的预付也消失了，全部生产物只严格地限制在耕作者和其劳动者们的生活资料。这样这个国家就会停留在只能满足人们生存所必需的粮食的阶段。那么这个国家，就是在没有遭到其他国家的蹂躏，并不孤立的情况之下，本身也不能维持下去。伊洛特人供应斯巴达人生活资料，虽然是粗劣、贫乏，而且有法律的限制的，但是如果斯巴达的土地只能获得养活耕作者所必要的产物，那么斯巴达人将趋于消灭，或者是把他们的奴隶赶走，由他们自己来耕种土地。结果是斯巴达人本身就变成伊洛特人，因而忘记了体操、共同进餐和防卫祖国。

耕作经营财富的保存，对政府和土地所有者和对拥有这种财富的经营者本身一样，都有利害关系

缺乏远见的土地所有者和政府，常常认为农业的衰微，只会使耕作者陷于穷困，因而以冷淡的态度来对待这个问题，却没有想到首先遭到破灭的厄运的是他们自己。他们首先遭到破灭厄运的原因，是当一切都消灭时，最后的麦穗至少是为耕作者所取得。因此国家应当注意通常被人以静止的眼光看待的耕作者的状况。当国家通晓事理地注意这种状况时，耕作者才会有保障。因为耕作者只注意自己的事情，只要有维持生活所必需的简单的生产物就感到满足了。但是国家要使土地取得可能的最大生产，并且使生产物以可能的最高价格出卖，使它成为收入和财富。事实上，生产物以可能的最高价格出卖，使它成为收入和财富，如果不是高于耕种上支出的价格，那么无论它怎样的丰富，都不表现为收入和财富，当人们只为获得生活资料而对土地劳动，而生产物除粮食以外不能给他其他任何东西时，那么他们就会丧失一切的交换，和满足其他需要的可能性，因为谁也不愿意把他的劳动去生产无益的剩余产物。所有的人都是平等的，都是相互独立的。力量就是自然的

力量，将失去它的意义，因为为了达到安全的目标，大家都会来抑制这种力量。这种力量，不可能结合起来保证自己的优势地位。假使那里对于生产物和服务不能付酬，没有补偿价格，我已经说过，那里就没有商业、雇工、雇主、侍役军队和政府。这种社会情况只能是暂时的，因为在这种情况之下，它常常会遭受邻人的侵略，或者会变成野蛮的或游牧的社会，而使它的住民四散分离。

出卖价格构成财富

农业国家，必须致力于把它的生产物的出卖价格维持在尽可能高的水平，因为生产物的高价，可以达到最大的生产量和最大的繁荣。转卖人（这里包括全体国民本身），绝不会由于生产物高价而蒙受损失。然而正因为这种高价会使国家蒙受损失的顾虑，引起一些眼光短小者的不安，由于不知道重要而容易证明的真理，由于对财富的真正源泉的错误意见而使自己遭到损害，同时使他们的生产物的价值降低和遭到破坏，是农业国家衰落的原因。在没有土地的国家不会对于生产物的高价有什么顾虑，而在土地丰富生产小麦的国家，则有这种荒谬的顾虑，我曾说过，就是由于这些顾虑，规定了限制生产物高价的规则。相反，如果这个国家能够助长高价，在有商业的便利和辽阔的土地的情况下，就能达到高度的富强与繁荣。

货币所表示的出卖价格是各国所用的财富的共同尺度

因此，形成国家收入的，不单是王国土地的生产物，还必须使这些生产物有超过土地耕作经营用的出卖价格。只有出卖价格超过费用的数额,才构成收入或纯产物。所以超过支出的数额愈大,则国家收入愈多。收入和租税是以货币征收的。因而一切支出和一切生产物,都必须以货币量来计算。结果由货币量所表示的出卖价格,成了经济上一切评价和一切计算的基础,各国间财富的一切关系的基础。因此,政府的降低出卖价格的一切措施都会给土地所有者造成损失,并破坏国民经济的秩序,和各国的经济秩序和财富关系。假使你不考虑以货币来表示并为其他国家所采纳的这个价值,那么你就会失去评价本国财富和其他国家的财富的尺度,这样"财富"一词,就失去它特定的意义。因此,为了评价国家每年生产的财富,了解这些财富相互间的关系,以及在商业和国力上与其他国家的关系,我曾说过,必须把(一)生产物的数量,(二)货币所表示的价格,同时加以研究。这两个条件,和其他三者有密切关系,即(一)土地的性质,(二)耕地的状况,(三)生产物的交易的状况。

后面三个条件中的前两个条件,决定生产物的数量,第三个条件决定用货币表示的价格。因此我们如果不是精确地知道这五个条件,就不能决定农业国家的实际收入,经济行政管理如果不利用这些条件,就不能保持和增加收入,因为这些条件与收入和国家每年生产的财富是有密切的联系。

农业国家所有权的重要条件

这五个条件,是和其他条件有联系,而且有着重要的关系。在研究这些错综复杂的关系时,必然的在分析经营的资金、生产物、收入、人口以及由支出提供的报酬中,联系到收入的运用和一切推动力的经济作用。这些作用要在表中所表明的土地面积和繁荣状况的计算的基础上进行研究。这绝不是空想,而是和帝国的良好管理水平相适应的。一六九八年的英国,由于谷物对外贸易的自由,和废除任意征收的人头税,成功地进行了农业的复兴。根据土地调查资料,只是英格兰王国,有五千万英亩的土地,而根据征税对象调查资料,在和平时期,对于每一利佛尔的纯收入,要征收二苏的租税,对国库提供一千九百万利佛尔收入的这种租税,由于耕作的进步,今日已减少为对土地所有者纯收入每利佛尔征收约七德尼。因此,在一六七八年只有一亿九千万利佛尔的这项收入,如果不把其他租税计算在内,到今天已达约八亿利佛尔。一英亩土地,合法国敕定亚尔邦[①]的十分之九。因而五千万英亩合四千五百万亚尔邦,约相当于法兰西王国土地的三分之一。根据新的土地调查资料,如果和僧院的场合一样,向土地实际收入征收十分之一的租税,则除去苏格兰王国,爱尔兰王国,各殖民地的收入,以及从商业所获得的利益,土地可以使国库获得八千万利佛尔,在战时加倍课税,则可提供一亿六千万利佛尔。因此我们所假定的繁荣状态还远不及现在所说的,关于国家繁荣现状,在后面还要更详细地说明。假使法国在这样程度的繁荣情况之下,即使没有任何其他的租税,只以被课税地的纯产物的七分之二作为国库收入,则国王的威势,将会凌驾于任何其他欧洲的君主之上。因此我们根据在时间上同我们极其接近的事实证明,在表中所计算的收入状况,

① 敕定亚尔邦(arpent noyal)古代农地测量的单位,等于五十一五十一亚尔,一亚尔等于一百平方米。——译者注

并没有什么夸张之处。关于各个时期中法国本身的财富和人口状况的其他事例，将在后面引用，那是更有决定性的。而且这些看法的基础，并没有任何架空之处。

因此，良好耕种的前提，是经营上有充分的预付，能够保证经营者的利润，因而能担负改良土地所必要的种种支出，而且这些支出，大半应该由土地所有者支出。但是要使这些支出取得成功，必须有知识。但目前耕作者和土地所有者都没有这种知识，因为他们不会为了保证使目前土地性质不佳的情况下的需要的种种支出取得成功，而专心地进行充分调查，研究和试验。由政府的考虑，在王国各地所设置的农业学校（académie d'agriculture），必须专心研究这些知识，和经济学的知识。但这些学校不必研究和土地耕种有关的技术问题。在耕作者能够得到使农业繁荣所必要的一切条件，同时使耕作至少能够取得百分之百的纯产品的国家，是绝不能忽视这种知识的。在采取这样有利而确实可靠的异常方法时，首先要由已经掌握这种方法的人，帮助王国所有地区耕作达到高度的水平。

第三节　商业和它的支出与从土地所取得的收入之间的关系

我们已经谈到过商业，以后还要经常谈到它，因为在这里，一切都和商业、收入和支出有联系，在一般问题的细入考察中，不断地以不同的面貌出现。我曾说，商业应该研究它的支出和费用，还必须研究对收入的关系。在研究商业费用时我们必须分清从纯产品物中取得的土地费用部分和由收入或土地所有者手中的纯产物来支付的部分之间的区别。这两种情况，必须从下面两个目的来考察，即（一）有些省区生产者手中的原始生产物在贩卖不能取得什么收入，通过增加消费和改善交通减低运输费用，形成较有利的市场，以寻求减低商业费用的方法，（二）在生产物国内商业的消费者支出中，要区别由于在土地上的耗费而使收入减少的消费者，和有些消费者的支出是由年年在国内继续流通的土地所有者实际收入来支付的，因此有许多商人，只把他们希望的商业上的成功，寄托在货币的流通上，同时也有些眼光远大的人，他们在企业管理中注目于消费和生产物眼前的丰歉。

农产物商业支出所吸取的收入部分的扣除及其和土地生产物总量的关系

任何生产物，在王国或省的各处是以不同的价格出卖。那么，在王国中生产物的真实价值是多少呢？从远、近运到巴黎的一珂特[①]的木柴，同样地卖四十利佛尔。如果它的运输费用是三利佛尔，而它的生产费用是三十四利佛尔，则所有者在运送之前，就会以三十四利佛尔出卖，如它的运输费用是三十四利佛尔，而生产费用是三利佛尔，那么所有者就不能以贵于三利佛尔的价格出卖。虽然如此，并不能说一珂特的木柴，后者的价格比前者为低，因为它在巴黎的价值，是由三十四利佛尔的运输费用，三利佛尔的生产费用，以及对所有者支付的三利佛尔等支出所构成，共计为四十利

① 珂特（corde）是容积的单位，约四立方米。——译者注

佛尔。运输费用的价值，和对所有者所支付的价格同样是实际的，因为那是由对于运输业者的报酬和马的饲料的支出所构成的。但不能把三十四利佛尔的价值同所有者的收入相混淆，因为在三十四利佛尔中并不包括三利佛尔的纯产品，假使有人认为这是从所有者的收入减去三十四利佛尔，但并不是为所有者实际收入的三利佛尔而支付的支出。因而这项支出，并不能把它包括在所有者实际支出中。同时这也不形成所有者收入的一部分，因为这是商人为了收回费用，而从所有者收入中夺去的。同样我们不能把它算在巴黎的一珂特木柴购买者的收入的支出中，因为它并不高于三利佛尔的运输费购买的。假使木柴不从远处运来，那么他会在巴黎对木柴支付较高的价格。因此这项支出是由牺牲木柴所有者的纯产品和所有者收入所提供的。这就是这种支出，为什么和不生产阶级有关系的原因，当然这包含收入中转移到不生产阶级之手的支出本身的分配秩序。但是，与此相反这种支出是没有收入和纯产物的，因而在从土地生产物本身直接提取时，就不得不和生产阶级的支出有关系。但是这项支出并不能和用于耕作经营因而包含在表中的生产阶级的支出相混同，在表中可以看出后者支出的再生产，恢复了耕作者每年的回收额。因此，在这里必须把农产物商业的费用和手工业品商业的费用加以区别，因为后项没有能够直接负担这项费用的土地，因而最初贩卖手工业品的人所接受的报酬，由购买这商品的人所直接支付。换句话说，这项支出直接间接来自土地所有者的实际收入，这可以从土地所有者收入的支出分配秩序看出。

以上的说明，是为了知道土地生产物总额，清楚了解耕作经营

费，以及经济管理的整个情况所必要的。在表中描述着各种经营支出的分配，土地所有者收入的支出必须区分为属于生产阶级的作业者的报酬和属于不生产阶级作业者的报酬。在表中只限于国民收入的支出，以及附随于收入的依据交互分配秩序所进行的支出，因为在事实上，只有收入才是可以支配的财富。其他的一切都有它一定的用途，为了不致损害农业国家每年再生产的财富，就不能把它们任意地转移别的用途。

但是我们必须研究经营的财富，它的支出以及再生产因为这些与收入的每年再生产之间有着极其重要的关系，各种财富的增加和减少，对于其他一切有着相应的影响。

再生产由支出而能永久更新支出由再生产而更新

必须经常地记住，每年支出的财富有三种：（一）生产阶级年预付的财富二千利佛尔，（二）纯产品或收入的财富二千利佛尔，（三）不生产阶级年预付的财富一千利佛尔。在这个场合，这些表现为年消费的生产物五千利佛尔。这个年消费额，表示每年的支出总额是五十亿〔利佛尔〕，但这里面并不包括其他每年的特别支出，这些支出和我们上面所说的不同，就是和生产与实际收入的支出没有直接关系，因而不能列入这个表中。同样我们也不把不生产阶级预付的购买原料品的支出算在内，这项支出和上面所说的五千利佛尔一起，在表中成为六千利佛尔的支出。这在事实上是以流通货币为媒介的六千利佛尔的支出，并不是六千利佛尔的消费。因为这个购买，如上所述，只是可供消费资料的补偿，并不是已被消费的资料，已被消费的资料虽然可以由其他的东西来补偿，但不能去补偿其他的东西,因为已被消费的东西,是已经不存在了。就是这样,不生产阶级的预付是两重的支出,即这个阶级的每年消费资料的支出,和购买补偿同样资料的支出。我们这里所说的每年消费的与再生产的分量,是大王国的前提,它同时具有把土地很好地耕种,能够确实维持经营所必要的财富,有能够保证生产取得最高出卖价值的自由而便利的商业,而拥有在经济上有诚实和高度学识的行政人员,以使国家繁荣的必要条件。

最初可能会感到,我们在外国进行贩卖和购买,根据国民财富的年生产来计算国民的年支出时,会引起很大的混乱。但是如果我们能够注意到,不出卖自己的生产物就不能购买,则混乱就会消失。在国家的正常支出秩序之下,是在预计贩卖的情况来进行购买,结果这不过是交换,因而在国民财富年生产量的支出计算中,是可以不考虑对外贸易的。

为了进一步详细地研究年支出,把这些财富的年生产额加以详尽的说明,已经很够了,因为先前的支出就是为了生产。在这个基础上,可以说消费和收入是同义语。

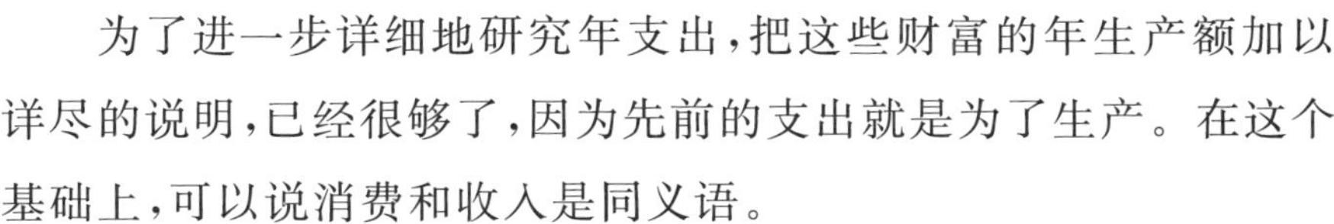

第四节　表中所示的支出和生产的关系的详细说明

我们在表的下段可以看到,根据所示的收入,作为支出分配体系,再生产的收入,等于花费掉的收入,除此之外土地还要补偿耕种支出的年预付,土地还要给耕作者以年预付和原预付资本百分之十的利息。但是在全部再生产额中,并没有不生产阶级的年预付，因为这项预付，对提供原始资金的(fond primitif)不生产阶级，并不能从预付的支出，生产出任何东西，同时这些预付，由收入的每年支出的分配，年年归还给不生产阶级。虽然如此，这项原始资金，并不由于它的支出而消灭；它每年为了向生产阶级购买原料，而转到生产阶级的手中。我曾经说过，它全部都转到那个阶级，并且就保留在那里。这就是这笔原始资金，在表里没有从一个阶级向另一个阶级相互转移的原因。但是由于支出而转移到生产阶级手中的这笔原始资金，在生产阶级手中，并不是不生产的。因为生产出每年生产阶级预付的利息的，正是所支出的这笔原始资金本身。因而这笔原始资金，构成每年消费的五千利佛尔财富的一部分，并以一定的比例参与了每年五千利佛尔财富的再生产，换言之，即参与了二千利佛尔年预付，一千利佛尔不生产阶级的预付，以及二千利佛尔的收入的再生产，这些财富共同形成五千利佛尔的消费支出；并由此再生产出五千利佛尔的再生产物。

正如我们所看到的，由于通过购买而进行的收入的分配，也由于资金从一个阶级向另外一个阶级的相互转移，使五千利佛尔的再生产，又年年重新回到生产阶级。生产阶级把其中的二千利佛尔支付给土地所有者，自己花费其中的二千利佛尔，一千利佛尔作为年预付的利息。后面这一部分，用作原预付的修补，补偿收获上的意外灾害等的后备。还可以明显地看出，流到不生产阶级的有三千利佛尔，其中一千利佛尔支付给属于这个阶级的作业者的报酬，一千利佛尔是补偿这个阶级本身所支付的预付，和收回一千利佛尔的储蓄，这个数目用于购买原料和不断地更新着。在这个情况之下，这两个阶级之间所流通的财富的总额是八千利佛尔，即生产阶级所生产的五千利佛尔的生产物;为支付收入和五千利佛尔生产物的卖买,不断回到流通中去的二千利佛尔的货币财富(richesse pécuniaire),以及由不生产阶级所提供,由二千利佛尔的货币财富的流通又回到这个阶级的一千利佛尔的预付。二千利佛尔的货币财富中,有一千利佛尔是由不生产阶级用于每年买回它所消费的原料。这些总共构成上面所说的八千利佛尔。

在这八千利佛尔中,每年进行再生产的只有五千利佛尔,因为二千利佛尔的货币财富没有被消费,而是为了卖买支付,经常地留在流通过程。不生产阶级的一千利佛尔的预付也是一样,是经常不断补偿的基金。换言之,不生产阶级从所接受的二千利佛尔,每年收回它的基金,就是每年本身接受基金的供给和进行支付,因而在二千利佛尔中,不生产阶级不过为了它本身,支出了作为报酬的一千利佛尔。相反,生产阶级也接受二千利佛尔,并把它支出,但它为自己再生产了二千利佛尔,同时生产阶级把它支出,并且经常维持每年再生产的年预付的基金。这二千利佛尔的支出,就是再生产收入的费用。因而对于生产阶级的作业者的支出,是不生产阶级支出的两倍。土地所有者的支出是二千利佛尔。这些合计,实际上生产性消费的年支出是五千利佛尔,这些年支出的再现,成为购买,成为再生产,成为重新收回,因而年年回到生产阶级。

在表中,是假定生产阶级的预付生产了百分之一百的收入,在年度内支出的这笔收入,由于从一个阶级向另一个阶级经常的交互转移,因而既全部转移到生产阶级,也同样全部转移到不生产阶级。这笔收入,也和前一章末尾(本篇开端)的表中所示一样,它的

全部都由本年度的再生产所再生产出来。

必须经常记住，不生产阶级预付的一千利佛尔，用作对生产阶级进行的购买，使生产阶级能够恢复耕作者预付的利息。因而如果经济行政措施上有错误，引起不生产阶级的预付减少，则它的减少就会影响生产阶级预付的利息的再生产，利息再生产的减少，会和不生产阶级预付减少的程度相等。因而不生产阶级预付的减少，在不足以保证耕作者预付基金的利息时，那么利息就要由牺牲收入来补偿。

第五节　谷物耕作上的支出和产量的关系

土地年生产物的最大部分，是由犁的劳动所获得，其他的部分，则是由另外的耕种和土地的经营所取得。例如法兰西王国，有一亿二千万亚尔邦以至一亿三千万亚尔邦的土地，每一亚尔邦等于一百平方波歇(Perche，古代量地的单位)，每一波歇为二十二比埃(Pied，古代的尺度，等于三十三厘米)；在上述的土地中，可耕地约有六千万亚尔邦，其余为森林、草原、葡萄园、荒地、宅地、河川、湖泊、道路等。

我们已经研究了六千万亚尔邦的土地，可以在大农经营(grande culture)之下，使用五十万架犁来耕种经营；因而每一架犁所耕种的土地是一百二十亚尔邦，这些土地又分为每块四十亚尔邦的大小相等的三块，这三块土地实行轮换的播种，其中一块播种小麦，另一块则播种春播谷物，第三块则为休闲地，停止耕种，进行肥料的准备，以便下一年播种小麦，在再下一年收割后，则播种春播谷物。

谷物生产的货币计算，但不包括和谷物耕种有关的畜牧生产

为了计算每一亚尔邦小麦收获量的货币数额，我们假定在下述的情况之下，就是由于输出和输入的对外贸易的自由，谷物的出卖价值，在王国所有各州，保持在通商各国的共同价格的水平上，即重二百四十利佛尔（livre 是法国的旧重量单位，从三百八十到五百五一十二克因地方而不同，与货币价值单位的利佛尔不同）的小麦一塞蒂的价格，在平常情况之下，为银一马尔（marc 是旧重量单位。相当于八盎司）的约三分之一，如果以我们今日的货币计算，则为十八利佛尔。根据这个比例，如果一亚尔邦的土地，包括十分之一税，可以获得六塞蒂半的小麦，那么一亚尔邦的总生产量是一百一十七利佛尔。春播谷物的收获，约为小麦的八分之三，即估计为四十五利佛尔。因此，由一架犁的使用所得的年生产量，约为六千四百九十利佛尔。不过我们对于全部小麦，都按照优质小麦的价格计算。然而即使王国的农业是处在我们所假定的繁荣状态，秋收作物中有四分之一是裸麦，它的价格只有优质小麦价格的三分之二，则六千四百九十利佛尔，就减少为六千一百二十利佛尔；这里还要扣除次期播种的小麦和春播谷物的种子。就此，把一切扣除之后，由一架犁的使用所得的年生产量合计，约为五千五百利佛尔，五十万架犁的生产量，合计为二十七亿五千万利佛尔。

由牲畜所取得的收入

这是附属于农业部门（partie aratoire）的一种生产物，是由其

所饲养的家畜，即从羊、公牛、母牛、猪、家禽等所得的生产物。这些生产物，只在这里提一提，因为它们消耗在支出中，所以完全不反映在纯产品和收入中。虽然如此，这些生产物对于农业经营和人口说，仍然是有意义的，因为吸收这些生产物的支出，是役畜的饲料，是养羊，和管理羊群及家禽饲养场的女工的报酬与食粮。这种耕作的附属物，把它另加分析，估计可能有四亿五千万〔利佛尔〕。

这样，把四亿五千万〔利佛尔〕的生产量，和二十七亿五千万〔利佛尔〕加算在一起，则农业部门的总生产量合计为三十二亿〔利佛尔〕。

另外是被叫做林野部门（partie champêtre）的生产量。这个部门所包括的内容，种类繁多，除葡萄园之外，几乎是无需耕作劳动的。属于这个部门的，是森林、草原、牧场、池沼、果园、荒野、山地，以及其他没有开垦的牧场、采石场、矿山、海洋渔场、河川等。这个部门所得的各种生产量，大体和农业部门相等，因此两者合计的总生产量约为六十亿〔利佛尔〕。

林野部门的大部分，是为羊群和母牛以外的有利可图的家畜而开放。这个部门成为马、公牛、母牛，以及其他被饲养的牲畜，和供肉店出卖的动物的牧场。因此，林野部门家畜的生产量，至少应该等于农业部门有利可图的家畜的生产量。但是林野部门，并没有农业部门那样多的役畜。

又在林野部门，为看管牲畜所需要的男女人力较少，因为在荒野和其他广阔的荒地上，可以由比较少数的人来保护家畜。但是这和前者一样，我们认为这个部门的生产量，和这种生产所使用的人员的食粮与报酬的费用，以及林野部门役畜的饲料的支出费用相抵消；从这些家畜所获得的生产量和农业部门家畜所获得的生产量合计，是被完全吸收了两个部门生产量的费用所吞没。实际上，这个生产量是用于居民的利益的，可以使人们为了生活，减少和他所得的报酬相当的其他生产物的消耗。总之，这个生产量，可以确定说，不可能提供任何纯产品和收入，要不然就是损害其他生产物和人口。即使不把它算在收入之中，依然是能作为人的食粮，及满足人类其他的需要。总之，由全部畜牧所得的生产物的出卖价格约为九亿〔利佛尔〕，因此这些家畜是算在国家每年财富总额六十亿〔利佛尔〕之内的。

在表中所示的五十亿〔利佛尔〕的生产量中，不仅是表示生产物和费用之间的单纯的补偿关系；它所表示的是比较更为复杂的关系。这些关系是：生产物和支出以及纯产品或收入的关系，〔生产物和〕生产费用及收入的支出的关系，〔生产物和〕预付、收入及预付和收入的生产的关系，〔生产物和〕这些财富每年的分配及各阶级的人所获得的报酬之间的关系。这就是在应用经济表的计算之前，为什么必须对提供收入的各部分进行个别分析的理由。

谷物耕作的支出和生产量的详细的关系

从一架犁的使用所取得的年生产量，估计是五千五百利佛尔，其中耕作者取得年预付报酬二千一百四十二利佛尔，年预付和原预付的利息一千二百十六利佛尔，合计三千三百五十八利佛尔。因而余下作为利润的是二千一百四十二利佛尔，其中七分之四，即一千二百二十四利佛尔给土地所有者；七分之二，即六百一十二利佛尔缴纳租税；七分之一，即三百零六利佛尔作为十分之一税。根据这个比例，每一亚尔邦的土地，年年继续生产四十五利佛尔，其中十利佛尔给土地所有者，五利佛尔缴纳租税，二利佛尔十苏作为十分之一税，二十七利佛尔十苏由耕作者收回。

在这里十分之一税是大约决定的，因为仔细地看，这项负担在任何地方，都不是以同一的比率固定起来，而是按总生产量征收的，所以是极不规则的。但总生产量不一定和纯产品经常保持同一的比例；因而十分之一税的负担，在贫瘠的土地，远远超过了纯产品的七分之一，在所收获的生产量只能补偿耕作费用的地方，这项负担比以总生产量十三分之一的比率征收的土地，则它的数额就要大两倍三倍。但是考虑到有些免除十分之一税的土地，和负担十分之一税的土地的征收率的不规则性，总计起来多少可以相抵。一般地来看，则它对纯产品的比率，大体如上面的评价。

在租地农场主收回部分的细目中，我们只谈到它的年预付和利息的再生产，完全没有说及他对于企业的操心，劳动以及负担危险所应支付的报酬。因为这项报酬，是和年预付的支出，以及有利可图的家畜所得的生产物混淆在一起的，从家畜所获得的生产物，抵偿了耕马燕麦饲料的费用，一架犁六百利佛尔。这里并不包含应该算在年预付的支出中，但已被扣除的经营费用。因而这是耕作者从预付的支出所得的利润，至于这个支出的补偿部分，是对他个人服务所支付的报酬。把这部分和他的收回部分合计，使用犁一架是三千九百五十八利佛尔，其中他所收受的利息和报酬部分为一千八百十六利佛尔。余下的是年预付的回收部分。耕作者不能够把这一千八百十六利佛尔全部每年花掉，因为他为了防备收获和家畜遇到危险的灾害，或者为了教养子弟，还必须要准备保留部分。假如他把这个保留部分用于农业，就能为他带来收入和进行增殖。

由耕作者，土地所有者，及租地农场主所经营的农场，估计可以有二架犁耕种的数量。根据这个比例，如果王国处在我们所假定的广大而在繁荣的状态，就可以有约二十五万人的租地农场主和耕作者。我们估计，生产阶级为了自己和家属的生活，每家要支付六百利佛尔，换言之，由二架犁所经营的企业，为他们的报酬一千二百利佛尔的一半。这项报酬合计为三亿利佛尔，这个数额是从二十五万租地农场主年预付总额十亿七千一百万利佛尔中所取得。租地农场主把他的总额达三亿利佛尔的报酬的半数，支付给生产阶级，这半数是一亿五千万利佛尔，另外的一半则支付给不生产阶级。

在年预付的支出中，余下的七亿七千一百万〔利佛尔〕，是作为从事于拉车及其他耕作劳动者的报酬。他们又把半数，即三亿八千五百五十万利佛尔支付给生产阶级，另外的一半则支付给不生产阶级。

假使这七亿七千一百万〔利佛尔〕，以家长每人取得报酬五百利佛尔来划分，则这个数额就作为使用犁耕作的一百五十四万二千人的家长的报酬而支付出去，把这些人和二十五万的租地农场主合计，则共为一百七十九万二千人。

假使每家是四口，则一百七十九万二千人的家长，就有七百一十六万八千人。假使一百七十九万二千人的家长，分配在各有二架犁的二十五万个农场，则每个农场有七个家长，即租地农场主一人，劳动者六人。劳动者中，有耕作者、饲养人、打谷者、割麦人、铁匠、马具匠、大车匠、短工等，他们之间可以互相代替，相等于六个经常的劳动者。

我们必须经常地记住，假定一个国家的行政管理工作是良好和诚实地进行，就会获得繁荣，国民过着安乐的生活，生产物的价格高而有利，租地农场主作为费用支出的年预付，至少可以取得百分之一百的纯产品，即收入，而使王国维持丰富的耕作。

上述各部分计算的结果

总生产量 ………………………………… 2 750 000 000

纯产品量，犁一架为二千一百四十二利佛尔，因而一亚尔邦，包括租税和十分之一税为十七利佛尔

合计 ……………………………………… 1 071 000 000

年预付合计 ……………………………… 1 071 000 000

婢仆与劳动者报酬合计 ………………… 771 000 000

以犁一架六百利佛尔计算，二十五万人的租地农场主所获得的报酬合计 ………… 300 000 000

犁一架以一千二百十六利佛尔计算，租地农场主的预付的利息 ………………… 608 000 000

人口

家长｛农场主或租地农场主……250 000；劳动者及仆人………… 1 542 000｝…… 1 792 000

以一家四口计算的人数 ………………… 7 168 000

第六节　农业其他部门的支出和生产量的关系

葡萄栽培的支出及其和生产量的关系

在林野部门，并没有如农牧部门一样性质的农场主和企业经营者。但在这里有自己从事企业管理，并从中取得利益的葡萄园的大土地所有者。假使葡萄园的一半，是在农场主和土地所有者的支付并在他们的管理下所经营，则像法国这样的国家，在居民生活富裕，并在国内商业和对外贸易的自由和免税的有利条件下，我想这个部门约有一百五十万亚尔邦是在土地所有者的管理下所经营；他们每人平均经营十亚尔邦，则这些经营者的数目为十五万人；他们的年预付如果是每一亚尔邦一百利佛尔，则合计为一亿五千万利佛尔，它的利息至少为百分之十，不过并没有从总生产量中分出来。如果不能得到利息，则他们与其负担需要巨大的经营支出而得不到什么利益，不如把土地出租给葡萄栽培者。由此，一亿五千万利佛尔的预付，可以使他获得利息合计一千五百万〔利佛尔〕。另外一半的葡萄园，则分给比较小的企业经营，虽然是由葡萄栽培者自己管理，但除了要对他们的劳动支付报酬之外，他们还要取得同一数额的利息。因此，把这个一千五百万〔利佛尔〕和作为企业者的土地所有者的一千五百万〔利佛尔〕合计，共计为三千万〔利佛尔〕；这是三亿〔利佛尔〕年预付所提供的报酬以外的数额。

在这里，包含分给土地所有者的份额，和应该缴纳的租税和十分之一税的份额的纯产品，至少是预付的百分之一百。但是这种纯产品，在许多国家因为把它作为租税而收归国有，因而损害了租税本身，土地所有者的收入，土地的耕种，葡萄酒的消费，及它的国内商业与对外贸易时，这种纯产品就得不到了。然而很容易证明在我们想象的王国内，从葡萄种植所得到的总生产量，至少可以达到六亿三千万〔利佛尔〕。

在有许多州，当听到经营一亚尔邦的葡萄园，为了耕种、收获和酒桶等的费用，至少要花费一百利佛尔时，就感到惊异；这是由于在那些地方，生产物没有价值，葡萄的生长情况很差，荒芜而无人照管，所以不需要什么费用。但是我们所说的是那些大国，那里的人口稠密，由于有很发达的商业，到处的生产物有着高昂的价格，葡萄栽培者能够等待有利的时机来售卖他的葡萄酒，那里由于消费的增加和免除了破坏性的租税，原生产者可以从售买价格和销售中增加进款，得到富裕的生活和利益，使农业活跃繁荣起来，并且能够取得为达到可能的最好质量和最大的生产量所必要的预付。

葡萄园的栽培，是要人的劳动进行的，因此年预付的四分之三，是用于支付栽培劳动的报酬。如果这项报酬约为二亿二千五百万〔利佛尔〕，每人每年得到五百利佛尔，则可以支付四十五万个家长的工资。从这个计算，可以得出结论有九十万人，一年中有约六个月做葡萄园的栽培劳动。事实上，这项工作每年只有约六个月的劳动。不必说，其他六个月则从事于其他的劳动，即收获时期的收割，冬季时间则被雇佣从事于森林经营以及其他各种劳动。

关于葡萄种植部分分别计算的结果

总生产量 …………………………………… 630 000 000

纯产品量 …………………………………… 300 000 000

作为工资及其他费用的年预付 …………… 300 000 000

劳动者工资合计 ………………………… 225 000 000

预付的利息……………………………………… 30 000 000

人口

家长 ……………………………………………… 450 000

以一家四口计算的人数 ……………………… 1 800 000

农业的其他部门

在农业的林野部门中，还有其他种种的业主和企业者。这里面有经营木材而得到利益的，有经营大量的肥料和屠宰牲畜交易的，有在草原、牧场、荒地、山地放牧家畜的大畜群所有者，有矿山、采石场、渔场的企业者、运送业者、原料生产物国内交易的企业者等。这一切农村企业者，从它的报酬，预付利息来看，大体上可以归入租地农场主的阶级。

森林事业中支出对生产量的关系

像法国这样处于高度繁荣状态的王国，而且各省的人口有着很大的增加，因而消费保证了销售，它的森林的收入，已如《租税理论》(*Théorie de l'Impôt* 〔*par Mirabeau*. 1760〕)一书中所估计，约为三亿〔利佛尔〕。它的经营费用也约略相同〔估计〕，合计为六亿〔利佛尔〕。由二万四千人的企业家管理，他们为了经营和支付给地主，各人要投下二万五千利佛尔的年预付，这项预付基金，和在一切商业中一样，包藏着危险，而预付金的归还，至少需要一年的时间，因而要取得百分之十的利息，这个数额是二千五百利佛尔。如果对于企业管理的劳动要支付报酬一千二百利佛尔，则二者合计〔企业家一人〕为三千七百利佛尔，二万四千个企业家，合计为八千八百八十万利佛尔。

森林经营和葡萄园栽培差不多需要同样人数的劳动，即约九十万人，但这个数目可以减少为四十五万人，因为他们在一年中只雇用约六个月。而且是在日子短的时期。他们的报酬合计为二亿二千五百万利佛尔。

关于森林部分分别计算的结果

总生产量 …… 688 800 000

纯产品量 …… 300 000 000

年预付 …… 300 000 000

劳动者的报酬 …… 225 000 000

每人一千二百利佛尔，二万四千个企业家的报酬 …… 28 000 000

每人二万五千利佛尔的基金的百分之十的利息，二万四千个企业家的数额 …… 60 000 000

人口

家长{企业家二万四千人，劳动者四十五万人} …… 474 000

以一家四口计算的人数 …… 1 896 000

草原经营的支出与生产量的关系

草原的经营，只需要极少的支出，这不仅因为草原在这个部门中并不是很重要，而且因为这种经营的大部分，是由其他企业所使用的人力，特别是农牧部门的劳动者所经营。但是草原的约一半，并不包含在其他企业中，因而它的支出估计为五千万利佛尔，就是给人提供了五千万〔利佛尔〕的报酬。因此，我们现在只限于规定它的纯产品，在法国这样处于繁荣状态的王国，纯产品估计为二亿五千万〔利佛尔〕，它所需的经营支出为五千万〔利佛尔〕。同时有一半的草原由租地农场主所管理，它的基金租地农场主一人为一万利佛尔。这种企业需要二万四千人的企业家，他们和其他一切农村企业一样，必须取得他们预付的百分之十的利息和报酬。

关于草原部分分别计算的结果

总生产量 ………………………………… 338 400 000

纯产品量 ………………………………… 250 000 000

年预付 ………………………………… 50 000 000

劳动者的报酬 ………………………… 50 000 000

租地农场主的报酬 ……………………… 14 000 000

租地农场主预付的利息 ………………… 24 000 000

人口

家长{企业家及租地农场主二万四千人
劳动者 十万人}……… 124 000

以一家四口计算的人数 ………………… 496 000

因此草原部分年预付和纯产品之间的关系，可以看作是一般秩序的例外。

经营支出大体等于生产量而且几乎不能取得什么纯产品和收入的其他部门

但是我们应该注意，在林业部门还有一切纯产品几乎完全为支出所吸收的其他经营，特别是海洋渔场、矿山、采石场以及其他，只能取得所使用的人力的报酬。这一切企业，虽然能生产三亿〔利佛尔〕，但还得不到八千万〔利佛尔〕的纯产品。依靠这个生产量本身，至少可以养活四十万家长的劳动者和二万人的业主，而业主则可以得到二千万〔利佛尔〕的利息和报酬。

这两个部分中的一部分，以草原说，几乎全部是纯产品，而另一部分，则几乎全部是支出，而这两者正是互相补足，这样就差不多回复到纯产品和生产阶级经营费之间的一般关系。

关于这些最后部分分别计算的结果

总生产量	300 000 000
年预付	200 000 000
纯产品量	80 000 000
劳动者的报酬	200 000 000
预付的百分之十的利息	20 000 000
人口	
家长{企业家 二万人；劳动者四十万人}	420 000
以一家四口计算的人数	1 680 000

在生产量和支出相抵消不能获得纯产品或利润的畜牧业中，支出和生产量的关系

我们把林野部门中有利可图的牲畜的生产量，同农牧部门有利可得的畜牧对比起来计算，换言之，估计它的生产量为四亿五千万〔利佛尔〕，这个数额，和用于林野部门土地经营的役畜支出，以及这个部门的牲畜的保护管理人力的报酬四亿五千万〔利佛尔〕相抵消。两个部门的总生产量合计为九亿〔利佛尔〕，其中六亿〔利佛尔〕为属于两个部门的役畜的支出，二亿〔利佛尔〕是四十万牧人或家长的报酬，一亿〔利佛尔〕是八十万家禽饲养场女工的报酬。林野部门有利可图的家畜的原预付资本，估计可能至少是二十亿〔利佛尔〕，而年预付则为一亿五千万〔利佛尔〕。这两个项目合计百分之十的利息，原预付和年预付的利息是二亿一千五百万〔利佛尔〕。这样业主或所有者从这些牲畜可以取得二亿一千五百万〔利佛尔〕，平均每人得到一千利佛尔，因为这个利息总额，是为林野部门业主二十一万五千人所平分。

关于畜牧业支出和生产量分别计算的结果

总生产量 …………………………………… 900 000 000

这九亿〔利佛尔〕的总生产量，由下列的费用所吸收

- 用作牧羊人及女工报酬的年预付………… 300 000 000
- 产生收入的各种土地经营的役畜支出…… 600 000 000
- 林野部门业主所得的利息[①] ……………… 215 000 000

① 最后这个项目，在这里并不是由吸收了九亿〔利佛尔〕的费用所生产的总生产量取得的，而是在不用犁的经营部分，由家畜的劳役所取得的利润。（原注）

人口

家长	业主二十一万人 牧羊人四十万人	………………………… 610 000
以一家四口计算的人口…	2 440 000	……… 3 240 000
家禽饲养场的女工…………	800 000	

从没有收入的土地生产物所扣除的农产物贸易支出

作为粮食原料国内交易的输送费，从收入和纯产品所扣除的生产阶级的生产量，不到七亿六千万〔利佛尔〕，其中三亿〔利佛尔〕作为拉车的和运货的马的饲料，一亿〔利佛尔〕用以支付经营这种交易的人的报酬，这种经营有十万人的业主或企业家，他们每人取得预付的百分之十的利息二千四百利佛尔和一千二百利佛尔的报酬，总计取得三亿六千万〔利佛尔〕。

现在来说明两个协助了收入的生产，但并未取得收入的生产阶级的最后部分，就是生产性畜牧业和农产物交易，这些并不包含在表中，因为表所示的是关于支出的分配，以及通过收入本身的消耗而进行的收入的再生产的秩序。它之所以不包含在表中，是因为它们并不取得收入，因而不能放入关于收入的分配和再生产的表中。因此只要把它们加以估计，并把年再生产总额加以补充，就能够充分地说明生产量和支出的关系的详细而全面的设想。

关于农产物贸易特殊计算的结果

年预付	运货和拉车的马的支出…………	300 000 000
	驾车人的报酬……………………	100 000 000

每人一千二百利佛尔十万个企业家所得的报酬 ………………………………………… 120 000 000

企业家预付的百分之十的利息 …………… 240 000 000

农业生产物国内交易支出总额 …………… 760 000 000

人口

家长	企业家	十万人	………… 300 000
	驾车人和其他劳动者	二十万人	

以一家四口计算的人数 ………………………… 1 200 000

关于支出和生产量的关系计算的总结果

收入和纯产物	犁………………………………	1 071 000 000
	葡萄园………………………………	300 000 000
	森林………………………………	300 000 000
	草原………………………………	250 000 000
	矿山、采石场………………………	80 000 000
	合计 …………………………	2 001 000 000
年预付	犁 ………………………………	1 071 000 000
	葡萄园 …………………………	300 000 000
	森林 …………………………	300 000 000
	草原 …………………………	50 000 000
	矿山、采石场及其他 …………	200 000 000
	合计 …………………………	1 921 000 000

仆人及劳动者的报酬	犁	771 000 000
	葡萄园	225 000 000
	森林	225 000 000
	草原	50 000 000
	矿山采石场及其他	200 000 000
	家畜	300 000 000
	合计	1 717 000 000
企业家的报酬	犁	300 000 000
	森林	28 000 000
	草原	14 400 000
	农产物交易	120 000 000
	合计	463 200 000
年预付及原预付的利息	犁	608 000 000
	葡萄园	30 000 000
	森林	60 000 000
	草原	24 000 000
	矿山、采石场及其他	20 000 000
	林野部门的家畜	215 000 000
	农产物交易	240 000 000
	合计	1 197 000 000①

年再生产量的总计

① 这个十一亿九千七百万〔利佛尔〕的十倍，则为一百十九亿七千万〔利佛尔〕的预付总资本。（原注）

总生产量	犁	2 750 000 000
	葡萄园	630 000 000
	森林	688 800 000
	草原	338 400 000
	矿山、采石场及其他	300 000 000
	生产性家畜	900 000 000
	农产物交易	760 000 000
合计		6 367 200 000

人口的总计

土地所有者		1 000 000	5 177 000
生产阶级的家长	企业家	635 000	
	仆人及劳动者	3 542 000	
以一家四口计算的人数			20 708 000
仆人			800 000
合计			21 508 000

不生产阶级的家长	高级所得者或每人得二千利佛尔的企业家	300 000
	低级所得者或平均每人得五百利佛尔的工匠[①]	1 800 000

① 所定的家长劳动者每人的报酬五百利佛尔，是根据生产阶级和不生产阶级的所有种类的仆人和劳动者平均计算的。因为不同种类的劳动者和仆人之间的报酬，有显著的差别。但考虑对于生活资料的要求，不同的职务，不同的能力，(除掉贫穷)平均估计的总额，在生产物以高价出卖的王国，则这种报酬平均不会在五百利佛尔以下。(原注)

合计 …………………………………………… 2 100 000

以一家四口计算的人数 ……………………… 8 400 000

两个阶级的人数总计……………………… 29 900 000

再生产量和支出的相互关系

年再生产量 ………………………………… 6 367 200 000

从收入达二十亿〔利佛尔〕的年再生产量中

所购买的数额……………………………… 1,000,000,000

劳动者、农民及仆人〔的购买量〕…………… 883 000 000

租地农场主和企业家〔的购买量〕

- 粮食……………… 231 600 000
- 维持原预付……………… 598 500 000
- 被使用和支出的部分利息，因储备和储蓄是逐渐使用和支付的………… 598 500 000

所饲养的家畜消费量 ……………………… 900 000 000

不生产阶级的购买量

- 加工品和输出商业的预付………1 437 066 667
- 生活资料的购买…………718 535 333

………… 2 155 600 000

年生产量的支出总计 …………… 6 367 200 000

为了使我们的详细的计算不只是停留在假定的状态，让我们来看一看这样的国家，它的农业实际上已经达到高度繁荣的阶段，因此从谷物价格、耕作状态、土地的多少和肥瘠，能够估计出它每年所生产的财富。这里我们选择了英国，因为它的土地是由富裕的农业者所耕种,具备了估计耕种所得的生产量所必要的一切其他条件。

从英格兰本土土地所取得的收入

英格兰本土土地面积为五千万英亩,或说是四千五百万亚尔邦,估计其中能取得生产物的约三千万亚尔邦。

这些土地,假定平均有中等的肥沃度,在进行良好耕种的条件下,包含十分之一税,扣除种子,能够获得六塞蒂的小麦。如果三千万亚尔邦划分为三个部分,把它轮流进行播种,即其中的一部分播种小麦,其次是播种春播谷物,第三部分则为休耕地。在英国是没有第三种休耕地,但我们还是这样假定,以使我们计算出来的结果不致过高。

如上面所估计,小麦的收获量为六千万塞蒂,春播谷物也是六千万塞蒂。我们把春播谷物打一个对折,以便使春播谷物一塞蒂和小麦一塞蒂等价。这样小麦和春播谷物的收获量为九千万塞蒂。如果一塞蒂为二十一利佛尔,则共计为十八亿九千万利佛尔。根据这个国家的耕作情况,其中一半,即九亿四千五百万〔利佛尔〕是纯产品和收入,另一半则为耕作者所收回,它的预付,因为生产物的高价,能够取得百分之一百五十。

我们知道,英国的谷物收获量,并没有像我们所说的那么多;因为很多土地做了人工草地〔牧场〕(prairie artificiete),用于种植亚麻、大麻和酒花草,所以比较谷物单作要获得较多的利润。因此,在这一点上,我们的计算比较实际要低些。同样,我们还没有考虑到天然草原(pré naturel)、森林、渔场、矿山等所取得的生产量，我们估计，这一切可以得到等于进行很好的耕种的中等土地三千万亚尔邦的生产量。因为，如果能够进行耕种的土地，把它用作人工草地，那么耕作者无疑地要把各种耕种的费用和生产量进行核算。因而谷物的价值，在国内是表示所得比较谷物耕作好的人工草地生产物的价值指标。同时，和草原、牧场属于同一种类的人工草地所取得的生产物的价值，也表示了谷物的价值。因此谷物的价格，可以作为比较谷物耕作好的其他生产物评价的基础，我们是以谷物为基准来进行计算的，我们只计算三分之二的土地，因为在计算上，总是与其过高，则不如较低。

实际上，如果我们去听一听其他著作家的论断，就会觉得我们的估计是过低了。这些著作家认为，在英格兰本土五千万英亩的土地中，不到三百万〔英亩〕是无价值的土地。而且在无价值的土地中，包含着山岳、沼泽、湖泊、海湾内的滩地、港口沿岸的弯曲处所等。当然这样的土地是极有限的。但还必须加上宅地、道路、河川等。同时我们还必须注意到，这里所说的只是英格兰本土的土地和收入问题，而没有谈到属于英吉利王国的其他地方。因此，我们在这里所说到的收入，可能还不到这个王国所有地方的总收入的半数①。

① 为了更确实地判断英格兰本土土地的价值，我们在这里把《不列颠岛的地理学试论》(*Essai Géographique sur les Iles Britanniques*)中关于这个王国各州土地性质概要引用如下。

英格兰南部

萨福克(Suffolk)：这个郡的住民很多。空气温暖而有益于健康。土地肥沃，特别是西北部。因为滨临海岸，多砂而润湿。大麻和裸麦生长丰富，饲养的家畜很多。有四十多个牧场，饲养着很多种类的家畜。

在英格兰对于消费和房屋所课的消费税或间接税，是一亿五

埃塞克斯（Essex）	这个地方因为有很多河川的灌溉，因此空气润湿。但土地良好，肥沃，生产小麦和番红花。但森林很少。牧场极好，饲养着很多家畜。
肯特（Kent）	这是英国最好和住民最多的郡之一。靠近法国的部分沙丘地域，大多是不生产的，但在其他地区，由于土地低洼，沼泽很多，因此可以把它变为肥美的牧场。其余的地区很好，有很多森林，小麦生产丰富。
苏塞克斯（Sussex）	土地肥沃，丰富。有许多铁矿山。
萨里（Surrey）	空气相当干燥，良好。土地有些地区肥沃，有些地区贫瘠。小麦丰富，有牧场。
米特来塞克斯（Midlesex）	这个地方快适而且肥沃。
哈福特（Harford）	这是英国最肥沃的郡之一。
剑桥（Cambridge）	南部进行着最良好的耕种。从这里可以收获多量的小麦和番红花。此外还有很多好牧场。北部布满沼泽，有丰富的家畜，鸟兽和鱼类。
贝德福（Bedford）	在这个郡的北部，有乌苏河的灌溉，该河在这个地区很屈曲。土地极肥沃，小麦收获丰富，牧场富足。
白金汉（Bwkingham）	这个小郡的牧场非常肥沃，特别是爱尔斯培利河谷，在那里牧养着很多的牝羊，供应着优质珍贵的羊毛。
沃里克（Warwick）	土地美好肥沃。北部有一些森林。
伍斯特（Worcester）	从北到南贯穿全境的塞维那河，使这里的土地变得肥沃丰富，特别是牧场，饲养着很多的家畜，收获大量的小麦。
赫里福德（Hereford）	土地肥沃，受到许多河流的灌溉。有若干森林和山岳。这里有一切生活上所必要的物资，主要的是小麦和很多的畜群，特别是羊群，羊毛品质优良。这里大量酿造英格兰最好的苹果酒。
蒙穆斯（Montmonth）	有若干森林，但不很广大。其他部分，土地相当肥沃，有很多小河流的灌溉。有很多山岳。
格罗斯特（Gloucester）	这个郡土地优美肥沃。饲养着很多的牝羊，羊毛品质优良。此外还出产木材、铁和钢。过去曾有葡萄园，现在则种植了苹果以代替葡萄。由苹果酿造了优质的苹果酒。

千九百万〔利佛尔〕，税务署所取得的是一千五百万〔利佛尔〕，合

牛　津 (Oxford)	这个省土地优美而肥沃。这里有受两条河流灌溉的美好平原和良好的牧场。这两条河汇合成泰晤士河。
索斯安普敦 (Southampton)	这里受两条河流和许多支流的灌溉，土地肥沃。收获小麦很多。牧场极好，羊毛质地优良。
多塞特 (Dorset)	这里盛产小麦，牧场丰富，是极其优美的地方。家畜和鸟兽极多，河川产鱼，大麻质地良好，产量很多。森林并不大，但产上等质地的帆柱。这里有石块和大理石的采石场。
索默塞特 (Sommerset)	这个省是英国最优美，住民最多的省之一。有很多的河流所灌溉，土地良好肥沃。谷物果品，特别是牧场很丰富，饲养着很多的畜群。
台　逢 (Devon)	空气很好，土地肥沃。小麦、牧场、家畜，羊毛丰富。有锡和铅的矿山，森林不多。
康沃尔 (Cornwal)	这个郡内部各地散布着有名的山地，其中有锡和铜的矿山，以及大理石和石盘的采石场。因此这里土地的肥度比英格兰其他地方差。但在溪谷地区有小麦的收获，牧场良好。不仅在整个沿海地区，同时在河川中盛产鱼类。因此住民多从事渔业，特别是沙丁鱼和鲱鱼，大量的出卖给法国、西班牙和意大利。这里人口相当稠密。

英格兰北部

诺森伯兰 (Northumberland)	这个郡东边临海，是最好而最肥沃的地方之一。有很多的山岳和森林。很多地还完全未曾开垦，并无人居住。这里所采掘的大量煤炭，输送到英格兰其他地区，特别是伦敦。
达勒姆 (Durham)	西部为山岳所覆盖。有煤炭、铅和铁的矿山。南部比较低，滨海地区风景优美，土地肥沃。
坎伯兰 (Cumberland)	空气清新适于健康。虽然有山岳，但有很多湖沼和小河流，土地相当肥沃。渔产丰富，有一些煤炭、铜和铅的矿山。
威斯特摩兰 (Westmorland)	这个小省地方相当不好，居民不多，到处是山岳和岩石，湖沼和溪流很多。
约　克 (York)	这个省是英国最重要和最大的省之一。土地相当良好，有小麦的收获。家畜和鸟兽丰富。有马的饲养，而且很珍贵。有很多河流。
兰开斯特 (Lancaster)	这个郡有河流的灌溉，土地为黏土质，相当肥沃。有丰富的大麦和优质的小麦。牧场相当良好，因此牛特别大。
人之岛 (Isle de Man)	土地广大，而且相当肥沃。但因不产木材，以泥炭作燃料。

计达到一亿七千四百万〔利佛尔〕。这一亿七千四百万〔利佛尔〕,

契斯特 (Chester)	这个地方有河流,小溪以及湖水的灌溉。有森林和山岳。土地肥沃。有很美好的平原,牧场里喂满羊和马。当国王经过这个郡时,居民结成背着耕犁的大行列随行,这充分表示出他们在农业上的成功,因而向国王表示他们的感激之意。
德比 (Derby)	土地肥沃,小麦丰富。到处都是牧场,饲养着很多的家畜。有森林。有很多山,有方石和大理石的采石场;打出很多水车用臼石和建筑用石材;有煤炭和铁的矿山。铅矿山很著名,铅质最优良最纯粹。
斯塔福德 (Stafford)	这地方有很多河流的灌溉,但土地并不是各处都同样良好。南部盛产小麦,但北部是不毛的山岳。有良好的牧场。并有可以煮盐的泉水。
诺丁汉 (Notingham)	这个郡受到很多河流的灌溉。东部土地肥沃,西部多森林。出产煤炭。
林肯 (Lincohn)	这个郡广大而美丽。南部土地低洼,多沼泽。开有小运河。因此,这个地区小麦不很丰富,但鱼类和鸟兽很丰富。北部和西部,地势比较高,远比其他地方肥沃。
诺福克 (Norfolk)	这个郡的东部与北部临海。土地各处不同。有些地区肥沃,但另外一些地区只生长石南科植物和一些森林。沿海岸线地势平坦,盛产小麦。沿海多鱼类,特别多的是鲱鱼。其他还出产羊毛、蜂蜜、番红花。羊毛工厂的生产量达十万镑(等于法国货币二百三十万利佛尔)。
拉特兰 (Rutland)	土地肥沃。牧场丰富,且极其良好。
亨廷登 (Huntingdon)	这个地方极其富于变化。西南部有许多山岳,北部是沼泽。中央有美丽的平原,可以收获很多的小麦。过去有很多森林,现在已消失了。
北安普敦 (Northampton)	这里土地非常肥沃。有丰富的小麦和家畜。也有森林。
莱斯特 (Leicester)	这个省有丰富的小麦和牧场。有很多的放牧场,饲养着很多家畜。也有煤炭,但森林极少。
希罗普 (shrop)	土地相当肥沃,居民很多。
威尔士	
高尔公领 (Principauté de Galles)	这里山冈起伏,比英格兰其他郡的大部分地方,肥沃度较差。但食粮并不感到不足,有小麦的收获,也有家畜,特别有很多的牝山羊。有木材和煤炭,其他各郡为这个公领的一部分。

如后面所说，由所有土地所有者的收入负担。

达到一亿七千四百万〔利佛尔〕的这个间接税，破坏着耕作的年预付和收入之间正确的比例关系。

因此，为了维持先前的耕作状态，以及原先的年再生产量，这在有百分之一百五十预付的英格兰，是能够维持这种状态的，我曾

安格尔西 (Anglesey) 土地良好，有丰富的小麦和牧场。牧场饲养很多家畜。

卡那封 (Carnarvran) 这个郡因为受海洋气候影响，沿大洋和南部地方情况良好。有丰富的家畜、鸟兽和木材。

登比 (Denbigh) 这个小地方多山岳，住民少。有铅矿山。

弗林特 (Fliongt) 这个郡并不很大。有很多山和相当肥沃的溪谷。

梅里奥尼思 (Merioneth) 是山丘起伏的小郡，土地不很肥沃，居民稀少。

蒙哥马利 (Montgomery) 这个地方尽是山岳，其中有非常美丽和非常肥沃的盆地。

布雷克诺克 (Brecknock) 这个地方山岳与平原相互交错。山岳虽是不毛之地，但平原肥沃，能很好地进行耕种。

卡迪根 (Cardigan) 这个郡有丰富的小麦、家畜、鱼类和鸟兽。

拉德诺 (Radnor) 这个小郡的土地贫瘠，不毛，尽是山岳。

卡马登 (Carmarden) 这个郡富庶肥沃。有煤炭和铅的矿山。

彭布罗克 (Pembrock) 这个地方肥沃。

格拉摩根 (Glamorgan) 北部为山岳所环绕，南部极其肥沃，故被称为威尔士地方的乐园。

说租地农场主应该根据由间接税所受的损失，减低他的租借费，换句话说，他们有必要把由消费税所征收的一亿七千四百万〔利佛尔〕，从对土地所有者的支付中除去，过去这笔损失是完全落在土地的耕种上的。而且如下面的两个表中所看到的一样，他们的租借费的减少，只限于间接税一亿七千四百万〔利佛尔〕的补偿额的原因，是因为他们的预付，由于生产物的继续得到高价，能够使每年的财富恢复到原有的数量。

从上面所示的注可以知道，中等以下的土地，只占英格兰本土土地的约八分之一；八分之七是中等以上以及优良的土地。因此很显明的，英格兰本土的土地的平均肥沃度，是中等以上的。而且我们知道，这个国家的耕作状况是良好的，谷物价格是高的。因此估计这个王国的收入，是具备着必要的一切条件。

表明因为消费税和间接税，而使英格兰从土地所获得的收入减少的表

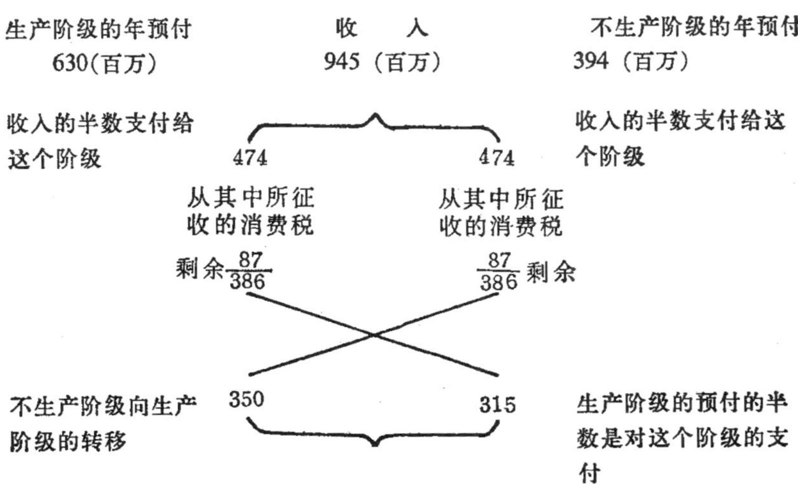

合计 736(百万)	合计 701(百万)
这是生产阶级所取得的全部数额,但消费税已经缴付了。这个税由生产阶级所支付的一切商品及报酬所引起的涨价所抵偿。	这是不生产阶级所取得的全部数额,消费税已经缴付。但这个阶级把所交付的消费税,从生产阶级和土地所有者阶级取得补偿。

年总生产量等于支付给生产阶级的金额。就是

生产阶级取得的数额 ……	736	间接税一亿七千四百万〔利佛尔〕的收入除外,这项租税的数额,有时从流通消失,有时又回到流通中来,这将在后面计算。
生产阶级的预付 …………	630	
不生产阶级用于向生产阶级购买原料品的预付,不生产阶级所取得的半数的预付 ………	350	
再生产量 ………………	1 716	不到 1 890,不足的数额 174。这个不足的数额,如下表中所看到的,由于租税的支出,再进入到流通中去。
耕作者取得的数额 ………	945	
消费税或间接税的数额 …	174	
	1 119	
作为收入的余额	597	不到 945;不足数额 348

间接税在农业中所产生的有害影响,只有重新建立起耕作支

出和土地所有者收入之间的正确关系，才能把它纠正。

土地所有者和租地农场主根据自己的共同利害关系，采取了措施，建立起如下表的秩序。

表示租地农场主所获得的数额和土地所有者的收入之间的关系的表

租地农场主为了补偿总数一亿七千四百万〔利佛尔〕的间接税，从他应该支付给土地所有者的收入中扣除，结果使土地所有者收入从九亿四千五百万〔利佛尔〕，减少为七亿七千七百一十万〔利佛尔〕

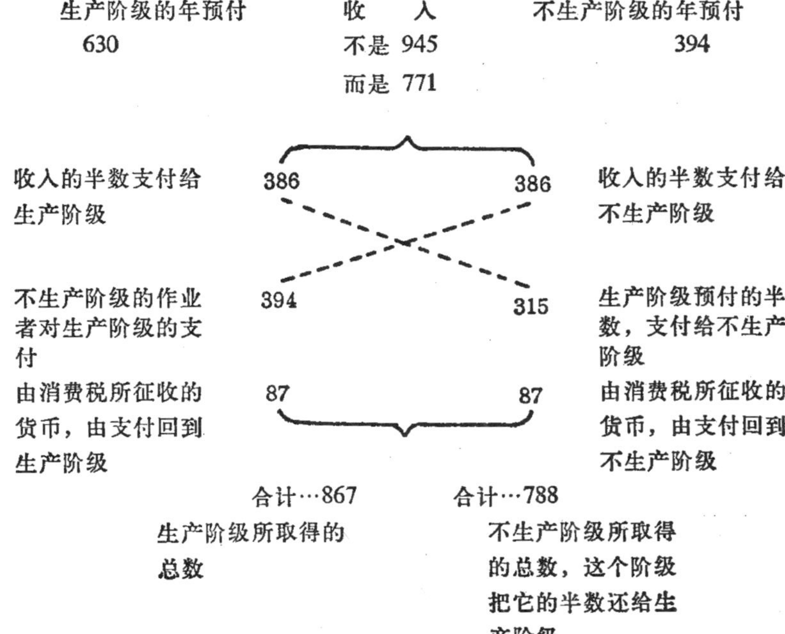

年总再生产量等于对生产阶级的支出总额，就是

生产阶级取得的数额 …… 867

生产阶级的预付	630	
不生产阶级用于向生产阶级购买原料的预付	394	
再生产量	1 891	如前所示，除去小量零数不计外再生产量是1 890 000 000〔利佛尔〕。
租地农场主的年预付回收额以及年预付和原预付的利息	945	
每年征收的消费税或间接税	174	
合计	1 119	
作为收入的余额	771	不是945，差额是间接税174 000 000〔利佛尔〕。
七亿七千一百万〔利佛尔〕的收入，由于战时对土地的加倍课税所负担的直接税	38(百万)	
作为救贫税所负担的直接税	30(百万)	
合计	68(百万)	
除去直接税和间接税，战时土地所有者纯收入的余额	703(百万)	

必须注意，我们估计是大大地偏低，就是假定土地的三分之一是没有价值的，耕地的三分之一是休耕地，或处于休耕年度，这在英国是没有的，而且生产量都以谷物的价值为基础来计算。而每一亚尔邦的良好的草原和牧场的收入，都多于每一亚尔邦耕作谷

物的良好土地。从这点来看，一目了然的，是我们的计算过分保守了。但是有一个错误是必须指出的。

在英国是禁止把粗羊毛输出于国外的，这对制造业的企业者说，能够以比较贸易自由的场合远为低廉的价格来收买。这样就使原始生产者因为低廉的贩卖价格所受的损失（Prix de la vente de la première main），全部由土地所有者来负担。但是政府认为，因为从事毛织品的制造业，由于从手工劳动所获得的利益，因而能够使制造业的规模，维持由于有比较多的人口和土地，使每年的生产物有比较多的消费的水平，在国内能够获得很大的利润。但是经常引诱农业国家的这种利益，结果从正确的计算可以看出它是虚构的。假定粗羊毛生产者由贩卖所受到的损失，使英格兰从农业所获得的收入减少一亿〔利佛尔〕，使收入从九亿四千五百万〔利佛尔〕减少为八亿四千五百万〔利佛尔〕，现把两种情况作表比较如下。

总再生产量和生产阶级所取得，并支付给

生产阶级的数额相等即：……………………………… $841\frac{1}{4}$

生产阶级的预付……………………………………………… 630

支付给生产阶级的不生产阶级的预付 ……………… $418\frac{3}{4}$

总再生产量 ………………………………………………… 1 890

因此耕作者所收回的九亿四千五百万〔利佛尔〕

即预付六亿三千万〔利佛尔〕，

利息三亿一千五百万〔利佛尔〕，

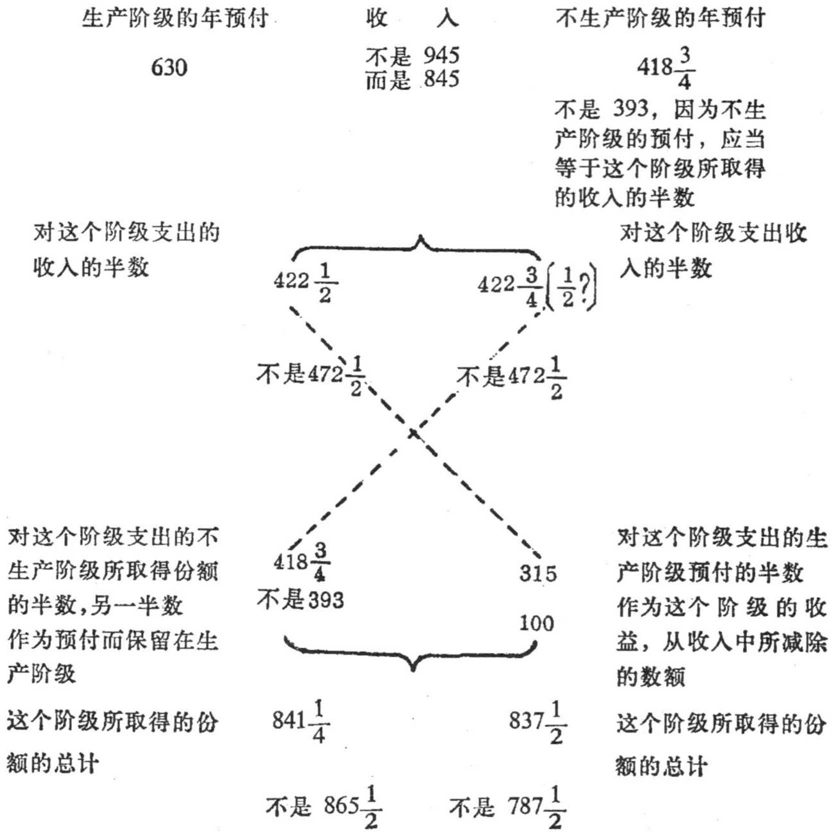

生产阶级的年预付	收　入	不生产阶级的年预付
630	不是 945 而是 845	$418\frac{3}{4}$ 不是 393，因为不生产阶级的预付，应当等于这个阶级所取得的收入的半数

对这个阶级支出的收入的半数	$422\frac{1}{2}$ 不是$472\frac{1}{2}$	$422\frac{3}{4}$ $\left(\frac{1}{2}?\right)$ 不是$472\frac{1}{2}$	对这个阶级支出收入的半数
对这个阶级支出的不生产阶级所取得份额的半数，另一半数作为预付而保留在生产阶级	$418\frac{3}{4}$ 不是393	315 100	对这个阶级支出的生产阶级预付的半数作为这个阶级的收益，从收入中所减除的数额
这个阶级所取得的份额的总计	$841\frac{1}{4}$ 不是 $865\frac{1}{2}$	$837\frac{1}{2}$ 不是 $787\frac{1}{2}$	这个阶级所取得的份额的总计

及扣除因粗羊毛贩卖土地所有者的损失一亿〔利佛尔〕，余额为…………………………………………………… 845

不生产阶级所取得的数额，只增加了五千万〔利佛尔〕，国家就此损失五千万〔利佛尔〕。和这种损失相适应的，是人口的比例的减少。结果土地所有者受到减少收入一亿〔利佛尔〕的损失。

第七节　对于这一章的考察

我们已经把一国生产量作了详细的分析，并根据表的计算基础对它的经济作了评价。这项计算，可以根据我们所要考察的国家和社会的实际范围，以及它的土地和自然特性，而把它缩小和扩大。但是这种考察，总是建立在永久确定的和不可动摇的基础上。这些机械性的计算，对于那些想偶尔随便读几本书，就能掌握科学的读者来说，可能会感到枯燥无味。但是如果我们要想得到某些重要的知识，这样的读书方法，是得不到什么的。必须对生活之树的整个范围，进行探索，表示关切，至少那些想要享受树的果实的人们，必须依照指示这些树的标志进行努力。

重要的是不仅要确定各种的关系，而且要规定这些支出的成立、性质、规模和任务，研究生活资料的分配，并指出它们各自所得的份额。

在这一章中所要讨论的，是关于各种支出的关系的一切问题，特别是关于受自然支配的，和以这个共同母亲（自然）的计划为基础的计算的经济评价问题。这一章之所以枯燥无味，因为有许多细节的说明，是其他各章所没有的，然而正是这些说明就能使本书全部不至陷于枯燥无味，使我们能够在其他各章，只叙述原理和阐明已经确定的原则。这一章的内容是全部计算的基础，是最必要的家计簿，尽管比较其他各章枯燥无味，还是要反复浏览翻阅。

在这一章里，我们可以看到支出和耕作，和商业，和工业，以及和这一切部分有关的各个活动的财富，和人口与生活资料，以至这一切部分对内对外的费用关系。由于对这些项目分别加以测定的结果，我们把社会的种种要素的相互关系，由再生产确立起来的不断的流通，必然归结成为自然活动，明白地指示出来。

我们明白地看到，如果费用的支出并不选择方向，支付时表示吝啬，而且有一时的和每年突发的滥费，那就会扩大耕作经营的费用，阻碍商业，走错方向，使工业遭受损失，人口减少，生活陷于混乱和枯竭。我们也看到，如果耕作使收入受到损害，把更多部分的生产物供给自己的需要，就会妨碍支付的正常进行，就会使巩固和保证社会组织所必要的一切其他部分，遭受破坏。我们还看到，如果把商业放在首位，把它的利得看作是国家的利益，那就会对于许多事情的看法发生错误，会把费用看作收入，把租税看作支出，把商业的利得看作收获。我们同样看到，如果把工业的加工品，看作财富的增加，把对于它的劳动的保护看作是国家的最重要的义务，那就会把支出使用在错误的方向，引起由于破坏重要的动力因素而来的一切不幸。我们更看到，如果对于人口，只看它的人数，而不看他们的职业；看他们的职业，而不看他们的职业所得的利得；只看他们的利得，而不看保证他们取得利得的生活资料；只看他们的生活资料，而不看他们的消费所取得的生产物的售卖价格，是会使耕作者继续扩大劳动和增加收入，那么，就会使事物的因果颠倒，使国家组织变成倒置的金字塔。我们最后也看到，如果我们只把生活资料看作物质，而不把它看作财富；我们只看它的数量，而不看它的售卖价格；只看它的丰富的总生产物，而不看它的纯产品；则这种关于普通粮食总量的考察方法，就意味着放弃从可以得到的收入所产生的一切利益，因而也就是放弃使国家形成和巩固

起来的一切，结果使人类社会没有可以交易的财富，而只有似乎能维持人类社会的狭隘计划。这是不可能实行的一种想法，因为如果生产物没有价值，就会使耕作者的费用的回生、地主和君主的收入、使各个阶级的人们能够生活的报酬都消灭了。我还敢于断言，这将会使工业、制造业、技艺、武力都遭到破坏，使国家处于无防备的境地，使居民陷于穷苦，迫使他们逃亡国外。

在这一章中，除了提出许多重要的资料之外，还要附上关于种种年生产量分配的情况。在这个场合，关于分配的问题同时要附带地说明对社会财富的评价，进行这两件工作的手续，在再生产的需要上是不可分的。事实上，再生产和支出的更新，是依赖于支出，支出的支付，支付的方向，以及在社会所有的动脉中，同样数额的有规则的支付流通的不断进行；因此为了确实保证支付运动的规则性，必须对任何小的通道进行彻底研究，把它加以识别，加以确定，划分界线，以至于把整个机构加以解剖。正因为如此，本章所要讨论的问题是很困难的，它能给人以说明一切政治不幸的知识，因而对给人以精神上的光明说，是非常重要的，至于要发现应付这种种政治不幸的对策的困难，在于不知道它的原理。

而且政治体的解剖是要花很大的劳力，当然这并不是说，要维持政治体的健康，必须手操解剖刀。成为种种不幸的源泉的统制精神，使人类走向荒芜的境地，但是这些不幸的根源，最初大半并不是由于利欲，利欲是在事后才出现的；相反，不幸的最大部分，是由于不知道世界是怎样在变动的。世界的自然地变动（II mondo va de se），意大利人曾经说过，这是有着伟大意义的语言。行政的秩序和诚实，必须重新建立起来，因而我们对于各种事物，必须采取自然的过程，一切我们的原理，都必须根据事物本来的秩序来使它实现。在这个场合，容易发现这些原理实现的道路，把路上的石块除去，以使竞争者们能够没有顾虑的自由行动，因为使国民财富得到保证的正是这些竞争者们。

但是为了把很容易证明，并且和一切事项有关的那些错误观念永久消除，而把某些原理确立起来，并把它指示出来，是非常必要的，所谓和一切事项有关，就是指所有的人都要同样地生活，同样地进行活动。人们一般有一种倾向，总是在衰落的困难时期发牢骚，谈论行政问题。这种牢骚一般地说，只不过是表现那些因为受贿，或因为懦弱，同时因为消极懒惰，游手好闲，误事渎职的人们的不安，因为这会搅乱他们的快乐生活；但是如果这些牢骚是出于贤明而勤勉的人之口，那是有充分根据的。但是由于各方面的确实证据，容易使心神不安的人们支持在一定的限度内。首先每个人必须专心于自己的工作，最好的市民，应该不绝地倾注全力于自己的工作，而不为他人的事情烦心。最初的立法者们，社会的管理者们，所以能够创立经得起长期冲击的有效果的制度，就是依靠这些市民的活泼的、质朴的、自然的知识。如果处在静寂的办公室，单凭幻想，来管理事物运行，取缔人民的经济行动，那就会以错误代替真理；结果必然会使整个秩序崩溃，因而很快地走上破灭的道路。从那时起，错误的规章完全代替了事物的自然过程。关于生活资料的臆测的技巧，只能提供虚假的观念，但人是不能依靠幻想来维持生活的。大家都遭受苦难。正像在病人家里，一切人都会认为自己是医生，同样在衰落的国家中，所有的人都会根据思辨的逻辑方法，成为政治家和修整家。用于纠正占统治地位的偏见的

一切努力,只会得到这样结果,就是对于最单纯和最重要的事项,都加以怀疑并引起对立的争论。在这种混乱的情况中,人们所要倾听的,并不是某个天才的意见;只有一个原理将会得到胜利,其中只有以正确的和合理的计算为基础的原理,才是符合真实的情况,重新建立起真理。和迷途的旅行者,经过了遥远的迂回的道路,不得不回到出发点时一样,为了防止跌落到臆断科学的错误道路,使我们重新回到自然的单纯的路程,是需要经过理性的和彻底的探求的。这一切就是我们的工作。当然并不是说在航海中,海员非始终凝视着罗盘针不可,而是说必须不断的注意,以免迷失方向发生危险。

现在应当转到其他问题上,分析财产目录中种种动产部分。首先从其中最重要的部分,即人口开始。

自然权利[①]

(《农业·商业·财政评论》[②]中摘录的一部分)

第一章 什么是人的自然权利

所谓人的自然权利,大体上可以规定为人们对于适合他们

① 魁奈这篇关于自然权利的论文,是刊登在杜邦所编印的《农业·商业·财政评论》的第一期(一七六五年九月)中。杜邦把这篇论文刊登在他的"前言"之后,并在论文的前面写了如下的"序言"。

"序言。我们在前言中曾经这样说,使经济科学完成基本任务的,首先是对秩序,以及形而下的,自然的法则的认识。我们把这话反复的向读者提起,并不是多余的。因为包含它的成果在内的对于这个根本大真理的考察,可以消灭由于错误的综合和被误解的利益,进入学问——在这里如有错误是极其危险的——中来的所有庸俗的偏见,和所有欺骗性的议论。人们只要能稍为加以考虑,就会清楚地感到,在至高的自然法则中,包含着经济秩序的根本原则。我们定期发行的刊物,任何时候都包含有搜集丰富的事实的部分,所以要把这一部分放在里面的原因,就是根据这个精神,而且我们的议论是有一定的方向。我们把《评论》的工作,由比我们在这方面的更好的熟手(魁奈)所写的,在下面所刊登的《关于结合成社会的人的自然权利的考察》开始,也就是根据这个精神。自然权利,正如这篇论文所说的一样,完全可以包含在经济科学形而下的法则的秩序中,因而这个《考察》是从人们的一般利益,以及人们为了获得所必要的财富所应遵守的自然诸法则的观点,把它概括的说明的摘要,同时对我们说,这是说明可以放进我们的《评论》中的种种对象的一个摘要。因此,即使这篇论文,并没有对于

享用的物件的权利。

农业，商业，特别是对于财政的详细记述，但是在这里面包含有这些大对象所要考察的诸原则，同时因为我们完全赞同这些原则，而且因为这些原则不断影响我们这个刊物，因而把这些原则刊登在创刊号的前面，我们认为是最得当的。正因为这样，在这里就特别要注意我们所要建设的殿堂的坚固的基础。因此，我们决不能忘记所设想的根本真理，这些真理使我们不惜任何努力来完成公共事业所给我们的使命。”

杜邦在《概说》(*Notice abrégée*)(《市民日记》一七六九年四月号)中曾有如下的话，来指摘这篇论文。即：

“一七六五年九月。在九月，《农业评论》——由本日记的现编纂者所编辑——出版了两本别册。在这本杂志的最前面，刊登着《经济表》著者所写的短文《自然权利论》的第一版。这篇论文指出，所谓人的自然权利的行使，正如哲学家和法律家所坚信的，并不会因为社会的成立而受到限制和减少，相反的是会大为增加，如果社会的实定法能够尽可能的良好，则自然权利的行使，就会尽可能大的得到伸张。这篇论文有十二开本的小册子的第二版，又巴黎哈泼街(Harpe)的美林(Merlin)书店所出版的题名《重农主义》的论文集的开头，有它的第三版”。

在《重农主义》中所刊录的第三版，比以前的略有增订。并把《关于结合成社会的人的自然权利的考察》原题名，改为《自然权利》。杜邦再度把这篇论文放在其他一切论文的前面，并在《经济表的分析》的前面。在《分析》的《出版者的话》中，所提到的“前面的论文”，就是关于《自然权利》的问题。(翁根注)

② 在七年战争的末期，因为缔结了媾和条约，在可以得到长期和平的希望的时候，法国政府企图把极度疲敝的国家一般地位提高，不得不采取一些振作精神的手段。

著名的关于谷物自由交易的拉韦尔迪(Laverdy)总监的布告(一七六四年)，不能不说是根据上面所说的意旨所提出的重大文件。但是在这之前，曾由机关刊物《商业新报》(*Gazette du commerce*)的创刊号，努力在商业界和政府当局之间建立起一种关系。这个刊物，从一七六三年四月一日起，每星期发行两次(星期三与星期六)，是在财政当局的监督下所编辑的。关于这个《新报》的构成与特色，在《说明书》中有如下的话：“由于三十年间的垄断特权，所有和这方面有关的周刊杂志都被禁止了，因此这个有权威的《新报》刊登着，无论是巴黎，王国和外国的主要都市，特别是关于都市中批发商业、零售商业和银行的记事。”《新报》首先以商业的直接的实际利益为目标，但同时并不妨碍商业政策的一般动向，和关于理论争论的材料的搜集刊登。而且这个论争部分，不久由信奉魁奈新学说的弟子(勒特罗纳 Le Trosne 和杜邦 Dupont de Nemours)们而活跃起来，反而在实务论说之外，提高它在刊物中的地位。结果就把这个理论的争论部分，从实务的部分分离开来，决定把它刊登于每月发行一次的别册特刊中。这个别册特刊，从一七六五年七月以后，以《农业、商业、财政评论》(*Journal de l'agriculture, du commerce et des fimances*)的标题出版。

在谈论人的自然权利时，首先必须把人本身，各人的体力，以

在《创刊词》中，对于《评论》发行的目的，有如下的话："我们现在发行的这个'评论'是专门为了促进经济学知识的进步。……'评论'和'新报'一样，也揭载关于农业，商业，财政的一切记事。如果'新报'只是把它公告的话，'评论'则是在必要的程度上，要在叙述上来启发耕作者，指导商人和教育市民"。至于新机关杂志对政府当局的位置，在检察官阿尔巴力（Albaret）的"许可"中有如下的记载。"我受司法次长阁下的命令，读了'农业、商业、财政评论'。这个定期刊从它的目的来说，是值得内阁贤明的加以保护。"另册特刊的编纂，最初是由新报的发行者（克罗穆脱 Cromot 和梅斯纳尔 Mesnard）担负，从最初二期（七月和八月）的发行可以知道，他们是不胜任这个工作的，可能由于政府的劝说，把这两个刊物分开，并任命不久以前加入魁奈学派的杜邦为理论部分的主编。罗梅尼在所著《米拉波学派》第二卷二四六页，曾对这个问题的事实，有如下的有趣的详细叙述。就是在一七六三年，杜邦还是一个二十三岁的青年，他专心于文学，在米拉波侯爵引见时，已经和伏尔泰通信了。米拉波侯爵对友人隆哥，一七七七年十一月二十五日的未发表的通信中，曾有如下的话。"杜邦是我最初的弟子。这是一七六三年的事。我所说我的，是因为首先由他向我提出的。我并把他介绍到魁奈博士那里去，并得到了他的照顾，洗去覆盖在他的纯洁的心上的灰尘，以无比的善意和热忱，给他以严厉的锻炼，结果把他从游泳者培养成为潜水者。一七六五年底左右，莫尔莱 Morellet 老师把给我的《农业、商业、财政评论》的编辑工作委之于杜邦。这时莫尔莱老师说："这孩子年纪轻，我打算帮助他"。这个年轻人，从那时以来，比任何人都努力。结果博士曾对我说，必须好好地照顾他，并曾对我说过这样值得纪念的话，在我们死后，他可以做我们的祖述者，这就是指的杜邦。当时能干的先生，从那时起，我们也没有考虑为先生所培养起来的许多赞同者。可是杜邦已准备好论战的场所，于是马上燃起了论争的火焰。……"

因为杜邦被任命为法国政府关于政治经济问题的机关刊物的总编辑，就为魁奈学派开辟了极其重要的活动场所。

杜邦的最初的编辑活动，是从一七六五年九月号的一篇长的《前言》开始。就在这篇前言中，一看就可以知道他完全是个重农主义者。特别是他的下面这段话。

"根据公众的利益，一个大臣现在所要施行的，首先是计划。这个计划，根据他的意见，是促进、奖励、推广和助长它的重要哲学，确实除把这两个部门——一部分包含和每日生活有关的一切历史事实，另一部分则揭载从这些事实所产生的，对于它的原则有深入研究必要的一切考察和争论——分成两个定期刊物之外，并没有其他完成这个任务的更好的方法。在这个杂志里，虽然任何问题都可以，但把最重要的问题摆出来争论，是政府当局保护的主要对象。因为人的教育和社会福利是政府活动的目的。因为政府当局知道，所有的人的活动中，都有发生错误的可能；并且知道，**错误不外是不全面地研究必然要产生的结果而作的错误判断**。因而行政当局了解，如果能把事物

及各种知识能力加以考察，还必须把他和其他人的多种多样的关系加以考察。在详细说明各个人的自然权利之前，如果不把这些方面加以检讨，就不可能理解这种权利究竟是什么？[①]

就是因为忽视这种初步的考察，所以使哲学家们对于人的自

的所有方面加以充分的研究，就不会发生错误。那么在这个场合，如果问人为什么不犯错呢？那是由于把事物按照它的实际情况来考察。这骤然看起来好像是当然的事，但要做到并不容易。因此政府贤明地相信，必须给争论以自由的余地。……根据这个原则，在这个《评论》中，常常可以看到和编辑者的意图完全相反的许多论文。编辑者在公开说明意见时，所说的——必然会感到编辑者的见识不够——明显的决不是行政当局的意见。编辑者，从他的本身的责任说，当然享有作为这个刊物编辑基础的自由。我们不应该多次的重复来说，就是应该把《农业・商业・财政评论》看做是一个斗争场地，在这里，市民们，可以认真地互相竞争，拿出力量，很好地活用自己的研究而为祖国做出贡献、而且必须这样做。只有公共的福利是市民们努力的共同目的，同时也正是努力的果实。讨论的最重大的问题，对于现世代说，这个刊物是重要的，对于将来的世代说，是更为重要，因为后世人可以从这个著作中，搜集到经过事实证明的，作为争论的结果所达到的原则，这也正是我们的希望。因为作为这个《评论》的对象的重要学问，并不是在真实性和可能性之间进行争论的舆论性的学问；而是一切都可能论证的。这里的问题，是财富的生产，社会的存在，以及使作为幸福的渊源的财富的年再生产，能够最大的增加的适当方策。其中没有不是形而下的（Physique），而且由于一切还原于计算的形而下的规律的研究，决定最低限度的形而下的结论。”

杜邦并不能长久地留在这个工作上。由于他对于新老师魁奈的主义的热情，他不但和《评论》的主持者争，而且和完全不关心公众的机关刊物，看作是关于纯生产量的思想的代办机关的政府当局，也陷入进行争论的窘境。因为这个困难，——这个事例在魁奈学派的历史上是重要的，我们在任何地方都把它提起——以及其他的事情，结果使杜邦在第二年末离开了这个职位。以后在《农业・商业・财政评论》中所发表的魁奈的最重要的论文，是在我们所屡次说明的，在一七六八年出版的《重农主义》这部书的最初两卷中，由杜邦所再度选载。但是在把它们再度选录以前，这些论文是由著者自己加以很大的修改。我们把这些论文，按照最初在《农业・商业・财政评论》发表时顺序把它刊载，当然《重农主义》所再度选录的论文，是根据最后的版本。并把这两个版本之间的最重要的不同之点指出来。（翁根注）

① 和关于自由，正义，以及非正义的哲学争论一样，关于自然权利也是有争论的。就是这种相对的属性，把它看作好像是绝对的实体，然而这种所谓相对的属性，只有把它和必然互相依存的相关概念结合起来，是不能作为完全而正确的观念把它掌握，而且如果没有这个相关的概念，那么它们只是空洞的抽象的概念，即架空的概念。（原注）

然权利,抱着非常不同、甚至完全矛盾的观念。某些哲学家,由于某些原因,并不承认自然权利,而另外一些哲学家,则有更多的理由,承认了自然权利。但是任何时候,真理是要从两方面来看的。同一物体已经采取了某种形式时,就不能再采取其他形式;同样的,存在于某种情况下的真理,除非自己的情况发生了变化,是排除其他真理的。

有人说,人的自然权利是不存在的,这话是真实的。①

有人说,人的自然权利是自然为一切动物所规定的权利,这话也是真实的。②

有人说,人的自然权利是以力量和智慧对于人所保证的权利,这话亦是真实的。③

有人说,自然权利只限于各人的个人利益,这话是真实的。④

有人说,自然权利是规定一切人的权利的一般最高规律,这话也是真实的。⑤

有人说,人的自然权利是所有的人对于所有的事物的无限制的权利,这话也是真实的。⑥

---

① 请参看本章末尾和这有关的事例。(原注)

② 这个是朱斯蒂尼安(Justinien)的定义,这个定义和其他定义一样,有它真实的一面。(原注)

③ 请参看第三章的附往及第四章里所引用的与此有关的事例。(原注)

④ 请参看第二章附注中的事例。(原注)

⑤ 请参看第四章的事例。如果稍为加以补充,这个命题可以作为我们的命题。(原注)

⑥ 这是柏拉图著作中诡辩学者特拉西马克(Trasimaque)的论点,霍布斯以后重新把它提出来,就是在霍布斯之后,以《自然权利和政治的原则》(*Principes du droit naturel et de la politique*)为题一书的著作者,把它重新地提出来。关于这些在第二章中加以处理,请参看其中辩论的部分。(原注)

有人说，人的自然权利是由默认的或明确的协议所限制的权利，这话也是真实的。[①]

有人说，自然权利是和正义与不正义没有关系的，这话是真实的。[②]

有人说，自然权利是公正的、最高的和根本的权利，这话也是真实的。[③]

但是从全面的情况来看任何人说的都不是真实的。因为没有一个人说的话，能适用于一切场合。

因此，哲学家们在研究关于受理性限制的人的一切义务，它的自然根源是什么这个重要问题时，只停留在似是而非的推论和不完全的论证上。

就是没有能力和理智的儿童，不可争辩的也是有生存的自然权利，这种权利是建立在由自然对父母所启示的义务的基础上的。父母的义务，如果有比规定这种义务的自然秩序更强的，对父母发生作用的自然的爱，就使儿童的这种权利更有保证。虽然如此，这种由感情所提示和保证的义务，也是包含在正义的秩序中的；因为父母所做的事，不过是把本身受之于父母的还之于自己的儿女。因此，以确实的权利为基础的父母的教养，一切都要求有合理的实质。

① 请参看第四章的举例。（原注）

② 这是无人岛中，只有一个人在那里生活的情况，在这个场合，这个人对岛中的生产物的自然权利，没有什么正义和不正义的问题。因为所谓正义和不正义是相对的概念，因此在没有一个人和他有关联时，就不可能存在。请参看第四章的开端部分。（原注）

③ 请参看本章的末尾和第四章开端部分。（原注）

如果有人问我：什么是正义呢？我将回答说，正义是由理性之光所承认的，明确决定什么是属于自己的，和什么是属于他人的问题的自然最高规律。①

如果儿童的父母死亡，因为他们没有任何财产，因而没有力量供养自己，他们就不能行使自己的自然权利，因此就丧失了这种权利。所谓相对的属性，在没有相关概念的时候也就没有了。眼睛的使用，在没有光的地方，也就等于没有了。

第二章　人的自然权利的行使范围

人的自然权利，是和法律上的权利，或由人为法所强制的规定的权利不同；这显然是由理性之光所明白的承认，只有这样才能没有任何强制，而有义务的意义。与此相反，受实定法所限制的法律上的权利，虽然只因为有作为法律的指示而为我们所承认，但是因为对于违反者要处以刑罚，因此由于法律的制裁而成为义务的。就是因为这些不同的条件，决定着自然权利行使的整个范围，并把自然权利和法律上的权利区别开来。

由于人的法，不像造物主的法一样是完全的，也由于人为法经常要受到许多不受理性控制的动机的影响，因此自然权利常会受法律上权利的限制。所以即使立法者是贤明的，他们仍然不得不把自己所制定的法律废除。在各国，由于不合理的矛盾的法律不

---

① 在初版中，这段文字如下："如果有人向我问什么是正义呢？同时如果我是根据理性来回答，那么我将说，所谓正义，是由理性之光所明确承认的自然的最高法则，承认什么是属于某一个人，或属于自己的。"（翁根注）

断制定，因此所谓实定法，已经被明显地证明，常是很容易和社会最有力的正义与自然秩序的不变的规律相背离。

有一些哲学家，眩惑于给一切的人以一切权利，关于人的自然权利的抽象观念，把人的自然权利只看作是人们相互之间纯粹独立的状态，只限于人们相互争夺无限权利的斗争状态。因此，根据这些哲学家的主张，人们由于协议以至法律权力，而被剥夺去适于自己享受的自然权利的某些部分时，就认为是人的一般权利受到破坏，由于协议以至强制权力，使这个人从属于他人。这时这个人已经不是自然状态的人，即不是完全独立状态的人，不是自己权利的唯一审判者，而是服从于他人的判断。因此，用他们的话说，这个人已经不是处在纯粹自然的状态，已经不属于自然权利的范围。

但是由于看到这个一切人对于一切的自然权利的抽象观念，是非常空洞的，为了适合自然秩序，不如把人的自然权利的范围，归纳到他可能享受的各种物质上。因此所谓一般的权利，实际上是极其有限的。

从这个观点来看，就会发现上面这些议论，只是些没有意义的诡辩，和在这样一个重要问题的研究上，极不相称的智力游戏。很容易理解，所谓各个人的自然权利，在现实上只限于人的劳动所能获得的部分。[①] 因为，所谓人对于万物的权利，正像燕子对于在空中飞翔的小昆虫的权利一样，实际上这些燕子的权利，只限于燕子以它的劳动，即由欲求的发动进行搜索所能捕获的一部分小昆虫。

① 在初版中，这段文章如下："所谓个人的自然权利，在现实上可以理解为，只限于适合人享用的各种物的一部分。"（翁根注）

在原始的自然状态，适合于人享用的各种物质，只限于在自然中自己生长的，这些物质个人以自己的劳动，也就是由于自己的探索，因而获得其中的某些部分，才能行使自己无法确定的自然权利。因此得出如下的结论：(一)所谓人对于一切的权利，不过是个理想；(二)在原始自然状态中人所享用的那部分物质，是由劳动所获得的；(三)对于适合人享用的各种物质的权利，必须从自然的秩序和正义的秩序中来考虑。总之，在自然秩序中，如果对它的所有在现实上不明确，就是不确定的，但在正义的秩序中，则决定于不侵犯他人的所有权的情况下，由自己的劳动所获得的，在自然权利基础上的有效所有；(四)在原始自然状态中，人迫于满足自己的欲求，各自进行探索，他们不肯把时间空费在相互之间的斗争上，因为这样会妨碍他们取得生存所必要的物质；[①](五)包含在自然秩序和正义秩序中的自然权利，只能存在于人们的相互交错的一切关系之中。

第三章　人的自然权利的不平等

我们知道，就是在原始自然状态，即完全独立的状态，人只有依靠劳动，也就是为了获得物质而进行必要的探索，才能对于所必需的各种物质享有自然权利。因而，一切人对于一切的权利，不管他是以狩猎为生，捕鱼为生，还是以采集野生植物过活，都只限于

① 这里所说的是在原始自然状态中的人，可以看如下的俗语：你如果需要什么，可以自己去寻找，任何人也不妨碍你。这个规律也适用于兽类，兽类处在这种状态，同样也不会进行斗争，以免在寻找生活资料时相互妨碍。(原注)

个人所能获得的部分。但是为了进行探索，以及为了使探索能够成功，人们必须要有一定的肉体和精神的能力，以及满足他们的欲求的活动所必要的手段和工具。总之在他们之间还没有互相扶助，共同协力的任何前提，强者对弱者行使暴力的独立的原始自然状态，所谓人的自然权利的享有，是非常有限的。到了他们进入了社会，他们为了相互的利益而缔结了协约，那时他们的自然权利就扩大了，假使在这个情况之下，社会的构成能够依据人的自然权利的根本规律，明显地适合于人的最有利的秩序，那么他们就能够确实保持享受大部分的自然权利。

但是如果把肉体的和精神的各种能力，以及个人所有的其他手段一起来考虑，我们还可以发现人们在享受自然权利方面是很不平等的。这种不平等是和正义与不正义无关系，是从自然的各种规律所产生的。但是人在宇宙构成中，人们不可能领会到神的意图，不可能认识神为创建和保持它的事业而制定的不变的规律。如果把这个规律加以慎重的研究，至少可以发现实际罪恶的实际原因，同时也就是实际的善的原因：使旅行者感到困恼的雨，同时又会使土地肥沃起来。如果我们能够排除偏见，就可以了解这些原因所产生的善要比恶多得多。[①] 这些原因，它的意图只是为了善，并且附随地也产生了罪恶；它偶尔造成的这种罪恶在本质上，是在有发生善的作用的特质中所必然要产生的。因此这些原因，在关于人在自然秩序中，只是对于发生作用的原因的义务的规律。我们的义务，就在于把能够预见得到的罪恶，尽可能地加以避免。

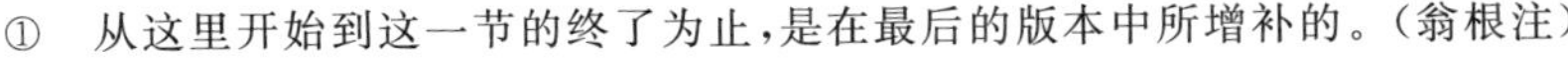

① 从这里开始到这一节的终了为止，是在最后的版本中所增补的。（翁根注）

因此，对于为行善而制定的实际的法律秩序，如果对它加以侵害这当然而不可避免地要被看作是应课以刑罚的罪恶，则这种实际的法律的制定，就要充分地审慎。假使政府离开保证农业成功的自然法，因而使面包不足，人口减少，不幸的事件增加，难道能够说这是农业本身所造成的吗？

违反自然法，是使人遭受不幸的，实际罪恶的最普通，也是最一般的原因。就是富人虽然有很多手段可以避免这些不幸，但是由于他本身的野心、情欲和享乐而招致很多的麻烦，这只能怪他自己。这个事实，不知不觉把我们引导到同实际的规律不同的，形成实际的罪恶和道德的罪恶的其他原因。这个其他的原因，就是错误地使用了人的自由。自由是人的根本属性，但人总希望把自由扩大到超过它的界限。这在人们的眼中，绝不把它看作是错误的。甚至由于错误地使用自己的自由，因而损害了自己，破坏了健康，丧失了财产，以至于家破人亡，妻离子散，但是人们仍然要求更多的自由[①]，并为此向创造主申诉不平。并不会感觉到自己和自己

① 这里所说的要求更多的自由，究竟是什么意思呢？这是不是意味着更加恣意地，就是更加和有确定意志的动机分离来独立活动呢？并不是如此，因为所谓独立，如果绝对地说，那就是指意志处在毫不关心的状态，在毫不关心的状态，是不存在任何自由的。因此，所说的更多的自由，并不是这个意思。同时这句话，和受不能克制的动机所支配的意志状态，也很少关系。这两个极端的状态，是规定自由的自然行使范围的界限。

自由是一种有相互平衡和缓和作用，并多少以启蒙的，有修养的理性来研究和评价的相对关心，来激励和克制动机有关的能力。这种评价的状态，是存在于多少受精神的注意所保持的较多的自由实践行为中。但是为了对自由有更为明确的观念，这种评价的状态是不能和意志的决断行为相混同。但是后者是简单彻底的和多少是突发性的行为，而且使一切自由的发现受抑制，因而丝毫不是自由的行为，不过是利用对自由实践的选择，多少有准备的意志的绝对决定。

矛盾。因此，最好让这样的人认识到自己的不合理，让他学会正确地来利用这种可贵的自由。因而能够去除由于行使自由所必然要引起的种种罪恶的根源的无知和乱行。从人的本性说是自由的，而且有理性的，但有时并不如此。由于他盲目地和缺乏理性地使

因此，任何多少能够运用自己思想的人，只要经过日常的考察，都会对于否定自由的人，提出如下的问话，就是你们是否确信，是否有过经过深思熟虑的事情？如果他们承认有过曾经加以深思熟虑的事情，那么就要进一步向他们追问，你们为什么要深思熟虑呢？如果他们坦白地说，这是为了选择，结果是他们就承认了，在动机和决心之间，存在着知识能力的运用，在这个场合，关于这种能力的实在性，相互的意见是能够一致的，至于对它的名称的争辩，是完全徒劳无益的。

但是在这个名称之下，不能把那些互相矛盾的条件结合在一起，例如把所有现实的动机同样加以承认的条件，以及任何动机都同样的不加以承认的条件，就是把爱好选择，决心所有的动机加以排斥的条件。因为如果是这样，则所有的实际行动，所有的行使运用，结果被叫做自由的能力，它本身所有的本质的特性，也就不能存在了。因而这个名称，就好像是没有两头的棍棒，不过是意味着不可思议的抽象概念。这样为了使人自由，因而把所有决定的原因从人的意志分离开去，这就完全消灭了意志。这是因为一切的意志的行为，都是对于一件事物有所要求，因为这件事物，触动了他本身的意志。因此动机的丧失，就是作为意志感情的对象的研究，评价的自由的丧失，即知识能力的丧失。

现在不想再对上面所说的问题更费唇舌。现在就来作出结论，只有那些贤明的人，才有可能专心致志地使自己的自由达于完善。在上面所说的那种人之外的人们，常是自信，在他们的欲求得到满足时，就是十分的自由了。因而这些人所注意的并不是他们的自由，而是注意于获得任意扩大自由的行使，可以增加选择的手段。当一个人在吃饭的时候，在他面前只有一种食物时，那么他所能选择的，只能是吃这一种食物呢？还是不吃它？是多吃一些呢？还是只稍为吃一点？但对于一个有二十种食物放在面前的人说，那么，就可以充分地发挥他的自由，是把二十种食物都吃一点呢？还是只选最好的吃一点？或者把所选的那些多吃一点，或少吃一点？那些没有开化的人们，不断扩大自己的自由的行使，到了几乎没有界限，没有节制的境地，一心只想满足自己的情欲，也就是这个意思。这就是要使生活在社会中的人们，能够抑制恣意地行使他们的自由，使他们自己不得不制定刑法。这样就可以使人，在刺激深思熟虑的主动的机构的注意，而且在重要动机的相互平衡之下，来扩大他们的自由。这样就可以使自由和深思熟虑，依靠自己的动机而得到伸张，可以避免轻率的和缺乏理性地来使用自由。（原注）

用自由，会使他作出错误的选择；但如果是有理性地进行了最好的选择，而且受形成宇宙的实际规律的秩序所支配，那就会获得很好的发展。[①]

因而，实际的善行和实际的罪恶，以及道德上的善行和道德上的罪恶，显然的都在自然法中各有它的源泉。所有事物都有不变的本质，同时这个本质有其不可分离的特性。其他的规律，又有其他的本质的特性。但也较少可能适合自然创造之神的完璧性。就是神所制定的各种规律，在它和秩序以及神的意图目的相一致时，在神的一般计划中是正确的而完全的。因为神本身是法和规律的创造者，因而是处在一切的法和规律之上的。但是这些法和规律的目的，首先在于追求善行，一切都要遵循神所制定的法。而赋有理性的人，为了不违背这些法和这些最高的规律，为了取得尽可能大的利益，有把它详细地加以考察，和认识它的特权。

从上面所说的可以知道，各人在既不损害自己，也不损害别人的条件之下，在人所处的自然环境中，都赋有把自然所给他们的一切能力，以感谢的心情行使的自然权利。总之如果没有上述的条件，任何人都不能说能够保证行使这种能力，即保持享有这种自然权利。这些问题我们就在以下各章进行研究。[②]

① 狂妄的行为，有很多的种类和各种不同的程度，但由于脑的构造不好，因而要发生狂妄行为的人，不容许他做出最好的选择，就是他们受实际的规律的支配，不容许他们发挥好的作用。（原注）

② 最后一节，是最后一版所附加的。（翁根注）

第四章　从相互关系所考虑的人的自然权利

人可以从孤立的状态和群居的状态来考察。

如果把人看作是相互没有交往，各自分处的，那就意味着人们相互之间，完全没有什么正义和不正义的关系，而是处在原始自然状态，乃至完全独立的状态。在这种状态之下，各个人是能够维持生存的；但是即使这样的人，至少也是和他的妻室一起过着隐遁的生活，这样就完全把人的孤立状态的假定改变了。因为和妻室一起，这样就会变成有子女的结合关系，因而也就承认了从属、正义、义务、安全，相互扶助的秩序。

任何人都担负有保存自己的义务，不然他就会受到痛苦的处罚；如果他疏忽了对于自己的义务，那么自己一个人会因此而受苦；因此与任何其他任务比起来，首先要完成对于自己的义务。但一切和他一起生活的人，同样地担负着对于他们自己的义务，不然同样地要受到痛苦。依据自然秩序，虽然最强者应该成为家长，但是如果他侵害和自己有连带利益，一起生活的人们的自然权利，就是破坏正义的秩序。在这个场合，个人自然权利的享用，存在着相互补偿的秩序，每个人都可以为家族中的所有人来工作，但是他应该依据自然所给他的义务，和个人按自己的能力对社会的协力，按照分配正义的秩序，受家长的调节，甲和乙可以个人以不同的方法对社会尽力，甲的工作可以减轻乙的工作，但由于劳动分工，因而可以根据工作的情况，完成个人自己的工作；就是由于这样的相互补足，个人可以约略同程度的对于社会利益做出贡献。因此个人可以依据社会内部的分工所发生的利益，在社会中全面地享受自己的自然权利。即使是对于社会不能有所贡献的人们，也可以根据个别社会所获得的生活上的富裕，和对社会有所贡献的人一样享受权利。就是这个规律，指导着家长的行为，把社会的自然秩序和正义秩序结合起来。而且作为家长，还怀有责任感、温情和同情心，这种心情的产生，正是创造主给人以相互扶助的义务，并要他遵守这种规律的意图的表现。

我们还可以把人从群居的生活状态来考察，就是人不可避免地要相互交往，但因为没有实定法，人就不能在最高权力的支配之下结合成社会，并遵从一种政治形态，因此可以把这样的人，看作是沙漠里的野蛮人，他们只能依靠土地的自然生产物来生活，或是冒着做强盗的危险，侵入有财富可以掠夺的各国。在这种状态之下，由于没有能够保证财富所有权的监护权力，人们就不可能由农业、畜牧来取得财富。但是最少限度，他们为了他们相互之间个人的安全，必须要有明白表示的，或者是默认的协约；因为人在孤立的状态之下，相互地感到恐惧，因而相互地陷于不安，使他们不得不关心于从这种恐怖中解放出来，如果能够缔结起上面所说的协约，双方就都可以对于这种恐怖感到安心。住在同一地方的住民，比较其他地方的人有较多的见面机会，因而能够经常地相互交往，能够相互信赖，相互扶持，缔结婚姻，形成所谓特定的部族。就此所有的人，为了共同防卫而结成同盟，并在这个基础上，在保证相互之间的身体安全，居民所有权，以及归个人所有和管理之下很少的资产与工具的所有权的安全条件下，相互的对其他人，维持充分

的自由和独立的状态。

如果他们所有的财富更加庞大，更加分散，或者处在更加有被掠夺的危险的境地，则这种部族制度，还不能充分保证他们财富的所有权。在这个场合，他们就需要有明文规定的，或协议的实定法，和促使遵守这种法的最高权力。因为他们的财富易于被侵夺，单靠公德心，对于过分缺少道义的同国人，会引起他们侵犯他人权利的欲望。

因此，社会形态取决于个人所有的，乃至能够所有的，因而把它保存和确保其所有权的财产究竟有多少。

因而当人处在从属的地位时，更确切地说，处在实定法和监护权力的庇护之下的场合，他们作为所有者的实力，是大为扩大，因此不是他们的自然权利受到限制，而是大为扩大了自然权利的行使。

第五章　在最高权力的影响下结合成社会的人们的自然权利

在已经存在的社会中，都是受君主的权力，或者是贵族的权力，或者是民主的权力等的统治。但是决定结合成社会的人之自然权利本质的，并不是这种种权力的形态，因为所谓法，是在各种形态之下有着很大的变化。决定国民权利的政府法律，大致上都是实定法，就是人为的法律。这种法律并不是自然权利的本质的和坚固的基础，而是非常容易变化的，因此不可能从这种法来认识人的自然权利的状态，对它进行研究并没有什么用处。[①] 因为，当法律和监护的权力，不能保证所有权和自由时，就完全不存在有效的政府和社会，有的只是有政府外表的独裁，实际上则是无政府。在这样的情况之下的实定法和独裁，只是庇护和保证了强者的僭夺，破坏弱者的所有权和自由。因此甚至原始的自然状态，也比这种经过无规律形式，权力、君主等所有的各种变迁的，粗野的社会状态更好一些。这种变迁可以把它看作是必然的，在把这一连串的变迁加以深刻注意和考察的人，会产生这样的一种思想，就是从统治开始，进步，成为最强的势力，后来是渐渐走下坡路，最后则终于使统治走向破灭的宿命的顺序。但是他们不得不承认这个顺序是极其不规则的，事变的进展有快有慢，有突然发生的，有千篇一律的，意外事件的发生有多有少，有顺利地进行的，有遭受到破坏的，事变的发生有偶然的，也有多有少，也有能归之于或不能归之于统治者的慎重和错误，精干和无知，以及贤明和放纵的情况。从上面所说的情况来看，他们至少得到这样的结论，关于恶劣统治的宿命论，并不是从最初类型政治的自然秩序所必然要产生的派生物。

为了认识时间和空间的规律性，控制航海，保证贸易，必须正确地观察和计算天体运动的规律。同样的，为了认识结合成社会的人的自然权利的范围，必须尽可能以作为最好统治基础的自然法则为依据。这个人们必须服从的统治，对于结合成社会的人说，是最有利的自然秩序，同时也是实定法的秩序。

① 从这里起到这一节的终结，是最后版本所增补。（翁根注）

因此，结合成社会的人们，应该服从自然法和实定法。

自然法可以是物体的，也可以是道德的。

这里所说的物体的规律，可以理解为明显地从对人类最有利的自然秩序所产生的一切实际事件的运行规则。

这里所说的道德的规律，则可以理解为明显地适应对人类最有利的实际秩序的道德秩序所产生的一切人类行为的规律。

上面两个规律结合在一起，就是所谓自然法（toi naturelle）。所有的人，以及一切人类的权力，都必须遵守这个由神所制定的最高规律；这些规律是坚定不移的，不可破坏的，而且一般说来是最优良的，[①]因此可以作为最完善统治的基本规律，可以作为所有实在法的基本规律。因为实在法，很明白的不过是对于人类最有利的，有关自然秩序的管理的规律。

所谓实在法，是最高权力所制定的公正的规律，目的在于规定行政和统治的秩序，保证社会的防卫，认真的遵守自然法，改善和维持存在于国民中的风俗习惯，根据各种情况调整国民个人的权利，在由于舆论和看法不同对于某些情况发生疑问时决定实在的秩序，以及确立起分配的正义[②]。但是原始的实在法，即其他一切实在法的根本法，是由自然秩序的公私教育所产生的制度，是所有人为的立法，一切关于市民的、政治的、经济的以及社会行为的最

① 对于人最有利的自然秩序，对于其他动物说，并不一定也是最有利的；但是人有着把自己的命运尽可能地安排更好一些的无限制的权利。这种优越性是根源于人类的理性，而理性又来源于自然秩序。因为人的这种优越性，受之于自然创造的神；神在形成宇宙的秩序中，由制定各种规律来作出这些决定。（原注）

② 从这里起到本节结束，是在最后一版中所增补的。（翁根注）

高规律。如果没有这个根本制度，则政治的统治和人类的行为，就陷于黑暗、混乱和没有秩序。因为如果对于作为人为立法的基础，和起人类行为最高规律作用的自然法缺乏认识，则对于正义和不正义，自然权利，物体的乃至道德的秩序，就完全无法辨识，对于一般利益和个别利益的本质区别，各国繁荣和衰落的实际的原因，甚至关于道德上善恶的本质，支配者的神圣权利，和服从社会秩序的命令者的义务，也都完全没有办法理解了。

因此，实在的立法，只有在宣示它是对结合成社会的人们最有利的秩序所依据的自然法时才能成立。也可以很简单地说，是最有利于君主的秩序，因为真正最有利于君主的，也是最有利于国民的。要经常保持帝国的稳定和繁荣，除了认识这个最高规律之外，没有其他方法。国民对于这门学问知道得愈深，国家愈能受自然秩序的支配，则实在的秩序也愈益合理。总之在这样的国家里，不会有不合理的立法；因为政府和市民都很快能够看出它的不合理。

社会的基础，是人的生存，和维持保卫人的力量所不可缺少的财富。因而，如果助长违背从王国土地有规律的财富的年年再生产和分配秩序，来制定实在法，那只因为是无知。如果在这样的国家，政府为理性的灯光所照亮时，则有害于社会和君主的实在法就会被取消。

在这里所说的是由自然法的研究所深化，发展和完成的理性。因为单纯的理性，不过使人比禽兽稍高一点而已。所谓理性，在最初不过是使人能够获得自己所必要的知识，并依赖这项知识，把握作为人的存在的本性所不可缺少的实际的善和道德的善所必要的能力和才能。理性对于灵魂的关系，好像眼睛对于身体一样，如果没有眼睛，人就不能享受亮光，如果没有亮光，人就不能看到任何东西。

因此，只有理性，人并不能很好地控制自己的行动，人必须依靠理性获得自己所必要的知识，并运用这些知识来正确地行动，和获得自己所必要的财货[①]。无知是孤立的野蛮人的原始属性。所以在社会中，无知是人类为害最大的缺点。正因为这个缘故，在社会中，无知可说是有罪的；因为所谓赋有理性的人，必须超过野蛮状态的阶段。因为人类的不幸，他们对于创造之神的侮慢，鄙视永久的光明，最高的理性以及一切的善的最通常的原因是出于他的无知，因此这种罪的性质就更加可怕。

但是对于自然法的过程有一定程度明确认识的，知识渊博的，发展完成的理性，是可能的最好统治所必不可缺的条件；由于遵守最高规律，可以使维持人类生存和监护权威所必要的财富充分地增加，而且由于监护权威的庇护，可以使结合成社会的人的财富所有权和身体安全受到保证。

因此，很明白的，每一个人的自然权利是与结合成社会的人，对于构成最有利秩序的可能最好的法的确实遵守程度而成比例地伸展的。

这种法，对于构成人的自然权利一部分的人的自由，丝毫没有限制。因为对自由所进行的最好选择的目的，明显的就在于这些最高规律所产生的利益。有理性的人当然不能拒绝服从这些法，

① 从这里起到这一章的最后部分之前一段为止，是最后的版本所增补的。（翁根注）

不然人的自由对于自己和其他人同样是有害的，这样就会变成狂人的自由。这在良好的统治之下，当然会由以社会的实在法为基础的权力加以抑制和纠正。

经济表的分析[1]

"农业繁荣，其他一切技艺也都兴旺，一旦土地荒废下来，

① 重农主义者把它看作是《经济科学的补充》的《使人惊异的图式》(杜邦)的出现，请看本书(*Œuvres de Quesnay, publiées par A. Oncken*)125页注(一)。为魁奈学派所承认，特别是根据杜邦的《概说》(*Notice abrégée*)(155页)〔前书〕所刊载，记录(Mémoire)以一七五八年十二月向国王提出的形式下，可以分为两个主要部分，即其一为《经济表及其说明》(*Tableau économique avec son explication*)，另则是在《苏理氏王国经济精华》的标题下，作为前者的附录的《经济统治的准则》(*Maximes genérales du gouvernement économique*)。这个分法我们已经在《百科全书》的"谷物论"条中看到过了。大家知道，《经济表》的原版，还没有看见过*。米拉波随便插手，在《经济表及其说明》(*Tableau économique avec son explication*)的标题下(《人民之友》*L'Ami des hommes* 第六册续篇)，于两年之后(一七六〇年)把它发表。米拉波在著作中所以不用魁奈的名字，明显的是魁奈自己的希望。《表》的作者和他的关系，他在11页和12页里是这样说的。

"我不仅得到援助，而且获得指导。在进一步探究了这些原则，在研究中，各国民自身感到最受启蒙的时代，能够把各国民所经常遭受的一切弊害的原因找出来的天才人物，并由于和他们天赋之才相适应的不屈的努力，对于财富的源泉，它的流通和使用，把握到明确的观念。从这些观念所引导出来的结果，一旦在他的头脑里被整理起来，单由文字来把它作出使人容易理解的说明是不可能的，因而用图式来描述，就感到必要而不可缺了。由于这个动机，就产生了这里所刊载的《经济表》。对于这些原则，我和他可以说完全一致，为了合于我自己的使用，把它加以修改，使说明能够符合自己的要求，对于这个《表》才能完全的了解。我在这里，为了人们的使用，对大家提供这个说明，是我今天所理解的，因而也是认为对比较初步的读者能够理解的说明"。

这个说明能够使人理解这个问题吗？实际上倒是感到使它糊涂起来了，三年后，由于著者出版了《赋税论》(*Théorie de l'impot*，一七六〇)，结果引起〔国王〕的不快，后来他在《农业哲学，别名关于农业的一般政治经济学》(阿姆斯特丹)(*Philosophie rurale ou Economie générale et politique de l'agriculture*)标题下，出版了更为丰富的著作。

无论从事水上工作或陆地上工作都将处于垂危的境地。”

——苏格拉底(引自色诺芬的著作)

这部著作著作有三卷,是以后重农学派活动的最初表现之一。在序言中有如下的话。

“有人(魁奈)把流通的起源、过程和它的结果,想出用一个一看就明了的图式《经济表》,并且附上说明。他就以这个作为经济科学的基础与概要,以及国家统治的指针。另外还有一个人(米拉波),发展了这个生命的果实,并把它提供给人类。这人(米拉波)用如下的话来增添自己事情的力量说‘人类啊!自己来进行实验吧!用自己的手来给它以说明吧!’事实上,第三者已经尝试过了。他在先驱者事业的基础上,把它作为自己的业绩,再加上他们自身的研究,从而把这一切加以新的说明。虽然这样说,这并不是出自抢夺功名的自负心,而是对这种不可磨灭和值得推崇的业绩的尊敬,以及对于同时代人的义务。”

我们为了明确魁奈对这个出版物(《农业哲学》)的地位的目的,特别把上面这段文字予以转载。魁奈常是这个出版物的共编者。所以必须充分确实的承认,这个著作完全没有得到前面《经济表》作者许诺之处。但是实际上,这个劳作想是出自米拉波一人之手。证据是这两部著作(《农业哲学》和《经济表和它的说明》),不仅都具有华丽的文体,而且假使二人的共同著作,则对后来魁奈自己特别把《经济表》出版的理由就难于解释,而且魁奈的《经济表》,特别从它的整个内容来看,它的形式和米拉波的著作是有很大的不同。魁奈在《农业·商业·财政评论》——当时由杜邦编辑(对本书有关部分,请参看这评论)——一七六六年六月号中以《经济表的分析》的题目把它发表了。这篇《分析》,除去《考察》(二十页)——附在《分析》后面,在一七五八年十二月《经济表》第一版,可以想象是没有的——全文在这本评论中不超过十页。另外一方面,在《农业·商业·财政评论》所发表的这一版,是没有《准则》的,虽然如此,很明显的,这是最接近《经济表》初版的形态的。* 可以明白地了解到,从他的其他著作所抽引出来的各种观念,正是和《经济表的分析》相适合的。这篇《分析》,在两年以后,在《重农主义,别名对人类最有利的统治的自然构成》(*Physiocratie ou constitution naturelle du Gouvernement le plus avantageux au genre humrain*, *Yverdon*.)的一七六八年第一卷中发表。在这部著作中,这篇《分析》,一部分有了修改,因为是作者自己加笔的,它的分量约增加到两倍。我们这里所转载的就是这个版本。编辑者杜邦,在前面加上如下的序言。

“编者的话:在前面的论稿〔《自然的权利》〕中可以了解到,对于结合成社会的人类说,只有遵守明显的最有利的自然秩序的根本法则,人类自然权利的行使,才有可能使它适当地扩展到各方面去。因此这个最高法则,如果侵害了它,必然要受到惩罚,对于这个法则的考察,也和这个法则自身对我们所确实证实的一样,是和明白的和物理的报偿不可分的联系着,所以对于这个法则的研究,对于人就更加重要了,却不是说更

关于农业国每年支出分配的经济表之算术图式的分析①

国民被分为三个阶级，即生产阶级(classe productive)，土地

适合于推动造物所给予人类的理性的研究。但对于这个法则的认识是这样的必要，为了对这些法则的彻底研究，追究它的运行过程，并且把它加以描述，必须追溯到作为经济学基础的基本观念，在主权的保护之下，对结合起来形成社会的所有阶级的人，在财富的年年分配及年年的再生产中，自然究竟是如何的不断发生作用，必须探究到能明确的掌握它的程度，并且必须把它描述出来。这里所揭载的论稿，就是要把这些事实的自然关联加以叙述和说明。如果有人对于这篇论稿所包含的真理，不肯付出劳动加以绵密的研究，而只限于若干一般原则的理解，那就好比不应用几何学的旅行者，在横贯阿尔卑斯山的巨大连峰叠峦时，对于哪个山峰比较高，哪个山峰比较低，只用眼睛来估量一样，在经济科学的各种问题中，右闯左转，只能得到不完全不明确的知识。但是对能够充分掌握经济计算的规则然后投身于其中的人，就是把这些规则成为自己有系统的学问体系的人说，就能够把经济学最复杂的各种问题，进行严密的考察和作出正确的说明。这就像应用几何学，可以明确地知道距离和高度，利用能够纠正对远近容易发生差错的技术，那么对于很细微的差错也能够把它正确地计算出来”。

杜邦在《概说》中，还指出一七六六年以后所出现的事情，即

“六月。这个月里，由魁奈亲自附上极其简洁的《考察》，对农业国支出分配的《经济表》的数学公式的《分析》出来了。我们曾二度和《分析》的编者相遇，不知道是否会有先入之见。但是在所有关于《经济表》的说明中，由著者自己提出，附有图式，曾加以增订，分量增加到四十页，以后再收录在《重农学派》中，因为它很简洁，我们认为是最容易理解的。”(翁根注)

* 在翁根一八八八年编纂《魁奈全集》后的一八八九年，《经济表》的初版草稿发现了。由一张《表》和《准则》原型的《略论国民每年收入的分配变化情况》所构成。这就是本书所译载的《经济表》第一版(草稿)，实际情况和翁根注所说有所不同，请注意。——译者注

① 一七六六年版(《农业·商业·财政评论》)中，没有引用色诺芬的题词。《分析》本身，也和我们这里所刊登的文章有很多不同之点，是以下面词句开始的。

“我们假定的，是农业达到最高发展阶段的国土，能够经常完全保证商业的自由竞争和农业经营财富的所有权，它每年可以获得以各国之间恒常价格为基础的五十亿〔利佛尔〕价值再生产物的大王国。”

在前面所收〔《重农主义》〕的版本中，这段文字是移到第六段中去了。其他的修订

所有者阶级(classe des propriétaires)和不生产阶级(classe stérile)。

生产阶级是耕种土地、逐年再生产国民财富的阶级,他们预付农业劳动上的开支,并为土地所有者提供每年的收入。他们要担负产品出卖以前的一切支出和劳动。要知道一国国民财富年再生产的价值,就要看那些年产品的出卖情况。

土地所有者阶级包括君主、土地所有者及什一税的征收者。这个阶级依靠收入(revenue),即纯产品(produit net)来生活,这些纯产品是生产阶级每年从再生产财富中,先扣除补偿年预付(avances annuelles)和维持经营上使用的财富基金所必要的部分之后,把它支付给土地所有者阶级的。

不生产阶级,是由从事农业以外的其他工作和别种劳动的人组成,他们的支出,是从生产阶级和从生产阶级取得收入的土地所有者阶级取得的。

彻底地研究和明确地计算这些不同阶级之间的关系,必须以一些具体情况为依据,只凭单纯的抽象概念,是不可能进行确实的计算的。

假定有一个大的王国,它的土地在农业高度发达的情况下每年有五十亿〔利佛尔〕价值的再生产,而且这个价值保持着经常状

补充,同样的并不是很重要的,因此我们并不想给它特别地指出来。但是必须附带地说明的,在《分析》的《小结》中所看到的《经济表的图式》(第 349 页),在一七五八年的《记录》中,无疑是以稍许不同的形式之下包含在里面,但在《农业・商业・财政评论》中并没有把它收录进去。* 在《重农主义》又填补了这个脱漏。

《重农主义》中所收录的论稿各段前面的详细的标题,并不是出自魁奈之手,而是杜邦所写的。因为它写得很简洁,常是把它看作魁奈的文章来引用。为了避免这种混淆,我们在随便那里都不转载这些标题,因为这些完全是表面的东西。(翁根注)

* 在初版中所刊载的表,并不是《图式》,请参阅前面的附注。——译者注

态，而这经常状态又以正常价格为基础。所谓正常价格，则是在能经常保持商业上的自由竞争，以及充分保证农业经营上使用的财富基金的条件下，各通商国家之间所采行的价格。[1]

经济表包括三个阶级和它们每年的财富，它们的交易是依照如下的方式来进行。

生产阶级	土地所有者阶级	不生产阶级
这个阶级的年预付达二十亿〔利佛尔〕[2]，虽然他们生产了五十亿〔利佛尔〕，但其中有二十亿〔利佛尔〕是纯产品即收入。	这个阶级有二十亿〔利佛尔〕的收入，其中十亿〔利佛尔〕为购买而付给生产阶级，另外十亿〔利佛尔〕则为购买而付给不生产阶级。	这个阶级的预付额为十亿〔利佛尔〕，他们为购买原料，把它支付给生产阶级。

① 这个地域有各种不同性质的田地，面积约一亿三千万亚尔邦。为了充分维持这个耕地生产力所必须贮备的必要的经营上使用的财富基金（fonds de richesses d'exploitation）约为一百二十亿〔利佛尔〕。可以得到年产品五十亿〔利佛尔〕，使约三十万的人口过着适合于他们身份的安乐生活。

然而在生活安定的情况下，在任何地方，大抵都是人口的增加，超过土地的收益，因而不能忘记，只有足够维持耕作丰产的经营上使用的财富基金的积累，才能够保证构成国力和国家的人民数量。保持这项经营资本上使用的财富基金的积累，必须是经济管理（gouvernement économique）的主要目的。因为君主和国民的收入，完全依存于我们上面所说到的，由每年的再生产赖以支付和维持的支出分配之有规则的秩序。（原注）

② 年预付是每年花在耕作劳动上的支出数额；年预付必须与原预付（avances primitives）区别开来，原预付是购置农业设备的基金，它的价值约比年预付大五倍。（原注）

生产阶级把产品中的十亿〔利佛尔〕售卖给收入所有者，十亿〔利佛尔〕售卖给向生产阶级购买加工品原料的不生产阶级……计二十亿〔利佛尔〕。

收入所有者为购买而支付给不生产阶级的十亿〔利佛尔〕，不生产阶级为用于本阶级的人们的生活需要，向生产阶级购买产品……计十亿〔利佛尔〕。

收入所有者和不生产阶级从生产阶级购买的数额的总和……共计三十亿〔利佛尔〕。

生产阶级由售卖三十亿〔利佛尔〕产品而得到的三十亿〔利佛尔〕（货币——译者）中，二十亿必须当作土地所有者本年的收入，支付给土地所有者，以余下的十亿用作向不生产阶级购买加工品。不生产阶级则保留这个数额，以便恢复先前向生产阶级购买自己加工品原料所支出的预付。因此这个预付并未生产任何东西。不生产阶级不过把它支付出去，又把它收回来，就这样每年给它保留起来。

原料和为把它加工所花费的劳动，使不生产阶级的售卖达到二十亿〔利佛尔〕，其中十亿〔利佛尔〕，是为该阶级的人们的生活而支出；这里只有消费，即产品的消失，并没有什么再生产。由于这个阶级只是经常不断地把自己劳动所得的报酬用于支付与生活资料有关的支出，该项支出，就是从全部耕作地区的每年再生产所取得的、为不生产的支出所消失的、不再恢复的、纯然的消费支出。另外的十亿〔利佛尔〕被保留下来，作为补偿不生产阶级在第二年制造加工品时重新向生产阶级购买原料的预付。

这样，生产阶级向收入所有者和不生产阶级出售而得的三十亿〔利佛尔〕,其中二十亿〔利佛尔〕用作支付本年度的收入,十亿〔利佛尔〕则用于购买工业品而支付给不生产阶级。

在不同的阶级之间这种交易的进行及其主要条件,毫不是假设的东西。如果仔细加以考察,任何人都能确信,这是完全符合实际情况的,不过在计算中所假定的数字,只适用于现在的场合。

农业国的繁荣和衰落的种种不同状态,可以由于其他种种不同的条件,因而假定出其他的数字,其中每一个假定数字都要成为严密地适合其特殊计算的基础。

我们当作计算出发点的假定数字,是在上述的耕种地区,依据自然秩序的最恒久的规律,确定由生产阶级每年用年预付二十亿〔利佛尔〕重新生产出再生产总额五十亿〔利佛尔〕。根据这个假定,年预付的再生产为百分之二百五十。因此,土地所有者的收入,可以得到和预付相同的数额。然而这些假定的数字,有其不可缺少的条件,即交易的自由能保证产品以优价(bon prix)出售,例如谷物的价格,假定为一塞蒂值十八利佛尔。同时还假定,耕作者除了支付给土地所有者的收入以外,不管直接或间接,都不再承担赋税。而收入的一部分,例如七分之二,则构成君主的收入,根据我们假定的数字,在二十亿〔利佛尔〕总收入中,君主所得的部分,是五亿七千二百万〔利佛尔〕[①],土地所有者所得的部分是七分之四,即十一亿四千四百万〔利佛尔〕,什一税征收者所得的部分是七分之一,即二亿八千六百万〔利佛尔〕。这个课税方法,既能取得如

① 这个计算,必须注意所征收的租税中,完全没有包含租地农场主所交纳的什一税(dime affermée)。如果在这个计算中附加上什一税,那么君主所分得的七分之二,就约为六亿五千万〔利佛尔〕年租税。(原注)

此巨大的公共收入,又不致使国民财富每年的再生产造成任何衰退[①]。如果用其他方法,必然要使国富的每年再生产衰退。

对于土地所有者,对于君主和全体国民来说,把赋税完全对土地收入直接征收,是有很大的利益的。因为所有其他的课税形式都是违反自然秩序的,都是对于再生产和赋税本身有害的,都是会在赋税之上加上赋税的。在这个世界上,一切的东西,都是受自然规律的支配。人类被赋予认识和遵守这些规律的必要的智能,然而对于许多观察的对象,需要作综合的论断,由这些论断形成一个有十分广泛而非常明显的事实作根据的科学的基础。为了避免在实践中发生错误,这种科学研究是不可缺少的。

在再生产总额五十亿〔利佛尔〕中,收入所有者和不生产阶级为供他们自己消费购买了三十亿〔利佛尔〕。因而在生产阶级手中,还剩下产品二十亿〔利佛尔〕。此外,生产阶级又从不生产阶级购买加工品十亿〔利佛尔〕。因此生产阶级每年的基金(fonds annuel)为三十亿〔利佛尔〕,这个基金,是被这个阶级中依赖用于耕种的年预付来从事各种不同工作的人们,以及依赖后面所说,由利息(intérêt)支付的,从事于对创设基金(fonds de l'établissement)的各种日常修理工作的人们所消费,关于这一点将在下文谈到。

因此,生产阶级的年支出(dépense annuelle)是三十亿〔利佛尔〕,即为满足本身的消费而保有的产品二十亿〔利佛尔〕,和从不生产阶级购买的加工品十亿〔利佛尔〕。

---

① 如果有免除租税的土地,那必须是有益于国家的福利,可以把它看作公共收入的一部分。因此,这种免税只是在有正当的名义时才能许可。(原注)

这个三十亿〔利佛尔〕形成所谓生产阶级的回收(reprises de la classe productive),其中二十亿〔利佛尔〕,用于直接劳动的年预付,来抵偿他们所消费掉的支出,以便这个阶级能够每年重新进行五十亿〔利佛尔〕的再生产,并使它不断地连续下去。另外的十亿〔利佛尔〕,则由这个阶级在售卖时保留下来,以便用于支付创办时的预付(原预付)(即固定资本——译者)的利息。我们现在来说明所以需要这些利息的理由。

一、构成原预付的经营上使用的财富的储备,每天都要损耗,因此,必须使它不断地恢复,以便使这种重要的储备能保持原有的状态,不至于因日渐损耗而终于完全消失;这种重要的储备的消失,会造成耕种的毁灭,因而造成再生产的毁灭,因而造成国家财富的毁灭,因而也造成人口的毁灭。

二、耕作上往往难免有使作物几乎完全破坏的许多大灾害,例如霜冻、黑穗病、洪水、畜疫等。如果耕种者不保有一定的预备资金,由于灾害的结果,会使他们不能完成对土地所有者及君主的支付,或者不能维持第二年耕作的支出。后面一种情况是经常发生的,因为土地所有者和君主掌握着政权,能迫使耕种者对自己支付。这样,土地所有者、君主、什一税征收者以及其他所有的人,立刻就会陷入耕种毁灭的悲剧结果,而对它束手无策。

因此,耕种者用于设备方面的预付的利息,必须包含在他们的年回收(reprises annuelles)中,这个利息,是为了应付这些大灾害,以及维持耕种上所使用的和需要不断恢复的经营上使用的财富的。

上面已经说过,为使土地适宜于耕种而花费的原预付的数额,要比年预付约多五倍(见第 341 页注①——编者)。在现在的假定中,年预付是二十亿〔利佛尔〕,因此原预付是一百亿〔利佛尔〕。一年的利息十亿〔利佛尔〕,只不过是一成。如果考虑到必须用这种利息来抵偿那些支出的数量,如果考虑到这种利息的用途的重要,如果想一想没有它就不能保证地租和赋税的支付,因而社会支出的再生将会停止,经营上使用的财富的储备以及耕种本身也都将遭到破坏,这种荒废将使大部分人类绝灭,而其余的人也不得不退回到森林去过原始人的生活,那么就可以知道,在耕种上不可缺少的原预付的一成的利率,并不是很高的。

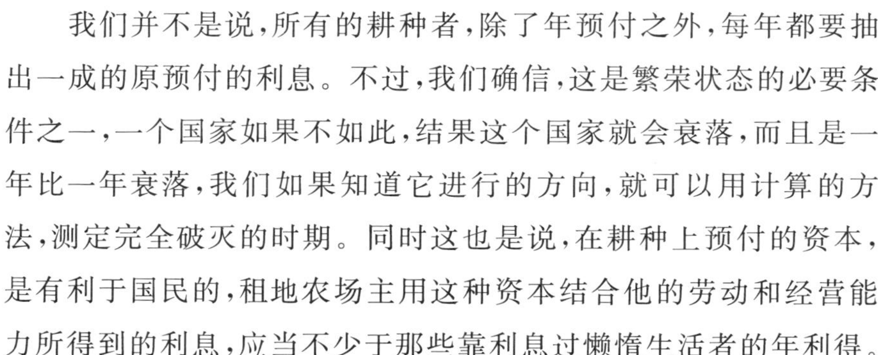

我们并不是说,所有的耕种者,除了年预付之外,每年都要抽出一成的原预付的利息。不过,我们确信,这是繁荣状态的必要条件之一,一个国家如果不如此,结果这个国家就会衰落,而且是一年比一年衰落,我们如果知道它进行的方向,就可以用计算的方法,测定完全破灭的时期。同时这也是说,在耕种上预付的资本,是有利于国民的,租地农场主用这种资本结合他的劳动和经营能力所得到的利息,应当不少于那些靠利息过懒惰生活者的年利得。

这个利息总额,是每年会花费掉的,因为耕种者决不会任其闲散。就是在他们不需要把这些利息用于修缮的期间,他们也会把这些利息用到扩大与改进耕作的方面,不如此就不能应付大的灾荒。这就是把利息列入每年支出中的原因。

小　　结

最初在生产阶级和土地所有者阶级之间所分配的总额五十亿

〔利佛尔〕，是在保证每年连续再生产的有规则的程序下支出的，其中土地所有者阶级向生产阶级购买十亿〔利佛尔〕，向不生产阶级也购买十亿〔利佛尔〕。生产阶级把产品三十亿〔利佛尔〕售卖给其他两个阶级，从其中收回二十亿〔利佛尔〕，作为对收入的支付，并向不生产阶级购买，而支出十亿〔利佛尔〕。这样，不生产阶级能得到二十亿〔利佛尔〕，他们把这笔款用来向生产阶级购买本阶级人们的生活资料和自己的工业品的原料。生产阶级自己每年支出二十亿〔利佛尔〕的产品，这二十亿〔利佛尔〕是完成年生产五十亿〔利佛尔〕的支出，即消费总额。

这就是生产阶级每年用二十亿〔利佛尔〕的年预付重新生产出来的五十亿〔利佛尔〕的有规则的支付程序，那二十亿〔利佛尔〕年预付是包括在构成年再生产五十亿〔利佛尔〕的支出总额中。

现在向读者提出支出分配的算术图式（Formule arithmétique）如下。

右（向左）边上面[①]是生产阶级为了取得本年的收获，而在前一年所支出的预付额。在这个数额下面有一条线把它和这个阶级的收入额栏分开。

左（向右）边是不生产阶级的收入额。

中央上面，是收入的数额，分别又对两阶级支出，向左右两方面分配。

支出的分配，以点线表示，从收入额出发，沿斜线通往这一个

① 实际上在下列的图式中生产阶级的收入是在左边，而不生产阶级的收入是在右边。（俄译本注）

阶级或另一个阶级。这个线的两端，表示收入所有者向这些阶级购买而支出的数额。

两个阶级之间的相互交易，也用点线来表示，点线从购买的阶级斜降，通到出售的阶级。每根线末端的数额，是在相互交易中一个阶级从另一个阶级中收到的数额。①

最后，计算是在每一方面都以各该阶级所收入的总额结束的。由此看来，在支出的分配符合上面详述程序的情况下，生产阶级的收入，包括预付数额在内，等于年再生产总额。在这样的情况下，耕作、财富、人口都停留在原来的状态，没有增减。在不同的场合之下，如前面已经说过的那样，会发生不同的结果。

倘若土地所有者为了改良土地和增加收入，支付给生产阶级的多于不生产阶级的，那么用于生产阶级劳动方面支出的增加，应当看作是对这个阶级预付的增加。

假定收入的支用是在繁荣的状态下进行的，则在生产阶级和不生产阶级之间是平均分配的。然而在这里，生产阶级只把自己支出的三分之一转交给不生产阶级，因为耕种者并不像土地所有者那样能够自由地分配自己的支出。但农业愈是衰退，那么为了

① 生产阶级和不生产阶级所得到的每一笔数额，都假定有二重的价值，这就是说，在出售和购买两方面，同时各有出售的价值和购买的价值。然而实际的消费只有构成生产阶级收获总额的五十亿〔利佛尔〕的价值。对各阶级支付的货币数额，是由每年重复同一流通过程的货币总额的流通，分配于各个阶级。这个数额可以由数量的多少和流通的快慢来测定，因为货币的流通速度，可以大大的补充货币数量。例如在再生产没有减少，因交易顺利或因其他原因而使产品的价格增加时，使支付购买产品的货币额，并没有增加的必要。然而在购买者和售卖者手中，也许会有比较多的货币转手，这使得很多人都认为是国家的铸币有很大的增加。这个似乎是事实的表面现象，对于一般人说，是非常难于理解的。（原注）

使它恢复起见，就要把可以自由支配的支出更多地用在农业方面。

经济表的图式

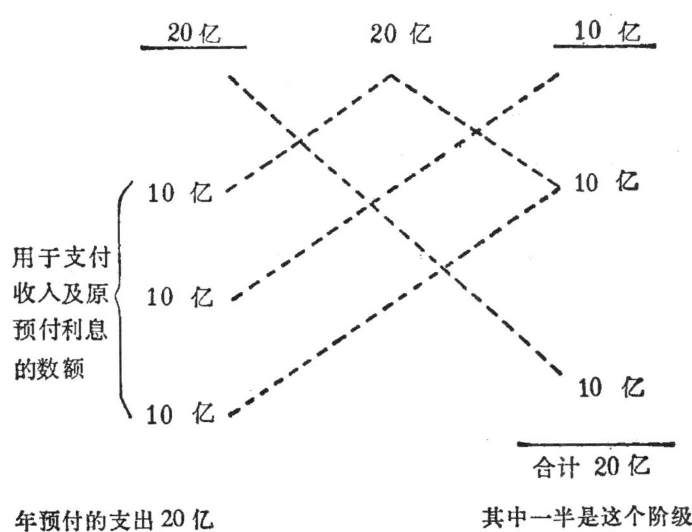

重要的考察

第一考察

土地所有者支付给不生产阶级，并由这个阶级用于生活的支出，和土地所有者为维持其本身和他的共同生活者(commensal)，以及为饲养动物而对生产阶级的直接支出，是不能混同的。因为土地所有者对生产阶级的支出，与对不生产阶级的支出比较起来，对农业的利益要大得多。

在有收入的所有者中，有很多人由于非常富裕，因而消费极其高价的产品。他们所消费的产品数量，从比例上看，要远低于其他阶级以比较低廉的价格所消费的产品数量。根据这一点把收入用于购买高价物品的人，与他们购买数额比起来，要少得多。然而他们的支出，支持了优质产品的价格，因而相应地也维持着其他产品的好价格，这对于土地的收入是有利的。

土地所有者对不生产阶级的大量支出的情况和上面所说的不同，这里有生活的奢侈(faste de subsistance)和装饰的豪华(luxe de décoration)的区别。对前者的结果，不应当像对后者的结果那样害怕。

购买豌豆一利特隆(litron 过去的容积单位，是一蒲华束的十六分之一。一蒲华束约合十三公升 litre)的人，支付给耕种者一百利佛尔，耕种者把它用于年再生产的耕种的支出。购买金辫带一百利佛尔的人，把它支付给工人，工人把其中的一部分，用于从外国购买原料。只有用于购买自己生活用品的另一部分，才回到生产阶级手里。甚至这流回的部分，也不像从土地所有者直接对生产阶级支出的费用那样有利。因为工人不会为生活而购买高价的产品，因此对维持能生产高价产品性质的优良土地的价值和收入说，他的贡献不及土地所有者。甚至为购买外国产品而支付出去的部分，在进行产品相互贸易的国家，实际上至少有一部分要回到生产阶级手里①，这是由于要负担贸易的费用，因此它的数额会减少；不可能全部流回。

第二考察

单纯的消费支出，是自身要消灭而不会流回的支出。这种支出，只有能够自给自足的生产阶级才能维持。所以，这种支出，如果不用于再生产，就要把它看作是不生产的支出。再则，如果对于农业是多余的和不利的，那么甚至可以把它看作是有害的和浪费的支出。

土地所有者支出的最大部分，至少是不生产的支出。其中只

① 这种情况，在东印度贸易中，普通并不发生。但在由外国商人，把从东印度所购买的东西卖给我们，并把我们为购买印度商品所支付的金钱，用于购买我国产品的贸易说，情况就不是如此。如果这种贸易由我们的国内商人来做，而且这种交易又只限于我们和只要货币的东印度人之间进行时，情况就不同了。（原注）

有他们用于维护改良土地及扩大耕种的支出可以除外。但是由于他们是依据自然法尽力于财产管理，并且还担负为修复世袭财产的支出，因此不能把他们和形成纯粹的不生产阶级的那部分人混同起来。

第三考察

在一个处于繁荣状态的国家里，耕种以及交易的自由与便利达到了最高阶段，因而土地所有者的收入已经达到了不能再增加的限度，这样就使土地所有者能够把**半数**的收入用于向**不生产阶级**购买货物。如果一个区域还没有完全耕种和改良，道路缺乏，为了运送产品，还需要使河流便于通航和开凿运河，那么土地所有者为了通过必要的支出，尽可能地增多他们的收入和享乐，就必须节约对**不生产阶级**的支出。在这些不能够做到时，上面所说的对于**不生产阶级**的多余的支出，是对于他们的富裕和国家的繁荣有害的浪费。因为一切对于农业不利的东西，对于国民和国家是有害的。一切有利于农业的事，也有利于国家和国民。土地所有者只有为增加他们的财富，和为社会一般福利的支出才是必要的。因为土地所有权的保全，是国家统治的自然秩序的根本条件。

封建政治曾经把土地所有权看作领主的武力的基础，但它所考虑的只是土地所有权。由于这个缘故，关于土地所有权继承程序的许多习惯和奇怪的法律，尽管在君主政体经过多次变动，至今依然保持着。另外方面，为耕种所必要的，唯一能使土地获得生产力的动产所有权的保障，就注意得非常少。这是由于没有充分的理解，王国武力的真实基础，首先是国民的繁荣。

罗马虽然能够打败和征服许多国家，但不知道怎样来统治。罗马掠夺了所统治各国的农业财富。因此在它的武力消失时，使它富裕的占领地就被夺去，结果使自己无可奈何地受到敌人的掠夺和欺凌。

第四考察

我们在这里所提到的规则的秩序中，每年土地所有者和不生产阶级用于购买的总额，货物的全部款项都流回到生产阶级，这样使生产阶级每年能够对土地所有者支付二十亿（利佛尔）的收入，以及对自己支付的原预付和年预付的利息。

在这样的支出分配中，如果给农业以损害，如果由于某些不适当的课税和交易中的某些束缚，使耕种者收回的数额减少，必然要使国民财富的年再生产衰落，并使人口减少。而且这种情况很容易表现在数字上。由于支出回到生产阶级还是离开生产阶级？由于支出使生产阶级的预付增加还是减少？由于支出是维持还是降低产品的价格？因此使一国管理效果的好坏，由支出分配的秩序来判明。

不生产阶级所取得的二十亿〔利佛尔〕，所以只有约半数能够支用于本阶级工作者的生活，因为其他的一半，要用于购买加工品的原料。因此这个阶级的人口只占国民中的约四分之一。

前面已经考察过，在生产阶级所收回的三十亿〔利佛尔〕中，有十亿〔利佛尔〕要作为这个阶级的每年的原预付的利息，用来不断地恢复这些预付。因此这个阶级为自己的直接工作者的支出,只余下约二十亿〔利佛尔〕,因此他的工作者的数目,约为不生产阶级的两倍。但他们每个人可以使用耕畜进行的再生产,足以养活八个人,就是假定由四个人所组成的他自己的家族,以及属于不生产阶级或土地所有者阶级的同样人数所组成的其他的家族。

如果要对于一国支出的分配作进一步的详细研究,可以看农业哲学第七章。在那里可以看到,除了这里国民分配到的五十亿〔利佛尔〕之外,尚有其他的支出。例如交易的费用和耕畜的饲料等。这些支出,并不包含在《经济表》中所表示的支出分配中,如果加上这些支出,那么年再生产的总价值,就要增高到六十三亿七千万〔利佛尔〕了。关于这一点应该注意的,是交易的支出,由于它是否会引起违反自然秩序的作用,可能在增加时会对国民不利,减少时,对国民有利。

第五考察

在上面所说的支出状态中,是假定国民只在本国进行交易。然而没有一个国家能够在它的地区之内,生产出满足住民需要的一切种类的财富。因而国外贸易是必要的。依靠对外贸易,国家可以把它的产品的一部分,出卖给外国,以便从外国购买它所需要的东西。然而由于一国只能根据对外国售卖的数量而从外国购买,它的支出状态,必须经常的和这个区域每年重复的再生产相适应。因此以再生产的定额为基础,这项支出是能够正确地计算的。但是由于对外国贸易的不稳定,因而无法详细计算,同时就把它排除在考虑之外。还应该注意，在自由竞争状态下的国外贸易，只进行相等价值的交换。一方面不致使另一方受到损失，也不致使另一方占到便宜。

关于运输费，一国和另外一国，双方都在售卖或购买时支付。这些经费和所谓的国民基金不同，是为商人形成的另外的基金。因为在农业国家的对外贸易中，任何商人，都是和这个国家的利益无关的外国人。这样，在一个既从事农业又从事商业的国家，就把两种不同的国民结合起来。一种构成社会的主要部分，是和提供收入的耕种区结合起来，另一种，成为从事对外贸易的整个共和国一部分的外在附属物，这种贸易是依靠从事农业的国民进行和支付的。这项贸易的费用是必要，但应当看作是从土地所有者的收入中扣除的一种沉重负担的支出。因此这种费用，必须从所有的垄断和所有的重税中解放出来。不然将会对于主权者和其他的土地所有者的收入，成为不幸的因素。

在国外贸易处于自由竞争的情况之下，各国间进行交易的价格，应该是自由免税(immun)商业各国计算财富和年支出的基础[①]。

① 所谓自由而免税的商业，就是免除国库和领主等所有的贡纳，免除垄断，免除监察官以及其他无用官吏的俸给的商业。商业和农业一样，不可能有自然秩序以外的统治。在所有的商业交易中，贩卖者和购买者是相对立的，但可以根据自己的利益自由地订立契约。他们自己这样调整的利益是和公共的利益相一致的，因为他们自己是他们利益的唯一最合适的审判者。在这个情况下，任何有权力的官吏的介入，都是不适当的，如果无智，甚至更进一步有不良的动机，那就更加危险。在商业和农业的垄断中，常常会遇到过多的拥护者。如葡萄的种植，果子酒的卖买，谷物的自由交易，外国制品输入的被禁止。国家的各个制造业，在取得垄断的特权中相互破坏。强制制造业的企业家，不使用本国的原料，使用其他国家的原料等等。在黑暗中闪耀着虚伪的妖光。然而常是隐蔽的，在一般福利的借口之下，为了求得特殊利益，而颠倒了自然秩序。(原注)

国外贸易范围的大小，取决于居民消费的多样性和产品种类的多少，一国产品的变化愈多，它的输出入就愈少，这个国家对外贸易的费用愈节省。然而只有在各国之间维持着贸易关系，才能够不断的保证国内商业中的产品得到最高价格，保证君主和国民得到最大收入，因此对外贸易应该是完全自由的，必须从一切的束缚下解放出来，免去一切的课税。

第六考察

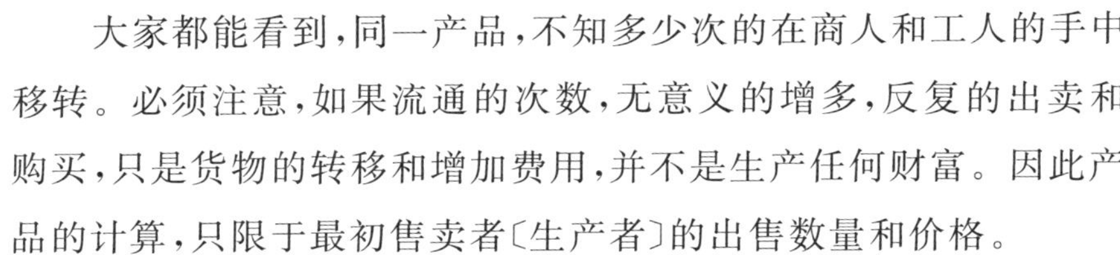

大家都能看到，同一产品，不知多少次的在商人和工人的手中移转。必须注意，如果流通的次数，无意义的增多，反复的出卖和购买，只是货物的转移和增加费用，并不是生产任何财富。因此产品的计算，只限于最初售卖者〔生产者〕的出售数量和价格。

这种价格越是遵循自然秩序，和越是持续维持高价，对外贸易就越是有利，越能活跃农业[①]，维持各种土地产品的价值，增进君主和土地所有者的收入，越能增加国民的现金，同时用于支付不是产品原始所有者的劳动和职务的报酬的工资数额，也会增多。

分配得或好或坏的工资的使用情况，对于国家的繁荣或衰落，国民风气的纯良或紊乱，以及人口的增加和减少，影响很大。可以使人抛离农村，为都市的豪华和享乐所吸引，或者他们也可能平均

① 耕种者的利益，是所有经济活动和农业上一切成功的主要原动力。产品越能经常的保持高价，租地农场主年年的收入越有保证，耕作越是增加，土地由于产品的优价和每年再生产的增加，越能得到更多的收入。再生产增加越多，国民的财富越是增多，则国力越伸张。（原注）

地分布于各地。后一种情况，他们可以按照生产而维持其消费。而在前一种情况下，就难免要有很多输送费，这种输运费要使最初售卖的产品价格降低，并使土地的收入、工资的数量和人口减少。

转卖(revendeur)商业，会因商人的勤勉和才能而扩大。但农业国家的商业，则受一个地区每年再生产数量的限制。因而不应该把作为国内商人纯收益的利润，和国民的财富相混同。因为国民的财富，不可能超过最初出卖者出卖时市场价格计算的土地实际再生产物的售卖量。商人为了取得尽可能多的利益，就要牺牲国民，尽可能的廉价买进，高价卖出。商人的私人利益和国民的利益相反。但是从整个情况切实地来观察，无论从整个商人阶层以及这个广大阶层的各个成员说，是以产品在最初就能以尽可能高的价格出售，实益最大。因为产品越是能够以高价出卖，则耕种就能够得到越多的纯收益。耕种的纯收益越多，则耕种越是有利。耕种越有利，则耕种的范围越能得到扩展。耕种越能再生产出更多的产品，则可以提供耕种者回收额，君主、土地所有者、十分之一税征收者的收入，以及其他一切阶层人民的工资就越多。所有种类的支出越增加，使商业能得到越多的交易物品，交易机会，和活动力，因而商人的利得总额，就会由于竞争的作用而增大。在各种特殊情况之下，竞争虽然有损害产品价格，抑制利得过高的作用，但是有如此远见的商人是极少的。至于为了确得将来的巨利，而能牺牲目前利益的则更少。因而保证产品最初售卖价格的，决不是商人，而是消费者的需要和满足消费者需要的资力。商人既不会创造价格，也不会创造商业的可能性。相反的，是商业的可能性

和由价格进行交换的可能性创造了商人。①

第七考察

我们完全没有谈过铸币的数量。铸币是在各国的商业中流通的，又因为货币可以用来购买一切需要的东西，因而有些俗人就把它看作是国家真正的财富。但是没有人问，货币是怎样取得的。可是这种财富并不是无偿地取得的，对于它的购买者来说，是要有相当多的费用的。对于没有金银矿的国家说，只有依靠商业来取得。如果一个国家，没有可以支付的东西以获得金银，那么这个国家就不会有金银；如果一个国家有可以提供交换的产品，并且想购买金银，又感到购买是恰当时，那么这个国家就会要多少金银，就能取得多少金银。

我说感到购买是恰当时，这个国家才会购买金银，因为货币并不是人们享乐所必需的财富。必须取得的是生活所必需的财富，和每年再生产这种财富所必要的财富。把产品去交换货币，把这项货币从对农业有利的支出中除去，这样就会使每年财富的再生产规模缩小。一个国家货币数量的增加，不可多于再生产的增加。不然，货币数量的增加，必然要损害财富的年再生产。而再生产的减少，不久必然要引起货币数量的减少和国民的贫穷。而一国的财富没有减少，货币数量也可能减少。因为在国家富裕而有方便

① 这情况和打井水用的绳子及它的使用一样。打井水用的绳子和它的使用，并不是井水的起源，相反的是井中有水和我们对于水的认识以及对于水的需要，是绳子使用的原因。聪明人是不会把原因和手段相混淆的。（原注）

的自由贸易的情况下，补足货币的方法是很多的。然而决不能，没有损失地来补充满足人们需要的财富年再生产的不足。甚至可以设想贫穷国家保有的货币量，应当比富裕的国家更多一些。因为不管在这个还是那个国家里，货币数量是为出售和购买所要的数额所决定的。然而贫穷的国家，在商业上必须有更多的货币为媒介。因为在那里几乎任何人都不能够有可靠的信用，一切都必须用现金来支付。而在富裕的国家，有很多知名富足的人，因为有他们的财富作充分的保证，他们所写的票据，是非常可靠的。因而所有的巨额的卖买都可以通过信用来进行，即可以用有价证券代替货币，使贸易的进行大为方便。所以货币的多少，并不是判断一个国家是否富裕的基准。因此在流通正常、商业能以信用和充分的自由进行的农业国，有等于土地所有者收入的现金就很够了①。

① 认为英国的货币保有额，在它当时的财富状况下，约略保持如下的比数，即二千六百万镑，也就是维持银一千一百万马尔（marc 旧重量单位，合八盎司）。这个数量的货币财富，在中介商业和运输业占优势，在商人所有的货币和国民所有的货币必须加以区别的国家，并不是使人惊异的。在把武力建立在借债的基础上的国家（这并不是一国实力的证明），商人只在有利息时才愿意把货币出借，这两部分的货币是没有什么共同之处。如果一个国家由于战争而陷于极度的贫困和过度的负债，这并不是由于货币不足，而是由于支出超过公共收入。由借债来填补收入愈多，则借债越使收入承担过重的负担。如果它使收入的源泉渐次衰竭，使财富的年再生产减少，国家就要破产。在这个情况之下，必须看一看国家的状况，因为必须从土地的收入来判断一国的繁荣和实力。一个国家，如果不是财富不断地枯竭，而是能够不断地更新，那么它所持有的货币是会经常不断地再生的。

约在一世纪之间，就是从一四四四年到一五二五年，从当时的商品价格可以判断，欧洲的货币数量曾经大为减少。然而货币这样数量的减少，对各国并没有什么影响。因为货币财富的出卖价值是到处一样，因此和货币有关的各国的生活状况，由于到处都是以同一价值的货币来测定收入的，所以是一样的。在这个场合，为了人们的便利，与其由数量来补足价值，不如以价值来补足数量比较好些。

在各国中日益扩大起来的世界性商业共和国，以及只是作为

美洲的发现，无疑的使欧洲的金银更为丰富。然而它们的价值，在美洲的金银到达欧洲之前，和商品比较已经开始显著地下降了。虽然所有这些一连串的变化，对于和土地的收入成比例的各国持有货币的状态，并不会引起任何的变化。但作为贸易商人对外贸易基金一部分的货币，是流通于各国之间的货币，和在一国各地之间流通的货币不一样，则不在考虑之中。

这种贸易商人所持有的货币，同时也流通于本国和殖民地之间，普通是双方都没有任何财富的增加。有时候，甚至财富会大为减少，特别是在排除了各国商人的竞争的时候。在这个场合，垄断会使在本国和殖民地之间进行交易的商人所持有的货币增加，使本国和殖民地所持有的货币减少。虽然如此，商人会把他们的货币无偿地提供给本国吗？相反，他们竟忘记了把牺牲本国所得到的货币，全部地转卖给本国。因为他们认为在本国的商人是本国人，在本国和殖民地垄断事业得到利益的，是本国自己，则使本国和殖民地的财富减少及本国产品的价格降低的，还是本国自己。这种错误的不合理的观念，几个世纪来，引起了欧洲的大混乱。

在前一世纪，法王路易十四的朝代，一马尔的银，可以铸造货币二十八利佛尔。因而银一千八百六十万马尔，约相当于当时五亿利佛尔的价值。这是法国当时的货币状况，那时的法国可以说远比这个君主的终结时期为富裕。

一七一六年，货币的一般的改铸，不到四亿。银一马尔铸造四十三利佛尔十二苏价值的货币。这样改铸货币的数量，不到九百万马尔。这样的改铸货币的总量，不到一六八三年和一六九三年一般改铸的半数。这个货币数量，表示每年铸造货币的增加，不能和国民收入以相同程度增加。每年铸造的总数，自从改铸以来，虽然多少有所增加，但是并没有能够使货币数量的增加有什么影响，只是对于由秘密输入，输入贸易的各个部门，以及货币在对外的其他用途，每年用去的数量的补充上，发生了较大的作用。因为根据正确的计算，这样每年流出的总数，五十年来是很大的。货币价值虽然长久地固定在〔一马尔〕五十四利佛尔，但是它不能成为国民持有货币数量显著增加的证据。因为货币价值的增加，只表示想以名义来补充实质的努力而已。

这些考察，实际上，差不多是和一般人关于一国货币数量的俗人见解相一致的。一般人相信，一国的财富就是货币。然而货币和其他所有的产品一样，由于有出卖价值才是财富，由支付其他的财富以取得货币，并没有比取得其他所有的商品为困难。一国的货币数量，只限定于由国民年支出中的售卖和购买所规定的货币使用量。又国民的年支出，是由收入所规定。所以一国只能有和他的收入相适应的货币。多余的货币数量，对于国民是没有用的。一国自然会把过剩的货币，和其他的国家进行更为有利或更能满足需要的其他财富的交换。因为货币的持有者，即使是最节约的货币所有者，终是想从货币获取某种的利得。假使在一国可以把货币放高利贷，就能充分证明，我们所考察的货币数量中，是缺少了这一部分。原因是为了使用或需要这部分货币，甚至要支付很高的代价。(原注)

这个广大共和国的几个部分，可以看作它的主要都市，或主要商店的纯粹商业的小国，它们的货币数量，是和它们中介贸易的规模成比例的。他们为了增加商业基金，依靠利润和储蓄，尽可能地设法增加货币数量。货币是他们唯一的世袭财产。商人只是把货币用于购买，只是为了在售卖中把它收回并取得利润。因此他们只有在交易中损害国民，才能增加自己的货币。他们经常把货币保留在自己手中。如果让它流出店铺加入流通，只是为了在它收回时有所增加，所以这些货币并不是农业国财富的组成部分。农业国的财富，经常是由再生产的数量限定的，而且其中的一部分不断地作为利得支付给商人。商人无论居住在什么国家，都是以他们的商业，把各国联结起来。商业是他们的职务，是他们的财富的源泉。商人有时在自己的住所进行卖买，也可以到别的地方从事贸易。他们职业的经营范围，并没有特定的界限和特殊的地区。我们的商人，也是其他国家的商人；其他国家的商人，也是我们的商人；除此之外，双方相互都在进行交易。所以他们的商业交流终究是以获得货币为目标，而到处渗透和扩大，这些货币是商业本身所获得的，并按照价格分配于各国。这个价格是服从于每天调整产品出售价值的自然秩序的支配的。对于农业国，他们持有另一种观点，认为是更为有利，并且具有着更为广大意义的，他们为了增多并继续有适合于人们实际享用的财富，必须尽可能地致力于最大的再生产。他们认为，货币只是微不足道的中介财富，如没有再生产，是转瞬之间就要消失的。

农业国经济统治的一般准则[①]

（附准则的注释）

准则第一

主权应当是唯一的，并凌驾于社会的所有个人和非法侵犯私

① 这些准则是苏理氏在《根据国王的敕令所写的情况和记录，并且在一六〇四年你从蒲华道巡游回时，就告诉了他许多事物，这些事物能够预防重大的骚动和弊害，但结果也会给国王、即国家和公国的女王带来了衰弱》（*Etat et mémoire dressé par commandement du roi, et à lui baillé à votre retour du voyage de Poitou en l'année* 1604, *des Choses lesquelles peuvent prévenir de grands désordres et abus, et par conséquent aussi apporter diverses sortes d'affaiblissements aux royaumes, Etats et principautés souveraines*）的题目下，献给亨利第四的三十六条准则为典范所写成。这些苏理氏的《准则》之所以引起公众的关心，应该是米拉波侯爵的功绩。就是他在《人民之友》第一版第二卷中把它发表了，这时他和魁奈还没有来往。因此我们必须指出，这是魁奈接受了米拉波的提示，而不是相反的情况。在此后不久，在发行《百科全书》的"谷物论"中，我们已经看到在论文的末尾，总结在十四条准则中的基本观点。《重农主义》编者（杜邦），对于它的成长发展，给以如下的注释。

"今天我所发表的《准则》及其注释，最早是一七五八年十二月在凡尔赛宫中和《经济表》一起出版的。在此后的约两年，同一《准则》又再次出版。但注释的大部分，由M×××（米拉波）侯爵收入《人民之友》末尾所载的《经济表的说明》中。此后《准则》的全文，——但是没有注释——又把它揭载在把《经济表》非常扩大展开了的，以《农业哲学》为题的他的浩瀚而深邃的著作中"。

在《农业·商业·财政评论》（一七六六年）中发表的《经济表的分析》第一版中，没有把《准则》重新刊录进去。但在《重农主义》（一七六八年）中，又再次把《准则》刊登出

人利益的所有不正当企业之上。因为支配和服从的目的，在于保证一切人的安全和满足其容许范围内的利益。有一种见解，认为在政体上，保持各种互相对抗的力量的制度是有害的，它只证明上层不和睦和下层受压迫。社会分裂为各个阶层的市民，其中一个凌驾于其他之上而行使主权，往往就要破坏国民的一般利益，和在各个阶层人民之间为自己的私人利益而引起纷争。农业国的管理秩序能使所有私人利益都集中在一个主要目的上，就是必须使作为国家和所有人民的一切财富的源泉的农业繁荣起来，而上述的

来，它的项目增加到三十条（一、二、三、四、十七及二十五等条是新增加的）。另外方面，却把《苏理氏王国经济精华》删除了。实际上，魁奈的《准则》和苏理氏的几乎可以说没有关系，同样和《经济表》也没有直接的关联。《农业国经济统治的一般准则》和《关于准则的注释》，本身是独立的著作。因此，这个著作最初的编者（杜邦），附有如下的《前言》。即：

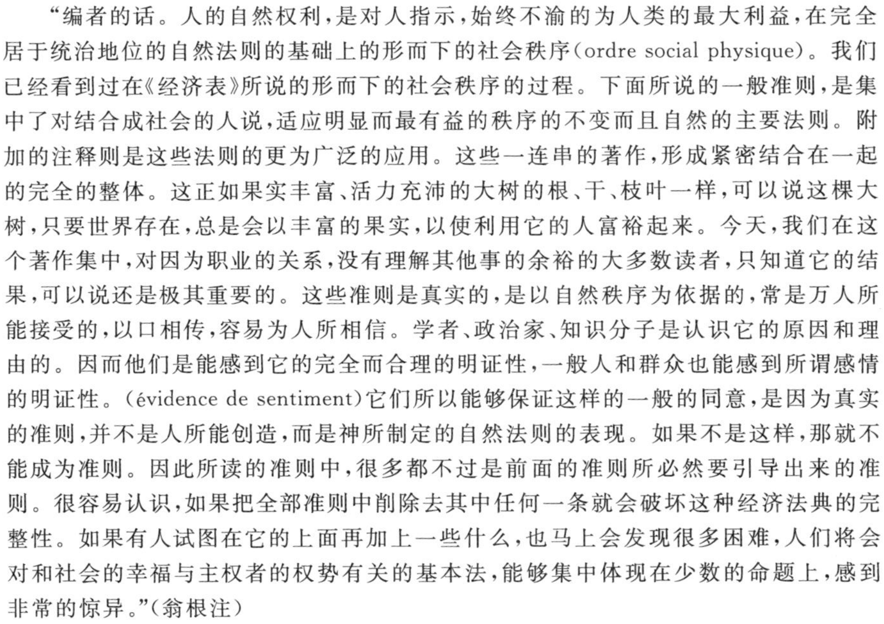

“编者的话。人的自然权利，是对人指示，始终不渝的为人类的最大利益，在完全居于统治地位的自然法则的基础上的形而下的社会秩序（ordre social physique）。我们已经看到过在《经济表》所说的形而下的社会秩序的过程。下面所说的一般准则，是集中了对结合成社会的人说，适应明显而最有益的秩序的不变而且自然的主要法则。附加的注释则是这些法则的更为广泛的应用。这些一连串的著作，形成紧密结合在一起的完全的整体。这正如果实丰富、活力充沛的大树的根、干、枝叶一样，可以说这棵大树，只要世界存在，总是会以丰富的果实，以使利用它的人富裕起来。今天，我们在这个著作集中，对因为职业的关系，没有理解其他事的余裕的大多数读者，只知道它的结果，可以说还是极其重要的。这些准则是真实的，是以自然秩序为依据的，常是万人所能接受的，以口相传，容易为人所相信。学者、政治家、知识分子是认识它的原因和理由的。因而他们是能感到它的完全而合理的明证性，一般人和群众也能感到所谓感情的明证性。（évidence de sentiment）它们所以能够保证这样的一般的同意，是因为真实的准则，并不是人所能创造，而是神所制定的自然法则的表现。如果不是这样，那就不能成为准则。因此所读的准则中，很多都不过是前面的准则所必然要引导出来的准则。很容易认识，如果把全部准则中削除去其中任何一条就会破坏这种经济法典的完整性。如果有人试图在它的上面再加上一些什么，也马上会发现很多困难，人们将会对和社会的幸福与主权者的权势有关的基本法，能够集中体现在少数的命题上，感到非常的惊异。”（翁根注）

那种分裂却会把农业国管理秩序颠倒过来。

准 则 第 二

国民明显的应该接受构成最完善的管理的自然秩序一般规律的指导。对于一个大政治家应该具备的学识来说，只研究人为的法律学(Jurisprudence humaine)是很不够的。有志于行政职务的人，必须对于构成社会的人们最有利的自然秩序进行研究。更加重要的是把由国民的体验和总结所获得的实际而有益的知识，和管理的一般科学结合起来，由被证明是开明的政权，为一切人的安全和达到社会的最大限度的繁荣，制定应该严格遵守的最好法律。

准 则 第 三

君主和人民绝不能忘记土地是财富的唯一源泉，只有农业能够增加财富。因为财富的增加能保证人口的增加，有了人和财富，就能使农业繁荣，商业扩大，工业活跃，财富永久持续地增加。国家行政所有部门的成功，都依靠这个丰富的源泉。

准 则 第 四

必须保证不动产和动产正当所有者的所有权；因为所有权的安全是社会经济秩序的主要基础。如果所有权没有保障，土地就放弃而不被耕种。如果资本和产品，不能够保证归于为耕种而租进土地和预付支出的人的手中，那就不会有提供支出的土地所有者和租地农场主。只有保证永久的所有权，才能导致劳动和财富使用在土地的改良和耕种上，以及工商企业上。只有在财富唯一源泉的土地果实的分配上，保有基本权利的最高主权，才能够保证国民的所有权。

准则第五

租税不应过重到破坏的程度，应当和国民收入的数额保持均衡，必须随收入的增加而增加。租税应该对土地的纯产品征课，为了避免使征税费用增加，妨碍商业，和使每年不至于有一部分财富被破坏，租税就不应对人们的工资和生活用品征课。同时也不应对租地农场主的财富征收，因为一个国家在农业上的预付，应当看作是不可动用的基金，是为租税、收入和所有市民阶级的生活资料的生产所必需的。不这样做，租税就会变成掠夺，很快地使国家趋于衰落破灭。

准则第六

耕作者的预付要充足，要使耕种土地的支出，每年能取得最大限度的产量。因为，如果预付不足，耕种土地的支出会相应增加，而所得的纯产品却比较少。

准则第七

收入的总额，每年都流回到流通中去，并周转在整个的流通领域。不应该使它形成金钱的财产，或者，至少要使所形成的金钱财产和流回到流通中去的数量相抵消。因为不是这样，所形成的金钱财产，就会妨碍一部分国民年收入的分配，阻滞国家的货币，这样就会损害耕种预付的回收、工人工资的支付和经营业务的各个阶级的人们的消费。这样的把货币从流通中切断，将使收入和租税的再生产减少。

准 则 第 八

经济的管理只应鼓励生产的支出和本国农产品的贸易，对于不生产的支出则可任其自流。

准 则 第 九

在有广大可耕地，和在本国容易进行农产品大商业的国家，不应该把货币和人力过多地用在制造业和奢侈品商业上，以妨碍农业上的劳动和支出。因为，国家首先是要富裕的耕作者人数大量地增加起来。

准 则 第 十

收入数额的任何一部分，都不应该流入外国，除非它能以货币或商品的形式收回来。

准则第十一

必须要使居民不逃亡国外，因为逃亡会把财富随之携带到国外去。

准则第十二

要使富裕的租地农场主的子弟永久地留在农村做农民。因为，如果有什么困难而使他们离开农村，迁居到城市里去，就会使他们把父辈用于耕种土地的财富带到城市里去。农村所需要吸收的,与其说是人力,毋宁说是财富。这是因为用在耕种上的财富愈多,就可以使从事耕种的人力愈少,耕种事业愈益繁荣,并取得愈来愈多的收入。例如谷物,把富裕租地农场主的大农法,和用公牛或母牛耕种的贫苦的分成租地农业者的小农法进行比较,这种现象是很明显的。

准则第十三

任何人为了取得最大限度的收获,可以根据对他自己的利益,自己的能力和对土地的性质最合宜的生产物,有在田地里耕种的自由。对于耕种土地的垄断,因为要伤害国民的一般收入,绝对不应该助长它。有一种有害的偏见,要不顾损害产品的出卖价值,大量生产最必要的农产物,而忽视其他生产物的生产,这种偏见是以这样一种短见为基础的,有这种偏见的人,没有注意到相互间对外贸易的影响。这种相互的对外贸易能对所有的人供给物资,并且决定着各国以最有利的条件耕种的农产物的价格。为了保护人民不受饥馑和外敌的侵袭,维持君主的光荣和权力,以及国民的繁荣,对于国家来说,最必需的财富,第一是耕种经营所要的财富,其次是收入和租税。

准则第十四

要奖励家畜的增殖。因为家畜能提供使土地获得丰收的肥料。

准则第十五

用于种植谷物的土地，应当尽可能地集中在由富裕的租地农场主经营的大农场。因大农业企业和小农业企业相比，建筑物的维修费较低，生产费用也相应地少得多，而纯产品则多得多。小租地农场主过多，对人民不利。把人划分为各个阶级，对于各种职业和各种的劳动最为有用的人民，是依赖纯产品维持的人民。使用动物、机械、水力等所进行的劳动，能够实施一切有利的节约，对于人民和国家都有好处。因为纯产品愈多，可以使从事于其他劳动和工作的人们取得愈多的利得。

准则第十六

对于本国农产品的对外贸易，不要有任何妨碍。因为再生产是受销售情况的支配。

准则第十七

要修复道路、畅通运河和江海的航行，以便利产品和手工业品的贩卖和运送。因为商业上的各种费用节约越多，土地收入的增加也越多。

准则第十八

国内的农产品和商品价格，完全不应该有所降低。因为如果降低和外国的相互贸易，就会对国民渐次不利。收入是决定于出卖价值。多而不值钱并不是富裕。价格高而缺乏是贫困。多而价格高才是富裕。

准则第十九

农产品价格低廉有利于平民的说法是不足信的。因为农产品价格低廉，就会使平民的工资降低，减少他们生活上的享受，难于得到劳动和营利职业的机会，进一步使国民收入枯竭。

准则第二十

不应该降低最下层市民阶级的生活水平。因为如果降低他们的生活水平，就会使他们不能够充分消费掉只由国内消费的农产品，这样就会减少一国的再生产和收入。

准则第二十一

土地所有者和从事于盈利事业的人们，不应该热衷于不生产的储蓄。不生产的储蓄会把他们的收入或利润中的一部分从流通和分配中削除掉。

准则第二十二

不要鼓励奢侈。因为这种奢侈会妨碍农业经营与改良的支出，和生活资料消费的支出。正是这些支出维持着本国农产品的良价和贩卖，以及国民收入的再生产。

准则第二十三

不要使国民在同外国的相互贸易中蒙受损失；即使这种贸易

对于贩卖输入商品的本国商人是有利的。因为在这种情况下，这些商人财产的增加，就会减少收入的流通，妨碍分配和再生产。

准则第二十四

不要被同外国相互贸易所取得的表面利益所欺骗，只从货币数额的顺差来判断，而不考查贩卖商品和买进商品所得利润的大小。因为取得货币余额的国家往往是遭受损失的，这种损失引起对收入分配和再生产的不利。

准则第二十五

必须维持商业的完全自由。因为最完全、最确实，对于国民和国家最有利的国内商业和对外贸易的政策，在于保持竞争的完全自由。

准则第二十六

要比关心人口的增加更多地关心收入的增加。因为由于收入多而生活比较优裕，比人口过多而生活穷苦要好些。人民生活优裕则国家所需的资源丰富，促使农业繁荣的资金也就充裕。

准则第二十七

政府与其只注意节约，不如着重于促使国家繁荣所必要的措施。因为支出虽然庞大，如果财富跟着增加，就不能算过多。但是不应把浪费和真正的支出相混淆。原因是浪费会吞噬掉国民和君主的所有财富。

准则第二十八

财务行政不要在租税征收方面，或是政府支出方面形成货币财产。因为这种财产会把收入的一部分从流通分配以及再生产过程中夺去。

准则第二十九

国家非常必要的财源，只能从国民的繁荣中取得，绝对不应该求之于金融业者的信贷，因为货币财产是一种不知道什么叫君主或祖国的隐秘财富。

准则第三十

国家应该避免借债。借债会形成一种财政上的养老金，使国家担负足以破产的债务，而且由于这种票据的中介，引起金融交易或票据卖买，使票据的贴现日益增多不生产的货币财产。这种财产使现金离开农业，从农村剥夺去土地改良和耕种土地经营所必要的财富。

准则的注释

准则第三的注释

“土地是财富的唯一源泉，只有农业能够增加财富。”

和外国的相互贸易，是用国民收入，通过货币和物物交换，取得作为支付的商品。因此，在君主收入的项目中，不应该把它当作一项独立的收入，因为，在实际上，这个项目是双重（卖与买）的。房租和利息的情况也是相同的；这是由于对支付房租和利息的人说，是从他的收入源泉中支出的。但在生产成本上所规定的地租是例外，因为地租是包含在土地的收入中。因此，农业国家的收入的唯一源泉，是土地和耕种企业家的预付。

准则第五的注释

“租税不应过重到破坏的程度。”

合理的租税，就是没有掠夺化的不良课税形式的租税，应该把它看作是由农业国家土地的纯产品所派生的收入的一部分。因为，如果不是这样，就会使租税失去对国民的财富和收入，以及对担负纳税义务的国民的生计有相适应的比例的基准。而由于大臣们的一时糊涂，不知不觉地使一切陷于破灭。

土地的纯产品是由三种所有者，就是国家、土地所有者和十分之一税征收者所分配。其中只有土地所有者的份额是可以让与的；而这部分也只能比例于土地所取得的收入来让与。因此土地所有者的财产是不会超过这个数额的。由于这个缘故，参加分配的其他所有者的租税，并不是由这个土地所有者支付的，因为其他所有者所取得的份额，原来就不是土地所有者的，也不是土地所有者所能取得，而且所取得的这些份额是不能让与的。所以土地所有者不能把普通的租税看作是课赋于他的收入份额的负担，因为支付这种收入的不是他，而是把它支付给应该接受这种支付的人，他并不是获得者，因为这是来自不属于他的那部分财产。只有在紧急的情况下，就是只有在所有权的安全濒于危险的条件下，由于国家迫切的需要，要求临时的献金，才从他们所取得的份额中，为他们自身的利益而献纳。

但在任何情况下，都不应该忘记，租税的课赋都只能以收入，即土地年年的纯产品为对象，而不能以农业者的预付、劳动的人们以及商品的贩卖为对象，如果这样就会是破坏的。如果以农业者的预付为对象而课赋，那就不是租税，而是强夺，那就会断绝再生产，破坏土地，陷租地农场主、土地所有者和国家于毁灭的境地。如果对劳动的工资和商品的贩卖课赋租税，就是恣意横暴的措施，征税的费用就会超过税额，会无规律地转嫁于国民的收入和君主的收入上。在这里必须把课税(imposition)和租税(impôt)加以区别，课税三倍于租税时，就会把租税本身吞没了。因为在国家的全部费用中，课赋于商品的税，都是由租税来支付。因此这种租税是虚假的，破坏的。

对于依靠工资生活的劳动者的课税，严密地说，不过是对雇佣劳动者的人们所支付的劳动的课税。这就和对耕种土地的马的课税，不过是对耕作费用的课税一样。这种以人为对象，不以收入为对象的课税，结果就会以工业和农业的经费为对象，以双重的损失转嫁于土地的收入，很快地导致对租税的破坏。对于商品的捐税(taxes)，也可以同样地来考察。因为这种物品税，是会作为纯损失转嫁于收入、租税，以至于耕种的费用，从整个国家来看，不可避免地要有巨大的损失。

但是这种课税对依靠转口贸易生活的小的沿海国家来说，是不得已而采取的方策；这是因为这种国家的耕地很少，转口贸易必然成为课税的对象。即使在大国,如果它的农业显著地衰落,土地的收入不能应付租税的支付时,也常把它作为暂时的财源。在这种情况之下,这种虚假的财源,常要引起过重负担,妨碍劳动,断绝再生产,使人民不得不节约消费,致使国民和君主都陷于破灭的境地。

人们常是议论,创设以十分之一税的形式,从收获中以实物来支付租税的方法。这种课税,事实上是与包含费用在内的收获的总产品成比例的,这是一种与纯产品的量没有任何关系的。因此土地愈小,收获量愈低,它的负担就愈重,这样愈会引起不正和不幸的结果。

所以租税应该直接从土地的纯产品来征收。因为在从土地取得财富的王国,任何方法征收的课税,结局都是土地所支付的。因此最简单,最合理,对于国家最有利,对纳税者负担最轻的课税形式,是比例于纯产品,对继续再生的财富源泉的直接课税。

要把课税设定在收入的源泉上,就是设定在形成国民收入的土地纯产品上,在如下的王国里是颇为困难的。这种国家由于预付不足,农业荒废,或者土地的耕种粗劣,因此生产量很低,处于贫困的耕作状态,农业如此的衰退,以致不能够依据土地的质量来制定土地的收支总账。又由于土地管理稍为改善,耕种状况有所改良,结果土地的收支总账陷于非常的不规则。

如果在土地、土地的产品、人、人的劳动、商品及役畜上同样设定课税,这就是同一课税表现为六个项目,它们虽然是各自分别的支付,但都是建立在同一的基础上。把这些税合算一起,对于提供给君主的收入数额说,比较在纯产品上设定的不要很多征收经费的实质的单一税要少得多。这种单一税,从税率来说,实质上和六个课税项目的税率是一样的。这种租税依从自然秩序的指示,可以使君主的收入大为增加,对于国民和国家来说,比之重复的六个项目的课税,只要五分之一的费用。而六个项目的课税,则要破坏所有的土地生产品,阻塞了一切恢复秩序的途径。因为这种课税是君主做了错事,对国民来说是一种破灭性的课税,由于农业的进一步疲敝,对一般俗人说,更是不可避免的。

无论如何,对于租地农场主的恣意的课税,必须尽快地把它废止。不然这种破灭的课税,终至于要使王国的收入完全枯竭。在对土地的课税中,最难决定的是对小农经营的赋课。因为在小农经营中,没有作为计算税额的基准的佃租费,提供预付的是土地所有者自己,而且纯产品极少,也非常不稳定。在租税使租地农场主破产的地方,由分成租地农场主来耕种,这是对破灭的农业所采取的最后手段,必须很好地加以考虑。因为税虽不多,但负担却重,会吃掉耕作的预付,而使耕作完全破灭。因此不得已而采取小农经营,比生产量要使用较多费用的耕作,而且常是不能获得什么利润的土地,是应该和为了比例课税,有正确的税额计算基准,保证土地所有者的定额收入,由富裕的租地农场主进行大农经营的土地,加以明显的区别。如果租地农场主在订立租地契约之前,已经知道应该缴纳的租税数额,那么,在租借费用中如果不扣除去租税数额,这个租税当然不是由租地农场主支付,而是应该由土地所有者支付。在国家必须要求增加租税时,这个增加部分只能由土地所有者来负担。这是因为政府一方面要求租地农场主履行他们的租借契约,而另一方面又以额外的课税,使其不能履行契约,这样

就处于自相矛盾的境地。总之,租税的支付应该由土地的价值来保证,而不应该由经营耕作的财富价值来保证。这种经营上使用的财富,除了用于为国民和君主的财富的再生产之外,不能用于任何其他公共的用途。如果用作其他的用途,必然要陷于浪费,绝不应离开这个自然的必然的用途,而转用到其他方面去。在管理上,遵循这个规律的土地所有者,为确保他的收入和租税,必须留意把自己的土地只租借给富裕的租地农场主。能够注意这种情况,就可以保证农业的成功。因为租地农场主不必为租借时期中的课税而劳心,就会趋向于使它的数目增加,这样,小农经营就会逐渐地消灭;土地所有者的收入和租税,由于富裕租地农场主耕种的土地的生产量的增加,也跟着增加起来。

由于对用牛马牵引的犁,免除所有的课税,这样国家就能巩固它的实力,确保它的繁荣。负担自身租税的土地所有者,在战时虽然还要若干临时补助金;但是由于土地耕种的劳动,一点也没有耽误,土地的卖买和出卖价值,由于本国的农产交易的自由,而经常地得到保证。因此,在这样的国家,即使在需要巨额的费用,非常长期的战争期间,它的农业和家畜的增殖,也没有受到任何损害;到了和平时期,土地所有者的土地就能很好地耕种,很好地经营,继续维持他的大量收入,重新取得很好的保证。这样就容易看出过大的租税和掠夺的租税之间的区别。因为租税的形态如何,可以决定租税不是过大而是掠夺,或者不是掠夺而是过大。

准则第六的注释

“耕作者的预付要充足。”

即使是最肥沃地土地，如果没有支付耕作费用所必要的财富，也就等于没有，应该注意王国农业的衰落，并不是由于人们的怠惰，而应归因于人们的贫困，如果耕种上的预付，由于政府的过错，只能获得很少的纯产品，这是意味着投入了巨额的费用，而所得的收入微薄；这就是在农村中进行粗劣的耕种，使国家不能取得什么利益，使国民陷入只能过贫穷生活的状态。

曾经有一个王国〔法兰西〕，它的每年的预付，只能再生产出对农业者包含租税在内平均约百分之二十五的纯产品，这百分之二十五，除了农业者每年的回收，按十分之一税、租税与土地所有者进行分配。如果原预付（avance primitive）是充分的，那么耕作就容易取得年预付百分之百，甚至更多的纯产品。有些国家，进行贫困的耕作的经费，一直由土地本身来补充，由它本身来恢复（肥力），所以收获极少，土地就要几年之间轮流休耕，即使这种土地使用和收入的损失不加计算，它的年预付的纯产品，至少也要蒙受五分之四的损失。在这种情况之下，大部分的居民陷于贫困的状态，对国家也没有任何的利益。因为只有在取得超过预付费用的纯产品时，才能使人的劳动产生纯产品；只有先有土地的纯产品，才有收入、租税以及属于一国各个阶级的人生存所必要的纯产品。因此，预付愈是不充分，人和土地就愈益对国家不利。由于进行收获不能增多的耕作，过着悲惨生活的耕作者，只会使贫穷国家的人口减退。

在这个王国，几乎全部租税都是任意地向租地农场主、劳动者和商品征收。因而这种租税是直接间接地向耕作上支出的预付征收的，结果土地的普通租税的负担，约为三亿利佛尔，还要负担同

一数额的财产管理和征税费等。由于从生产的元本，夺去了十分之一税，从土地生产物等来判断，包括十分之一税和其他的教会收入，对国民来说，只取得了约四亿〔利佛尔〕的纯收入。这样广阔肥美的土地，这样众多的勤劳的人口，生产量是太低了！禁止谷物的输出，生产只限于供国民的消费。而且还有一半的土地，还处在未曾耕种的荒芜状态，在那里禁止葡萄的种植。谷物的国内贸易可以任意地取缔，各地方的贩卖不时地中断，农产物的出卖价值常是不稳定的。

生产费用的预付，由于租税和间接的负担不断地被剥夺，势必损害再生产和租税本身。这样会使租地农场主的子弟离开农村，由于对农产品的过重的租税，会使它的自然价格（prix naturel）提高，在国民支出中商品和工资的费用，要附加负担沉重的价格增加部分。这个部分就成了租地农场主的回收、土地的纯产品、租税和耕作等的损耗的转嫁。肆意赋课于租地农场主的租税所引起强制掠夺，进一步地产生了累进的衰颓，更加以缺乏贸易的自由，使土地转落为小农经营，颠落为荒芜地。衰颓的程度，使耕作的费用，只能生产出包括土地税在内为百分之二十五，而这百分之二十五，还是依靠王国中残存的四分之一的大农经营。[①] 在这里不想来追寻这个衰退迅速进行的过程，为了能够预见这个悲惨的结果，只想来分析一下相互关联发生的许多破坏因素的作用。

这一切混乱情况和它的弊害，是谁也知道的事，而纠正这种情

① 请参看《百科全书》所载的“谷物论”中关于每年损失本国耕作的生产量五分之四的国家的例解。（原注）

况的荣誉，更是保留在有见识的政府之手。不过对于国家的需要以及种种的情况，对于良好行政在经济领域所要求的改革提出的计划意见，未必是适合的，即使这些改革对于国王和国民的共同利益是很紧急而不可缺的。

准则第七的注释

"流回到流通中去的财产。"

流回到流通中去的财产，不能单纯地理解为消灭掉的财产。为什么这样说呢？因为这种财产当初虽然是不生产的，或者是休闲（oisif）的财产，但随即是活动的，例如形成有利的大规模农业、商业、制造业的预付，或者用于改良土地，土地所生产的收入又年年回流到流通中去。使国家能够保持着坚固的存在，年年再生产出巨额的财富，维持人民安度幸福的生活，以及为了能够确实的保有必要的大量财富，以保持国家的繁荣和君主的实力的，就是因为充分保有这种可以很好运用的活动财产。但这不能和抽取利息、无生产基金（fonds productif）的货币财产，以及用无用的官职、特权等所获得的货币财产同样的看待。这些财产是不生产的流通，毫无问题对国民说是沉重的负担，是损耗的财产。

准则第八的注释

"不生产的费用可以任其自流。"

供国民使用的手工业品和工业品的劳动，因所花的费用很多，所以并不是收入的源泉。这些劳动的产品，所以能够向外国贩卖取得利润，只是因为劳动者生活上所需要的农产品的价格低廉，因而手工劳动的工资低廉才有可能。但这对土地生产物是极其不利的条件。因而在为维持本国农产品的销售和价格，在对国外贸易采取自由和便利的政策的国家，手工业品从对外贸易所能取得的毫不足道的利润也消灭时，这种不利条件才不存在；因为在手工业品的对外贸易中，它的利得是以土地生产品价格低廉所产生的损失为基础。在这里我们不能把纯产品，即国民的收入，和商人与制造业企业家的利得混为一谈，因为后者的利得，对于国民全体来说，是应该放在费用的项目中。总之，如果富裕租地农场主的耕种土地，只是为了他们自己进行生产，那么从富裕租地农场主就得不到多大的益处。

有一种贫穷的王国，在很多的奢侈品制造业中，大部分是依靠垄断特权维持的，而且禁止国民使用此外的手工业品，因而增加了国民的负担。这种对于国民经常引起不利结果的禁制，由此产生的垄断，以及错误的想法，它的影响要波及于耕作和土地生产物的交易，就要引起最为不幸的结果；因为耕作和土地生产物的交易，是为了增加国富，绝对需要最活泼的竞争。

在这里我们不谈和小海运国的命运有关的转口贸易。但是大国不应该为了成为运送业者而放弃耕犁。我们切不要忘记上世纪的一个大臣〔柯尔培尔〕，眩惑于荷兰人的商业和奢侈品制造业的绚烂光彩，而不考虑货币的真实用途，国家的真实贸易，把祖国投入到不谈贸易和货币以外问题的梦想状态中。

这个大臣的善良的意愿是值得尊敬的，但是过分地局限于自己的想法，即使财富的源泉受到伤害，也要用手工劳动来生产财富，结果使农业国民的经济组织整个陷于混乱。为了使制造业者能够过物价低廉的生活，禁止谷物的对外贸易，王国内部的谷物贩卖，委之于专横的取缔者之手，这种取缔中断了各地之间的商业。工业的保护者和都市的首长，为了能够以低廉的价格取得小麦，由于他们恶劣的打算，不知不觉地伤害了他们的土地耕作，使他们的都市和地方陷于破灭。结果是使农业国只有依靠土地产品来维持的土地收入，制造业、商业以及工业遭到了破坏。因为能够对贸易提供剩余输出品，给土地所有者以收入，对被雇佣于盈利事业的人们支付工资的，就是这些生产物。使人和财富逃亡海外的种种原因，则加快了这个破坏的过程。

人和货币从农业转出去，使用丝绸、棉布和外国出产羊毛的制造业，损害了本国羊毛的制造业和羊群的增殖。这样刺激了装饰的奢侈，并且很快地蔓延开来。地方的行政，迫于国家的要求，对于农村中每年再生产所必要的财富的能够看得到的使用(emploi visible)，也不给以安全的保证。结果使大部分的土地转变为小农经营，荒地和降落为无价值的状态。土地所有者的收入变成了纯粹的损失，成为不提供租税的商人商业(commerce mercantile)的牺牲品。因为衰落的、由于沉重的压力遭受破坏的农业，已经到了不能负担租税的状态。租税的对象逐渐扩大转移到人、食物和本国的农产品的贸易上。这样租税的数额，由于征收费用的增多，以及达到破坏再生产程度的掠夺和浪费，而大为增加；因而租税就变成了依靠从地方的掠夺物以使首都富裕起来的财政制度的目的。把货币附加利息来贷借，是以货币为元本，从货币产生收入的主要部类；然而这种收入对于国民全体来说，它脱离课税对象，不过是破坏国家的架空的收益。这种支持着毁灭的奢侈豪华，在货币的

基础上所取得的收入以及富裕的外观，欺骗着下层人民，而使实际财富的再生产和国民保有的货币日益地减少。啊！不幸的是这种一般的无秩序的原因，是在很长的时期不为人们所了解。因而灾祸来临了（indè mali labes）。现在，政府已经知道根据比较明确的原则，以使王国的财源丰富起来的手段。

准则第九的注释

“不应该把货币和人力过多地使用在制造业和奢侈品商业上，以妨碍农业上的劳动和费用。”

只有在持有制造业的原料，并且能够用比其他国家较少的费用制造的条件下，才能专心致力于手工业的制造。而且，如果用比在本国制造更为低廉的价格从外国购买，那么这种工业品，就应该从外国购买。由于这种购买，进行相互的贸易。因为，如果什么东西也不购买，同时什么东西也不出卖，则国外贸易，以及比手工业品输出远为有利的本国农产品输出的利益，也就消失了。农业国家，必须从有利地购买手工业品的输入贸易，以促进本国农产品的输出贸易。这就是贸易的秘诀。这样就不会有从属于他国的忧虑。

同一准则的注释

“首先是要富裕的耕作者人数大量增加起来。”

英国的古德曼斯切斯特镇（Goodmans-chester），在国王路过时，以带领有一百八十架犁的最为尊严的行列，伴随国王行进，是历史上有名的事。这样壮观的情况，在轻浮而讲表面的法国市民看起来，不必说会感到非常滑稽。到现在还有一伙无聊的人，不知道富裕的租地农场主和从事农产品交易的富裕商人，是促进、实行、指挥、管理、独立地保证国民的收入，仅次于活跃、威严、饱学而优异的土地所有者，最诚实而最值得赞赏，并且在国家里形成了最重要的市民阶层。但是，这些农村里值得尊敬的居民，这些主人，这些家长，这些富裕的农业企业家，城里人却轻蔑地称他们为乡下佬，使教他们读书、写字、给他们工作以安全与秩序、扩大他们生活上各方面知识的学校教师，远远地离开他们。

有人说，教育会引起他们虚荣心，会推动他们去搞诉讼。但是由于住在都市的自尊心，由于享有特殊的名誉和欺压乡下人的优越感的人们，如果乡下人对他们要反抗和表示不屈，法律就应给他们以保护。不过是由支付农村的财富所养活的都市居民，他们的虚荣心是十分愚蠢可笑的。

在获得财产的所有方法中，再没有比农业更加优良，更加丰富，更加愉快，更加适合于人，特别是自由人的方法了。……据我所见，不仅是从全人类生存的工作效果来看，就是从它所获得的喜悦和丰富说，不知道是不是还有比它（农业）更幸福的生活？因为土地的耕种，无论是对于人们的生活，以及对于神的祭祀说，都能生产出所希望的一切东西。

准则第十二的注释

“扩展大农法，排除小农法，把财富吸引到农村来。”

在大农法中，只由一个人操纵用马拉的一台犁，能够做相当于牛拉的由六个人操纵的六台犁的劳动。后面这种情况，是由于缺乏建立大农法所需的原预付,每年的支出比纯产品多,因而几乎等于没有纯产品,结果等于把十倍以至十二倍的土地无意义的牺牲掉。由于没有能应付优良耕作所需的支出的租地农场主,虽然投入了预付资金,而只给土地以损害,几乎变成了纯粹的损失。草原的生产物,在冬季几乎完全为耕牛所消费,在夏季里,则土地的一部分用于放牧耕牛。因而收获的纯产品近于完全没有价值,只要加以轻微的课税,就等于把耕地荒废起来一样。这种情况,只由于居民的贫困,经常地可以在很多场所产生。在领土四分之三不得不由这种小农法来经营的贫国;在这样的国家,可说它的可耕地的三分之一是无价值的。但是政府应设法阻止这种衰落趋向的发展,采取各种政策来改变这种状态。

准则第十三的注释

“在耕作上绝不能助长垄断,应该给各人在自己的土地上进行合宜的耕作的自由。”

在法国,有一个时候,曾经有一种特殊的意见,认为为了增加小麦的耕作,必须限制葡萄的种植。因为当时禁止小麦的国外贸易,国内各地之间的谷物贸易的交流也受到阻碍,小麦的耕种只限于国内各地自己的消费,很大一部分土地成为荒地,由于葡萄园的破坏,荒芜的土地更加多起来。更在其远离首都的地方,不得不提出异议,来反对增加谷物的耕种,因为由于谷物耕作的增加而无法售卖,使谷物在国内变成无价值的东西,使土地所有者和租地农场主陷于破灭的境地,使课赋于土地的租税枯竭。这就使国家的两种主要耕作衰落,渐次地破坏土地的价值。有一部分土地所有者,甚至不顾损害其他的土地所有者，以取得耕作的垄断特权。这种情况的产生，在于有江河海岸交通便利的地方，在首都和一切其他城市，容易从国内所有部分得到生产物的供应，并且容易把它输出国外，能够保证多余产物的销售的国家，由于禁止和妨碍土地生产物的交易，因而产生可悲的结果。

葡萄的栽培是法国最有利的耕作。因为一亚尔邦（arpent 是古代的农地测量单位）葡萄地的纯产品，平均估计，约为一亚尔邦优良土地谷物耕作的纯产品的三倍。还必须注意，包含在两种耕作的总生产额中的费用，葡萄栽培也比谷物耕作为有利。因此，葡萄栽培的费用和所得的利润，能够对人们提供多得很多的工资；同时支柱和木桶的支出，对木材的售卖也是有利的，葡萄栽培所使用的人力，因为在谷物收割时没有工作，可以把他们用来收割谷物，成为租地农场主的有力助手。还有属于由以土地为基础的工作所支付的阶级的人数愈多，小麦和葡萄酒的售卖就会增加，耕种就会扩大，随着耕作的增加而来的财富的增加；就可以维持售卖价值。因为财富的增加，就会使一个国家的所有阶级的人口增多，而人口的增多，会维持所有方面耕作生产物的售卖价值。

免除了沉重的课税，以使本国农作物的对外贸易得到便利，对于有广大领土的国家是极为有利的；因为这样的国家，为了取得各种高价的生产物，特别是邻国不能生产的生产物，能够进行多样化的耕种。向外国售卖葡萄酒和白兰地，以我国来说，是因为我们的土地和气候的条件好，是我们的特产商业，政府必须特别加以保护。因而对它增多课税，是完全没有好处的；而且对维持王国的富裕的大规模对外贸易对象生产物的贩卖，是极其有害的，所以不能对它多征租税。就是租税应该避免重复，而应该向生产这些财富的土地单一地征收。因此在补偿一般课税时，对于为确保在外国的销售，能够保持有利价格的财富，必须特别地加以考虑。因为虽然减轻了这部分租税，但由于这项交易对其他一切王国财富的源泉以有利的影响，这对国家说能够得到充分的补偿。

同一准则的注释

“对于国家说，最必需的财富，第一是耕种经营所要的预付，其次是收入和租税。”

农业国家的繁荣是怎样来的呢？这是由于有使收入和租税不断继续增加的巨额的预付，自由和便利的国内商业和国外贸易，年年由土地所得的财富的享受，有多额的货币作为收入和租税的支付而来的。生产物的丰富是由于有巨额的预付而获得。消费和商业维持着生产物的贩卖和售卖价值。售卖价值是国家财富的尺度。财富决定着赋课的租税的数额，提供财富支付，商业流通所需要的金钱；但金钱不应该把它积蓄于国内，因为这样会伤害再生产和相互交易，因而伤害真实的财富，可以每年不断继续的生产物的使用和消费。

铸货是在和其他财富交换时用来支付的，对国家说是作为卖买之间的媒介担保，如果把它留置于流通之外，不把它用作财富和财富交换的媒介，就会对维持一国财富的不断继续上不起作用。铸币的积贮愈多，不能更新的财富就愈多，国家也愈益贫困。因此货币只有不断地作为财富和财富的交换媒介时，才是一国真实有利的能动的财富。因为货币本身，在国内只用在贩卖和购买，以及把它再投入于流通的收入和租税的支付上，是没有其他效用的不生产的财富。所以同一货币是不断的交互使用于这些支付和交易上。

因为这个缘故，农业国家的货币总量，大体上等于土地的纯产品，也就是每年的收入。原因是为了国民的使用，这个比数是很充分了。超过这个数量的货币，对国家说也是无用的财富。虽然租税是以货币来支付的，而真正提供租税的并不是货币，而是每年由土地再生产出来的财富。正如一般人所想的一样，一国的繁荣和实力，是依靠它再生产的财富，而不在于它所保有的货币的多少。这种再生产财富的继续更新，货币的保有对它是毫无补益的。但是商业上所要的货币，可以由国内所有的，或送往外国的财富为保证的书面契约（票据），容易得到补充。因为任何人都渴望能够代表货币以外一切财富的财富，即货币，所以对于货币的渴望，任何人都是强烈的。但是这种渴望，使货币脱离了它原来的用途，因此对国家来说，不应该过分的对货币有强烈的欲求。总之，货币数量应该和收入保持均衡，一国所期望的，只是使财富能够不断地再生出来，以确实保证充分满足有效欲求的程度。在被称为贤明君主的查尔第五的治世，和王国其他财富的丰富相适应的货币的丰富，其基础就在这里。我们不计算他金库里所贮藏的一千七百利佛尔（以法国现在货币价值来计算，约为三亿利佛尔），只从这个君主无数财产目录中所详细记载的财富来看，也能给他作出判断。这样巨额的财富，从当时属于法王的各州，只有现在王国领土的三分之一来看，那就更加值得给他大书特书了。

所以货币并不是国民的真正的财富（veritable riches），即不是

可以消费和不断再生产的财富。因为货币是不会生出财富的。一埃扣(ecu 亦译为盾,法国的古货币)如果使用得好,事实上可以生产出二埃扣,但增加的是生产物,并不是货币,所以货币不应停留在不生产的(人的)手中。谁也想到,不能认为货币放在父亲的口袋里和放在儿子的口袋里都是一样,这对国家说,是没有什么关系的。因为事关紧要的,是不要把货币从能够为国家而使用的人的手中夺去。严密地说,在国内为此所使用的货币,完全不属于它的所有者,而是属于国家的必要,这就是为了国民的生活,为君主提供租税而再生产财富所要的货币流通。

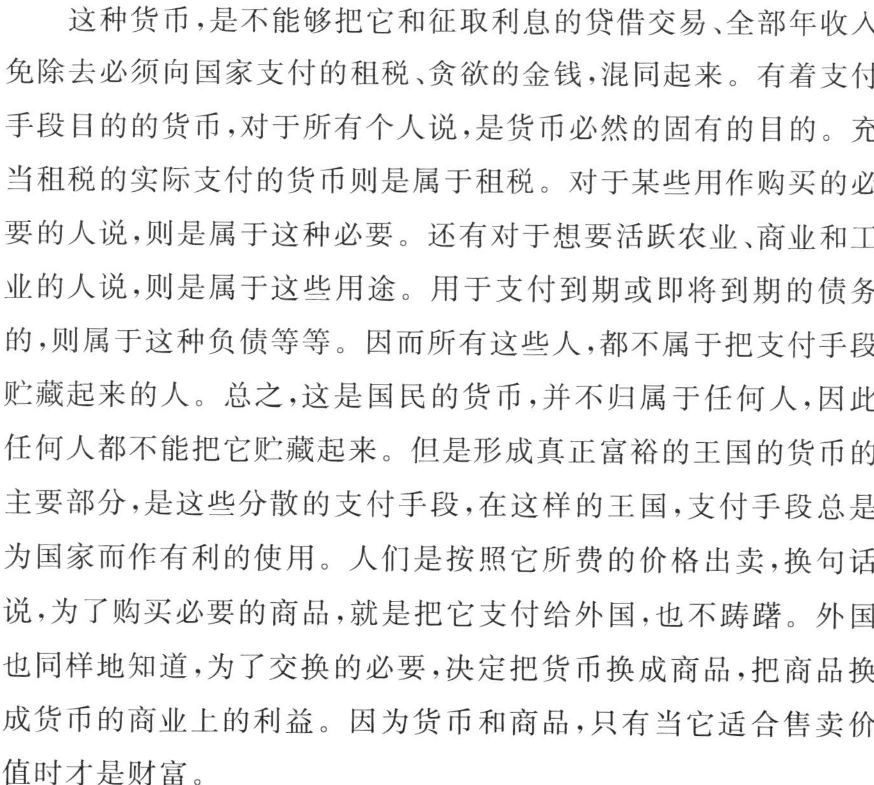

这种货币,是不能够把它和征取利息的贷借交易、全部年收入免除去必须向国家支付的租税、贪欲的金钱,混同起来。有着支付手段目的的货币,对于所有个人说,是货币必然的固有的目的。充当租税的实际支付的货币则是属于租税。对于某些用作购买的必要的人说,则是属于这种必要。还有对于想要活跃农业、商业和工业的人说,则是属于这些用途。用于支付到期或即将到期的债务的,则属于这种负债等等。因而所有这些人,都不属于把支付手段贮藏起来的人。总之,这是国民的货币,并不归属于任何人,因此任何人都不能把它贮藏起来。但是形成真正富裕的王国的货币的主要部分,是这些分散的支付手段,在这样的王国,支付手段总是为国家而作有利的使用。人们是按照它所费的价格出卖,换句话说,为了购买必要的商品,就是把它支付给外国,也不踌躇。外国也同样地知道,为了交换的必要,决定把货币换成商品,把商品换成货币的商业上的利益。因为货币和商品,只有当它适合售卖价值时才是财富。

在流通以外贮藏起来的货币，会稍许增加负债，这不久就会消除。但迷惑着下层人民的是这些休闲货币，俗人就把它看作国民财富，把它看作是一国必要时的大财源。实际上，大国只是由于每年从土地耕作所生产的丰富的纯产品，或者是由货币的更新，不断地促进流通的货币的再生，才能富裕起来。

而且当一个王国由于本国生产物的交易而富裕繁荣起来时，这个王国就会由于交易关系而取得其他国家的财富，这时票据到处可以代替货币。因而生产物的丰富和贩卖，保证这个国家到处可以使用其他国家的货币，这样在耕种得好的王国，每年从土地再生产出来，作为卖买对象的农产物的纯产品，就能提供收入，用来支付给君主和土地所有者，决不会感到货币的不足。虽然为了支付这些收入，绝不会有货币不足的事，但不应错误地认为可以对流通过程的货币征收租税。①

货币是不可捉摸的财富。租税只能对可以处分，能够经常地再生，具体而可以卖买的财富源泉进行课征。正是这里，成为君主收入的源泉，并且在国家紧急需要的时候，可以发现确实的财源。所以统治的重点，不能停留在货币上面，而应扩展得更远，为了增加收入，应该注意于土地生产品的丰富和售买价值。国家的实力和国民的繁荣就在于能够看得见的年年的财富部分。把国民吸引到土地上来，并使他们定居在土地上的也正是这些财富。货币、工业、商人的商业和经纪贸易，如果没有土地的生产物，只是形成附带的独立领域，这个领域不过构成一个共和国。就此，康斯坦丁堡

① 请参看有关租税的部分。（原注）

本身并没有政府，只有从经纪贸易所得到的动产，处在专制政体的环境中，由于贸易上财富的交流和自由的地位，保持着他的天才和独立。

准则第十四的注释

“要奖励家畜的增殖。”

在王国内贩卖和使用羊毛，大量消费肉、乳、牛油、干酪等，特别是最大多数贫民的消费，可以获得利益。因为家畜的贩卖和增殖，虽然只是为了消费，但是由于家畜的增加而能得到丰富的收获，这是由于家畜能够给土地提供肥料。由于丰收和家畜的丰富，因而在生活资料丰富的王国里，消除了对饥馑的不安。家畜供给人们以食物，就会使小麦的消费减少，可以使国家能够比以前把更多的小麦输出贩卖于外国，由于这样贵重的生产物的贩卖，就可以使它的财富不断地增加。因此而取得的贫民生活的富裕，根本上是对国家的繁荣做出贡献。

在租地农场主的预付没有被恣意的赋税所剥夺的危险的国家里，土地租借价格，是由租借地的耕作和家畜饲养的生产量所决定，因此从土地所有者的收入的观点来看，由家畜所取得的利润和由耕作所取得的利润是混同在一起的。但是如果租税是向租地农场主课征时，就会使土地的收入减少，因为租地农场主，畏惧这些眼睛看得见的家畜，会对他们招来破灭的课税，而不愿预付购买家畜的费用。这样就会由于没有足够的家畜给土地提供肥料，使耕作衰退，由于瘠地的耕作费用多，吞没了纯产品，破坏了收入。

从家畜所得的利润，对于土地的生产量有很大的贡献，它们是相互依存的，在依据土地所有者的收入来评价耕作的生产量时，两者是不能分离的。因为提供收入和租税的纯产品的获得，利用家畜要比使用人的劳动来得多，原因是在使用人的劳动时，几乎不能收回他们生活资料的支出。而为了贩买家畜必须有巨额的预付。所以对政府说，是要把比人更重要的财富吸引到农村里去。实际上，只要有财富，农村里就不会有缺人的事。但是如果没有财富，农村的一切活动都会衰退，土地变成无价值，因而使王国失去资源，失去实力。

因此，必须有把财富明显地用于土地耕作的完全保证，和生产物交易的完全自由。决不应对为生产财富所使用的财富课征租税。还有对于租地农场主和他的家属，必须免除所有的个人负担，对于从事这项事业的富裕的必要居民，不应对他们强加以种种个人负担。因为过于没有见识的政府，偏爱盈利的市民，使他们也想享受都市所有的特权，有使应该用于农业的财富流入城市的危险。安乐的城里人，特别是小商人，只是从公众挣取利得，他们过多地居住在城市，会加重国民的负担。我要说，这些城里人，为子女着想，与其住在城市里不如去从事受保护和受尊重的农业，在农业中可以找到坚实而独立的事业。随着他们回到农村去的财富，可以使土地肥沃起来，使财富加倍增多，保证国家的繁荣和实力。

对于在农村耕种土地的贵族，有一些必须注意的事。在农村有很多贵族，缺少有足够的土地来充分发挥使用他们的耕犁和才能。这样会使他们的支出和工作蒙受损失。特别是租税的负担（没有不正当的支付），不是按人口平均计算和由耕作者负担的地方，为了国家的利益，扩大贵族的耕作和工作，把土地租借给他们，是否会损害他们的体面呢？在城市里租借房屋，对君主和贵族说是不是不合适呢？支付租借费，是和对衣服、利息、房租等的支付一样，都不会对任何人陷入什么从属关系。还有在农业上，必须注意，土地的所有者和耕作预付的所有者，双方同样的都是所有者，双方都是具有相等的品格。贵族由于扩大耕作事业，而对国家的繁荣做出贡献，就在这里，他们可以找到维持他们的支出和担任军职的孩子的支出的资源。在任何时候，贵族阶级和农业都是不可分地结合着。在自由的国家里，免除了恣意作为个人课税的租地费用，这本身是极其公正的。和土地相结合的，由贵族自己所支付的地租，决不会使贵族阶级和农业受到任何玷辱。

准则十六的注释

"再生产是受销售情况的支配。"

如果谷物和其他本国生产物的对外贸易受到阻碍，那么农业就不会使人口得到增长，而是把农业限制固定在一定的人口状况。把本国原始生产物贩卖于外国，可以使土地的收入增加。由此的收入增加，可以增多土地所有者的支出。这种支出的增加，可以把人们吸引到王国来，因而使人口增加，增大本国生产物的消费。最后，消费的增加和对外国的销售的增加，相互的促进农业、人口以及收入的扩大。

由于输入贸易的自由和便利的结果，使谷物价格经常保持一定的均等性。因为最均等的价格水准，是有交易的国民之间所成立的价格。这种贸易，由于把富裕国家的剩余给缺乏的国家，因而任何时候，都使各国民之间收获不等的情况均等化，这样就使任何地方的生产物和价格,经常地恢复到大致相等的水准。这就是没有可以耕种的土地的国民,和有广大土地可以耕种的国民一样,能够保证他们的面包的原因所在。一个国家的价格,如果稍微有利,那么这个国家就会把商品吸引进来,不断的使这种不均等的状况改变,而恢复到均等的水准。

但对外国的销售,可以证明并不在于以较高的价格得到利益,而在于能够经常地保持均衡的价格之下,使土地的收入增加十分之一以上,保证增加耕作的预付,防止过度的高价而使人口减少,避免无意义的使农业衰落。相反,如果禁止对外贸易,就会使必需品不足,过分局限于满足国内需要的耕作,就会随丰年和歉年的收获的变化,而使价格发生波动;这种受限制的耕作,使大部分土地陷于无价值无收入的状态,又由于销售的不确定,使租地农场主处在不安定的境地,妨碍耕作的支出,降低租借土地的价格,使人们专门腐心于最后毁灭自己的狡猾的弥补方策,因而日益趋于衰落。

由于害怕谷物不足,因而禁止对外国的销售,就会妨碍商人为了备荒,在丰收时把谷物贮满仓库,就是我可以这样说,这会妨碍由商人的竞争来防止垄断,在丰收时租地农场主能够得到销售,在歉收时能够保持丰富的自由仓库的增设,如果这样来考虑时,则对于只有依靠本国生产物的销售而达到富裕的农业国民,从这种差距很大的行政原则,可以得到如下的结论。就是平民的生活资料,只能限于马铃薯、荞麦、橡子等,国内的小麦消费则要尽量的加以限制。因而这种不适当的破坏性的警戒心,必然地要妨碍麦子从丰富的地方,向遭到饥馑的地方和没有任何出产物的地方输送。

这种任意的破坏性的政策，是何等深重的弊害啊！难道只是使垄断不能发生吗？土地的耕种会变成什么样子？收入、租税、人们的工资和国力会陷于什么状态呢？

准则第十八的注释

“本国农产物的低价格，会使和外国的相互贸易对国民不利。”

例如价格二十利佛尔一塞蒂小麦的价值，把它用以购买同样价值量的商品时，如果政府把小麦的价格降低为十利佛尔，则同一数量的商品，就要支付二塞蒂的小麦。

同一准则的注释

“收入决定于出卖价值。”

我们在国内，必须把有使用价值(valeur usuelle)而没有出卖价值的财物(biens)，和有使用价值和出卖价值的财富(richesses)加以区别。例如路易加纳的未开化的人，享有很多的财物，就是水、木材、鸟兽、土地产品等，它们并不是财富，因为它们没有出卖价值。但是自从他们和法国人、英国人、西班牙人之间建立起一些商业部门之后，这些财物的一部分，变成了获得出卖价值的财富。因此王国的行政的目标，应该是使国民能够取得最大限度可能的丰富和最高限度可能的出卖价值，两者兼而有之。因为只要有大量的财富，国民就能够以贸易为中介，获得和国民的财富状态相适应的、必要的其他所有物品。

准则第十九的注释

“农产品价格低廉，对平民并非有利。”

例如小麦的高价，如果能够长期的在农业国继续维持，就比低价对平民有利。手工劳动者一天的工资，当然是以小麦的价格为基础来决定，因而是通常一塞蒂价格的二十分之一。按这个比数来计算，小麦的价格，平常是保持在二十利佛尔的水平，手工劳动者一年约可得二百六十利佛尔。他为他自己和家属，要对小麦支付二百利佛尔，这样在他手中还有六十利佛尔可供其他需要的支出。如果相反的，一塞蒂小麦只有十利佛尔，他只能得到一百三十利佛尔，其中为小麦支出一百利佛尔，剩下的只有三十利佛尔供其他必要的支出。由此可以知道，小麦高价的地方，要远比低价的地方，有较多的人口。这种有利的情况，对于其他阶级的人们，对于耕作者的利益，土地所有者的收入、租税，国家的繁荣说，都是相同。因为在这种情况下，土地生产物能够充分补偿工资和粮食的经费的增加数额。这种情况，从支出的计算和生产量增加的计算，是容易理解的。

准则第二十的注释

“不应该降低平民的生活水平。”

为了对农村居民的苛敛诛求辩护，不正当的征税者，原则上总是提倡必须使农民贫困，以免他们怠惰。傲慢的资产者是喜欢采用这个野蛮的原则的。因为这些资产者，没有注意到其他更为决定性的原则，就是没有任何积蓄的人，只是为糊口吃饱而劳动；一般的人由于渴望财富，所以凡是有积蓄能力的人，都是勤勉的。受压迫的农民所以怠惰的真实原因，在于生产物的交易不自由，使农产物陷于无价值的状态；还有由于其他原因使农业衰落的国家，工资过低和雇佣极少。苛敛诛求、生产物的低价，没有足以驱使他们去劳动的利得，使他们流于怠惰，成为违禁打猎者、流浪者和掠夺者。这样的强制的贫困状态，并不是引导农民勤勉起来的途径。总之，要给他们以勇气和活力，除了保证他们的利得的所有和享受之外，没有其他方法。

在具有人道的感情，优越的教育，并有丰富的见识的为政者，对于徒使农村陷于荒芜，使人讨厌的破坏性的原则，要愤怒地给以拒绝。因为他们并不是不知道能够使国民富裕的，是农村居民的富裕。如农民贫困则国家也贫困。

准则第二十二的注释

“生活消费的巨额支出维持着农产品的优价和收入的再生产。”

这里要注意的，是农业国为本国农产物消费的巨额支出。这就是说，关于没有耕地的小商业国，则要另行考虑。因为他们的利益，对于他们说，在于保存和增加贸易所必要的财富的基金，或者为了确保在外国销售和购买中竞争的利益，比其他国家以较少的费用进行交易，不得不节约所有种类的支出。这些小商业国可以看作大国商业的代理人。因为对大国说，对于需要很大数额支出的各种部门的贸易，与其由自己来做，不如由那些小国代理通商比较更为有利，自己经营贸易所得的利润，不如诱导外国商人之间的大规模竞争扩大到本国，所得的利润来得大。这是因为一个国家要确保本国土地生产物的尽可能好的价格，和最有利的贩卖，防止本国商人的垄断，除了依靠世界所有商人之间尽可能最大规模的竞争之外，没有其他途径。

准则第二十六的注释

“要比关心人口的增加更多地关心收入的增加。”

一切国家希望在战争中强大，和关于进行战争的手段——在这一些手段中，俗人只考虑到人——的无智，是认为国家的实力，依存于有大量的人口。为了进行战争，任何人都容易这样想，但是人的数目并不是愈多愈好，过多的军队，与其说是对敌国交战有效果，不如说为了雇佣军队，使国家本身陷于疲敝，因而是招来祸害的根源，通常是招来了祸害。而在国民中服兵役的部分大了，只能由租税部分来维持和活动，却没有充分地加以考虑。

许多见识浅薄的人的想法，国家的巨大财富是由人的丰富而获得。但是他们这种见解是忘记了人只有依靠财富，而且只有在人和财富之间有着适当的均衡，才能获得财富和持续地获得财富。

国民总是认为本国的人口不够多，但没有注意到没有维持较多人口所必要的工资。对于没有财产的人说，只有在自己的劳动，能够获得维持生活所必要的确实的利得时，才对国家有利。当然有一部分农村的居民，他们虽然没有利得和工资，为了养活自己，事实上并不需要很大的支出和长期的劳动，能够生产出容易收获的廉价的许多生产物。但是这样的人，这些生产物，以及生产它的土地，对于国家是没有什么作用的。为了从土地取得收入，农村的劳动除了能支付劳动者的工资，还要能够取得纯产品。因为国家所必要的其他阶级的人的生存，就是依靠这些纯产品。关于这点，我们不能寄希望于依靠自己的双手，或者其他不充分的手段耕种土地的贫穷的人们。因为他们是贫农，只依靠自己的双手从事工作，不得不从土地取得食物，对没有资产的人说，他们会放弃需要过长的时间和过多的劳动支出的小麦耕种，不得不只为自己的生活而进行自给的经营。

因此你们的土地耕作不能委之于贫穷的农民。把你们土地耕种起来，肥沃起来的是动物。形成你们的收入，保证售卖价格的是消费和售卖的国内商业和对外贸易的便利和自由。因此你们如果要使你们自己和国家富裕起来，要把无尽藏的财富再生，能够把土地耕作和农产物交易企业委托给他的，是富裕的人们，这样你们就能够广泛地享受土地以至技术的生产物，维持对敌国的完全的防御，国民福利、农产物交易的便利，国境的边防，强大海军的维持，王国的美化等的公共事业支出，也能宽裕地应付。这样就能把劳动者吸引到王国来，并且使他们定居下来，能够得到工资和利润。因此对农业及其生产物交易的政治管理是财政部及农业国所有其他行政部门的基础。

只有庞大的军队，并不是就形成了完备的防御，为保持士兵严肃的军纪，优良的训练，强壮、沉着而勇敢，必须给他们以充分的报酬。在海上和陆地的战争中，除人力之外还要其他的手段，和士兵生活的支出相比，还要有远为庞大的其他支出。因而成为战争力量基础的，与其说是人，毋宁说是财富。因为只要给人以充分报酬的财富，是不会没有人来补充军队的。国民用于每年财富再生产的财富愈多，则每年再生产时所使用的人力愈少，这样就可以得到较多的纯产品，政府在公务和公共事业可以使用的人力就愈多。而为维持这些人的生活的工资愈多，由于他们的工作，以及由于他们把工资流回到流通界的支出，对于国家就起着愈来愈大的作用。

在只杀戮了许多人命，而没有给它其他任何损害的胜利战争的情况下，如果敌人所丧失的人员的工资依然掌握在手中，充分地可以用来募集其他人充当士兵，就不大可能削弱敌人的力量。如果有优裕的报酬，十万人的军队，可以和百万人的军队相匹敌。因为有吸引人的优裕报酬的军队，是任何军队所不能打败的。在这个情况下，勇敢的防卫是士兵的任务；而且即使牺牲很多人的生命也在所不辞的也是士兵；因为有前赴后继甘冒战争危险的决心。所以维持着军队荣誉的是财富。争取战争胜利、占领城市、博得名声的英雄，会转眼因疲乏而不复成其为征服者。专门谈论战功、叙述武勇传记的历史家，他们在叙述历史时，如果不问国民的基础力量和政治状态如何，战争的决定性事件的成果，对后世就没有什么教育作用。因为国家的永久的实力，在于国民中纳税者部分的持续的安乐和爱国的德性。

关于容易使财富增加的公共事业，同样地非加以考虑不可。这种公共事业中，有开凿运河、道路和河川等的修复改建，这些对国富的每年再生产没有什么害处的公共事业，只有在这些支出可以使纳税人得到相应的享乐时才能兴办。不然的话，这样极其大规模的事业，虽然是大家所十分企求的，但由于不规则的课税和不绝的赋役，可说变成毁灭性的事业，这种强制的事业，最后达到得不偿失的破败的结果。因为一个国家一旦衰败了是很难恢复的。

渐次增加的破坏的原因，如果只埋头于抑制它所产生的结果，而不追溯它的起因，则政府的一切关注和努力，都将变成泡影。这个情况由一六九九年出版的《路易十四统治下的法兰西详情》(*Le détail de la France sous Louis XIV*)一书的著者布阿吉尔贝尔(Pierre le Pesant de Boisguillebert，1647—1714，这书的初版是一六九七年出版。这里的标题可能是一七一二年的布鲁塞尔版本。请参照 E. Dairer, *Economistes financiers du XVIII siècle*, Paris, p. 152)当时所说的情况来充分证明。著者把考察了王国从一六六〇年开始到该著作出版时的衰落经过。就是他说到原来七亿利佛尔(合现在我国货币十四亿利佛尔)的土地收入，从一六六〇年到一六九九年减少了一半，认为引起这样异常减退的原因，并不在于租税的征收数额，而是不适当的课税形式和它的无规律性。因此，如果这样的行政继续下去，可以断言这种减少的趋势必然继续发展。在路易十四统治时代，租税高达七亿五千万利佛尔以上，其中归入国库的只有二亿五千万利佛尔[①]，即使不计算对租地农场主这种恣意的土地税所引起的年年衰退的损失，也每年从纳税人掠夺了五亿利佛尔的私财。对于所有种类的收入所征收的复杂而破坏性的课税，由于双重课税，扩大到租税的支出，使君主也受到损失，因而使君主的大部分收入只落得空名义。因此，如果有良好的行政，在很短的时间内，就可以使租税大为增加，此外再把破坏性的课税也废除去，并且促进谷物、葡萄酒、羊毛、亚麻布等的对外贸易，就能够使国民富裕起来。虽说如此，但是如果在没有农业国

① 参阅 D. de B. 著的《一般财政史资料》。(原注)

经济管理的观念的时代，有谁敢于企图进行这样的改革呢？恐怕在当时的情况下，人们会把大厦的支柱来推倒的。[①]

① Barbier (*Dictionnaire des ouvrages anonymes et Pseudonyme*, Paris, 1820，认为还有其他著作，如 Bellial des Vertus 著的《土地管理论》(*Essai sur l'administration des terres*)(不能把它和 Patullo 著的《土地改良论》*Essai sur l'amélioration des terres* 混同)都是魁奈所著。如果他的话是正确的，这书应该是一七五九年(Parjs, J. F. Hérissant)所发表，从编年顺序来排列，应该在《一般准则》之后。但是这推断从任何方面看，都可说是没有根据的。杜邦在《概说》(*Notice abrégée*)，还有其他的著述中，都没有提到这一著作是出自魁奈之手，可以说重农学派完全不知道有这一著作。这可说是从这一著作的内容来看，不能说是符合魁奈的精神的。实际上，在《租地农场主论》、《谷物论》等论文中，作者很强调大农经营的利益和小耕地的合并，在过些时候之后，却主张完全反对的观点——成为问题在其他文章中论述——这是使人不能理解的。就是这样说："最大的租地农场，如果只使用一架犁，原则上说对国家是非常有利的。只要能很好地理解国家的财产是依存于居民人数，国家的收入则依存于居民的消费，就会承认这个原则的真实性。但是广大的租地农场主虽然只有一架犁，但是家族人数将一直的增加，因而消费更多，应付战争的人员更要增加。还有它的必然的结果，是要更多的羊毛，更多的大麻，还要更多的养鸡场产品。有四架坚实的耕犁的六百亚尔邦租借地，要分为各耕种十亚尔邦的六十家。为了各家都有鸡、猪、大麻及其他农产品，并分成六十处的养鸡场。这样各家都各有二、三头以至四头牛，形成六十家耕种这全部六百亚尔邦的一个村，合计有二百至三百头牛。如果全部耕地合并成一个租地农场，则只能饲养三十头。"

上面的文章，还附有如下的情况。就是在《序言》中，说作者是初学者，而且再三地说，能对他所说给予谅解。就是这样说："对于所发表的关于土地管理的试论，完全不是为出版来写，作者写这书的目的，只是想把土地管理的和行政的原则提示给朋友。但是结果终于把它发表了，对作者说，对于书的文体，希望能够给予谅解，如果作者所处理的问题是有用的，则希望能对该书的缺点能够给予宽恕。我虽然说明得不好，但由于作者感到自己的研究对于社会有所裨益，因而有勇气把它拿出来的爱国精神，想读者们也会给予声援的。"

在当时的情况下，魁奈不得不向一般读者发出这样的呼吁，是完全不可想象的。因而从这里所列举的证据——此外还有很多——来看，《经济表》的作者，是不是要以 Bellial des Vertus 的假名，而把真实的名字隐蔽起来的判断问题，它的回答断然是否定的。(翁根注)

关于手工业劳动[①]

第二次对话

M. X.：在我们上一次谈话中，我们只讨论了你把贸易归入你称作不生产阶级的工作的理由。但你所称的这个不生产阶级，同你说的生产阶级不同，并以此把生产的概念限定为只是土地产生的财富，因此这个不生产阶级，应当包括非直接从事财富再生产并从第一手出售财富的其他一切职业和工作。我认为，按照你的分类，把所有这些工作归入你所选择的名称以外的另一个名称之下，是很困难的，因为贸易、科学、艺术、民政工作、军役、仆人、游手好闲的食利者，以及甚至乞丐，代表着与狭义的生产不同的各种对象、服务、劳动和工作，因此我看没有一个属名能够确切地适合于这一切工作。正是由于这个原因，我很难认为你的分类和你加以

---

① 魁奈的这篇文章是《关于贸易》的对话的重要补充。它是一七六六年写成的，并于当年发表在《农业·商业·财政评论》一七六五—一七六六（*Journal de l'agriculture, du commerce et des finances*）上。一八八八年在《魁奈的经济和哲学著作》中以及一九五八年在《弗朗斯瓦·魁奈和重农学派》一书的第二卷中重新发表。

唯一的俄语译文发表在《摘录》一书中，我们作了一些校订，在这里重新发表。（俄译本注）

说明的那些名称是可能的。我觉得这种分类尤其不恰当的，是你把土地所有者同你称为生产阶级和不生产阶级的社会群体区别开来。

M. H. ：我的朋友，你应当看到，自然界中的一切东西都是处在相互的关联中的，一切东西都要在相互联结在一起的圆环中通过。在这些各种各样的活动的不可避免的接触中，只有依靠抽象的概念才能够对这些对象加以考察、分析和研究。这些概念除了抽象地、用分析的方法以外，在这一团混乱现象中对自然界的东西什么也不能确定、移动，什么也不能包括。任何的关系，在这里都可以根据作为其特点的原因和活动而区分出来。你愈希望找到确切的区别，就愈要去找寻那些原因和活动，以便能够在不忽视共同的联结点的情况下，根据它们对自然界的共同体系的不同影响，清楚地看到它们的典型关系。在目前的场合，我们只以研究对组成社会的人们最有利的实际制度为限，我们只分析促进公共福利的那些人们的工作的共同特点；因此我们根据他们最出色和明显的原因和活动，来对这些工作加以区分，以便把它们归入基本的、主要的阶级中。只有依靠这种抽象作用，才能够研究和评价社会制度中的这些不同阶级的人们和工作的相互关系，为他们定下最适合于他们的作用和表达得最确切的名称，在详细地叙述经济学时，是必须遵守这种表达的确切性的。

生产或再生产（régenération）这个概念，在目前的场合下是区别公民的基本阶级的基础，这个概念是包含在为现实所严格规定的实际界限中的，这种界限用普通语言中使用的不确切的措辞来表达，是不适合的。但不应当使自然秩序去适应这种只能用不确

切和模棱两可的措辞表达的语言；而是后者在进行严格符合现实的分析时，必须与自然秩序的确切知识相一致。

我注意到，在你看来，按上述方式理解的生产阶级和不生产阶级之间的区别，不容许在这两种阶级之间再安置任何另外一个阶级，因为在肯定和否定之间，在生产阶级和不生产阶级之间，看来是没有中间的东西的。在不包括一切其他关系的场合，这是正确的。但可以很容易地向你指出：1）土地所有者对土地耕作完全不花费用和劳动（因此不能把他们归入生产阶级），然而却为使土地适合于耕种而作了原预付；土地的质量是由他们维持的——这些情况不容许把他们同不生产阶级混为一谈；2）除此以外，在这两个极端的阶级之间有着接触，这种接触是靠作为它们之间的中介人的阶级的收获和费用而经常保持的。社会制度必须有这个第三阶级的公民，这个阶级是由最初的工作者、文化的保卫者和消耗纯产品的土地所有者构成的。

应当从上面这种观点出发来研究这个混合阶级同其余两个阶级的关系；这两个阶级之间的交往，是这个阶级本身同他们保持的交往的结果。因此，把土地所有者阶级区分开来是不可避免的，以便能够清楚地、毫无阻碍地考察各种社会群体之间交往的过程。因此，这种区别不仅不会对你的认识造成混乱，相反，会使你的认识连贯起来和更有头绪。

M. X.：假如我同你一样，把生产只限于指土地生产的财富，那么这种说法是正确的。但是不瞒你说，我一向认为手工业制造品也是真正的生产，尽管从某个时期起发表了许多学位论文，主张停止这种生产。

M. H. :从来没有人要使手工业制造停止生产;你所指的那些制造品现在仍在生产,这也是确实无疑的。不过你应当看到,在你所指的那些文章中,所说的不是关于这种生产,不是关于手工业者使自己制造品的材料所具有的那种形式的简单生产,而是关于财富的实际生产;我说实际生产,因为我不想否认说,手工业者在制造自己的制造品时,对原始材料没有增加财富,这些人的劳动的确增加了用于制造的原材料的价值。

M. X. :我的朋友,你现在所作的承认,在我看来,大大地加强了我的看法,我认为,我们的争论不可能继续下去了。然而这个承认同时又使我产生了一种怀疑,使我不能完全相信我以前所持的对我的看法有利的见解。看来,你完全不想局限于所作的评论,毫无疑问,你认为这种评论把只会使问题弄糊涂的目前流行的看法从争论中完全消除了。然而,请你相信,我不知道接下去的议论会把你引导到哪里去。

M. H. :我亲爱的朋友,如果你认为,我打算把你刚才提到的那种庸俗的看法从争论中消除掉,那么你错了:这不是结束我们争论的最简便的方法。请原谅我直接地说,你恰巧也有这些庸俗的看法;要不是我发现这些看法之间的矛盾,提请你注意防止吸引着你的大多数人的幻觉,你会无止境地把这些看法向我提出来。你坦白承认吧:你不是对我说过吗?制成一双鞋子的鞋匠使财富增加了,因为这双鞋子的售价大大地超过了用于制造鞋子的皮革的价格;因此,仅是售价使产品具有财富的性质。在这里你不是想借用不容反驳的论据,来说明鞋匠的工作的生产性吗?我的意思是说,来说明真正生产财富的事实吗?

M. X.：难道这种论据，甚至从你的观点来看，也是没有说服力的吗？你建议我当心受到流行的看法的影响；相反，我却注意到，我应当防备那些动人的诡辩会把我俘获，不过我是愿意服从真理的，这真理是显而易见的。

M. H.：你认为我想把那些流行的看法从我们的争论中消除掉，而我认为不可避免地会接触到这些看法，由此可见，我是正确的。实际上我不知道有其他的理由，可以用来证实手工业劳动能生产财富。这是你自己拿来证实的论题；要不是我首先引述过这些看法，并指出我们通常用以叙述的语言中包含的模棱两可的现象，那么这就是你自己可能提出的那些看法。

不过，我的亲爱的朋友，请不要担心我带有狡猾的企图，想用诡辩来说服你。我认为可以同你一起走笔直的道路。我认为，我们愈开诚布公地向前，你就更加容易达到正确的认识，并且对引导我们走向正确认识的道路更加感到惊奇。这道路你是很熟悉的，并且你已经好几次一直走到了我们现在的地方，不过你对你所看到的各种对象没有足够的注意。

必须把在一定数量的财富上的添加（une addition de richesses réunies）同财富的生产加以区别；换句话说，通过在原材料上进行添加（réunion）的方法，使已有的消费品增加费用一同作为更新、或作为更新财富的实际增长的财富生产或创造（... une génération，ou création de richesses，qui forment un renouvellement et un accroisement réel de richesses renaissantes），必须区别开来。

那些对财富的真正增长与虚假增长不加区别的人，每一次议论到作为手工业的劳动结果的财富的虚假生产时，会不知不觉地陷入经常的矛盾中。

他们同意这样的意见：在创造手工业品的支出和工价上国家花费的钱愈少，那么由于这些制造品价格的降低而愈有利。但这不妨碍他们认为，手工业劳动的财富生产在于增加这些制造品的售价。这些矛盾的思想存在于同一个头脑中，经常发生冲突，然而人们通常没有注意到这种矛盾。

编织花边的工人的价格很高的劳动，使作为花边的原材料的线的售价增长了。因此，这些人得出结论，编织花边使财富增加了。他们对绘价格昂贵的图画的艺术家的劳动，也发表同样的意见；艺术家和手工业者的劳动报酬愈高，那么这种劳动的生产率愈大。

这杯饮料值一苏，而用于制造这杯饮料的原材料值一里亚（liard，法国古铜币名，等于四分之一苏。）；制造这杯饮料的手工业者的劳动，使这种材料的价值增加了三倍。由此可见，在这个场合下，财富的生产是增长三倍；因此，在你看来，一年内使两个工人的劳动用于制造这种饮料是很有利的，而如果两年内有四个工人从事这种劳动，那就更加有利。由此推论下去，假如发明一种机器，能够不要任何费用或者只需花很少的费用编织出很好的花边，绘出美妙的图画，那么你就会对我们说，这是非常不利的。的确，印刷术的发明，引起了关于作家劳动生产率降低的异常严重的议论。然而经过仔细研究之后，印刷术是完全受人欢迎的。因此，我的亲爱的朋友，如果你能够的话，就同意你的思想是有这些矛盾的吧。如果你不能这样做，那么关于手工业劳动的虚假的财富生产这个题目，就不值得继续讨论下去。

M. X.：我的朋友，你没有注意到，在关于生产阶级的劳动方面，你陷入了同样的混乱。难道在这种劳动上，人们不也是致力于少花钱吗？难道能由此得出结论，这种劳动不是生产性的吗？

M. H.：在谈话中经常可以遇到支吾和规避的情况，我的亲爱的朋友，你好像是在提出另一个难题，以便摆脱困难，我们就来解决你提出的难题吧；不过在开始这样做以前，让我们把关于手工业和工业劳动的虚假的财富生产问题彻底地结束吧。当然，你不会再坚持把这种生产同手工业者、艺术家、建筑工人、工厂主、企业主等等的产品的形式混为一谈了。你还有其他的理由可以引用来说明你的意见吗？

M. X.：我很明白，由于手工业者的劳动而产生的财富生产，既不能同手工业制造品的生产混为一谈，也不能同由于劳动的支出(Ies frais du travail)而造成的价格增长混为一谈。这种支出同用于工人生活资料的必要支出确实是永远不可分割的；但由于这种费用就出现了同手工业有关的财富生产，因为只有这种支出才保证了土地产品的销售，并维持其价格。因此，根据你的意见，只有从第一手出卖的产品的售价，才使这种产品具有财富的性质，同时是土地每年生产的财富的衡量标准。我所说的这种支出，能扩大消费，加强购买者的竞争，并提高产品的价格，因而同时也就使国家的每年财富、人口和消费增长了。由此可见，实际的财富生产就存在于这种循环中，这种生产的循环，应当归功于工业劳动。

M. H.：关于你刚才描写的那种循环，你遗漏了非常重要的一点，这一点能向你说明它的产生和规模。你认为，它能扩大到超过作为国家每年支出的尺度的每年再生产的数额吗？相反，你没有看到，这个尺度限制着用以支付手工业者的劳动的支出，因而也就调节着这些手工业者能够向生产阶级支付的消费吗？

显然，这里所说的只是财富并不增长的循环，它受到国家每年支出的数额的调节；国家每年支出的数额等于土地每年生产的财富的数额。由此可见，艺术家和手工业者的劳动不能扩大到超过国家能够在这上面所花的支出的比例；这种支出应当同该国家每年所能花费的支出总数相适应。

因此，这种劳动不能引起供国家每年消耗的财富的增加；它本身受到这些财富的数额的限制，这些财富的增长只有依靠农业工作，而不是依靠给予手工业劳动的支出。由此可见，一切支出和财富的产生和开始，都在于土地的肥力，土地的产品只有依靠产品本身的帮助才可能增长。只有土地能把耕作者为提高产量而用于施肥的支出偿还给他们。手工业者在这方面的帮助，只是制造某些耕地用的工具。在没有手工业者的情况下，这些工具就得由耕作者自己来制造。无论什么工作者，都必须首先有土地的产品供他们消费，以维持其生存；因此，这些生活资料并不是他们的劳动生产的。生活资料的消费也是什么都不生产；它只是消灭土地预先生产的财富。工人加强自己的劳动，提高自己的报酬，或扩大自己的消费，这都是徒然的；他们不可能在供他们自己、耕作者，以及国内其他所有的人维持生活的实际存在的产品数量以外，再增加什么东西。

因此你应当看到，调节产品价格的绝对不是手工业者的需求，他们只能用取得的报酬来支付。确定售价的是消费本身和产量

本身。

M. X. :我的朋友,你当然不会否认,有的制造品,其价格要比生产费用高得多;例如,大画家的图画,以及杰出的艺术家的其他作品。

M. H. :这里你还能把政府给予特权的那些手工业者的制造品算进去;艺术家由于他们人数少,他们之间的竞争不会促使他们降低自己劳动的价格,以利于他们的作品的购买者,因此他们也享有这种特权。但是请不要把需要经过长时期的、花很高代价的学习才能学会的那些工作算上去,因为在计算这些工作的产品的价格时,往往不会注意在这种学习上所花的巨大支出。

M. X. :难道多少年来一直存在着的手工业制造品,例如建筑物、家具、图画等等,并不是国家财富的一个部分吗?难道这些制造品并不是对其所有者来说具有销售价值的真实的财富生产吗?当然,这些人在取得这些制造品时付了代价,但他们可以重新把这些东西出售。要知道出售和购买永远需要有两种财富为前提,因为这是用一种价值的财富交换成同样价值的另一种财富。难道游手好闲的人们所花的支出能产生这种财富吗?

M. H. :我的朋友,你在这里所说的财富生产,实际上只是财富的保存。购买这些产品的人所花的支出,并不用于一刹那的消费,而是用于长时期的使用。但这两种支出对花这些支出的人说来,是同样有利的;由于只能维持一刹那的消费而你认为利益较少的那些支出,例如购买每天的食物的支出,甚至是更不可避免的,因此比其他的支出更受人欢迎。你怎样来证明,艺术家的劳动比面包师的劳动更带有生产性呢?我假定,一张珍贵的油画是很大的财富，因为艺术家能使购买油画的人按很高的价格对他的劳动付报酬。因此，在对劳动的报酬不高的情况下，即使是很好的油画也只是微不足道的财富。假如不是发明雕版和印刷，能以不大的支出印许多图画，那么好的图画价格也会很贵。难道你认为，这些制造品价格的降低使国家的财富减少了吗？相反，这价格的降低不是对我们有利的吗？不是使我们能够以同样的支出增加我们的享受并使它多样化吗？这种甚至扩大到了消费支出和生活支出上的好处，不就是一切支出的真正目的吗？我想你会同意这种说法的：以最少的支出达到最大的享受是经济活动的理想。那么关于通过手工业劳动的所谓真正的财富生产，从你的论点来看又是怎样呢？

M. X.：啊，我的朋友！你发表的议论愈多，我在你的经济学中发现的矛盾也愈多。难道它不是教导我们说，财富是依靠支出而取得的，每一个人所花的支出对其余的人都有好处吗？而另一方面，它又对我们说，使支出降到最少是人们的经济活动的理想。根据你的原则，我觉得这个理想就是国家的幸福和人口的消灭。听从个人的利益，我当然希望在花最少的支出下求得最多的享受；任何别的人也都是这样希望的。然而个人利益是与公共利益相矛盾的，而且是不能一致的，因此，即使自然秩序不对此设置障碍，也就是说，即使这些个人利益不相互防止其本身的消灭，它也会自己消失的。人是近视和贪婪的，假如迫使其盲目走向公共福利的那种必要性不指导他们走上真理的道路，他们经常会不知所从。你提出以最少的支出求得最大享受这个美好的原则，不正是受了个人利益的提示吗？

M. H. :我应当继续说下去，我的朋友，因为除了最少的支出和最大的享受以外，我还希望用最少的劳动强度。我认为这种愿望是一切的人所共同的;能够在不违反法律的情况下取得这种好处的人，甚至能不损害公共福利而得到最多的利益。手工业者不可避免地要工作，以便赚到生活资料，但用以支付他们的工资的那种支出，总是比迫使他们劳动的那种需要更加有限。有钱人为了自己的享受而花费支出，而把这种支出支付给工人作为工资。假如他们自己参加劳动，把他们花费的这笔钱赚回来，那么他们就会给工人造成巨大的损失[①]。他们从事会减少自己享受的艰苦劳动，对自己本身也会造成损失，因为艰苦就是相应的享受的减少。他们用这种方法是不可能以最小支出取得最大享受的。同样正确的是，为了把这两个条件结合起来，他们就竭力从寻找工作的人的竞争中取得好处;我认为在这方面占便宜的，是那些尽量节省费用而增加享受的人。但这种节省是有限度的。任何劳动都是同费用分不开的，他们从事劳动只是为了要满足自己的需要。的确，竞争能使劳动价格降低;然而工资是应当保证劳动的，以便工人能满足自己的需要，因而能够绝对地阻止为竞争所造成的劳动价格的随

① 然而应当对手工业工人同租地农业工人加以区别。假如土地所有者从事农业，把自己的财富在农业上预付，他们就能使产量增加，从而也就会增加支出的总数，这首先是对土地所有者本人有利的，因为他们的财富增加了，其次对其他各阶级的人民也有利，包括手工业者在内，因为这种生产和财富的增长使花费也随着增加，使他们能从中得到一定的好处。从这里继之而来的，几乎一开始就是居民生活的丰足，不久人口也就会增长。农业和农产品还没有达到高度发展的任何一个国家，情况都是这样的，土地所有者负有宗教的义务，既为了自己本身的利益也为了所有人民的利益，应当尽可能减少自己用于纯消费的支出，以便把这节约下来的果实用于生产性支出——这些支出能改善他们的土地质量，使土地的产量增长，并且增加土地的价值。

意下降。因此,以最小支出取得最大享受的原则,受到对人们最有利的实际制度中不可违抗的最高规律的调节。你只要仔细地注意一下经济学中各个原则的联系和应用,就不会看到其中有矛盾。

M. X. :如果在国内贸易方面我同意你的这些原则,那么手工业品的贸易是国际贸易的一个部门,这难道不是一个永久的真理吗?

M. H. :贸易的一个部门,也许应当说是贸易的一个部分。但贸易不等于生产。

M. X. :你的回答是非常不能令人满意的;共同的地方、独特的原则、形而上学和几何学的抽象法,这是你同不习惯于这种学术辩论的人争论时的常用手段。假如你说得通俗一点,你就会像所有其他的人一样承认,这里所说的是工人的产品的销售和生产,只有工人的劳动才生产出这种产品的销售价值。

M. H. :我的朋友,你觉得我的回答抽象,那只是由于你没有很好地理会:这些产品的销售价值并不是别的,只是原材料加上工人在工作时消费的生活资料的销售价值。工人复制的这种销售价值的出售,实际上只是转卖贸易。难道你要使我相信**转卖就是生产**吗?我自己也要责备你有这种奇怪的想法。

M. X. :我的想法根本不奇怪;我完全出乎真心地认为**有利的转卖就是生产**。

M. H. :如果我对你回答说,**贸易只是一种价值交换成另一种同等价值**,在这些价值方面,有关双方既得不到什么,也不失去什么,那么恐怕你又要责备我用一般性的原理来回答了。

M. X. :这种用格言表示的贸易的定义,只是一种抽象的说法，它没有注意到在贸易中使成交者的一方，有时是双方得到实际利益的许多情况。如果我指出，你把工厂主看作转卖商人，恐怕同这个问题的实质相去不远吧。我却肯定地认为，甚至在销售自己的产品方面，他们也是我们的产品的买主，因为他们在自己的转卖贸易中，把他们在自己劳动时消费的本国产品的价值出卖给外国人。

M. H. :照你看来，这里又能得出什么结论呢？至于我，我一直把贸易看作把一种价值交换成另一种同等价值，而没有生产，即使这种交换由于某种情况而对成交者的一方甚至双方有利。实际上永远可以假定，它是对双方都有利的，因为双方都能使自己享受到只有靠交换才能取得的财富。然而在这种情况下，难道不总是把一种价值的财富交换成另一种同等价值的财富吗？由此可见，这里不可能有财富的真正增加。

M. X. :那么，你是同意这样的意见，即没有交换就不可能获得只有通过交换才能得到的财富。我们把这个原理运用在手工业品的对外贸易上。工人向国外出售自己的制造品，得到了钱，购买你的产品来维持自己的生活，对他们说来，靠这种贸易来保证自己的生活当然是非常有利的。他们从外国人那里取得的钱用于购买你需要出售的产品，这钱对你说来同样也是很大的利益。

M. H. :我需要出售和手工业者需要购买的产品，在我出售它们和手工业者购买它们以前就存在了。因此，我们的贸易只是这些产品的出售和购买，完全不能引起它们的产生。所以它绝对没有生产我需要出售和手工业者需要购买的东西。

M. X. :这个回答出乎我的意料之外。我们所指的并不是你说的那种生产。我们指的是另一种生产——财富的生产。商品由于其销售价值而成为财富。因此，购买者和出售者在同样程度上促成商品的销售价值。手工业者向外国人出售自己的制造品，取得的报酬是很大的，从而也促使你向他们出售的产品的价格增长，即此一端，也可说明手工业者是财富的生产者。

M. H.：你提出的问题，在我们上一次谈话中已经详细讨论过了，在那次谈话中表明，能够在贸易中周转的产品的价格，既不决定于购买者，也不决定于出售者。假如它决定于购买者，他就不会促使价格增长；因为按尽可能低的价格购买才合乎他的利益。假如它决定于出售者，那么只有出售者一人才是他所出售产品的销售价值的生产者，因为只有他一个人希望别人按尽可能高的价格购买。然而实际上一方不得不按比合乎他的利益更高的价格购买，而另一方不得不按他所不愿意的、较低的价格出售。由此可见，价格是由其他的一些条件决定的，这些条件迫使成交者在出售和购买时牺牲自己的利益；因此，这些人的贸易绝对不是财富或他们之间交换的产品的售价（valeur vénale）的生产者（leur commerce n'est donc point producteur），因为商品和购买商品的货币在交换以前就具有自己的价格。

M. X.：我也像你一样承认这个真理，但你是否也同意我的说法：我们的手工业者在向国外出售自己的制造品中赚的钱愈多，他们就愈能购买我们的产品。这样，购买者的巨大竞争成了使产品的买价和售价增长的条件之一。在这种情况下，我们的手工业者同外国人的有利贸易，也使财富或我们产品的售价（valeur vénale）增长了。

M. H. :毫无疑问,我们的手工业者在向外国出售自己的制造品中赚的钱愈多,他们能购买我们的产品也愈多,在产品贸易需要销售市场的国家里,这有着一定的意义。然而在大家都能从事产品对外贸易的地方,这个条件会把你所说的那个微不足道的资源消除掉,因为在这种场合它没有能力改变通商各国之间的共同价格。因此,在你的意见中包括了两个相反的主张。手工业者的竞争,不可能使价格由于购买的稍微增多而提高,因为这种微不足道的活动永远伴随着另一种竞争,即由于我们的手工业者购买增多了,销路扩大了,就会引起外国的进口。因此,价格的提高会因出售者的竞争而停止,出售者的竞争永远是同购买者的竞争相适应的。另一方面,如果手工业者所花的支出较大,他们的制造品的价格增高了,外国人在购买这些制造品中再也得不到好处,我们的手工业者在对外贸易的竞争中就不可能得到利益。你当然不会采取那种荒谬的手段,如关闭我们的港口,以便禁止农产品贸易,使工厂主能够以低价购买农产品而发财致富。你太关心我们的产品的销售了,以致没有注意到这种粗暴措施的一切不利之处。因此,你的反驳只是把一些不能并存的条件交织在一起。

M. X. :产品自由贸易的一般好处我是知道的;不过你当然不会认为,充分的自由竞争应当也要扩大到手工业品的对外贸易上。这一点是不能怀疑的:即我们的手工业者把自己的产品出售给别的国家对我们是有利的,而购买别国的手工业品是不利的。

M. H. :我不能理解你这个意见的奥妙之处;你想要出售手工业品,而照你看来,购买这种手工业品是不利的。这样,你就大大地改变了你以前关于这种制造品的售价和买价的意见;你现在认为，购买别国的制造品是不利的。如果的确存在这种不利，难道外国人会购买你的手工业者的产品吗？你的贸易部门我觉得是很成问题的，因为要开始这种贸易，必须有双方面。

M. X.：我们的手工业者在艺术上的优点和他们的才能，能促使外国人购买他们的制造品。

M. H.：在这种情况下，你是有着特权；但它足够普遍和持久吗？你想，由于各国人民对不同式样的爱好，在各国之间建立双方面出售自己制造品的贸易，不是更容易吗？因此，除了通过自由竞争以外，这个贸易部门是不可能扩大的。你可以对这种毫无意义的情况随便怎样想，但我们不再讨论它了：De minimus non curat praetor.

M. X.：看来你认为通过贸易而取得的货币是没有什么意义的。

M. H.：你应该知道，对货币我实际上是考虑得很少的；我更为注意国家的繁荣，因为在具有财富的情况下，从来不会感觉到货币的不足，而且永远可以补足它的不足。你记得我们的一个朋友吗？他非常富有，但完全没有货币，尽管这样，他还是购买了大量的土地。缺乏货币并不成为获得土地的障碍；相反，他用有价证券很快地就获得了土地。这样，通过把有价证券从一个富有的债权人转入另一个债权人的皮包里，就完成了许多次付款，其中只有一次是用现金的。

M. X.：你不是更愿意把工作给自己的同胞做，而不是给外国人做吗？

M. H.：是的，更愿意给自己的同胞做，只要给予他们的劳动报酬不引起亏本；在相反的情况下，我不仅愿意给外国人做，甚至宁愿使用牲畜，或者甚至宁愿使用机器，只要用机器代替人或牲畜能得到盈利，这种盈利能引起可以自由支配的财富的增长，所以总是对国家的居民有利的。

M. X.：人们为了节省开支，宁愿使用马和机器，而不使用人力，但这并不引起我国货币的外流。在工作中使用的马消费饲料，有利于供它们食用的饲料的销售，这种饲料同时也成了商品，进行这种贸易对我们是有利的。但是如果我们雇用萨伏依人来收割庄稼而不雇用本国的居民，那么这些外国人会把从我们这里取得的货币带到自己的国家去，而对我国农村的居民造成损失；假如我们雇用本国的农村居民，那么他们把自己所得的报酬用于本国，我国的货币不会外流。我们购买外国的手工业品，即使其价格比我们自己的便宜，情况也是这样。这个意见我已经向你提过几次了，尤其关于自由竞争在贸易中占统治地位情况下的外国商人方面；但我觉得，你没有确切地回答这个问题。

M. H.：钱币在各个国家之间流通，同它在每一个国家的个别居民中间流通是一样的；它从一个国家流出，但由于经常的贸易往来，重新又会回到这个国家里。它除了便于商品交换，作为买卖之间的中介符号以外，没有别的作用，因为交换的最终目的完全不是货币。因此，如果把货币交换成同等价值的货物，那么国家就在不受损失的情况下得到了需要购买的东西；需要购买的那种东西，总是比货币更受欢迎的。在交换时人们有的出售，有的购买，为了便于这种交换，在出售和购买时使用货币。没有一个国家会感到货币的不足，除非它不进行可以运送的商品的交换。因此，需要考虑的不是货币，而是需要出售或购买的交换对象；成交双方要得到的利益，只存在于这种交换中。他们用货币来表示价值，因为货币是在贸易中流通的货物的价值尺度。但他们知道得很清楚，大多数的交换，尤其是巨额的交换，是并不实际通过货币的。付款的承诺，只要完全可靠和用书面形式证明的，也可以在交换中采用，在贸易中用以代替货币，而且成交双方并不由于缺乏货币而遭受任何损失；因此，国家在进行交换时不应把注意力集中在货币上，而是应当注意交换本身所保证的利益。所以我们假定，在使用货币的场合，货币并不存在，我们所得到的只是通过货币的使用所保证的利益，这种利益使货币在各个国家及其代理人之间经常周转。

M. X.：你的议论过于专门了，但它对说明我们所假定的萨伏依人从我们这里拿走货币而我们失去货币的情况，完全没有帮助。

M. H.：我们为什么要把我们的货币给他们？

M. X.：因为在收割庄稼时我们宁愿雇用他们而不雇用我们的农村居民。

M. H.：为什么我们宁愿雇用他们？

M. X.：因为给予他们的劳动报酬比较低。

M. H.：这样，耕作者雇用萨伏依人不是能使支出减少吗？

M. X.：是的，但这会对我们的农村居民造成损失。

M. H.：这个回答是十分含糊的；如果在花费支出时不考虑花费者在节约开支方面的利益，那么同样也可以说，任何节约开支对赚取工资的人都是不利的。但如果注意到双方的利益，那么就应当决定，是否应当用会引起另一种损失的方法来消除某种损失，还是应当根据花费支出的人的利益，让这种花费完全不受阻碍。自然权利是赞成后者的，因为自由地使用自己的财产，这是他们权力范围内的事情。不过应当注意到，节省支出并不意味着绝对地节制生产支出，而只是使支出的分配有利于在这上面得到盈利的人，以及按照自己的利益把这些支出花掉的人。一些人在支出中得到好处，而另一些拿出支出的人则在支出的节省中得到好处；因此，你可以看到，后者对社会是完全没有害处的，如果它对一些人有害处，那么对另一些人有好处。因此，这件事涉及靠取得工资为生的那些人，他们相互之间根据支出的分配来分配这些工资。这个过程是很快地、自然而然地进行的，没有政府的任何干预，这完全不是政府的任务；只有依靠选择地位或职业的自由，才可能有这种正确的适应。

M. X.：我的朋友，我承认，这个回答很符合你的总原则，但并不令人满意。它没有证明，对我国靠工资生活的居民说来，在萨伏依人剥夺了这些人的一部分工资以后，国内用于工资的支出仍然保持着原有的数目。还可以肯定地说，这支出不会保持原有的数目了，因为萨伏依人拿走的那部分工资，会在萨伏依花掉。我并不反对我国的货币流入外国，但我不愿意忽视我们的同胞失去的那部分工资。

M. H.：你的剧烈不安使我必须继续解释下去，以便彻底消除你的反对意见；在你的意见中表明，至少还有一个需要阐述清楚的疑问，因此我们必须来分析支出的泉源，它同时也就是工资的泉源。一切支出和一切工资最初都是由耕作者和土地所有者分配的，因此，他们愈是增加用于支出的财富总额，所能分发的工资也愈多，君主的收入也增加得愈多。不应当忽视这两种情况。你实际上只注意了，怎样把支出中所能分出的全部工资保持在国内，而不去研究怎样使用支出对国家富强最有利。但你应当注意，在对农业不造成损害的情况下，使用于农业的开支尽量减少，就是增加土地所有者和君主的收入；这种收入的增加，就是可以随意支配的支出的增加，由此而保证国家强大，并且使工资增加。这就是你应当考虑的两个要点，其结果能消除你的疑问。

宁愿雇用萨伏依人收割庄稼的利益，在于减少用于农业的开支，增加收入，因而也就增加国家可以随意支配的支出。相反，在上述开支增加而损害收入的情况下，国家和人民的这种损失是得不到补偿的，因为用于开支的支出（les dépenses，enfrais）完全不是可以随意支配的那种支出（les dépenses disponibles）。用于开支的支出果然可以分配工资，但工资也是由可以随意支配的支出分配的。因此，甚至在用于开支的支出减少引起工资缩减、而没有得到可以随意支配的支出的增加作为补偿的场合，甚至在这种场合，你也不能由此得出结论，认为这种工资的缩减对国家是有损害的，因为可以随意支配的支出的进程对国家是比较有利的。事实上，在农业花费不很大的时候，耕作者自然而然地会把由于节省开支而得到的盈利用于扩大自己的事业，以此增加产量和收入。因此，实际上并不是支出减少，而是收入增加，这种收入的增加能很快地使国家的工资超过它在萨伏依人降低劳动价格以前所有的数额。从节省开支的最初时刻起，国家拥有大量的生产性财富，就会更加强大，并且能得到更加富足的生活。

这样，我们不知不觉地谈到了使用驮载牲畜和机器、修筑道路、利用河流和运河运送商品等问题。这些手段可以用来减少用

于支付人们工资的巨大开支；由此就能增加收入，也就是增加可以随意支配的支出，这种支出能促进国家的繁荣，被用来分配于国内的工资。

用于开支的支出虽然能提供工资，但完全不能保证国家足够的繁荣，使它能不冒匮乏的危险而阔绰地、任意地花费支出，因为随意支配上述有专门用途的支出，除非有别种手段来代替它，不然就会使劳动停顿。这就使我们重新回到节省用于开支的支出的问题上，这一点是我们要尽可能做到的，同时对国家的年产量不能造成损害，甚至还要使它增加，因为只有它才能保证各种支出，使享受增加，并保证国家的繁荣。因此，你可以看到，你的反驳使我们在同一个圆圈里不断地转来转去，结果终于发现了它的荒谬之处；因为它实际上是反对采用会使消耗农业收入的工资缩减的一切手段，来减少开支。照你看来，从这里可以得出结论，在不增加财富的年产量，也不把收入留作可以随意支配的支出的情况下，整个国家应当从事于会增加日常支出的工作。

M. X.：你至少要同意这样一点：手工业者和你称作不生产阶级的一切支出，是归耕作者阶级所得的，而维持土地产品的价格的，就是这些支出。要知道你就是按照上述产品的这种价格来计算耕作者的一切开支（reprises）、土地所有者的收入，以及土地的每年再生产财富的。但如果没有销售价值，如果它们不能交换成别的等价财富，我是想说，交换成除原料以外的别的财富——通过手工业劳动每年再生产的财富或产品，那么它们还能算作财富吗？在这种交换中，一切在这方面或那方面可以被称作财富的东西之所以被称作财富，只是由于它们相互之间是以等价的财富支付的。

取得手工业制造品是必须支付的；正因为如此，这些制造品是财富。取得农产品也必须支付；难道不是由于同样的原因这些产品才成为财富吗？你在工业产品和农产品之间能找出什么区别呢？在应当把我们联结起来的独特条件对双方主要都相同的情况下，难道你能找到这种区别（实际上甚至在同一类的各个个体之间，也总是能找到区别的），以便对我们所谈的问题的本质作出结论吗？

M. H.：我已经对你说过了，这一切论据只是建立在语言的模棱两可上的；假如我必须适应这种不确切的语言，我就会像你一样说，手工业者的制造品是产品，这些产品是手工业者可以用来支付农产品的财富。但请允许我向你指出，不生产阶级的完全不制造产品而取得报酬的人们，甚至乞丐和小偷（没有人认为他们是生产财富的），他们也是依靠弄到的货币用等价的财富来支付农产品的。然而我们同意这样的意见：成为财富的手工业产品愈少，我是想说，用于生产手工业品并使它具有价值的支出愈节省，那么对于用土地产品来换取这种财富的人说来，这种财富使他们担负的负担愈轻。我的朋友，你还问我，我能在工业产品和农产品之间找到什么差别？以及我怎样能得出结论，认为前者不是真正的财富生产（générations ou créations）？难道应当向你详细说明和议论的那种区别，你竟没有注意到吗？

M. X.：你总是说，应当向不生产阶级的人们支付，以便他们能够支付他们向生产阶级购买的产品。那么到底是你还是我陷入了恶性循环而找不到出路；要知道我也承认必须使不生产阶级的人们向生产阶级支付，以便后者也能向他们支付。这样，从这个方面或那个方面来看，所有的人都被支付，而且也都支付（tous sont

payés et tous sont payeurs)。

M. H. :的确,不生产阶级的人们要对他们向生产阶级购买的产品付款。如果你愿意的话,也可以说,这种购买是有助于产品的销售和价格的;然而是否能由此得出结论,认为他们用以购买产品的这些货币,同时又被不生产阶级的人们自己用来支付自己的工资。你不认为这是货币在同一次交易中的双重使用吗?要知道不生产阶级购买产品所支付的货币,是他们用等价物向生产阶级换得的。不生产阶级从生产阶级那里得到多少,生产阶级也从不生产阶级那里得到多少。你却进一步肯定说,不生产阶级用购买产品的货币来支付自己的工资,但在这种情况下,他们在同生产阶级做交易时,既要得到购买的货物,又要得到支付的货币。这不是意味着生产阶级把货物白白送给他们吗?如果不是这样,那么不生产阶级怎么能支付自己的工资呢?这是同你要证明的东西相矛盾的。

毫无疑问,你是想说,不生产阶级把自己的货币向生产阶级换取等价物以后,他们的货币成了生产阶级的财产,生产阶级又把这些货币用来支付劳务,以及向不生产阶级购买制造品。照你的意见看来,这就是这些货币的循环或周转,这些货币不断地改变着主人,而且主人是同样的一些人,不过是相互轮替着。

但这里谈到的不仅是货币,因为货币是不消费的;我们还应当研究不生产阶级所消费的、生产阶级每年再生产并出售给不生产阶级的那种产品。除此以外,我们还应当注意下面这一点:认为生产阶级把从不生产阶级那里得到的货币还给他们,这是不正确的;生产阶级是把货币交给土地所有者的,用以支付租借费收入。因此，你想在生产阶级和不生产阶级之间规定一个固定的、统一的和相互的循环，但事实上这些货币完全不是按照这个方向周转的。况且我们已经指出过，我们应当注意的重点并不是货币的周转。我们忘记了我们的主要对象：通过生产性劳动每年生产的产品的年分配。

请你再一次抛开货币，把你的注意力只集中在分配上，这种分配实际上即使不通过货币也可以进行。事实上，生产阶级可以用产品本身来支付劳务，以及支付从不生产阶级取得的制造品。他们也可以用同样的方式支付土地所有者的收入，在这种情况下，土地所有者也将用产品向不生产阶级支付工资。生产阶级还留下一部分收获物，这是他们绝对必需的、要用于劳动的支出，没有这种支出，就没有每年的再生产，也没有每年以上述方式在三个阶级之间进行的分配。你知道，在印卡人管理的那个物产丰富的大帝国里，分配就是以这种方式进行的。

这种分配是三个阶级之间年生产和消费的真正分配(distribution réelle des productions et des consommations)从这个分配过程中你可以看到，它是直接地和彻底地以消费告终，而以再生产重新开始的。由此可见，这种分配并不回到生产阶级；因而你的周转也就消失了。

请你看一下**经济表**，你就可以看到，生产阶级提供了货币，其他的阶级用这种货币向生产阶级购买产品，从而又把货币还给他们，而第二年又向他们进行同样的购买。你可以毫不费力地想象用票据来代替这种钱币，这种票据表示着每一个人在生产的年分配(la réparation)中可以得到的部分，因为生产阶级能使这些票据有规律地返回,以便保证下一年的分配。因此,你所说的国际贸易中的价格这个东西,在你看来只是一种尺度,它调节着土地生产的生活资料在每一个国家的人民之间的分配。在每年消费的产品的这种分配中,耕作者本人只得到固定的一部分,这种消费产品同劳务,以及同在于使消费或享受更普遍、更多样化的制造品,是很容易区别开来的。由此可见,你在这里看不到别的周转,而只有能引起再生产的支出和能引起支出的再生产的周转;这种周转由货币的循环伴随着,货币衡量着支出和生产。因此,请你不要把尺度同被衡量的东西混为一谈,不要把作为尺度的货币的循环同被衡量的东西的再生产混为一谈。

M. X. :在关于赋税的理论中说得十分确当:"所有的人都工作。因为每一个人以自己的工作努力保证耕作者的劳动时间。裁缝替他们做衣服,这样耕作者就不必为缝制衣服而放下自己的犁。裁缝的妻子管理家务;由于这样,裁缝就可以不必放下自己的工作,"以及其他等等。

M. H. :你知道,在你引用这个比喻的那本书中,确实是把不生产阶级和生产阶级加以区别的;这个比喻不应当把你引向错误。不过它把生产性劳动同为满足需要所必需的劳动(pour la jouissance)以及为便利这个过程创造条件的劳动混为一谈了。但你没有看到吗,这种对耕作者的劳动时间的关怀,能使耕作者的生产性劳动增加;而这种劳动因而不仅要为自己,而且还要为裁缝生产生活资料。由此可见,裁缝是依靠耕作者生产性劳动的增加而生活的。因此,如果耕作者丢下自己的劳动,去为自己缝制衣服,那么他就不能替别人生产生活资料了,因为他们花在这种非生产工作上的时间，是从他们的生产性劳动中取来的。这样，裁缝的劳动必须意味着耕作者要从事双倍的生产性劳动；否则手工业者就无法生存；这清楚地证明，后者的劳动是非生产性的。

M. X.：我开始明白，手工业劳动的结果，只有同在制造这些制造品以前已经存在的其他财富结合起来，才能成为财富；在同样的质量下，它的价格要比这些财富低；换句话说，它在较小的程度上成为财富，就更受欢迎。然而我要回过来谈有关节省方面我向你提过的反对意见，在使土地生产财富的农业工作上，人们也努力使支出节省。这不是也近于使这些财富成为价值更低的财富吗？换句话说，不是近于使它在较小的程度上成为财富吗？在这种情况下，你所说的能说明你的意见的那种区别又是什么呢？

M. H.：你没有注意到的这种区别，你可以感到是非常清楚的。

所有工作的人都要由消费以维持其生活。但消费会消灭生活资料。因此，必须再生产这种生活资料。耕作者的劳动，而且只有这种劳动，不仅再生产他们自己所消灭的生活资料，而且还再生产其他所有消费者所消灭的生活资料。相反，手工业者的劳动，只是使他们有权利消费靠农业劳动再生产的生活资料。

因此你可以看到，农业劳动所产生的再生产财富，应当分成两个部分，即：耕作者本身食用的部分和多余的部分。从这里可以看到，如果在不损害再生产产品的数量的情况下使第一个部分减少，那么第二个部分就会相应地增加。譬如假定再生产的数量是二十，耕作者的支出是十，多余的部分也是十。如果支出部分能够减少到八，那么多余部分将是十二。

不管用于耕作的支出怎样，产品的价格是受其数量和购买者的竞争调节的，而购买者的需要总是超过再生产产品的数量。因此，耕作者支出的节省虽然能使多余部分增加，然而价格却不会因之而降低；因此再生产财富也并不减少。

相反，上面已经证明过，手工业制造品在支出之外并没有任何增加的财富；因此，支出愈节省，制造品的财富价值也愈少。

毫无疑问，你是知道这些意见的，这些意见应当使你能够发现农业支出的影响同手工业支出的作用之间的区别，特别是农业生产的财富的价值同手工业品的价值之间的区别。可以在支出的价值方面对手工业者和耕作者作一比较，因为在经济计算中，这两者的支出都是应当予以注意的。但是在劳动的结果方面，手工业者同耕作者是不能相比的。这里的区别是这样的显著，因此不需要继续申述下去，就能消除你在节省手工业劳动和农业劳动的支出的影响方面提出的意见。劳动的支出确定着手工业品的价格，但手工业者之间的竞争限制着他们的劳动费用。在土地产品的价格方面——我再重复说一遍——情况完全不是这样；由于其他许多原因，这种产品的价格并不仅是耕作支出的结果，即使耕作支出节省了，产品的销售价值还是能维持的。手工业劳动的产品的价值，只是它的支出，如果支出多了，就会遭到损失；农业劳动的产品超过支出；它超过支出愈多，就愈有利，愈能增加人民的福利。因此，你的意见所根据的那种比较不存在了，你的意见也就不存在了。在不损害再生产的情况下，用于耕作的支出愈节省，土地所有者的纯产品或收入就愈多。他们的支出是由向生产阶级和不生产阶级进行的购买，以及不生产阶级向生产阶级进行的购买构成的，进行

这种购买的目的，是为了使生产阶级能够再生产这些收入和这些支出。这就是你所没有发现的区别，也就是你自己所说的能说明我的意见的区别。

这些意见的正确性是很明显的，应当能够消除你在产品的销售和价格，一切拿取劳动报酬的人（如工人、工厂主、艺术家、商人、马车夫、仆人等）的报酬和消费方面的分歧意见。你付给他们的报酬愈高，那么他们每一个人能在更大的程度上增加自己的消费。然而这时取得劳动报酬的人将愈少，在你的产品的销售上竞争的消费者也将愈少，因为工资的总额是有限的。因此，你对向生产阶级拿取工资的人付的报酬愈高，那么你向不生产阶级支付的能力就愈小；由于同样的原因，你向不生产阶级支付得愈多，那么你向生产阶级支付的能力就愈小。这里一切都服从于严格的规则，一切议论都必须让位于计算。你只要计算一下，就不会再说，支付一切劳动报酬的巨大开支都会增加消费，从而也会增加产品的销售和销售价值。你会看到，这种议论如果在个别的场合抽象地讨论，你觉得是有决定意义的，但对整个制度是矛盾的。你将必须允许一切贸易尽可能有巨大的竞争自由，以便尽量缩减繁重的开支。自然权利规定，每一个人都应当有可能在不侵犯别人的权利的条件下更好地安排自己的命运，只要你注意到自然权利所规定的这种普遍自由的影响，你就能清楚地看到，这种自由是增加社会财富和私人财富的重要条件。你就会怀疑和推翻一切相反的意见，并且反对侵害可以看作人类一切权利的总和的神圣自由。那时你就会认清你刚才为之辩护的那种体系——想把作为不生产阶级的劳动结果的虚假生产同由生产阶级的劳动产生的真正生产等同起来

的那些人的体系。你会感觉到，如果抽象地、单纯地来看这种体系，它会导向空洞的、浅陋的、毫无意义的偏见；如果你想从这里面得出有实际意义的结论（这就是它的辩护者的目的），它就会成为危险的、有害的谬误，不幸得很，这种谬误会引起许多不公平的压迫，剧烈的压制，罕有的经济破坏，使人受累的垄断制和有害的特权。最后你会承认，这种体系如果不能从其中得出任何实际规则，就必然是空洞的，或者如果把它作为行动的原则，就必然是极其有害的，而且不论在哪一种情况下，除了借助于不确切的语言，用同一个词表示完全不同的概念以外，都是经不起批评的。我要对你作应有的评价，我认为你并不是那样一种人，他们企图利用语言的模棱两可，来搞乱我们争论的对象，暗中使争论继续下去，从而获得好处。我们谈论的那个题目实在太重大了，而且你是完全忠于真理的，因此不允许采用这种卑鄙的伪造行为。这种意见是很复杂的，甚至用科学也很难分析清楚，它的复杂性还很少有人了解，而且它又被个人利益和一般人的偏见弄得模糊不清了，因此促使你为这种非常诱人的意见辩护。但现在毫无疑问，你已经明白了，这种意见所根据的一般成见，不久就得让位于真理。

中国的专制制度[①]

第　八　章[②]

中国的法律同作为一个繁荣政府的基础的自然原则相比较

到现在为止，你们已经研究了广大的中华帝国建立在科学和

① 我们这里只译出魁奈于一七六七年在《市民日志》(*Ephémérides du citoyen*)杂志上发表的这部有意义的巨著的第八章。它于一八八八年在《魁奈的经济和哲学著作》中曾出版过原本，以后就没有重新出版过。一九五八年在《弗朗斯瓦·魁奈和重农学派》一书中只发表了第八章。这一章的唯一的俄译文曾发表在魁奈文集的《选录》中。我们把这一章与原文校订了一遍，在这里发表。

这部著作当然不能看作是历史作品。中国只是魁奈用以叙述自己思想的一个方便的手段，其内容与中国的实际情况是完全没有联系的。(俄译本注)

② 《中国的专制制度》是从《市民日志》别名《政治、道德科学的教养文库》(一七六七——七六八年)选出的。全部内容如下：

绪言：

第一章：第一节序说；第二节中国的起源；第三节中国领域和繁荣；第四节市民的各阶级；第五节军事能力。

第二章：中国的基本法；第一节自然法；第二节第一级的经书；第三节第二级的经书；第四节中国人的学问；第五节教育；第六节科举；第七节财产所有权；第八节农业；第九节依存于农业的商业。

第三章：实定法。

第四章：租税。

自然规则上的政治制度和道德制度，这种制度也就是科学和自然规律的发展结果。在本书中我们完全遵循那些历史家和旅行家的叙述，他们大多数是亲闻目见的，并且由于他们的意见都一致，所以是完全可以相信的。

本章中的叙述就是以这些不容置疑的事实为基础的；它对完全可以作为一切国家的范例的中国的理论作了系统的和详细的叙述。

1. 社会的基本规律

社会的基本规律是对人类最有利的自然规律。这些规律可能是实际的，也可能是道德上的。

作为整个国家管理工作的基础的实际规律，就是显然是对人类最有利的自然领域中的一切实际现象的正常趋向。作为整个国家管理工作的基础的道德规律，就是显然对人类最有利的自然领域中的一切道德活动的正常趋向。这些规律加在一起，形成所谓自然规律。

这些规律是造物主一成不变地制定的，以便于人们所必需的财富的不断再生产和分配；而人们结合在一起组成社会，服从于这些规律为他们确立的秩序。

这些不可动摇的规律，通过劳动和个人利益的正确结合，形成社会的道德体和政治体，教导人们以最大的成就来促进公共福利，

第五章：关于权力。

第六章：第一节行政；第二节刑法；第三节中国官吏。

第七章：中国统治上的缺点。

第八章：是最后一章，这里所译的是这一章的全文。——译者注

并保证最有利地在社会各阶层之间分配这些福利。

这些基本规律绝对不是人类创造的，但又是任何人类政权都必须服从的。这些规律构成人们的自然权利，迫使他们接受公平分配的原则，组织保卫社会所必需的力量，来防止内部和外部权力的一切恶意侵犯，以及一切需要防止的东西，并且保证国家的收入，维持用于保证国家安全、良好秩序和幸福生活所必需的一切费用。

2. 保护性政权

对政治体的这些自然规律和基本规律的遵守，必须得到社会所建立的保护性政权(autorité tutelaire)的支持，建立这种政权的目的，在于依靠同能够彻底和不变地调节国家制度的自然规律相适应的有效法律，来管理社会。

有效法律是最高政权所颁布的具有强制性的规章，其目的在于确立国家管理的秩序，保证遵守自然规律，维护或改变国内的习俗和生活习惯，根据国民的地位来调整他们的个人权利，在由于意见和看法不同而发生怀疑的场合权威性地说明正常的秩序，并执行公平分配的决定。

因此，管理工作就在于确立正常的秩序，这种正常的秩序对在最高权力影响下组成社会的人们是最有利的。

3. 人们所建立的统治方法的种类

不应当把最高权力授予狂悖的暴君；否则在这种统治下形成的政治体就会使统治者一个接一个不断地替换，使国家成为盲目的或肆无忌惮的利益的牺牲品，这种利益企图把最高权力变成发财致富的工具，而其结果是使君主和国民都遭到破产；因此，这样的君主只能是专制的掠夺者。

最高权力不应当是贵族权力，或者是属于大土地所有者的权力；后者联合起来，可能形成比法律本身更为有力的权力，可能会奴役国家，可能由于本身的争权夺利和激烈的内讧而造成经济破产、秩序混乱，产生不公平的现象和最野蛮的暴虐行为，并且造成最放肆的无政府状态。

政权不应当同时是君主的，又是贵族的；否则它只会引起权力的冲突，各派权力都力图使别人服从自己，使敌方的同盟者受到自己的报复和压力，把国家财富用于扩张自己的势力和继续进行激烈的内战，从而把国家引入灾祸、暴虐和贫困的深渊。

最高权力不应当是民主的，因为平民百姓的愚昧和偏见，他们有时产生的无穷的欲望和狂暴的行为，会使国家变得动荡不安和遭到可怕的灾难。

政权不应当同时是君主的，贵族的，又是民主的；否则它就会彷徨歧途，被同君主分享权力的各个阶级个别的、独特的利益引入紊乱状态。政权应当是统一的，在它的决定和行动方面应当是无私的；因此它应当集中在一个统治者的手里，他一个人拥有执行权，并且有全权执行以下的工作：使公民遵守法律，保障每一个公民的权利，使不受其他公民的侵犯，保护弱者，使不受强者的欺凌，防止和消除违法行为、滥用职权，以及国内外敌人的压迫。为国内各阶层所分享的政权，会变成一种经常发生滥用职权和意见分歧的政权；它既不会有领导者，也不会有足以防止各种偏见并促使局部利益服从公共利益和秩序的团结。失去了正确地管理政治体所必需的权力的君主，会竭力想用各种手段来恢复自己的统治，而且为了保证自己的专制权力，会力图使自己的权力超过国家本身的力量和权利。这种残暴的企图在社会上引起的经常的不安，会使政治体处于紧张状态，从而不断地把它引入某种毁灭性的危机。贵族和大土地所有者阶层对自己真正的利益和能保证自己幸福生活的那些手段，并不很了解，他们会反对向他们的土地征税；为了逃避征收土地税，他们会采用那些带有破坏性的征税形式，使人民遭到收税员的贪婪的勒索和压迫，使国土变得荒无人烟。公社（其中占优势的是那些看不起耕作者的手工业者、工厂主和商人组成的第三阶层）会使国家脱离正确的道路；为了能够用低价购买国内产品并用高价向自己的同胞转售输入的产品，他们会一心去追求专利权和独有的特权，并消除各国在国际贸易中的相互促进作用。在依靠国家而获得的巨大财富的帮助下，这一阶层会努力去使自己的同胞们相信，经常同邻国引起战争的他们专有的贸易是国家财富的来源。在混合的统治形式下，各阶层由于各自利益的分歧会一起促使国家崩溃，这些不同的利益会把国家肢解，使它变得腐败，使它经常发生政治倾轧、滥用职权等对社会极其有害的现象。应当看到，我们这里所谈的并不是纯粹的贸易国家；这些国家不是别的，只是一些货币公司，而另外一些国家使用着在属于它们的土地上生产出来的财富，并向它们付款。

政权也不应当仅仅属于公平分配的最高法院；它们过分专心于去理解有效法律，却往往会忽视形成社会基本秩序并保证国家的幸福生活和力量的自然规律。

不重视研究这些基本规律，会有利于实行破坏性最大的征税方式，以及同经济制度和政治制度会发生剧烈矛盾的有效法律。只限于研究公平分配法律的法院，不可能提高到自然法、公法和国际法的最初原则。如果这些负责管理和保护有效法律的可敬的机构，会去研究实质上就是社会基本规律和有效法律的根源的自然规律，以此扩大自己的知识，这对国家会是有利的；但是不应当忘记，这些原始的实际规律只能在自然本身中加以研究。

4. 社会权利的保证

如果一个政府善于防止这些极其有害的统治形式，那么社会福利一定会构成国家的最强大的力量。在自觉遵守对社会最有利的最高规律的意志共同一致协助之下，会形成最完善的统治工作的不可动摇的基础。

涉及国家整个经济制度的一切有效法律，对国家每年财富再生产的自然进程起着作用；这些法律要求立法者和运用法律者具有非常广博的知识和作非常周密的考虑，其结果必须能明显地说明君主和国家的利益，特别是君主的利益，这种利益必须经常显示出来，以促使君主做好事。幸而君主的利益，只要理解得正确，总是和人民的利益一致的。因此，立法委员会和运用有效法律的法院必须很好地了解法律对国家每年财富再生产进程的影响，以便在决定颁布新法律时，必须知道该法律对上述自然现象的影响。甚至国家的精神方面的社团，即知识分子，也必须知道这种影响的梗概。因此政府的第一个实际行动，应该是设立学校来学习这方面的知识。除中国以外，所有的国家都没有重视这种作为统治工作基础的设施的必要性。

5. 自然规律保证君主和国家之间的一致

对自然规律的确切和普遍的认识，因此就成了上述意志作用的重要条件，由于承认这种上帝的规律的权威是赋予国家首脑的权力的基础，这种作用能够稳固地保证国家的宪法，因为重要的是要使社会的每一个成员都知道自己的职责。在各阶层居民都有足够的文化、能够确切知道和清楚地证实，对君主和人民最有利的法律制度是什么的国家里，难道会出现暴君吗？他会依靠国家的军事力量，开始公然为非作歹，歪曲为人民所公认和尊重的、社会的自然规律和基本规律，毫无理由地作出只会引起恐怖和憎恶的暴虐行为，以致促成不可扑灭的、可怕的全民起义吗？

颁布法律和规定赋税的权利，经常是秩序混乱以及君主和人民之间无休止地发生争执的根源。使社会秩序的一切基础经常发生动摇的不可避免的原因，就在这里：人们创立的上述不良统治形式，经常引起秩序混乱和不稳定，很好地证明了这种现象的确实存在；然而人不可能创造和建立自然秩序，正像他不能创造自己一样。社会的最初的规律进入了创造世界的总计划中，在这个计划中，一切都是由上帝预先考虑和安排的。只要我们不偏离上帝指示的道路，我们就能避免破坏君主和人民之间巩固团结的人为的错误。我们将不必在各国历史上，或者在只描写混乱一团的人类谬误的历史上寻找教训；历史学家只能满足自己读者的好奇心；他们的偏于书本上的学识所带来的光明，不足以用来照亮这一团混乱。

6. 社会的基本规律并不是人制定的

经常成为君主和人民之间争执的对象的立法权，最初既不属于君主，也不属于人民；它根源于造物主的最高意志和对人类最有利的一切实际的规则；这种实际的规则的基础并不是什么稳固的东西，在社会的秩序中一切都是混杂的，任意的；由于这种混杂的缘故，就出现了为某些人想出来的一切不正确的、不良的统治形式，那些人对那种神权政治理解得很少，仿佛它只要依靠度量衡就能一成不变地规定出组成社会的人们相互之间的权利和义务。社会秩序的自然规律，同时也就是实际规则，为人们的饮食、继续生存和安适所必需的财富的再生产，就是按照这种规则进行的。因此，人根本不是能以调节自然现象和人类劳动（人类劳动和自然的力量一起促进人们所需的财富的再生产）的这些规则的创造者。这整个秩序是实际制度的一个组成部分；而这种制度形成一种实际的秩序，迫使组成社会的人们服从自己的规则；只有依靠自己的智慧和相互联合，同时遵守这些自然规律，人们才能够获得他们所必需的丰富的财富。

因此，对于确立社会最初的根本法规的立法权，是不可能有争论的；它不可能属于任何人，只能属于上帝，上帝在世界的整个体系中建立了一切，并且预先作出了规定；人只会在这里制造混乱。只有切实地遵守自然规律，才能把他们应当避免的这种混乱现象消除掉。

当然，最高权力能够而且应当制定法律来制止明显的混乱现象，但是它不应侵害社会的自然制度。园丁应当除去对树木有害的青苔，但必须当心不要把树根也铲去，因为树木是依靠树根取得它生长所必需的水分的；假如为了向园丁规定这种义务而需要颁布有效法律的话，那么这个为大自然本身所决定的法律，不应当在这个义务之外再规定任何东西。树木的构造本身就是受不可动摇的基本规律调节的自然秩序，这些规律绝对不能用相反的规律来代替。这两种法制的差别在于显然的高度智慧，因为这两个方面的规律是以完全不同的规定和完全不同的形式颁布的。一种规律是从书本上研究的，在这方面，对组成社会的人们最有利的制度，是根据其实质来考察的。另一种规律只是用严格规定的命令形式表现出这种研究的结果。自然规律包括的规章，其优点是显而易见的。有效法律包括的是一些完全偶然的、需要修正的规章；有效法律的遵守，只依靠书面的命令和强制性权力机构所规定的惩罚；而自然规律是不变的、永久的、是自由遵守的、没有任何的强制性，而只依靠利益动机(motifs interessants)的作用，向人指出遵守这些规律可能获得的好处；自然规律保证人们能够得到报酬，而有效法律则以惩罚为前提。

有效的或成文的法制并没有规定出作为其法律基础的动机和原理；可见这些原理是在有效法律以前就存在的，在其本质上是高于人类法律的；因此显然，这些原理实际上只不过是正确的国家统治方式的不可动摇的原始规则。由此可见，公平的有效法律并不是什么别的东西，只不过是对这些尽可能保证其到处执行的原始规则的正确结论或简单解释。社会的基本规律的内容，是直接从关于绝对公平和不公平以及善和恶的最高和直接的定理中吸取的；这种社会规律存在于人们的心中，是教导他们和支配他们良心的光；这种光只有受到他们毫无节制的欲望的影响才会减弱或熄灭。有效法律的主要目的就在于防止这种破坏，它用使破坏者害怕的制裁办法来对付这种破坏，因为一般说来，什么是国家幸福生活的必要条件呢？——使耕种土地尽可能得到更大的成效和使社会上没有小偷和乞丐。实现第一个必要条件是由每一个人的切身利益所规定的；而第二个必要条件的实现，则由政府负责执行。善良的人们只需要一些准则，向他们阐述只有智力高的人才能够理解的伟大真理。有效法律只能够在极不完善的程度上促进这种智力方面的理解；它们对抑制或压制罪恶和欲望的激发说来是必要的。然而有效的法制不应侵入实际规则的范围；实际规则应当在具有非常广博、深刻和全面的知识的情况下自觉地遵守，而这种知识的获得，只有依靠研究上帝的卓越的共同法制；难道能够使医学的理论和实践仅服从于一种有效法律吗？难道能够使作为自然和普遍的社会制度的根据的根本法制，服从于这种法律吗？不，不可能。最高的法制向统治者和被统治者只提出一个要求，就是实际地研究造物主一成不变地规定下来的那些基本规律。这种研究能得出一种理论，这种理论虽然不以法律的形式颁布出来，然而却是有效的，揭示着一些不可动摇的规律，政治家和整个国家可以从这些规律中汲取模范的统治工作所必需的知识，因为我们可以在下面看到，在这些规律中可以找到有效法制和合理分配的最初的原则和不尽的源泉。因此，上帝的法制必须消除一切有关法制本身的分歧意见，使行政权和国家服从于这种最高的法制，因为这种法制是通过由教育和对自然的研究而获得的智慧之光向人们显示出来的，除了由智慧自由发挥作用以外，自然界不容许有别的规律。

只有依靠智慧的这种自由活动，人们才能够发展经济学——作为社会制度的基础的伟大学科。在经管某一个农场的经济和作物的时候（这种经管仿佛是整个国家统治工作的一个模型），除了通过教育和经验获得的知识以外，耕作者并不去考虑适应任何别的规律。有效法律如果用强制方式来调整耕作制度，就会破坏耕作者的整个经济计划，会对农业起阻碍作用；耕作者服从自然秩序，因此只应遵守实际规律，以及实际规律向他们规定的那些条件；行政当局在整个社会统治中应当受这些规则和条件的指导。

7. 征税法建立在巩固的基础上

赋税——由于无知、担忧和吝啬而引起的纷争和起义的根源，在很重要的方面是由一些不变的法律和规章所决定的，君主和国民如果脱离这些法律和规章，只会对自己造成不利。我们在下面可以看到，这些法律和规章在计算中可以明显地表现出来，而且表现得非常确切，排除了一切的不公平、专横和压制。对愚昧无知加以诅咒，并在本质上承认基本的秩序吧——这样你们就会尊重上帝的先见之明，它给了你们一个火炬，使你们能够在这个充满通向不法行为的迷妄道路的迷宫中，毫无危险地前进。人生来就具有智慧去获得必需的知识，以便去认识上帝向他们指出的道路，这种道路是组织得最完善的帝国的基础。因此，科学是正确的社会组织和秩序的重要条件，这种秩序能保证国家得到幸福生活，并规定一切人类政权都必须遵守造物主定下的规律，以便使所有的人都服从理智，约束他们履行自己的义务，保证他们享受能满足其需要的财富。

8. 自然权利

实际规律确立对人类最有利的自然秩序，确切地规定一切人们的自然权利，这是永久不变的、最好的规律。这些规律的明确性使一切人类的理智无条件地服从于它们，并且在一切细节中都表现得非常精确，不容许发生任何的误解、迷惑和不合法的要求。

9. 完善的政府的基本规律的明确性足以保证自然权利

只有这种明确性才能够不容违抗地反对行政机构的错误、国内各阶层的故意侵犯和滥用职权，反对制定同社会的根本制度相矛盾的有效法律。因此，认识这些最初的规律，以及这些规律的不容置疑的威力，是对政治体的最有力的保卫，因为一个懂得上帝的意志和它的不可抗拒的规律的国家，一个以认识之光作为指导的国家，是不会去破坏这种一切人类政权都必须服从的上帝的规律的。而且这些规律一经宣布，本身就是真正非常强大和有力的，以其明确性和优越性成为国家的支柱。君主不能忽视这一点：他的权力的确立，是为了认识和遵守这些规律，不管是为了他本身的利益还是为了人民的利益，必须使自觉地遵守这些规律成为社会的不可分割的联系。在这些规律不为任何人所知道的时候，它们是没有力量的，没有用处的，正像我们所居住的土地，在没有耕种的时候，不会给我们提供任何好处；在这样的情况下，各族人民可能形成一些临时性的、野蛮的、不稳定的国家。因此，研究自然规律的必要性本身就是合乎自然的社会制度的基本规律的，这个基本规律也是一个美好政府的最初的基本规律。因为如果没有这种研

究，自然秩序就只是野兽所居的未经开垦的土地。

10. 研究和学习合乎自然的社会基本规律的必要性

人们只有依靠使他们区别于禽兽的理智之光，才能够得到自然权利。因此一个巩固的、繁荣的政府应当按照中华帝国的榜样，把深刻研究和长期地普遍学习作为社会制度的基础的自然规律，当作自己的统治工作的主要目标。

11. 各种不同的社会形式

由于维持其生活所必需的条件具有不同的形式，例如：打猎、捕鱼、牧畜、农业、商业、掠夺等，人们结合成各种不同的社会形式。野蛮部族，从事捕鱼、牧畜的部族，农业民族，商业民族，游牧部族，野蛮的、从事抢劫的部族，生活在帐篷（scenites）里的部族等，就是这样形成的。

12. 农业社会

除了同一切社会组织为敌的盗匪集团以外，所有其余的社会团体都是靠农业联合起来的，如果没有农业，它们只能组成不完善的民族。只有从事农业的民族，才能够组成稳固和持久的国家，这样的国家有能力进行稳固的全面管理，确切地服从于自然规律的不变制度，因此在这样的场合，农业本身构成了这些国家的基础，规定和确立它们的统治制度，成为能够满足人民需要的财富的来源；然而农业的发展和衰落本身又必然决定于统治形式。

13. 农业社会中原始简单的统治工作

为了说明这个基本的真理,我们来看一下最简单的社会组织中的农业状况。假定有一个部族处在一片荒地上,在这种情况下他们只能依靠野生的东西维持生活;但这些东西作为一个部族在这片未开垦土地上的持久的根据是不够的;然而土地的肥力有可能成为大自然向劳动和工业保证的财富的来源。

14. 财富的公有及其自然和和平的分配,人身自由,对每日获得的生活资料的所有权

在原始状态中,除了人们在寻找生活必需品时所确立的分配方式以外,不存在别的财富分配。一切都属于全体;但是在财富在所有的人们中间自然地分配的条件下,必须保证每一个人的人身自由,以便他能够满足自己的需要,并且要保证他能够平安地享用自己找到的物品,因为一个人对其余的人的侵害会阻碍寻找必需品的工作,只会引起不仅无益、而且危险的斗争。实际上,什么动机能在这样的场合引起人们之间的斗争呢?一群鸟栖息在它们能找到好处(bien)或合适的食物的地方;这些鸟之间不会由于分配食物而发生斗争,每一只鸟的食量,决定于它本身寻食的能力。因此,一切动物都服从于大自然所定下的这个和平法则,大自然规定,在自然的制度中每一个个体的权利应以靠本身的劳动所获得的东西为限;由此可见,所有的人对一切东西的权利只是一种幻想。因此,人身自由和所有权,或者是对享有每个人为满足其需要而寻找到的东西的信念,是由自然规律从外部对人们加以保证的,

一个完善社会的基本制度的基础，就建立在这种自然规律上，住在北极的和不得不在上述原始状态下生活的部族，确切和一贯地遵守着大自然所定下的规律，并不需要任何最高权力来督促他们执行他们相互之间的义务。

15. 各部族之间的内战

生活在类似状态下的美洲的各个野蛮部族，并不爱好和平，而是经常进行内战，但每一个部族的内部秩序却是非常一致和自制地遵守着。这些部族之间进行的战争，没有别的原因，只是相互之间的担心和憎恨，这种担心和憎恨使它们忽视了流血报复的危险。

16. 国家是靠武力保卫的；武力需要有财富；财富由于其武装力量而发生差别

国外斗争除了靠武力保卫以外，没有任何别的预防方法，保卫应当成为良好的统治工作的主要目的，因为人数众多的武装力量需要巨大的支出，巨大的支出必须有巨大的财富，而财富的保全只有依靠巨大的武装力量才能保证。但是除了遵守在民政机构或政府成立以前就存在的自然规律以外，这种财富是不可能得到也不可能赚到的。由此可见，这种立法权既不属于人民，也不属于统治他们的统治者；这就是能保证农业取得成就的那些规律，而只有农业才是满足人们需要的财富的来源，只有农业才能创立保卫财富所必需的武装力量。

17. 农业社会的组织，在那里可以自然地遇到为其存在所必需的一切条件

上述居住在荒地上的部族，为了生存不得不耕种土地，他们不得不服从大自然为了使他们的劳动有成效和生活安定而为他们定下的规律。这个部族所居住的未开垦的土地，没有任何实际的价值，只有通过劳动才能使它具有价值。因而，这个部族占有的土地和产品必须靠劳动来保证，没有这个自然条件就完全不可能有作物和财富。因此必须使人们平分土地，以便每一个人都能耕作、种植，并且在完全没有危险的条件下享受自己劳动的果实。这起初是在全体平等的人们之间平均分配的，他们没有选择的权利，必须服从无私的抽签办法；抽签的决定自然而然地向每一个人指出他应得的部分，并保证他终生持有这份土地以及必要的自由权，以便他能够无间断地和不受压制地使用自己的这份土地，自由地交换各种产品和储备品。从这里可以得到其他的、为社会所必需的利益。除了土地的和平分配以外，这些利益是：保证土地及其产品的所有权，人身自由和贸易自由，对劳动的相应的报酬，经常关心耕种的成效，保存耕作所必需的财富，饲养役畜和产品牲畜，产生制造工具和衣服的工业，建造房屋和产品加工等等，这一切都是从最初的自然规律中产生的结果，显然，这种自然规律产生了这些社会关系。这里所指的是社会的合乎自然和爱好和平的规定，而不是处在匪帮权力统治下的、受到篡位者野蛮压迫的社会状态；所谓篡位者只是还没有服从自然秩序的不合法的统治者；不管古代的有效法律怎样，所有这些规则对于每一个人的个人利益和整个社会

福利都是最好的规则。

但是农业国的基本自然秩序所规定的这种制度，还提出另一个同自然条件同样重要的条件，即对土地及其产品的所有权的充分保证，依靠所花的劳动和对耕作的预付，土地才能提供产品。

18. 保护性的权力机构

每一个耕作者在自己的土地上耕种了一整天以后，晚上需要休息和睡觉，因此他不可能自己来关心自己的个人安全，以及保护他靠自己的劳动和预付生产的产品；尤其不应当使他在白天停止劳动，以便保护自己的土地和财富不受外部敌人的侵袭。因此每一个人都必须支持建立武装部队和警卫队，并且为它们提供赡养费，这种武装力量和警卫队受领导人的权力的节制，并且要足够地强大，以便能够保护社会不受到外界的侵袭，维持内部的秩序，防止和惩罚坏分子的犯罪活动。

19. 有效的法制

由此可见，社会的根本结构和自然秩序是在公平分配的有效法律颁布以前就确立的；除了确立社会制度的基础的自然规律以外，这些成文的法律不可能有另外的根据和另外的原则。

因此详细地规定公民的自然权利的有效法律，是由造物主规定的最初的规律确定和调节的，这种有效法律之所以为一个国家所接受，只是由于它符合、并严格服从这些基本规律。因此，有效法律绝对不是任意规定的，假如它本质上是不公平的，那么立法者不管是君主还是人民，都不可能用自己的威望使它变得公平；政权本身经常会犯错误，因此尽管它同意所颁布的法律，它总是保留着纠正有效法制的错误和弊端的权利，而这必须是在确切认识的基础上进行的；这种纠正不能破坏秩序，它只能恢复秩序；否则就会不分青红皂白地肯定下面一点：实际上并不存在绝对的公平和绝对的不公平，不存在道德和善，——这是一种可怕的原则，它会破坏国民和君主的自然权利，使国家失去由于遵守造物主的规律而形成的秩序，而这种秩序的破坏，立刻会遭到惩罚：使人们生活必需的财富遭到损失和减少。因此，公平的原则严禁人们在社会生活中任意地制定有效法律。

由此可见，有效法制是完全服从于社会的最初规律的。因此，它不可能属于任何别的人，只属于凌驾于一切不同的特殊利益之上的统一的权力，这种权力应当压制这些特殊利益。

20. 国家收入

在君主专政的国家里，最关心的一件事是任意向国民征税；这种征税看来并不服从于自然规律所规定的任何规章或限度。然而造物主却使征税也遵守一定的秩序；事实上，显然，满足国家需要所必需的赋税，在一个农业国家里，除了向能生产满足需要的财富的东西征收以外，不可能有另外的来源；这个来源毫无疑问就是依靠预付和人的劳动而耕种的土地；因此，国家所需的赋税总额不可能是别的，只不过是它从土地所有者的土地的年产品中分得的一个部分，赋税也不可能是别的，只不过是土地所有者的土地产品的一个部分，扣除花在作物上的劳动支出以及其他支出而剩余的产品的一个部分。从收获的产量中除去这些支出所得到的多余部分，就是纯产品(le surplus est produit net)，它构成国家的收入和土地所有者的收入。构成国家收入的部分，假如相等于全部土地所有者所得的部分的一半，将是一个非常可观的数目。但是土地所有者本身也应明白，保证他们能够过安宁生活的那种力量，就包括在国家收入之中，巨大的力量能得到邻国的重视并防止战争。除此以外，既然国家收入同土地收入数量的增减成固定的比例，那么通过对国家的良好统治尽可能促使农业繁荣，对君主也像对土地所有者一样有利害关系。最后，由于这种尽可能有利的制度，他们将被免去其余的一切赋税，而这些赋税毫无疑问会对他们本身的收入和国家的收入都带来损失；这还不算：这些赋税一旦产生了，就会在国家需要的借口下日益增加，使国家经济遭到破坏，同时只会创造货币财产(fortunes pecuniaires)，从而引起足以使人破产的国家公债。

所有主或土地所有者各自管理自己的一块土地，目的在于保持和提高土地的价值，并保证自己能得到土地所能提供的纯产品或收入(produit net ou revenu)。假如土地不属于土地所有者而是归公共所有，那么土地就会荒废，因为假如他们对这种劳动所产生的盈利得不到保证，那么谁也不愿意为土地质量的改善或保持而预付。如果没有这种预付，就很难从土地上收回所花的耕种成本，耕作者经常担心自己会移居到别的地方去，而不敢进行经营；在这种情况下，土地就不会带来可以提供国家所需的赋税的纯产品或收入。在这种状态下，社会和政府都不可能维持下去；假如从用作对作物的预付或者人的劳动费用的储备基金中征收赋税，那么赋税本身就会造成损失。

我说:用作人的劳动费用,那是因为如果没有用于维持人的生活资料的必需费用,那么这种劳动是不可思议的。人本身失去财富而只得到需要;因此,赋税不能从他们本身征收,也不能从他们劳动的工资(le salaire du à son travail)中征取,因为这工资是人们为维持其生存所必需的,而且必须足够维持他们和他们的家庭的生存,因为只有在付给他们的工资本身提高的情况下,他们才有可能付税。而这样就会在不提高劳动生产率的情况下提高劳动的价格,从而对发付工资的人造成损失。因此,会促使劳动产品涨价的工资提高,必然会造成劳动、产量和人口的递减。这就是数千年来中国政府走向安宁的生活所遵循的学说的基本原则。中国人从这个学说中得出的结论,其正确性很难使欧洲人信服。

向个人征的税,例如人头税或者劳动所得税,照他们看来,无疑是不合理和不公平的,除了对人的能力作偶然的和任意的评价以外,它没有别的衡量尺度;因此,这种征税是不合理的,极其有害的。所有的农村劳动者,所有的手工业者,所有的商人——总之,拿取工资或报酬的一切等级的人们,都不会自愿由于国家的需要而直接把收入支付给国家;否则这种税就会对土地耕作产生有害的影响,对收入说来成为双重的负担,而最终变得一无所有,并且使国家遭到破产。这就是不能违反的自然规律之一,一旦违反,必然会遭到惩罚,从而带来破坏;这种惩罚会使应付国家需要所必需的赋税变得比这些需要本身更为迫切。

同样很明显,这种税不能从用于开垦土地和耕种土地的本金中征取,因为这种征税立刻会损害土地耕作和人们生活所必需的一切财富。因而这种征税就不是为了满足国家的需要,而是会引起全面的崩溃，会导致国家和民族的灭亡。

根据中国人的意见，同样不能对食物或人们日用必需的商品征税，因为这就意味着对人们本身征税，对他们的需要和劳动征税，从而把似乎为满足国家的需要而征收的这种税，变得反而加速国家的破灭，因为它把国家交付给许多征收这种可耻的税的贪婪的人或敌人。同时君主本人只会由于这种税而受到损失，却得不到补偿，这种损失会落在他从土地的纯产品中为自己征取的收入份上。

在另外的一些文章中，可以找到与这些中国的观点不同的论点，以及可以保证国家尽可能征收到更多的税的规则，这些税完全对国家有利，并且能使它免除由于其他的税所造成的损失。

扣除用于耕作的劳动费用和其他必需支出后多余的土地生产物，是纯产品，它构成国家的收入和获得或购买地产的土地所有者的收入。购买地产的钱决定着纯产品所提供的收入的数量，这收入是与土地的买价成比例的。至于他们能以更大的理由保证得到这种收入，那是由于我们上面已经指出的，一切纯产品都是他们的地产和经营的必然结果，因为没有这些重要的条件，土地是不会产生纯产品的，而只产生一些微不足道的产品，仅能弥补他们所花的非常有限的支出；这是因为如果使用期限不固定，那么任何人都不会愿意为改善和维持土地的质量而预付，由于他们从这种预付中不能保证得到好处。

君主不可能贪图占有自己国家的全部土地，因为他本人既不可能亲自管理这些土地，也不可能靠其他的人管理；他本人不可能亲自管理，那是由于他不可能去了解多得不计其数的详细情节；不可能通过其他的人管理，那是由于这种管理是这样的广泛，多方面，并且极易产生弊端和欺骗的情况，因而是不能信托别人的，而且这将为任意伪造关于支出和产量的数字大开方便之门。君主将不得不放弃这种所有权，因为这会对他自己和国家造成破产的危险。因此很明显，土地的所有权必须在许多土地所有者之间分配，这些土地所有者通过最有利的管理，致力于在自己的土地上取得尽可能多的收入，因为这种管理能保证国家得到这种收入的一部分，国家得到的这一部分是同收入的数量和增长以及国家的需要成比例的；这样，农业的成就愈大，就能保证君主和土地所有者的收入愈多。

21. 取消一切特殊的私人利益

在良好的统治下，当然不可能产生为私人利益而窃取公共利益的垄断制。依靠享有最高权力的国家首脑的威望，这种可耻的掠夺毫无疑问会被揭露和制止。因为在良好的管理下，社会团体、上层阶级、高级官吏以及有声望的人不可能阴谋联合起来推行这种有害的混乱现象。商人、工场主和手工业行会总是企图发财致富的，而且在赚钱方面是很机灵的，他们在竞争上是敌人，并且经常会想出一些独特的特权。一个城市想赚另一个城市的钱，一个省想赚另一个省的钱，宗主国想赚殖民地的钱。土地适宜于种植某种产品的土地所有者，竭力企图禁止其他的人种植和贩卖这种产品；国家到处被这些窃取者的奸计所支配，他们以十分昂贵的价格把它所必需的粮食和货物转卖给它。国家的收入是有限度的，因此，它按照这些贪心的商人规定的价格购买东西，就会使消费和人口缩减，从而引起农业的衰竭和收入的减少。这种循环的过程会导致国家财产和力量的消亡；贸易本身也会由于商人的贪婪而遭到破坏。他们由于本性狡猾，敢于用繁荣商业和商业财富的发展会使人民富裕起来的欺骗性的借口，来掩饰自己的行为。这些商人的成就迷惑了不学无术的行政官吏，也迷惑了人民，人民对那些向他们征税并使他们破产的人们的财富感到惊奇。有些人说，这些财富仍旧留在国内，依靠流通而在这里进行分配，促进人民的幸福；在这种情况下，关于高利贷者、投机商人等等的财富也可说同样的话：但头脑简单的人都相信，垄断制使商人获得的财富，是由商人从外国取得的盈利构成的。的确，如果把殖民地看作外国，那么它当然不会受到垄断制的顾惜；然而在一个国家内建立的垄断制，通常不会对别的国家产生有害的影响；相反，它会促使外国商人采取报复手段，从而引起荒谬的战争；因此，垄断制的不良影响愈普遍，害处也就愈大。**所以，自然的贸易政策在于建立自由的和不受限制的竞争，这种竞争能保证国家有尽可能多的购买者和出售者，从而保证它在买卖交易时达成最有利的价格。**

22. 司法费用的减少

在不正当的发财致富的方法把一切阶级的国民都引入歧途的国家内，过大的司法费用在一个良好的政府统治下是比较正确的，这样能保证官吏得到与他们的官衔和他们职位的效益相适应的尊敬。

在良好的统治下，自然规律的优点和自然规律的得到遵守，能引起人们对宗教的笃信，并维持有文化的人们心中的荣誉心；他们深刻地理解到上帝为人类幸福而安排的这些规律的完善，相信人类具有过合理生活所必需的理智。

在自然的社会秩序下，组成社会的所有的人都应当带来益处，并根据自己的能力来促进社会福利。上帝安排富有的土地所有者，是要他们无报酬地执行为国家的利益和安全所维系的、最受尊敬的社会职务；这些重要而神圣的职务不应当给予那些只顾自己私利的暴发户。土地所有者享有的收入，不应当用于过不值得的游手好闲的生活；这种可鄙的生活是与他们的巨大财产、地位和社会声望所给予他们的以及靠军役或受人尊敬的司法职务而获得的荣誉不相容的，这些神圣的、最高的和宗教的职务，使他们能得到最大的尊敬和信任，使人们除了光和良心以外，不知道有另外的领导者和别的影响。因而上帝创造了一些不从事有利职业的人们，在符合自然秩序的良好统治之下，他们由于自己的地位而乐意无报酬地执行这些高贵而重要的职务；他们担任这些职务以后，将努力去严格制止那些吝啬的人在生产中造成的弊端，而这些人依据一些微不足道的事件，依据完全不像自然规律那样简单明确的法律中的一些晦涩和矛盾的地方，来进行争吵，捍卫其集团利益，用许多不必要的手续来拖长这种生产的时间，并使之复杂化。

23. 国际法

每一个单独的国家，也像国家中的每一个成员一样，拥有自己的土地，这土地或者是由社会本身使它具有价值的，或者是该国家用武力夺取的，或者是根据继承权得到的，或者是由于各国家之间签订的协定而取得的——由于这些国家有权或者通过它们的有效法律或者通过和约划定自己的边界，——这就是自然的取得法和确定国家所有权的割让法。但是由于各国家单独地形成不同的局部政权，相互之间势均力敌，除非采用武力，它们不会服从共同的秩序，由于这个缘故，每一个国家只要它的国库能够维持，都必须备有足够的武力，或者用同其他国家结成联盟的方法组成足够的武力。这些结盟的国家有义务相互支持以保障安全。

每一个国家本身的武力必须团结在同一个政权之下，因为如果力量分散，属于各个领袖，对于同一个国家或同一个民族都是不利的；它不可避免地会把该民族分成几个国家或相互之间敌对的政体；结果就形成极易分裂的联盟力量，正像封建的民族本身完全不能形成真正的国家，而靠封建领主和其他领主的联合来维持，他和他们同样享有最高的权利，这些权利是：征税、交战、铸币、审判的权利，以及对国民的直接的权力，上述权利就是从这种权力中来的，这些权利保证所有的人能同样地享有和支配最高权力。

这些联合政权由所有领主中的首脑统一起来，每一个领主在自己的政体中拥有同这个首脑同样的权力；这些联合政体本身是同自己的封建诸侯结成联邦的，因此实际上这将导致一连串的阴谋，而不会形成统一在同一个政府之下的真正的社会。联邦帝国这种不稳定的结构，或者是由于大土地所有者的篡夺而造成的，或者是由于侵略民族侵占的疆土的瓜分而造成的；因而它并不是依靠合理的国家统治制度制定的根本法而形成的社会的自然衰替，这种统治制度的力量是不可分割地集中在同一个君主的最高权力机关中的。相反，它是一种强制性的、违反自然的结构，它使人们处在野蛮的和专制的束缚之中，使政府处在纠纷和极端有害的、激烈的内讧之中。

国家的力量应当包含在国家的收入中，这种收入要足以满足和平时期和战争时期国家的需要；这种力量绝不应当依靠国民用实物来取得，并用封建的方式来统治，因为在这种情况下它有利于贵族结成帮派和进行战争，这样就会破坏社会的统一，使国家瓦解，并且使人民遭受生活不安定的痛苦和封建的压迫。除此以外，这种力量不适宜于保卫国家以抵抗外国政权；在这样的组织下的力量，只能在很短的时期和很小的距离内进行战争，因为粮食的运输很不便，难以保证长时期的供应；在目前重炮在战斗中起主导作用的时候，这就尤其不适宜了。因此，只有依靠国家的收入，一个国家才能够保证自己经常抵抗各种政权的侵袭，而且不管在战争时期还是和平时期都能避免这种侵袭；的确，在一个良好的政府统治下，战争是极少发生的：这样的政府通常能够消除由于贸易而引起战争的一切荒谬的借口，以及其他一切没有根据的和不讲道理的野心，在这种野心的遮盖下，他们的目的是要破坏国际法，从而不仅使本国的经济崩溃，而且还使别国的经济崩溃。因为要维持这种不公平的事业，必须作出极大的努力，募集人数众多、费用高昂的军队，而这些军队不会得出别的结果，只会把作战的国家弄得民穷财尽，结果只会使他们的英雄主义沾上污点，破坏他们好大喜功的征伐计划。

24. 社会财富总量的决算

国家收入的支出决算，是一个异常复杂和很容易产生混乱的管理部门。由于每一个个人都很难把自己私人的支出账目搞清楚，因此我觉得，如果没有那些解决这个问题的大政治家的范例，要把混乱的政府支出搞清楚，简直是不可能的：那些大政治家领导着管理部门，使这种决算具有一定的形式和规则，有了这些形式和规则，就完全可能防止国家财物遭到侵吞，制止大多数官吏的贪心窃取和狡猾欺骗。但是这些形式和规则只是一种巧妙的技术，它能适应情况的需要，而并不是能提高国家文化的学识。德行高尚的苏理信任法官们的知识和好意，把这个重要的国家管理部门托付给他们，毫无疑问，他的目的特别是要反对杂乱无章的情况和贵族的贪心，因为贵族依靠其职位和声望攫取了大部分的国家收入，并且为了能够顺利地进行窃取，对贪婪的收税官吏和其他管理财政并侵吞国库的人给予优惠的待遇。这位可敬的大臣的谨严精神，引起了其他大臣和宠臣的憎恶，他们对国家收入管理中的严格制度感到不安，其实只要他们不要过于吝啬，对自己的利益不要过于盲目，那么这种制度应该是他们的一个很好的征兆。这些大土地所有者由于前朝的统治工作中的混乱而变得贫穷了，不得不采取这种下劣的、可鄙的方法，其实他们应当明白，这种极其必要的改革必然会促使人民幸福，促使他们的土地恢复收入，而这样就能使他们不致衰败下去，而是兴旺起来，能与他们巨大的地产和官级相适应。但他们理解不到这一点；经常可以看到，无知是使政府发生巨大错误、使民族经济破产和国家衰亡的主要原因。中国依靠了学问，经常能够而且非常成功地防止了这些错误，那里在学问的帮助之下，形成了国家的第一阶层，这些学问非常适合于通过理智的光辉来领导人民，使政府完全服从于那些确立社会制度基础的自然的和颠扑不破的规律。

在这个疆域辽阔的帝国内，长官的一切错误和滥用职权的现象经常在政府的通报中颁布出来，以便使这个巨大国家的所有省份都能遵守法律，反对滥用权力；这样，依靠自由的检举——一个稳定而自信的政府的重要条件，政府的活动经常得到检查。有一种非常普遍的看法，认为国家只能有暂时的统治形式，世界上的一切都是在不断改变的，国家有它的创始、发展、衰落、灭亡。这种看法是根深蒂固的，因此把统治中的一切混乱现象都认为是合乎自然秩序的。难道这种荒谬的宿命论能为理智的光辉所接受吗？恰恰相反，确立自然秩序的那些规律是永恒的和颠扑不破的，统治中的混乱现象只是由于这些永恒的规律遭到破坏的结果，这不是很清楚的吗？中华帝国不是由于遵守自然规律而得以年代绵长、疆土辽阔、繁荣不息吗？那些靠人的意志来统治并不得不靠武器来征服人的民族，难道不会被人数众多的中华民族完全有根据地看作野蛮民族吗？这个服从自然秩序的疆土辽阔的帝国，不就是一个稳定而持久不变的政府的范例吗？它证明，有时某些政府的不持久没有别的理由，没有别的原因，只是由于人们本身的反复无常。然而难道不能说，中国政府所以能保持这种幸运的和经久的不变（uniformitié），只是由于这个帝国比别的一些国家较少遭到邻国的侵袭吗？但是它不是也曾经被占领过吗？难道它的辽阔的土地不曾遭到分裂和形成几个国家吗？由此可见，它的政府所以能维持很长的时间，并不是由于局部的情况，而是本质上的稳固的秩序。

关于工商业利益和所谓不生产阶级生产性的记录

H君[①]对《新报》和《农业·商业·财政评论》执笔者的书信之一

敬启者:

贵评论九月十五日号一五六页所载的注释[②],非常明白地叙述了《经济表》所包含的主张,已经拜读了。我已经仔细地研究了这个学说,因此感到要把后面的记录看下去。你们对于有关国家

---

① 魁奈承认自己的笔名有M. H. ,M. N. ,M. de l'lsle,以及M. Nisaque等。又米拉波则用F,利维尔用G作为笔名。杜邦的《概说》(《日志》的一七六九年四月号),对这个记录有如下的说明,即:"在这个记录(G君的)之后,虽然还有一个很大的错误,但是可以把它看作是依据极为锐利的原则所做的独创的记录。我们在这里所以要把它指出来,因为这个记录是很清楚的。这个反驳《经济表》的记录,实际上就是出之于《经济表》作者自己之手。他因为没有能和它匹敌的对立者,于是开玩笑地以H君的笔名,写出意见来帮助他们。但是他所发现的真理,就是有勇气出来作极其强烈反对的人,也不能做出如魁奈自己所做那种像样的反对论。因为这个缘故,魁奈才自己来写出这个有力的反驳论点。"(翁根注)

② 这个注释在后面拔萃三的开端,已全文刊录,因此关于这部分,这里就把它省略了。(翁根注)

的一切意见，不管对于这些意见是赞成或是不赞成，我认为都已经以严密而公平的态度把它公布，[①]我们也以高兴的心情，把我们自己的意见提供给你们。贵评论，正如在序文中所说的，是为万人的福利进行争论的很好的斗争场所。在这里，我可以看到卓越的学者和极有修养的人相互出现于舞台，在大家注视之下进行争论，这是很使人感兴趣的。我和其他人一样，欣幸地希望能够发现真理，这就是我这个记录所希望的一个目的。因为，此外我并无其他意思，我的名字，请容许只写在这封信的末尾。实际上，我的议论，读者和你们都会感兴趣的。

一七六五年十一月

① 我们知道大家对于这种公平无私的态度，赋予了重要的意义，而且鼓励了我们，我们感到无上的高兴，我们之所以在我们手中把著作公之于世，和著者一样，除了探求真理之外，没有任何其他目的。我们认为离开真理最远的著者的记录，恐怕也是含有真理的。或者这种著作并没有真理，至少也可以供证明真理之用。我们对于这样的著作不可能完全没有任何意见，假使我们并没有什么意见，但有一个意见要说，我们绝对不会对于所了解的著者们的著作，因为引用它和编辑它而感到担心。因为，一个记录，如果我们愈感到和我们的想法相违背，则愈感到要及早地把记录公布，使大家能够了解著者的才能和热情的正当性。因为我们容易对于和我同一想法的人发生偏袒现象，因此必须更加严格的要求。就是我们要充分理解和我们相同的他们所想的原则，才能对这样的人有正确的评价。我们在对他们表示赞扬时，这当然要十分地审慎，但必须当心详细说明不得不这样做的根据。关于在理论上，对我们说不能明白地接受的其他著作，常常把它们直接的公布于公众面前，就是他们的和我们的审判者的面前。他们的执笔者们，到今天为止还没有同我们接触过，现在就把关于这个重要问题，由公众来讨论的学说展开，说明各种论点的意义，我们从应该对他们表示感谢之念出发，就在这里，我们对他们表示相当的赞赏。（杜邦注）

工商业的利益和所谓不生产阶级的生产性的记录

和上面的信同是来自某经济学研究者[①]

把一个对象以种种不同的方法来考察时，在大多数的场合，会使人对它的看法，陷于支离破碎的境地，但是如果要对事物能够进行比较完全和比较正确的检讨时，由此所显现的种种情况，对于事物的考虑是有益的。但是这种检讨，往往只是部分地进行了，而且是由许多个别的观察所进行的；因此个人只以自己的观察为基础来进行研究时，思想从这里出发向前开展，就会陷于丧失研究对象本身所具有的真理的错误。在这个情况之下，各人愈埋头于他的研究工作，会使他的知识愈益狭隘，甚至会把从另外的观点，研究同一问题的人们所公认的真理，也加以否定。假使每一个人都同样地从自己个别的观点来研究，结果就会由此产生互相矛盾的学说，这对于学问的进步是极其有害的。虽然经济学是所有学问中最重要的，但向来最不为人所重视，现在想必已引起法国人强烈的关心。由于各人都只专心于自己的研究，从突出的尖端建立起全面的观点，所以已经出现很多以个别的认识为基础的各种学说。这种个别的认识，沿着一连串不完全的推论前进，而这个推论，又

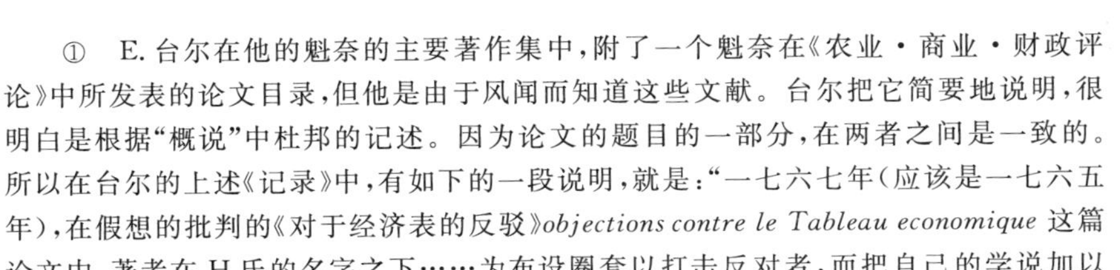

① E.台尔在他的魁奈的主要著作集中，附了一个魁奈在《农业·商业·财政评论》中所发表的论文目录，但他是由于风闻而知道这些文献。台尔把它简要地说明，很明白是根据“概说”中杜邦的记述。因为论文的题目的一部分，在两者之间是一致的。所以在台尔的上述《记录》中，有如下的一段说明，就是：“一七六七年（应该是一七六五年），在假想的批判的《对于经济表的反驳》*objections contre le Tableau economique* 这篇论文中，著者在H氏的名字之下……为布设圈套以打击反对者，而把自己的学说加以反驳。”（翁根注）

脱出作为其根据的认识的界限,并使它冒着错误前进,沿着这个过程,浮现在这些学说主张者头脑中的结论,就会把真理排除掉。

在这里,我们想举一个例来说明的,是把社会看作是由生产的阶级、土地所有者阶级、不生产的阶级这三个阶级所构成的观点。由于在这一方面,把现实进行了明晰的观察,并把它作了系统的和极其严密的分析,这对于缺乏对经济真理的总体有教养的人们说,有着压倒的力量。把农业国的居民这样地来划分,对于研究各种市民阶层之间支出的分配,和了解使属于生产阶级的一切工作能够成立的生产物的源泉,明显地有很大的方便。但是农业国每年生产物的分量,并不就此表现为王国财富的多少,因为生产物之所以成为财富,只由于它有售卖价值,但过多的收获,会使生产物的价格降低,过少的收获,会使价格腾贵。因而大量的生产物,并不就是大量的财富。可是生产阶级,除了生产物之外,没有其他东西。那么,究竟是谁给他们以国富成立的售卖价值呢?能够确定说的,不是只有购买者的竞争能使售卖价值成立吗?这样说,只有购买者,就是全国民的竞争本身,是财富的生产阶级。因而,如《经济表》所示,把农业国的居民划分为三个阶级是错误的,在那里把农业阶级看作是财富的生产阶级,这是无视相互扶助、促进国家繁荣的市民之间很多的根本关系。以上是我们重复说明了的理论,这实际上是把由土地生产物最初的售卖者的出卖所产生的财富总生产量,看作只是农业阶级的恩赐物,明显的这只是以极大的错误为基础的主张。没有认识到,在被叫做不生产的阶级方面,倒是赋予生产物以财富的资质,事实上取得售卖价值的生产阶级,如果没有这个阶级的劳动,就不会有任何价格,因而也会放弃一切生产物

的耕种。所以生产物最初的售卖者所取得的贩卖收益，首先应该归功于这个阶级本身，并不是农业阶级之赐。农业阶级并不曾以它的劳动，给它以任何价值。原因是使这些生产物适合人类的享用，由最初的售卖者，向他们保证贩卖的价格的，正是不生产的阶级，因而给生产阶级的劳动以报酬的，由于最初的售卖者的贩卖利益，也给不生产阶级以报酬的，正是不生产阶级自己。所以只有不生产阶级，才是生产的阶级，支付农业阶级以工资的阶级。

这个真理，不但对于叫做不生产的阶级所制造的制成品原料的出卖价值是恰当的，而且也适用于作为这个阶级的成员的生活资料消费掉，和由不生产的阶级的制成品的贩卖利得，以支付农业阶级的生产物的出卖价值。不生产的阶级的制成品的贩卖利得，不仅是支付了农业阶级的各种劳动，而且是扩大得更远。在王国内部很多繁盛的制造业，把制成品出卖到国外去，由于在国外贩卖所获得的利益，使这个制造业能够对国内农业阶级所购买的全部生产物进行支付。它的结果是使土地劳动增加。同时在这个场合，为本国生产的阶级生产财富的人，却常是不生产的阶级，这个阶级并不从生产的阶级接受任何的支付，反而常是支付给生产阶级。这样看来，并不能说从生产物最初贩卖者的售卖数额，来对不生产的阶级进行支付的是王国的生产的阶级，因而也不能说，所谓制造品是农业扩张和王国的收入以及人口增多的生产物，不生产的阶级并不曾进行过任何生产。

同时耕作者阶级，在一般的情况之下，由于得到运输商业之助，由他所生产的生产物的最初贩卖者，建立起贩卖价格。在随便禁止把谷物输出国外的场合，会使谷物陷于无价值状态。在这个场合，从谷物的售卖量中所支付的输出贸易，是完全不能成立的，生产阶级为了使谷物的价格提高，深切地期望这种贸易重新开放。在这个场合，生产阶级对于这种贸易的费用，是否希望由这种贸易本身所引起的谷价上涨来支付呢？但是贸易的费用，究竟并不是只由农业所能生产的，对于农业说，不是不能取得利得的吗？因此，为了支付贸易的费用，进行财富生产的，并不是生产的阶级，只有生产的阶级不能够为自己创造利得。因为能够由此生产财富的，实际上完全是商业之赐。由于这个缘故，商业并不是不生产的劳务。同时也因此，农业劳动并不是唯一的生产劳动。不生产的阶级的劳动所支付的，实际上是来自农业的生产物的贩卖量。但是这个贩卖量，是由不生产的阶级和生产的阶级的协力所取得。生产的阶级生产了生产物，不生产的阶级则提高它的价格，就由于价格的提高，使不生产的阶级为它自己的阶级，生产出当然应该接受的报酬，更为国民生产出纯产物。因此，谁也容易想到，所有的生产的劳动，就是再生产每年国富的一切劳动，不仅是农业阶级，同时生产的阶级的名称，也不能专和再生产的财富有关的农业方面结合一起。事实上，被叫做不生产的阶级，虽然并不生产土地的生产物，但却是生产财富的阶级。

《经济表》的著者，并不能洞察这两个财富的源泉。根据他的看法，如果没有生产，财富就完全不存在，因而认为只有农业是生产财富的。但是他完全不认识双重作用，就是必然的相互依存、任何一方都不能单独地结起果实的关系，它的媒介的作用。他把这一方没有另一方就不能存在的媒介条件，和它们的存在因素相混淆了。实际上，因为这个缘故，它的表式的巧妙的构成，为了要用计算来证明，一直就把它画得简单易解。但这不过是一个虚假无力的论证，与其说使人信赖，毋宁说引起人们的疑惑，这是需要很好的判断力的。可是他对于错误，却以肤浅的观察，披上一件隐身蓑衣把它掩盖起来。如果对于这些错误稍微加以注意，就可以把这些被混淆的观念明白地分辨出来，因此就能够把社会秩序颠倒起来的新经济学说的基础，它所包含的暧昧之点充分地消除。①

答一七六五年十一月②《农业·商业·财政评论》所载H先生对于工商业的利益和所谓不生产阶级的生产性的记录

敬启者：

九月十五日贵评论一五六页所载的注释，是值得真挚检讨的

① 这个记录，可以说是最坚强，最合理，也是最严密的，而且他的论点的开展，是首尾一贯的。但到现在为止，作者的目的，在于维持他在这里所采取的主张，我们觉得这是所有记录中贯穿着最透彻的理论的。（杜邦注）

② 一七六五年十二月号的末尾，评论的编纂者有如下的话：“对于评论十一月号所刊载的《对许多经济学研究者关于工商业的利益和所谓不生产的阶级的生产性的H君的记录》，我们接到了答复。这个答复是H君的亲友写的。”

接着杜邦在上面所载的《答复》之前，写了如下的序文：

“我们在去年年底出版的评论的末尾，约定对于十一月号所刊的H君的记录，刊登出作为答复的记录。我们对于H君的诚恳的态度，表示极大的欢迎，因而我们约定给他以答复；《经济表》的作者，看到记录对于他的学说的反驳并不感到不舒服，同样H君看到对于他的记录的反驳，也并不生气。”

在三年以后（一七六九年）的《概论》中，杜邦对于这个答复，又有如下的记述：

“在这个月（一月）的分册号的开头，刊登着《对经济表的反驳》——这是《经济表》的作者本人，对以H君的名字，在一七六五年十一月所发表——的《答复》，但这个《答复》，曾在去年最后的分册号的末尾的注释中指出，将作为这一号的论文刊登出来。这个答复，彻底地驳斥了那个特殊论点，这个论点并不是单纯的反对《经济表》的风趣的

争论对象。H君与其说他是注释，毋宁说是对于《经济表》的原则给以极严厉的驳斥。你们对于H君的严密而特殊的议论，和我的考察，认为至少是适合的想法相对抗。但我热切地希望，你们自己，或者其他任何人，可以把“价格论”(Essai sur les prix)作个尝试，而且在你们考察的本身中，已经把那个计划提出来了，这是结束这个问题的争论所不可缺少的。对于这个现在还有很多考虑余地的著作，在把它公开之前，预先迫切地给H君以回答，还是适当的。当H君向你们述说自己的记录时，希望能够确认真理，从他和我们结合的深刻亲密关系来看，是没有怀疑的余地的，同样我在回答H君时，确实也要和他有共同的见解。现在这里，就从引用你们由预想的问题所写的注释开始。

根据《经济表》，你们说：“在生产的阶级中，是包括了从事于为获得适合于人类享乐之用的土地生产物所不可缺的劳动的一切人。这项劳动，由于生产物最初贩卖者的贩卖，才把它结束。由于贩卖，这种生产物作为原料交给不生产阶级的成员的手中，再由这个阶级用于工作物的制造，或者作为商品经过商人之手，向消费地输送转卖。在最初的贩卖者贩卖之后，由于转卖人的商业，或者是由于此外的不生产的阶级成员的劳动，而把生产物的价格提高；但是并不能使财富有丝毫的增加。这样的价格提高，是由于对不生

人所能编造出来的，对于缺乏思考鉴别的人说，是会产生模糊真理的作用。这在当时以H君，或以H君的友人的名字发表文章的，《经济表》的著者，主要是把有损反对者们情绪的关于生产的劳动和不生产的劳动的区别，立脚于自然的基础上；而且反对它的一切论据，证明它是由于井的吊水桶，能够把从水源所生的水吊上来，因而把吊水桶和井水的源泉混淆起来的简单的诡辩。”第尔把这个答复用了完全不同的题名：《对于经济表的反驳的答复》(*Réponse aux abjections contre le Tableau économique*)。(翁根注)

产的阶级成员的劳动支付报酬所产生，结果是作为最初贩卖者的贩卖价格，而支付给这个阶级的。对属于不生产的阶级的人们支付报酬，实际上是从土地所有者的收入对不生产的阶级进行支付，和生产的阶级的支付。因此这种报酬愈少，对于国家国民的收入愈是有利。因为这项报酬的减少，会使最初贩卖者的贩卖价格降低，或者是由贩卖的收益而使价格削减。在一年中，生产的阶级作为最初的贩卖者，由贩卖所得的总收入，是这一年度所再生产的财富的数量。工商业的劳动，并不能使财富增加到这个数量以上。在有相互贸易关系的各农业国家，也都受这个规律的支配，就是任何国家都不会把自己的财富给予其他国家，而只是以等价的财富相互交换。由于这些国家的商人的劳动，丝毫不能使它的财富有所增加，因此各国都要负担由于工商业劳动，和支出所要的经费所发生的价格上涨部分。费用增加之后，并不能使收回这笔费用的人的财富，随之也增加起来。所以，因为费用增加所引起的价格上涨，对于由相互买卖而互相支付费用的各国来说，不会使它的财富有丝毫的增加。也因为这个缘故，各国之间的交换贸易，只能使各国根据售卖多少而购买多少。结果在各国相互之间所进行的卖买，不过是各国进行交换之前各自所有的财富以同等数量交换。又如果从双方支付费用的事实来考虑，也可以说它们的财富，反而比较交换以前减少了。但是各国都要相互收回这笔费用；因此假定各国在相互贸易中，都同样地注意自己的利益，则如上面所说，各国都恢复到以前所有的财富数量；不然就不能不设想是各国交替地互相欺骗，而其最后的结果还是一样。手工业商品的贸易，虽然是要支付比较多的经费，也不能使经营者得到利益。因为在这

种国家，也不过把过去在国内所支付的费用收回来，这项费用是为了保证纯产品而生产生产物所必要的，并不能使财富有所增加；至于纯产品则不仅要维持依靠生产纯产品的支付来维持生活的消费者，而且要养活其他消费者。以上所述，在于说明《经济表》支出的秩序。这也就是研究经济科学（science économique）的学者之间引起大争论的现实对象。”

但是贵评论去年十一月号所刊的记录的作者，并不承认生产的阶级和不生产的阶级的划分，是如名称所示，有着对立的意思。

根据他的意见，通过在购买时赋予生产物的价格，成立两个阶级之间的生产的交流圈，由此使这些阶级，相互的对其他阶级同样成为生产的。在《经济表》中被叫做生产的阶级，虽然生产着生产物，但并不形成给生产物以财富资质的价格。因而根据他的所说，正是在《经济表》中被叫做不生产的阶级，由于对生产的阶级的购买，给生产物以售卖价值，由于有这个售卖价格，才使《经济表》能够进行一切的计算。所以国富之所以成为国富的原因，实际上是不生产的阶级向生产的阶级进行购买的结果。这必使这个阶级成为不是不生产的。认为生产的阶级的界限，只限于到最初的贩卖者的生产物的贩卖为止；从贩卖所取得的收益，只因为有不生产阶级才可能的理由来看，是不适当的。因此这种收益，不能认为只由生产的阶级所生产；由于最初贩卖者的生产物贩卖的售卖价值所产生的收益，正是不生产的阶级所赐予，所以所谓不生产阶级，和生产的阶级一样是生产的。但是生产的阶级的界限的划分，只到获得土地生产物的劳动终了时为止，并没有到生产物由最初的贩卖者售卖时。因为在这个界限点上，生产的阶级把它所能生产的

东西，都生产出来了，其次所谓不生产的阶级，在这个界限点上，由于最初的贩卖者对于生产物的贩卖，把贩卖价值生产出来，这个贩卖价值，是生产的阶级，从自己的生产物所引导出来的。因为这个缘故，所谓不生产的阶级，和生产的阶级一样是生产的。

这种特殊论点，是以很大的技巧，渐次地发展起来的，似乎是以很好的论证，使《经济表》的计算的说明，完全地失效了。但是如果问作者把不生产的阶级看作是生产的根据是什么时，作者的答复究竟是如何呢？是否不生产的阶级向生产的阶级购买生产物所支付的货币呢？如众所周知的，不生产的阶级所以能够取得这些货币，是由于在事先进行了售卖，这个阶级本身并不曾生产出货币。又如大家所知道的，这个阶级依靠贩卖，要尽可能地多获得货币，而在购买时，则尽可能地少付出货币；只要有可能，这个阶级就努力于降低所购买的生产物的价格，相反的是尽可能地提高所贩卖的生产物的价格，这是大家一致的意见。在这个意义上，这个阶级之所以是生产的，是把财富构成售卖价格而成为生产的，是由于把价格提高的结果，因此不是作为购买者，而是作为售卖者，是生产的。根据同样的论点，生产的阶级也是因为所贩卖的生产物的售卖价格，本身才成为生产的。但是这一切的想法是架空的，因为价格决不从属于购买者的利益和售卖者的利益，这种利益本身，在贩卖和购买上是相反的。因而个别分离开来考虑的售卖者和购买者，任何一个都决不是生产物价格的制订者。所以个别地来考虑的不生产的阶级，所说的生产的阶级所生产的生产物的售卖价值的生产，是个不可理解的矛盾。因为从生产物来看，由于它是稀少还是丰富，或者售卖者和购买者的竞争是否激烈，成为这些生产物

市场价格（prix courant）的一般原因，而且因为这个原因，生产物的现实价格（prix actuel），是属于售卖以前的事实，最初的售卖者的贩卖，大家都知道，也只有以价格成立的事实为基础，才能够进行的。

因此，所谓绝对价格（prix absolu），虽然是不生产的阶级本身在购买时作为既定事实来遵从的，但只有这个价格成立之后，才能对《经济表》中生产的阶级所生产的生产物的售卖价值，进行计算。在事实上，把土地来出租的人们，在成立租用时期对土地所有者支付的租借费价格契约时，正是以平常年度通算的价格为标准。所以这个计算的基础，是不能作为推翻经济秩序的新学说的立脚点。由于这个原因，这个所谓立脚点，和农业一样是古旧的东西。被穷追到这里的作者，认为不生产的阶级，至少对于从生产的阶级购买生产物的售卖价值有所贡献。但他不得不承认，只要生产的阶级对不生产的阶级购买东西的售卖价值有所贡献，不生产的阶级对于上述的售卖价值并无贡献，同时这种购买在相互之间是平均的，结果由于这些作用，双方都归着于等价交换。谈到我的关于价值的想法，我认为双方在交换之前都是存在的，因此在事实上，交换并不曾生产任何东西。因此不生产的阶级并不曾由于购买，生产出从生产的阶级所购买的生产物的价值。生产的阶级从不生产的阶级购买时，可说情况也是相同。总之，这些阶级相互是购买者也是售卖者，相互遵从同一的条件，同一的交换规律。作者可能会这样想，我是误解了。就是因为不生产的阶级的贩卖，是进行着等价物的交换，因为贩卖对象的价值是在贩卖进行以前就存在了。根据这个理由，虽说“所谓不生产的阶级是生产的”，但这话是站在售

卖者立场说的。对于这样的问题，应该把纯粹的经费支出的价值，和再生产的生产物的价值加以区别。因为支出不就是生产。但是这个支出的偿还，在财富再生产不以自然为条件的场合，那它本身不过是另外一种支出，纯粹的经费的支出，则所谓是从生产中所导出的一部分，已不能说是生产了。由于在不生产的阶级的贩卖中，它所售卖的不过是纯粹经费支出的价值。因此，单纯的费用的支出，很明白的并不能叫做生产，同时只能售卖纯粹经费支出价值的不生产的阶级，并不是这个贩卖价格的生产者，也是明白的。

可能有人会反问，一个售卖自己的制造品的手工业者，例如出卖一双鞋子的手工业者，是否只把制造一双鞋子所要的原料，和在制造的时期中，为维持自己和家族的生存所必要的生产物以及商品的支出价值，就是以此价值来决定的劳动，简言之，是否以原料和生产所要的劳动两者的价值来售卖呢？在这里，问题在于是否只有消费，并没有一点生产。人们将要说，这里岂不是生产了一双鞋子吗？事情并不如此。因为，如果你们把一双鞋子的生产原料，和它的工作的过程加以区别，就会看出那不过是由鞋匠的劳动所进行的一种加工，这种劳动的价值不过是为了自己的生存所支付的纯粹的费用；又如果你们问鞋匠，价格是怎样定出来的，鞋匠将回答你们说，这是为制造一双鞋所投入的劳动。结果是一个劳动者自己取得为自己所花费的工夫，为此所花的时间，为此所花的劳动，为此所花的费用，这些漫不经心的话，对他说都是些同义语。虽然如此，我们还是要说，这些劳动至少是生产出劳动者和其家族的生活资料。但是如果为了使人接受单纯的消费就是生产的意见，而不把它看作是滥用语言，结果是我们这里所理解的生产是财

产再生产，与此相反的单纯的消费，则是财富的破坏。实际上，要把这样相反的两种事结合在同一概念里是困难的；在任何情况之下，为了消除对非常复杂的概念的混淆，有加以详细说明的必要。对劳动者说，是要更加正确地来表达，所谓赚得(gagner)自己的生存资料，并不是说生产(produire)自己的生存资料。那么，不生产阶级制造上所使用的原料，也不认为是生产吗？这是要加以严密地检讨的。

首先要承认的，是劳动者并不是生产制造上所需要的原料，而是买进原料来制造的，然后又把它卖出去，从这点来看，他不过是个转卖商人。在这个场合，他由转卖所取得的利润，是来自制造品的购买者呢，还是来自原料的出卖者？原料的出卖者如果降低出卖价格，是要蒙受损失的。因此在这里并不存在生产，只有购买者和最初的出卖者所支付的费用。可是所说的原料，是因为劳动者使用它，因而产生出卖价值吗？例如亚麻，如果不是由织制亚麻布的机械职工把它使用，它究竟有些什么效用呢？有着怎样的出卖价值呢？

这样来思考时，亚麻就没有任何价值，我认为耕作者将会放弃耕作。然而并不是他的土地就此放弃而成为荒地。因为能够出产亚麻的土地，也能生产任何其他有价值的生产物，能够生产出完全不要不生产阶级劳动者劳动的生产物，例如小麦、葡萄酒等。耕作者所以能够有生产物出卖给购买者，在于土地的利用，只要能够很好地利用土地，至于能够生产出什么生产物，对他说是完全没有关系的。就以某种生产物，由于不生产阶级的使用，因而使它的价格提高来说，耕作者之所以要增产这种生产物，不仅是因为它能够抵偿所有的支出和利润，实际上是因为这种生产物的价格，比较其他生产物的价格高。因此，国内生产物作为原料而由不生产阶级使用，而使这些生产物的价格提高，这差不多只是一时的现象。那么，要生产多种多样的生产物的原因，难道不是在于要更安全和更有利地使用土地吗？而且由良好生产而取得的剩余，难道不是财富的剩余吗？土地的利用是把它划分为很多块来进行良好的生产耕作，必然使总生产量增加时，以上的情况确是妥当的。因为土地的素质极其多种多样，结果是能够保证土地的良好使用，实现生产物的多样化。这确是真实的事情。除了用于奢侈的原料，总是适应不同的土质和用途，存在着生产物的多样性。奢侈品的原料是由耕作来供给的，除了极少的一些对象，土地虽然因为耕种它而被占用，但也可以毫无困难地进行其他生产物的耕作。我的所以不把奢侈品原料特别作为一个问题来谈，因为任何能够由耕作来生产很多财富的地方，通常绝对不会感到必需的制造品的原料不足。

只有欲求是勤劳之父，欲求使工匠去取得他的生活资料，诱导他专心于勤劳；同时，欲求又促使一切有购买能力的人去获取工匠的制造品。不生产的阶级，总是随国富增进的比例而扩大，政府并不必使每个人为满足欲求而特别地刺激欲求。我所说的随国富的比例，是因为不生产阶级什么东西也不生产，只是为消费而劳动，为了自己的生存，除了依赖国富，即生产阶级所生产的财富是没有其他道路的，确是因为有欲求，除了依靠自己的劳动没有其他生路的很多人、即使没有政府的劝奖，也会去从事于工业和转卖商业的。而且不生产的阶级的劳动，一般说，比较生产的阶级的劳动艰苦要少。不生产的阶级的人们被吸引到都市里，他们居住条件比较农村好，从古时的谚语“住在都市是幸福的”(beati qui habitnat urbes)，也可以了解到不生产的阶级，应该是国民中最无不自由之处，最富于魅力的阶级。然而就是因为这个理由，如果不生产阶级很大地扩张了自己的勤劳和劳动，为了制造品而使用了很多原料，则由于原料的使用而增加了生产的阶级所提供的生产物的贩卖和价格的事实，就愈来愈为大家所接受。如果这个观点能够成立，就不能把这个阶级看作是不会生产的。但是即使从这个观点来说，这个阶级也不可能把它的制造品增加到贩卖可能数额以上，这是不可不注意的。即不生产的阶级所能贩卖的，只能局限于适应生产的阶级劳动每年所再生产出来的国富，如果这个阶级能够使生产阶级所提供的原料的价格提高，则它所出卖的制造品价格，势必相应地抬高。因此在这样的循环中，不过是出现了财富的幻想的增加。同时，从生产的阶级所购买的原料，在全部耕作秩序所运用的广大领域中，只是极少的一部分，因此这种原料价格的轻微变动(从国民的每年财富再生产总额来看)，不会产生怎样的显著影响。

在这一般的考察中，不得不把对农业极为有利的羊毛的使用除外，实际上羊毛价格的低廉，对于生产的阶级是有影响的。但是羊毛的使用如何，与其说是依靠不生产的阶级，不如说在于是否节减奢侈的纺织品；事实上，不生产的阶级是阻碍羊毛的消费，从事于奢侈纺织品的制造。假定如上所说，不生产的阶级制造品的原料上涨，即使这些制造品能在国外贩卖，也不能想由于贩卖而实现了所谓财富的增加。为什么这样说呢？因为这些制造品虽然不生产的阶级自己把它哄抬了价格，结果是阻碍了它在外国的贩卖。这个情况是使土地生产物在对外贸易上失去出口上的便利，这种贩卖的扩大，只有工业劳动增加的国家才是可能。但是即使在这个场合，也不能把原因和手段混同起来。对于不得不使用这种手段来维持其生存的国家说，这是不幸的。与此相反，对外贸易方便，为了维持生产物过高的价格水平，就使不生产阶级把制造品在国外贩卖时，不可能进行竞争；因为这缘故，结果使这个阶级的制造品，只限定、或者差不多只限定在国内商业上，这样的国家是幸福的。

对于工业的丰富的生产性，被不断地反复说明，并且认为有决定意义的一个论据，如果加以深入的研究，则这个论据就会有与人们所想象的完全不同的意义，所证明的是和人们所想证明的事完全相反。一般人常是这样说，王国的消费者人数越多，这些消费者就会把土地生产物的价格哄抬得愈高，会赋予这些生产物越多的财富的资质。但是王国内从事工业的人数越多，就会有越多消费者。简单说来就是这样。学校总是粗略地忽视大前提，只有一件事是要把它指出的，就是说消费者越多，那么可以说消费也越多。因为到处都有消费者。总之，在任何地方，最大多数的消费者，并不能只消费自己所喜欢的东西，只吃荞麦面包，只喝水的人，也会想吃小麦面包，喝葡萄酒，不吃肉的人，也会想吃肉，没有取暖用的柴草的人，也会想买柴草等等。因此感到不足的并不是消费者而是消费。那么，由此就可理解到，为了制造奢侈品和购买外国原料，由不生产阶级所负担的多额支出和劳动，为生产新的生产物而把它削减的话，就会使消费用的生产物，特别是食用生产物跟着增加。因此，在这个场合，由于留有较多的供消费用生产物，就有较大的消费的可能。因为这个缘故，热烈地希望消费范围比今天更

为扩大的消费者增加起来，使消费扩大了，财富、收入、人口及王国的实力，随着耕作和消费的增加而增长。随着消费和财富的逐渐增加，不生产阶级的人们的勤劳愈是感到必要。总之，这个阶级的工作是随着雇佣他们的资金的增加而增进。可是由于能够交换的生产物的数量极其丰富，消费量就很大，随着丰富而来的资金，则在生产阶级的人们，以及耕作的纯生产的所有者，即土地所有者、国家、十分之一税征收者的手中增加起来。

因此，由于不生产的阶级削减过多的支出，结果是使财富增加，自然而然地使这个阶级扩大起来。由于财富和消费的增加，消费者当然增多。因此有人认为即使牺牲生产生产物的支出和劳动，分出人力和财富，增加在完全不生产生产物的劳动上，也是增进财富和消费，这种信念是明显的不合理的。这一点实际是问题的决定点。这是什么道理呢？因为由此证明不生产的阶级，并不是使生产的阶级和国民富起来，反而成为生产的阶级的负担。关于不生产性，特别是这个阶级的不生产性，首先要指出一点，这个阶级的人口，因为工厂、搬运、输送等等费用的增加越多，并不是使生产的阶级的负担越重。也不能说，由于这个阶级的这一切费用的减少越多，则消费者也越少。这是由于不生产的阶级的人数减少，生产的阶级的劳动增加越多，则由于它的劳动，就能维持越来越多的消费者。因此，使生产的阶级繁荣起来、王国富裕起来的并不是工业，使人口增加、王国富裕、不生产的阶级人数增多的，实际上是生产的阶级，和这个阶级所生产的财富。

为了证明商业是生产的，如果从著者所说的关于商业的利益来判断，那么他一定会对于运送生产物所必要的道路的利益，也会

以同样论断来说明。就是他可能会证明，生产出收获的道路。他曾说把谷物轻率地禁止输出到王国之外，就会使它变成无价值的。例如使道路搬运自由，也轻率地加以禁止。著者的论点，很容易被他转变成这样的形态。如果这样地来论断，我们就不把这样的议论喋喋不休地谈下去。

所谓商业，是在实在的物品中，相互有对照价值(valeur respective)的物品的交换，而且还要有交换的欲求，如果没有这个前提、交换，也就是商业，就完全不能存在。但是这一切物品，必须在交换行为之前就存在，交换或商业是不会生产出生产物的，所以从交换行为是不会生产出任何东西的。因此交换行为只是为了充足本身是交换原因的欲求时才是必要的。于是把单纯必要的物品和生产的物品加以区别。总之，生产的物品虽然是必要的，但正如著者所提示的，必要的物品并不都是生产的物品。混同是诡辩的隐藏处，辨别则是把它揭发出来的探究者。①

① 引起伦理学研究者兴趣的有两种论法：即“井的吊水桶”论法，和“火腿”论法。第一例说的是井的水源供给我以饮水。第二例说的是饮水为了解渴，可是由于吃了火腿，就很想喝水，所以吃火腿需要解渴。第一例是把原因和手段混同了，第二例则是把各种的结果和各种的原因混淆了。H氏(如果允许我提名的话)由证明不生产阶级的生产性来反驳《经济表》，这至少是为咒骂而提出论点，他的做法就是混淆因果关系。(原注)

关于货币利息的考察[①]

对于使用出借的货币所要求的价格，即利息，公平地说来，其所根据的理由，是同土地所提供的收入以及转卖商业所获得的盈利有相似之处，当然可以成立的。有了货币，就可以获得土地所有权和收入；土地的所有权可以由购买这块土地并每年能带来收入的货币资本所代替。这样，依靠货币的这种使用，在保持资本的情况下每年能得到收入。因此，按照最公平的要求，依靠货币可以得到年收入，而同时仍保持着保证这种收入的货币资本。我们说这种话是“符合最公平的秩序的”，因为它能够在不向任何人夺取什么的情况之下，每年带来收入，这些收入是由用货币购买来的土地所产生的。因此，每一个出借货币的人，实际上就是把借贷资本的所有权保持在自己手中，而把能够给他们带来收入的财富出让给别人。

人们可以提出反驳说，出借货币同购买地产完全不是一回事。

① 最初刊载在一七六六年的《农业·商业·财政评论》（*Journal de l'agriculture, du commerce et des finances*）上。后来收在一八八八年出版的《魁奈的经济和哲学著作》内。重新发表在《弗朗斯瓦·魁奈和重农学派》第二卷内。戈尔布诺夫的俄译文收在一八九六年出版的《摘录》一书中，本书中所收的这篇文章，译文经过了校订。（俄译本注）

地产能够在不夺取属于别人的东西的情况下带来收入。说这些用以购买土地的货币也能够在不向别人夺取东西的情况下带来同样的收入，这不过是一种空洞的遁词。出借的货币不能给债务人带来他们付给债主的那种收入，这是非常清楚的。但这种反驳对债主是没有任何力量的；它对他们甚至毫无关系。事实上，债主把自己的货币出借以后，自己就不能使用这笔财富了，而这笔财富在保持资本完整和不对任何人造成损失的情况下，能给他带来收入。这里涉及的是得到这笔财富的借款人的事，他应该怎样使用这笔财富，使它在不损害第三者的情况下为他带来他应当付给债主的收入。但是这个决定性的理由还证明了另外一点：这种收入显然是有限度的，这个限度是自然而公平地规定下来的，并且限制着债主向债务人索取收入的权利。索取超过这个限度的收入是不合理的。因此君主的法律应当根除这种明显的不合理现象。

由此可见，利息的水平同土地的收入一样，是服从于自然规律的，自然规律限制着这两者的大小。土地提供的和依靠货币取得的收入，只是纯产品的一个部分，它是随同土地一起卖给地产获得者的。出售者和购买者双方都知道的这一部分纯产品，决定着这块土地的价格。由于这样，购买土地后可以获得的收入的数量，既不是任意规定的，也不是不可知的；这个明显的、受大自然限制的尺度，是买卖双方共同遵守的规律。现在我们来证明，按照公平的秩序，上述规律还应当调节利率，以及在农业国中作为永久租金的货币所带来的不断收入的水平。

有人说，把货币用作永久租金是冒险的，应当考虑这样处置货币是否有利。但即使冒险，对食利者来说，他们不需要任何关心而得到收入,并保证自己过安逸的生活,他们已经非常有利了。危险是到处可以遇到的;假如我们这里所说的那种收入完全不冒危险,那么大量的假收入就会大大地超过国家的真收入的数量。这种没有任何基础的假收入只会把国家搞垮。因此,必须有一种与之对立的东西来限制其发展,否则土地就会不值钱并变得荒芜,而货币只是被用来取得利息。但不久就会连货币也得不到,因为一个没有矿山的国家,只有靠土地的产品才能得到货币。土地所有者、土地收入、食利者、利息、资本,都会掉入同一个深渊之中。

实际上,除了土地和江湖之外,任何东西都不能带来收入。甚至可以简单地说,只有土地才能带来收入,因为如果没有土地,江湖也是什么都不能生产的。因此,按照自然秩序和道德秩序,拿货币去生利息的动机所能作为根据的,只是由于这种利息同把货币购买土地后能得到收入的情况是相似的,因为在不侵占别人的东西的情况下,依靠货币是不可能得到别种收入的。我并不忽视这一点:即关于贸易能生产财富的错误观念可能会引起许多反对意见,但它们会在这个颠扑不破的原则上碰得粉碎。我们不打算预先提出这些反对意见,以免引起多余的、不适时的争论。我们下面只谈同永久租金机构的借款性质不同的贸易中的短期借款。

大家都非常清楚,货币本身是非生产性的财富,什么也不生产,并且只能用等价的东西在交换中取得。因此,货币只有在下面的情况下才能带来收入:把货币用于购买能带来收入的土地,或者把货币出借给借款人,而借款人把货币也用于同样的目的。货币能用于这种目的,这是不容置疑的;出借货币的人有充分的根据来假定,借款人能把借到的这笔货币用于事业,而每年向他支付永久租金的利息，直到把资本归还，赎回永久租金时为止。

然而在对出借的资本任意规定利息的情况下，债主就不能以同样的根据来假定，借款人能够在不违反法律的条件下取得比土地收入更大的报酬，因为实际上只有土地才能带来收入，而且只有这种收入才能作为向用作永久租金的资本索取利息的根据。这里没有固定的有效法律可以用来规定合理的利率；这只能由自然法，即自然界提供的和依靠货币所能获得的收入的实际状态来规定。君主的法律只能规定出一个限度，债主不能利用债务人的需要而破坏这个限度，而让双方去商定一个较低的利息。但在有争论的案件中，甚至这种法律对债务人有时也是有害的，因为在这种场合关于利息的高低问题将由法官来裁决，而法官对利息低于法律规定的债主是不能判罪的，即使这种合法的利息有时也足以使债务人破产。况且法官在判决时必须经常有确切的资料，而假如遵照地方当局的行政条例，就会更公平些，这种行政条例将颁布土地及其收入的实际存在的和最通常的价格，并且至多每隔十年就要重订一次。各主要省城的地区公证人的一致估价，就可以作为每十年的行政条例，他们必须把这种估价呈报地区法院办公厅批准，并由办公厅把摘要上报省的高等法院。在确定利息的争论案件中，这些资料在判决时同定期规定的粮食市价具有同样的效用。这种价格于每一次集市时在地方法院办公厅悬牌公布，供后者在有争论的场合根据谷物价格来确定租借费的高低，以及债务人应向债主支付的收入的高低。

由于利息同土地价格及其收入具有自然的相似关系，因此要求用和上面同样的规则来公平地解决债务人和债主之间的纠纷。

但有些放债的人以贸易的利益为掩饰而任意索取利息;这些人定然会反驳说,根据货币利息率和土地收入是处在同等关系的严格原则上,使前者(货币利息率)服从土地收入,会引起贸易的破坏。这些人对贸易的过于广泛的概念,把一切都搞糊涂了:他们把对贸易毫无关系的借款也归入这个概念的范畴内,并以此使那种完全不许可的放债合法化,那种借款的利息,如果在贸易中实行,对贸易和社会同样都是有害的。最后他们得出结论,用于放债的货币的价格,像市场上的商品价格一样,应当是自由的,随时变动的,不过有一个条件,就是议定的利息绝对不能改变。这样,他们想使经常在变动的原因所产生的影响保持不变,而土地收入是会由于购买价格的变动而发生巨大变动的。高利贷者的贪婪心所引起的、同合理的秩序不相容的这种矛盾,是以假想的贸易利益为借口的,他们对于这种利益只有自相矛盾的、错误的概念。他们不断要求政府保护贸易,而他们所说的贸易,始终都是指转卖贸易,从来不是指能给国家带来收入的、从第一手出售产品的贸易。然而人民只能在自己出售的东西或收入的限度内进行购买,因此转卖贸易永远是同人民能够购买的产品数量相适应的。这种贸易不需要保护。在一个富裕的国家里,总会有很多的商人;然而要知道,并不是商人使国家富裕,而是财富使商人的人数增加,从而引起贸易的繁荣——除国家财富的吸引以外不需要任何别的刺激的转卖贸易的繁荣。但商人的贸易、国家贸易、工业、奢侈品、国家收入、贸易开支——这些同贸易有关的东西,都被搞在一起,归入了贸易这个意义含混的概念中;在这种混淆不清的情况下,一切种类的放债都被毫无区别地看作是贸易的辅助手段;高利贷者的贪婪心经常受

到这种庸俗见解的庇护。

为了摆脱这种混乱的状态,在光明还没有驱散黑暗以前,注意到下面几点就足够了:①由设立永久租金所进行的贷借,在贸易中几乎从来都是没有的:商人的资金(les fonds des commerçants),由于商品的销售,很快就会回到他们手中,使他们能够支付在滞销时所借的短期借款;②在商人中有一种用要付利息的货币来进行贸易的,这种贸易就像在市场上一样进行,并且只在他们本身之间进行;③商人最通常的借款是赊货,把付款的日期延迟至货物销掉的时候,因此商人相互之间只是经纪人,而贸易中的借款的最大部分就是货物本身;④商人自己有法律咨询机构,来解决仅属于贸易范围的纠纷,因此贸易所特有的判例对其他阶级的居民的纠纷案件完全不发生影响,而解决后者的争端的法律咨询机构对纯属商人之间的贸易事务也不发生影响。因此,本身不是商人、而借款又是用作永久租金的债主,就没有任何理由引用贸易作为借口;他们这样只会对确定永久租金的利率的自然秩序造成混乱。同样没有任何理由以贸易的利益为借口,认为永久租金的利率应当根据债主和债务人之间竞争的大小而增减。这样只会使国家破产,因为在困难时期债务人的人数会大大超过债主的人数;利息就会因之而大大提高,最后租金会把土地收入吸取过去;土地耕作会逐渐变坏,借债的需要愈来愈大。随着收入的减少,利率会过度提高,不动产的抵押迫使土地所有者放弃自己的土地,荒废的土地成了食利者的唯一的资源,由于被他们弄得破产的人十分贫穷,他们自己也会因之而破产。

然而,一旦利息提高到超过它的自然水平,所有的居民都将承

受过多的负担。把自己的打算建立在货币及其利息上的商人，在这种情况下，就会随着当时利息的大幅度提高而增加贸易开支；这就会引起从第一手出售的产品价格的减少和商人转卖的产品价格的提高；所有这一切形成一种普遍的、隐秘的勒索，由于人们对制止这种勒索的发展很少予以注意，它就变得格外的繁重。这种过高的利息破坏了上述那种相似关系，按照这种关系，只有在土地价格及其收入提高的情况下，利息才能提高；由于这样，我肯定说，利息提高的负担将落在人民和国家身上，因为它超过了用货币购买土地所能带来的收入。这样，在把货币购买土地同把货币出借以索取高利息之间的适应关系就会消失，因为利息超过取得收入所依据的自然价格，这就是掠夺，国家和全体人民都会因之而不合理地受苦。食利者在困难时期利用国家迫切需要借款，使国家本身成为他们的主要债务人，这时候这种过高的利息就更其有害；他们至少没有注意到，由于过高的利息对国家和人民极其有害，因此高利息的这种诱惑对他们本身说来也要冒风险。事实上，国家不外乎是由人民组成的，如果人民处于力不能及的沉重负担之下，那么造成这种按照自然秩序不应有的沉重负担的人，也将失去其力量。企图用以直接减轻负担的各种手段，在这种情况下不可能得到预期的成效。在这种场合，有许多情况会影响在农业国中采取这些手段的成效，以及有许多需要，会把它的作用搞乱。因此最安全的办法，是采取按照自然规律和要求确立秩序的公平呼声所规定的规则，因为超过收入的正常水平的虚假收入，是国家的寄生性的赘疣，会对农业国的整个经济制度带来可怕的混乱。

（注） 这是一份关于利息率政策的意见，从它和魁奈在其他论文中所主张的原理相背反来看，是可以注意的一篇论著。魁奈的门徒，特别是杜尔哥，并不采纳这里所提的意见。同时魁奈学派尽量设法不提及这篇论文。因此杜邦故意不把它收进《重农学派》一书中。歇尔(Schelle)在所著《杜邦·德·奈穆尔》的四十四页中关于这一点曾这样说："杜邦把(魁奈的)关于对统制有好处的〈货币利息〉的论文略去了。"

我们想对此的《概说》加以说明。对于这一点是这样说的："在分册的一月号中还刊登了(魁奈的)两篇论文。第一篇的题目是《关于货币利息的考察》(*Observations sur l'intérêt de l'argent, par M. Nisaque*)。这篇论文证明了以下四点，即：第一，由货币贷借所获得的收入是最符合正确正义的秩序的；第二，关于货币的贷借，和其他一切的情况一样，在交易中要重视契约的自由；第三，在完全没有明确约定的情况下，例如在延迟偿还借款时，法律上可以强制收取利息，或者监护人可以把收入支付给未成年人问题等，应该从单一的原则出发。总之，货币利息不断周转，最后结果终于是由土地的收入来支付。因此，利息当然不应高于用它购买土地，并从土地所得的收入。不然利息负担是重的，而且是破坏性的；最后，法律虽然不能规定利息率的高低，但是应该适应利息率，使之在发生争端时，裁判官能依据它作裁定的基准，以 *terrien* 的名义大体规定每年的利率——由公证人以正本根据卖买契约所定的草案，通过法令来公布——等四点。"

杜邦在《考察》的开头写下如下的注释。"以下的意见虽然是论货币利息的，但是作了深刻议论的重要问题，对这个问题争论的结果，如果能够得到引起世人注意的不变的真理和永久的原则，则无论对农业、商业、财政都同样有益。我们认为这个意见，在这个定期刊物的三个项目的任何一个中都可以刊登。我们现在决定把它刊登在农业部分的原因，是因为作者把它所处理的问题，主要从农业的方面来考察。我们感到这个问题应从根本的观点来考察，但对它的妥当性的判断还在读者自己。对我们来说，我们希望这篇著作能够引起超过预期的不同意见的争论。"(翁根注)

后　　记

在这里，我想对《经济表》的“原表”版本最近研究的情况作一点补充说明。

在本《选集》编成付排后，又收到一种关于魁奈“经济表”的新材料，即由马尔加里德·库辛斯基夫人和罗纳尔特·米克编写的《魁奈的〈经济表〉》(Marguerite Kuczynski & Ronald L. Meek: *Quesnay's Tableau Économique*)一书。这本书说明，库辛斯基夫人一九六五年在艾留塞里安·希尔斯历史图书馆所藏的杜邦·德·奈穆尔的藏书中，发现了歇尔教授(Gustav Schelle)一九〇五年在《魁奈和经济表》(*Quesnay et le Tableau Economique*)一文中提到的魁奈经济表的《原表》第三版，并于同年把它译成德文出版，一九七二年米克和库辛斯基夫人又合力译成英文出版。书中有米克的《经济表的一七五八至一七五九年的版本》和库辛斯基夫人的《经济表“第三版”研究》各一篇，及《〈经济表〉第三版的复本及英译》、《第三版的注释》，并附《经济表》的第一版和第二版。

在米克的文章中，对经济表《原表》的三个版本有如下的说明：

“‘第一版’可能是魁奈在一七五八年十二月所创制，其形式和内容，如国立文书保管所的手稿，是一个以四百(利佛尔)为基础，和附有二十二条‘注意’(即《略论国民每年收入的分配变化情况》)

的‘表’。它可能曾经很好地印刷，但从未发现它的印本。除曾把它送一份给米拉波之外，没有发现送过其他人的迹象。这一版显然是为了礼节上表示尊敬而赠送。”

“‘第二版’可能是两或三个月后所创制，发表在英国经济学会的文献中，这个‘表’以六百(利佛尔)为基础，附有二十三条准则，题为《苏理氏王国经济准则摘录》(即《苏理氏王国经济精华》)，据魁奈自己说，‘第二版’印了三份，其中两份已发现，同样没有迹象表明，除了米拉波之外，曾把它送给其他人。”

“‘第三版’可能是在一七五九年较晚时间所创制，有一个以六百利佛尔为基础的‘表’(这和英国经济学会所发表的文献完全相同〔过去一直被看作是‘第二版’的‘表’——编者〕)，并附有‘说明’(在英国经济学会的文献再版时)。此外还有附上详细注释的二十四条准则，题为《苏理氏王国经济精华》，是一个精美的四开印本。从现在所有证物来看，‘第三版’的印数比‘第二版’多，魁奈曾把它送给许多人，但似乎未曾公开出卖。只有一份被发现了。”

从上面这些说明，可以知道，由库辛斯基夫人发现的魁奈《经济表》的“第三版”，和英国经济学会在一八九四年为纪念魁奈诞生二百周年出版的纪念刊上发表的、被看作第二版的“表”，完全相同。而库辛斯基夫人和米克合编的书中所刊的第二版的“表”，有国立文书保管所和国立图书馆两个相近但不同的“表”，并附有《苏理氏王国经济精华》二十三条。本《选集》所选译的《苏理氏王国经济精华》，就是库辛斯基夫人和米克书中所刊的国立文书保管所的第二版的“表”。

又，关于魁奈《经济表》的第三版，在日本一九三五年(昭和十年）出版的增井幸雄和户田正雄所编译的《魁奈的经济表》一书中，其目次的第一项就是《经济表（第三版邦译）》，这表和库辛斯基夫人所发现的“第三表”完全一样，“表”后也附有“经济表的说明”。接着就是库辛斯基夫人和米克书中所收录的国立文书保管所的《经济表》的第二版和《苏理氏王国经济精华》二十三条。但在一九六一年（昭和三十六年）改订出版的户田正雄和增井健一编译的《魁奈的经济表》一书中，最先是《经济表》的第一版，接着是第二版的“表”，即现在被认定为第三版的“表”，及《苏理氏王国经济精华》二十三条。关于魁奈的经济表的其他著作，大体上都这样安排，这里不一一列举。

吴 斐 丹

图书在版编目(CIP)数据

魁奈经济著作选集/(法)魁奈著;吴斐丹,张草纫选译.
—北京:商务印书馆,2017
(汉译世界学术名著丛书:120 年纪念版:珍藏本)
ISBN 978-7-100-14165-9

Ⅰ.①魁… Ⅱ.①魁… ②吴… ③张… Ⅲ.①重农学派 Ⅳ.①F091.32

中国版本图书馆 CIP 数据核字(2017)第 137897 号

汉译世界学术名著丛书
(120 年纪念版·珍藏本)
魁奈经济著作选集
吴斐丹 张草纫 选译

商 务 印 书 馆 出 版
(北京王府井大街 36 号 邮政编码 100710)
商 务 印 书 馆 发 行
南京爱德印刷有限公司印刷
ISBN 978-7-100-14165-9

2017 年 12 月第 1 版　　开本 710×1000 1/16
2017 年 12 月第 1 次印刷　　印张 32¾ 插页 1
定价:150.00 元